D1827365

Nosotros y los Otros

Nosotros y los Otros

Dr. Rafael A. Olivares

Copyright © 2020 por Dr. Rafael A. Olivares.

Numero de la Libreria del Congreso:		2020910761
ISBN:	Tapa Dura	978-1-9845-8317-8
	Tapa Blanda	978-1-9845-8316-1
	Libro Electrónico	978-1-9845-8315-4

Todos los derechos reservados. Ninguna parte de este libro puede ser reproducida o transmitida de cualquier forma o por cualquier medio, electrónico o mecánico, incluyendo fotocopia, grabación, o por cualquier sistema de almacenamiento y recuperación, sin permiso escrito del propietario del copyright.

Las opiniones expresadas en este trabajo son exclusivas del autor y no reflejan necesariamente las opiniones del editor. La editorial se exime de cualquier responsabilidad derivada de las mismas.

Las personas que aparecen en las imágenes de archivo proporcionadas por Getty Images son modelos. Este tipo de imágenes se utilizan únicamente con fines ilustrativos. Ciertas imágenes de archivo © Getty Images.

Información de la imprenta disponible en la última página.

Fecha de revisión: 06/16/2020

Para realizar pedidos de este libro, contacte con:
Xlibris
1-888-795-4274
www.Xlibris.com
Orders@Xlibris.com
813045

CONTENIDO

De acuerdo a las características de la ficción autobiográfica, los caracteres, lugares e incidentes sociales de esta obra se utilizan de manera novelada. La narrativa surge de la imaginación del autor y, con excepción de los personajes históricos conocidos por el público en general, toda semejanza de los individuos que aparecen en esta novela es pura coincidencia.

Cualquier forma de reproducción total o parcial sin permiso por escrito del autor, queda prohibida. Para obtener cualquier información, diríjase a Editorial Quipu.

Impreso en los estados unidos de Norteamérica.

Para obtener información respecto a ventas al detalle o descuentos al por mayor diríjase a: **EDITORIAL QUIPU** olivagenni@aol.com. Por correo regular escriba a 7700 W. Grant Ranch Blvd. Unit 1 D. Denver CO. 80123.

Portada creada por Paulina Olivares Genni. www.paulina.com

AGRADECIMIENTOS.

———

Mi primer reconocimiento va hacia mi compañera de toda la vida, mi esposa Hilda Genni, quien, siendo parte de la historia, no sólo me motivó para escribir, sino que contribuyó con interesantes ideas para ajustar la narrativa. Como lectora acérrima, también hizo importantes correcciones editoriales.

Agradezco a mi hija Paulina Olivares quien me regaló el cuadro usado en la portada de este libro. Su obra "Square Park," simboliza a los individuos que se mezclan en aquellas multitudes anónimas que conviven en una metrópolis como Nueva York. Para mí, esta es una perfecta interpretación plástica de la idea que he vaciado en "Nosotros y los Otros."

Debo, además, dar mis sinceros agradecimientos a mis amigos Guillermo Miralles y Liliana Wakim quienes tuvieron la gracia y la voluntad de leer el manuscrito con dedicación y detalle ofreciendo interesantes sugerencias para su realización.

CAPÍTULO UNO

El escape

Varias semanas del mismo tratamiento me habían enseñado que si estas encapuchado y no puedes ver, debes agudizar los otros sentidos. En este caso, por el ruido de las hélices, era fácil asumir que estaba en un helicóptero y los continuos vaivenes y movimientos bruscos, me decían que, además, nos movíamos muy rápido. Entonces, alguien abrió una puerta. Con la bocanada de aire, sentí el inconfundible aroma del Pacífico y me di cuenta de lo obvio. Estábamos sobre el mar. El olor de las playas del litoral chileno es tan característico, que es fácil reconocerlo. ¿Cómo no habría de evocar ese mar si a sus orillas pasé varios veranos de mi niñez? De súbito, me tomaron del brazo y desperté a la realidad. El que me sostenía, me hizo caminar dos o tres pasos hacia la puerta del helicóptero. Cuando sentí la intensidad del viento que se colaba por esa puerta, entendí claramente lo que venía y me dio pánico. Asustado y casi paralizado por el horror, me movía con gran dificultad. En un vaivén del aparato, el que me sostenía se acercó a mi oído y en un susurro casi imperceptible, dijo:

— Sálvese señor Olivares. Yo sé que usted es un buen nadador.

Confundido por lo que escuchaba, no reaccioné. Estaba tan aterrorizado que no recuerdo bien, pero debo haber hecho algún movimiento demostrativo de sorpresa porque en el siguiente vaivén, la misma voz, esta vez mucho más cerca, me dice:

— Soy Juan Luna su ex alumno. Los nudos estarán sueltos, sálvese.

Me amarró las manos y después de atarme algo a mis pies me empujó. Sentí que caía al vacío. Al principio estaba paralizado, pero vigorizado por el aire frio, en pocos segundos reaccioné. Comencé a retorcer los brazos hasta que me solté las manos. Juan Luna tenía razón, las ataduras estaban sueltas. Justo, antes del impacto con el agua, me había desprendido de la capucha y pude apretarme la nariz y la boca. La zambullida estuvo bien, pero el peso que tenía amarrado abajo, me sumergía rápidamente. Me solté la cuerda que sostenía mis pantalones y moví las piernas con energía. Extendí los pies y el lastre que los mantenía amarrados, se escurrió enredado en el pantalón. Esos pantalones de prisionero eran tan grandes, que cuando se deslizaron por mis pies, apenas los sentí. El peso que me tiraba hacia a las profundidades del océano se había desprendido. Sintiéndome liberado, usé fuertes brazadas y con el máximo impulso de mis piernas salí a la superficie. Todo aquello debe haber ocurrido en pocos segundos porque, cuando salí a respirar, vi las luces del helicóptero que se alejaba en la distancia. Como a mí alrededor veía solo agua, comprendí que eran las condiciones de una mar gruesa. Por experiencia, esperé que una ola me levantara a su zenit y volví a mirar. Se veían luces. La costa se veía bastante lejos pero como no tenía opción, me saqué el resto de la ropa, y comencé a nadar en esa dirección. Cuando la siguiente ola me volvió a subir, identifiqué las luces y dentro del horror que me invadía, sentí alguna esperanza. La permanente llamarada de la quema de gases y las inconfundibles luces de las chimeneas, me hicieron comprender que lo que veía era la refinería de petróleo de Concón. Ese era un lugar que yo conocía así es que, con determinación, me hice el propósito de alcanzar la playa que se encuentra justo frente a esa refinería.

Sabía que, aunque fuese febrero, que es pleno verano en Chile, las aguas del litoral central son siempre extremadamente heladas así es que la única manera de alcanzar la costa antes de sufrir hipotermia era no dejar de nadar. Hacerlo lento y lo más regularmente posible. Consciente que, después de mi largo encierro, no estaba en mis mejores condiciones físicas, comencé a recordar aquellos trucos que me permitirían mantenerme sobre el agua por largo tiempo. El único deporte que realmente me gusta es la natación y aunque nunca me destaqué en ella, sabía cómo permanecer a flote y nadar largas distancias así es que, sin elegancia alguna, empecé a bracear hacia las luces. Nadaba alternadamente en todos los estilos. Lo único que me importaba era mantenerme en la superficie y avanzar. Cuando me sentía agotado, flotaba de espaldas y me detenía a descansar. Para no enfriarme, esos períodos los hacía muy cortos. La mayor parte del tiempo veía solamente agua, pero en los breves momentos en que una ola me levantaba, podía distinguir la iluminación de las chimeneas de la refinería de Concón. Esto me decía que no necesitaba preocuparme si realmente estaba nadando en línea recta. Por experiencia, yo sabía también que siendo un brazo más fuerte que el otro, cuando se nada en distancia la tendencia habitual es nadar en una curva. En ese caso, la curva no existiría, todo lo que tenía que hacer era mantenerme nadando directo hacia las luces.

Como no supe a qué hora de la noche fui lanzado del helicóptero, no tengo manera de apreciar el tiempo que me costó alcanzar tierra. Lo único que sé, es que lo hice bastante antes que amaneciera. Eso lo recuerdo bien porque, apenas toqué la arena, aproveché la oscuridad y corrí hacia el interior de la playa. Habiendo estado allí varias veces, la playa de Concón me era familiar. Me dirigí directamente hacia aquellas casetas típicas de las playas chilenas. Ahí, se guardan por la noche las sillas y carpas que se arriendan durante el día. Obviamente, a esas horas de la madrugada, la playa estaba absolutamente desierta así es que, una por una empecé a tantear las puertas de las casetas. Todas, excepto una, estaban cerradas con candado. Sin pensarlo dos veces, entré en aquella e inmediatamente sentí el golpe fétido de su interior. La humedad del piso de arena mezclado con la hediondez de orina humana agregado al olor de ropa sucia, daban al ambiente una sensación horrible. Estando desnudo, agotadísimo, con mucho frio y asustado, el olor no me molestó. Guiándome por las emanaciones de fetidez de ropa húmeda, avancé tanteando en la oscuridad. Varias veces me golpeé en las sillas arrumbadas sin ningún orden, pero me alegré de encontrar sobre algunas de ellas varias piezas de ropa maloliente. La sal, la humedad y los efluvios humanos pestilentes de esas ropas eran insoportables, pero no teniendo alternativa, me metí dentro de unos tremendos pantalones y me puse una camisa gigantesca. Al tacto, introduje la camisa dentro de los pantalones, pero estos no se sostenían en mi cintura. A pesar que todo me quedaba extremadamente grande, estaba feliz. Por lo menos tendría con que cubrir mi desnudez. Mientras con una mano me sostenía los pantalones, con la otra, continúe tanteando alrededor. Sobre otras sillas que estaban totalmente desvencijadas, palpé una cuerda. Era del largo perfecto para atármela en la cintura. Aunque barbón, despeinado y vestido con aquellas ropas debo haberme visto horrible, en mi interior me sentía contento. Después de todo, me dije, con esa pinta, podría confundirme con los pordioseros y mendigos que duermen en la playa. No sabía si había o no toque de queda, así es que decidí que lo mejor sería no moverme hasta que se iniciara el tráfico de la mañana. Me acurruqué en una de las sillas y me tapé con lo que encontré. Necesitaba descansar, pero también debería evitar ser sorprendido en aquel lugar. Haciéndome la promesa de no quedarme dormido, usé la estrategia que había desarrollado durante el tiempo que fui prisionero. Cuando las condiciones de la prisión hacían peligroso dormirse, me ponía a revisar lentamente el pasado mediato e inmediato de mi vida. Luego, ordenaba los eventos en categorías y analizaba mis conductas. En cada categoría evaluaba las posibles alternativas y planeaba mis acciones futuras. Honestamente debo confesar que esta estrategia raramente resultó en la prisión. Los carceleros eran tan impredecibles que me interrumpían y cortaban el hilo del pensamiento, pero lo seguía haciendo porque me mantenía despierto por varias horas. Lo mismo hacía en mi improvisado refugio de la playa, cuando las primeras luces de la mañana trajeron ruidos. Fue justo a tiempo ya que el análisis de la situación en que me encontraba, me estaba descorazonando. Salí de mi escondite y aunque el futuro se veía sin esperanzas, comencé a alejarme del lugar. Después de lo que me había ocurrido esa noche, estaba claro para mí que no podía dejarme apresar otra vez. Seguramente ya había sido declarado muerto así es que, con determinación, empecé a caminar por la vereda que corre a lo largo de la playa. La vereda no estaba muy concurrida pero la calle mostraba bastante movimiento vehicular. Para evitar llamar la atención, caminaba a la misma velocidad de aquellos que, seguramente, se dirigían a sus trabajos.

Trataba de mostrarme circunspecto y pasar desapercibido. Mi plan era llegar hasta la casa donde vivía la familia de una amiga muy querida en Viña. También había pensado ir a casa de mi hermano Carlos que vivía en Valparaíso, pero conociendo lo asustadísima que se pondría mi cuñada, lo deseché. No era una buena alternativa. Decidido a llegar a casa de la familia de nuestra amiga, partí en esa dirección. A poco andar, recordé que la distancia entre Concón y Viña es considerable. Si quería llegar a la casa de nuestra amiga antes que se oscureciera, no lo podría hacer caminando, era peligroso. En esto pensaba cuando vi, frente a uno de los restoranes que se encuentran a la orilla de la playa, un hombre que descargaba un camioncito de reparto. Por la forma y el olor, las cajas seguramente contenían pescados o mariscos y se veían pesadas. Con mucho esfuerzo, el hombre las llevaba de una en una al interior del restorán. Obviamente el camión se dirigía hacia Valparaíso así es que ahí vi la oportunidad de conseguir transporte. Con precaución me acerqué diciéndole:

— ¿Le ayudo jefe?

— No le puedo pagar amigo, trabajo solo. Me contestó.

— No necesito que me pague, pero si me lleva hasta cerca de Viña, yo le ayudo.

El tipo me miró y me vio con esos pantalones y esa camisa que me quedaban inmensos. No sé lo que pensó, pero me dijo.

— Tengo que llegar con mi reparto hasta Valparaíso y no me puedo parar ni desviar. Cuando termine las entregas debo volver y entonces te dejo en Viña. ¿Te conviene?

— ¿Y me da almuerzo?

— Las comidas siempre las hago en el viaje. En la próxima parada ya están abiertos y a esta hora me sirven el desayuno. ¿Quieres venir?

— Por supuesto Jefe. ¿Cuántos cajones le quedan aquí?

— Aquí ya terminé, súbete que vamos al próximo.

Salté arriba del camioncito y después de una noche perruna me sentía jubiloso. Ya tenía comida y transporte hasta la casa de la familia de mi amiga. Llegué allí más temprano de lo que esperaba. Con mi ayuda, el distribuidor de pescados y mariscos terminó de hacer las entregas antes de lo acostumbrado y el reparto lo finalizó a media mañana. El tipo estaba tan contento, que me regaló dos corvinas que le habían sobrado por un error en los pedidos.

— Toma llévate estas, me dijo. Yo como mucho pescado. A lo mejor tú las puedes usar mejor que yo.

Al golpear la puerta de la casa a la que me dirigía, me acordé del dicho de un colega: "Cuando llegues golpeando con los codos, siempre serás bienvenido." Como las corvinas eran inmensas y mis dos brazos apenas me permitían sostenerlas, tuve que golpear con los pies. Bueno, no usé los codos, pero el dicho se aplica igual.

Cuando me identificaron, la madre y el tío de nuestra amiga mostraron gran sorpresa. Eran los únicos que estaban ahí y lo menos que esperaban es que yo me presentara en la puerta de su casa. "Lo último que sabían de mí," dijeron, "era que yo estaba desaparecido." Sonia, nuestra amiga, se habían comunicado con mi esposa y por eso, su madre y su tío sabían que me habían detenido. Nadie sabía ni donde estaba ni que había sido de mí. Luego, fui yo el que me sorprendí cuando me enteré que ellos tampoco estaban informados del paradero exacto de Sonia, pero si estaban seguros que ella estaba bien. No había sido detenida ni desaparecida. Solo de manera preventiva, el día siguiente al golpe, se había refugiado en casa de ciertos conocidos. Por razones de seguridad y para evitarles líos a su madre y a su tío, ella no les había dicho dónde estaba. No sabían si Sonia estaba en la ciudad o en otra parte del país, pero como ella se comunicaba periódicamente para asegurarles que estaba bien, aceptaban la situación. Sin embargo, al igual que las familias de muchos otros colegas y amigos, la madre y el tío estaban siempre asustados. No era para menos, buscando a Sonia, hombres sin identificación, les habían allanado la casa dos veces. Por eso estaban de acuerdo de vivir en la incertidumbre y consentían no saber dónde ella estaba. Así era más seguro para todos. Aunque soportaban lo de Sonia, mi presencia en su casa era evidente que le provocaba gran desasosiego que no podían disimular. A pesar de eso, me recibieron con muy buenas maneras, me agradecieron el pescado y me invitaron a almorzar. Cuando llegué, ellos ya se encontraban sentados a la mesa así es que me arrimaron otra silla y compartieron conmigo lo que quedaba de comida. Y entonces, aunque con aprehensión en la voz, la madre de Sonia fue muy directa en decirme:

— Rafael, tu bien sabes que no puedes quedarte con nosotros, ¿no?

— Si, lo entiendo perfectamente y me iré lo antes posible. No es mi intención provocarles problemas. La razón porque la que me he acercado a esta casa es porque no se me ocurrió otro lugar cerca donde poder refugiarme un poco. Anoche me arrojaron al mar desde un helicóptero frente a Concón y necesito tiempo para componerme. Por ahora creo que me darán por muerto y por eso supongo que no me andan buscando. Estuve preso y antes de seguir moviéndome necesito saber lo que está pasando, reponerme un poco y pensar cual será mi siguiente paso. Les prometo que estaré en la calle tan pronto termine mi plato.

Entonces, sin dar detalles, les conté de cómo había estado en el campo de concentración de Ritoque — la dictadura le llamaba centro de detención — y como mi ex alumno me había ayudado a escapar y no estar en el fondo del Pacífico. Para no impactarles mucho, obvié todos los específicos. Les dije que me disculparan, pero la única razón porque estaba ahí es que, esa mañana, confuso, no se me había ocurrido nada mejor. Les expliqué que habiendo estado varios meses aislado en prisión, no tenía idea de cómo estaban las cosas. Necesitaba obtener información de lo que estaba pasando y no podía exponerme a preguntarlo en la calle. No sabía la hora del toque de queda y no conocía ni podía imaginarme los controles policiales en las calles y carreteras de la zona. Sin saber cómo, no quería moverme en esas condiciones. Volviendo a pedirles excusas, les dije había actuado impulsivamente porque estaba asustado y no pensé en la situación embarazosa en que les ponía si me presentaba en esa casa. Me paré para salir cuando el tío de mi amiga me preguntó:

— ¿Y qué piensas hacer ahora?

— No sé exactamente como, pero trataré de llegar a Santiago.

— Eso será imposible, me dijo. Asumo que no tienes papeles y en todos los terminales de buses hay control de documentos. Y si llegaras a conseguir transporte por otros medios, tanto a la salida del Puerto como a la salida de Viña, allá arriba en Curauma, paran a todos los vehículos y exigen identificación de todos los pasajeros. Lo mismo pasa con los vehículos que van hacia el norte por el camino que sale de Concón. Desde aquí podrías empezar a caminar por los cerros y atravesar las cercas de los fundos del interior, pero si no sabes dónde ir, no solo te llevará varios días, sino que seguro te pierdes. No te puedes acercar a los pueblos de Casablanca o Curacaví porque tendrías que caminar por las calles y con la pinta que llevas, es casi seguro que la policía te pedirá identificarte. Afortunadamente para ti, por segunda vez la divina providencia te tiende hoy una mano. Justamente antes de venirme a almorzar, un capitán de un pesquero que está en reparaciones en el dique de Valparaíso, vino nuevamente a comprar en el almacén donde trabajo, y me ha hecho una pregunta que podría darte una salida. Te cuento: En los últimos días este tipo ha ido tantas veces a buscar provisiones al almacén, que hemos establecido una cierta conexión de amistad. Es bueno para bromear y esta mañana, en un tono conspiratorio, me ha preguntado entre broma y en serio si yo no conozco a alguien que esté desesperado para trabajar mucho por poca plata o solo por la comida a bordo de su barco. Aunque de apariencia honesta, se ve que el tipo no respeta muchas legalidades porque me arriesgué a recomendarle a un peruano que ha estado trabajando escondido en nuestra bodega y él lo va a tomar en su barco. Digo que el Capitán no pone gran atención a las legalidades ya que se llevará al peruano que quiere volver a su patria, pero como no tiene papeles, desde el día del golpe ha andado escondiéndose y tratando de no salir a la calle. Teme que si lo sorprenden no solo lo meterían preso, sino que le puede pasar algo peor. ¿Te acuerdas como en los primeros días del golpe la junta pedía denunciar a todos los extranjeros sospechosos? Desde entonces es que anda asustadísimo. No sé cómo llegó a nuestra bodega, pero desde que está ahí, trabaja como burro y no pide nada. Duerme entre los sacos de mercadería, se prepara sus comidas y está tan atemorizado que no sale ni siquiera al frente del almacén, él se queda siempre solo en la bodega. El dueño, que es un tacaño, hace la vista gorda porque tiene a alguien trabajando de gratis. Los empleados le pasamos comida, bebidas y cigarrillos del almacén. Ya lleva como un mes con nosotros y nadie dice nada.

— Bueno, esta mañana llevé a la bodega al capitán que ya te dije, y los presenté. Los dejé hablando y volví al mostrador. Cuando el capitán salió, se despidió agradecido y me dijo que ya se había arreglado con el peruano pero que igual necesitaba más gente. Si yo conocía a alguien más en las mismas condiciones, que por favor se contactaran con el peruano. Él ya sabía lo que había que hacer. "Acepto a cualquiera," recalcó.

— Como esto pasó temprano esta mañana, apenas tuve un momento de descanso, me fui a la bodega y por pura curiosidad le pedí al peruano que me contara del arreglo que había conseguido.

— Me dijo que se trataba de un barco pesquero que se dedicaba a la anchoveta y que sale esta noche hacia el norte a iniciar sus actividades y llevar anchoveta a las fábricas de harina de pescado en Arica. El barco había necesitado varias reparaciones que solo podían hacerse en Valparaíso y los dueños se habían gastado hasta el último centavo en las reparaciones dejando de pagar a la tripulación. Estando impagos, aquellos que eran pescadores profesionales, habían desertado para emplearse en otros barcos. Unos pocos, los más fieles al capitán, habían permanecido a bordo y ahora que el barco estaba listo para salir, necesitaban más manos para cumplir con las faenas de pesca. La oportunidad no ofrecía mucho. Solo trabajo duro por comida y alojamiento en el barco. El capitán había dicho que posiblemente, si había suerte y la anchoveta se dejaba pescar, al arribo del barco en Arica, podría haber algún dinerillo.

— Creo que es la divina providencia quien ha puesto esta situación en tu camino. Estas casi en las mismas o en peores condiciones que el peruano y si te interesa, puedes apersonarte esta misma tarde en la bodega del almacén donde trabajo y te vas con él en el barco pesquero. Creo que es la única salida que tienes. Aquí no te puedes quedar y debes tratar de salir del país lo antes posible. Si logras llegar a Arica, allí podrás caminar hacia la frontera y podrías evitar los controles y atravesar hacia el Perú. Según tengo entendido, los peruanos que se dedican al contrabando hormiga, lo hacen todo el tiempo. ¿Te interesa?

— ¿Qué si me interesa? Pero si esto es mucho más de lo que me esperaba. ¿Podemos salir ya?

— No. No vamos a salir juntos. Quiero que, una vez hayas terminado el almuerzo, esperes un buen rato después que yo me vaya. Aquí tienes lo que necesitas para pagar el micro que te lleve al puerto. ¿Sabes dónde está el almacén donde trabajo?

— No, pero lo puedo buscar. Conozco bien el área del plan de Valparaíso. Desde niño estuve ahí varias veces.

— Bueno es fácil encontrarlo. Es la tienda más grande a la vuelta de la calle Brasil, esa con la estantería inglesa. Entras por la callecita chica de atrás. La calle por donde descargan la mercadería. Busca al peruano en la bodega y pregúntale de cómo lo hará esta noche. Yo no quiero saber los detalles. Tarde esta tarde, los acompañaré un rato, pero antes del toque de queda, yo me vengo a casa. El toque de queda es a las nueve. Mi hermana te puede pasar alguna de la ropa de su difunto marido. Después de todo a él ya no le sirven y tú pareces ser de su mismo tamaño. Si los zapatos no te calzan, puedes usar un par de los más viejos de los míos. Tengo el pie muy grande y mis zapatos le acomodan a cualquiera. Seguro que no te quedarán ajustados, pero tendrás algo en tus pies. Esas ridículas chalas que andas usando, pueden llamar la atención en la ciudad. Cuando llegues a la bodega, si alguien te llega a preguntar algo, di que necesitas hablar conmigo. Es hora de irme. Te veo esta tarde.

Me quedé con la madre de mi amiga y nos fuimos a buscar la ropa del finado. Esta mujer fabulosa me regaló no sólo estupendas ropas de calle de su marido, sino que además varios calcetines y calzoncillos. Cuando me pasó los calzoncillos los retuvo un momento junto a su corazón y dos lagrimas corrieron por sus mejillas. Seguramente mi mirada fue lo suficientemente inquisitiva como para que ella se sintiera obligada a compartir su dolor.

— Él fue siempre un muy buen hombre ¿Sabes? Nos amamos mucho y lo que te voy a decir nunca se lo he contado a nadie porque lo he guardado siempre en lo más profundo de mi corazón. En verdad esta es la primera oportunidad que lo comparto con alguien ya que ni siquiera lo he hecho con mis hijos. Pero la situación política que les está afectando, me ha hecho cambiar. Ahora siento el corazón fortalecido y estoy preparada para sacármelo y decírselo con detalles, pero lástima que no estén aquí. Cuando ya no tengan que estar escondidos, apenas tenga la oportunidad de verlos, se lo diré también a ellos. Por ahora, y ya que vas a usar sus ropas, creo que tú lo sabrás primero. Desde que nos vinimos de España, mi marido andaba asustado y yo siempre me había preguntado por qué. La verdad es que yo nunca supe lo que era el terror de la guerra civil española y no sufrí en carne propia lo que fue vivirla. El si la había vivido. Yo había escuchado muchas historias de las terribles cosas que algunas gentes padecieron durante y después de esa guerra, pero como todo aquello nunca estuvo cerca de mí, nunca las sentí ni las entendí como las estoy empezando a entender ahora. Creo que ahora entiendo el temor de mi marido cuando se encontraba en medio de una multitud. Nunca íbamos al cine y las pocas veces que lo hicimos, yo le hacía bromas de lo asustado que se le veía al momento de la salida. Una vez insistí tanto en que fuéramos a ver una película muy popular que a mí me interesaba, que el accedió. El cine estaba llenísimo y cuando salíamos de la función la multitud que nos rodeaba era enorme. Lo noté nervioso y repentinamente, sin ton ni son, se lanzó a correr. Al llegar a casa lo encontré en un rincón llorando. Ahí fue que me contó en detalles como vio a su padre y su madre acribillados por los bombardeos de los Stukas alemanes que diezmaban a las gentes del pueblo donde vivían. Huyendo de ese bombardeo, él corrió y corrió hasta quedar exhausto. Mientras corría veía a muchos otros que corrían con él. A veces algunos de ellos, tal como sucedió con sus padres, caían acribillados. Desde ahí le quedó ese pavor de encontrarse en medio de una multitud. El mismo me contó que comiendo lo que podía y durmiendo en cualquier parte, viajó y viajó hasta que, sin saber cómo, se encontró en Madrid. Pasó por la tienda de mi padre y aceptó trabajar ahí por mendrugos. Pobre, pero de una postura elegante, me flechó. Mis padres siempre se opusieron a nuestra relación porque, según ellos, él era de una clase social inferior. Pero yo, como soy obstinada, me revelé y con algunos ahorros que tenía escondidos, compré los pasajes y nos escapamos a Chile. Con la realidad que estamos viviendo ahora estoy entendiendo cada vez más porque él se sintió tan feliz de salir de España. No era muy emprendedor y toda su vida aquí en Viña fue solo un vendedor de almacén. Nunca hizo dinero, pero creo que el corto tiempo que vivimos juntos fuimos muy felices.

— Algún tiempo después de que nos hubiésemos fugado a Chile, una profunda crisis económica en España, hizo quebrar la tienda de mi padre. Como consecuencia, mi único hermano, se encontró desempleado y decidió emigrar a Chile. Obviamente, se vino a vivir con nosotros y gracias a dios el momento de su arribo fue muy oportuno. A los pocos días de su llegada, mi querido esposo adquirió una extraña enfermedad y le impidió seguir trabajando. Mi hermano comenzó a reemplazarle mientras se recuperaba, pero el mal era tan raro que nunca fue diagnosticado. Mi marido se fue extinguiendo lentamente y a temprana edad, dejó de existir. Nuestros hijos eran aún muy pequeños y desde entonces mi hermano ha sido el soporte de la familia.

— En breve, ese es el hombre de quien llevarás las ropas. Tal vez se verán anticuadas, pero son bastante mejores que los andrajos que traes. Las he cuidado con cariño y seguiré cuidando las que quedan. Para mí es un gran orgullo saber que las que tú te llevas ya que se han puesto a buen uso.

— Anda con Dios y ojalá te puedas juntar con tu familia, me dijo.

— Gracias señora, solo tengo que pedirle un último favor. En casa no tenemos teléfono. Por favor, cuando hable con Sonia, dígale que llame a la sastrería de mi suegro para que él le diga a mi esposa que estoy vivo y que estaré en algún lugar del extranjero. Apenas yo pueda, llamaré a la sastrería para ver si puedo comunicarme con ella. Por ahora, esto le ayudará mucho a Hilda. Ya lo habíamos conversado y sabíamos que tarde o temprano, algo podría pasarme y es por eso que desde hace algún tiempo hemos estado preparándonos para salir de Chile. Sé que mi suegro estará muy asustado de una llamada como esta, pero el ama tanto a su hija, que hará como le pedimos. Lamentablemente, ese es el único teléfono con el que podemos comunicarnos. En la población donde vivimos hay teléfonos públicos, pero esos ya no funcionan.

Me despedí con un afectuoso abrazo y me dirigí a Valparaíso. El tío de mi amiga tenía toda la razón en lo que me dijo, pero no se apareció por la bodega. Encontré al peruano por mi cuenta y este se alegró muchísimo de que ya fuésemos dos. Se llamaba Julio y estaba listo para esa noche. Esperamos que se oscureciera y salimos por la puerta de atrás. Cuidadosamente caminamos hacia una pequeña playa desierta que había en la parte antigua del puerto. Ahí encontramos a otras dos personas. Otro peruano que era amigo de Julio y tampoco tenía papeles y un colombiano que quería volverse a su país lo antes posible. Según supimos después, el colombiano había estado envuelto en política y le buscaban. Tenía que escapar de Chile sin cruzar pasos fronterizos. En un poco rato apareció un pequeño bote a remos que se acercó a la playa. Se movía silencioso y sin luces. Los cuatro nos metimos inmediatamente al agua y sin hablar, nos acomodamos adelante y atrás del remero. Lentamente con su carga de cinco hombres, el bote se acercó al astillero y por entremedio de los andamios que sostenían el pesquero, nos introdujeron por la escotilla de carga. Con señas que nos decían mantenernos silenciosos y movernos rápido, llegamos a las entrañas del barco. Entramos en un espacio que parecía un cuarto pequeño, pero cuando se cerró una puerta y se encendió una luz, nos dimos cuenta que estábamos en el refrigerador donde se guarda la pesca. Obviamente el refrigerador estaba apagado, así es que el olor y la podredumbre a pescado era insoportable, pero aguantamos. Sabíamos que después de algunas horas, nos acostumbraríamos y el olor no lo sentiríamos. Antes de entrar a ese refrigerador, el ayudante del capitán nos había entregado una hamaca a cada uno. Sin decir una palabra y con puras señas, él fue quien nos había guiado desde el bote hasta el refrigerador. Después de encender la luz interior y haber cerrado la puerta, recién habló y se presentó. Se llamaba Horacio y como miembro de una familia de varias generaciones de pescadores, se había criado en los cerros de Valparaíso. Enseguida nos dijo que debíamos asegurar las literas en aquellos ganchos para colgar la pesca que había en el interior del refrigerador. Así lo hicimos y cada uno de los clandestinos, se acomodó en un rincón. Cuando se presentó, Horacio hablaba con una gran sonrisa en sus labios y se veía simpático y afable. Más tarde habríamos de saber que la sonrisa, era sólo una máscara. Era duro y aunque siempre hablaba con esa sonrisita, era implacable para empujarnos a trabajar por horas y horas. Nos dimos cuenta de esto cuando ya en plena faena, fustigaba sin cesar a subir y almacenar la pesca rápido. Había que lanzar las redes con rapidez y repetir el ciclo tantas veces como la luz del sol lo permitiera. Si la pesca estaba buena, había que aprovecharla al máximo. A veces se terminaba trabajando muy tarde por las noches. Alumbrados solo con las tenues luces del miserable generador del barco, las redes se continuaban lanzando. La racha no se podía abandonar. Si ya no quedaban fuerzas para lanzar o alzar la red, se paraba por unas horas. Pero a la alborada de la mañana siguiente, la faena empezaba nuevamente en el mismo punto donde se había dejado.

En esa primera noche, la noche en que llegamos, Horacio nos recordó que cada uno de nosotros estaba absolutamente ilegal en ese barco. Para la conveniencia de todos, debíamos fijar ciertas reglas básicas. Estas reglas estarían en efecto por todo el tiempo que estuviésemos navegando en aguas territoriales chilenas.

— Cuando lleguemos a alta mar, dijo, las reglas serán diferentes y comenzaremos la pesca. La primera regla será que, en todo tiempo, los cuatro de nosotros habríamos de permanecer en el refrigerador manteniendo nuestras voces bajas evitando cualquier forma de ruido.

Mostrándonos la puerta y un pequeño respiradero en el cielo del refrigerador, dijo:

— Si hay una inspección de los guardacostas, esa puerta será cerrada por fuera y esa abertura proveerá el aire suficiente para que respiren. El problema con la abertura, nos advirtió, es que cualquier ruido que se produzca aquí, el refrigerador hará de caja de resonancia y el sonido será transmitido a cubierta. Eso no puede suceder, porque ahí, nos jodimos todos.

— Para la eventual emergencia de una visita de inspección, hemos instalado esa luz roja que ven sobre la puerta. Esa luz es una alarma especial. El interruptor está ubicado en el puente y a la primera señal de peligro, la encenderemos para que sepan que deben permanecer en silencio total hasta que la luz se apague. Aquí nos estamos jugando el pellejo tanto ustedes como nosotros. Pero les necesitamos y ya sabremos cobrar lo que nos cuesta este riesgo. Por supuesto nadie podrá fumar y les vendremos a sacar dos veces al día para que vayan al baño. Entretanto, si es urgente, usen ese balde que ven en la esquina. Les vendremos a buscar solo cuando estemos seguros que ya no hay moros en la costa. Si no venimos, NO NOS LLAMEN. Eso quiere decir que hay problemas en la cubierta y deben permanecer escondidos.

— Me doy cuenta, finalizó, que es una situación incómoda, pero no durará mucho. Las máquinas funcionan muy bien y calculamos que en unos dos días estaremos en alta mar. Ahí, la marina chilena no tiene jurisdicción y estarán fuera de peligro. Tan pronto lleguemos allí, les vendré a buscar.

Sorprendidos, pero más que nada asustados con las reglas, asentimos con la cabeza. Teníamos miedo de hablar. Cuando quedamos solos, ni siquiera comentamos las órdenes que nos dejó Horacio. Ninguno de los que ahí estábamos, tenía otra alternativa. Al día siguiente comenzamos a hablar en susurros y lo pasamos durmiendo. No teníamos nada más que hacer.

El único momento crítico en ese refrigerador que apestaba a pescado podrido, fue el pavor que nos invadió cuando se encendió la luz roja. Rápidamente, apagamos la otra luz y nos mantuvimos en absoluto silencio. La señal de alarma estaba encendida. Reflejados por la luz del bombillo rojo nuestras caras se veían como sacadas de una película de terror. Cada uno de los sonidos que escuchábamos se convertía en una imagen. Sentimos cuando el astillero flotante se hundió para liberar el pesquero. Sentimos claramente cuando las maquinas echaron a andar y el barco comenzó a moverse. También sentimos cuando otra embarcación se acercó, tocó el barco donde nos encontrábamos y escuchamos los pasos de varios hombres que subieron a bordo. No entendíamos mucho lo que decían, pero se sentían como órdenes militares que asumimos decían algo así como "abra aquí", "abra allá", "muéstreme sus papeles" y otros comandos por el estilo. Percibíamos los pasos en diferentes áreas del pesquero y después de un rato, los pasos cesaron. Escuchamos los motores de una embarcación que se alejaba y respiramos más tranquilos.

Cuando nos explicaron lo que había sucedido, el alma nos volvió al cuerpo. Había sido una lancha de desembarco de la marina que revisaba todas las embarcaciones que salían del puerto. Horacio bromeó diciendo que eran unos muchachitos pendejos que revisaban los papeles del barco y la identificación de la tripulación tomando aires de gente importante. "Después de revisar rutinariamente los papeles," dijo Horacio sonriendo, "esos pendejitos nos dejaron ir. A ninguno se le ocurrió preguntar cómo, una tripulación de seis — en realidad solo cuatro, si se descontaba al capitán y al cocinero — podrían realizar tareas de pesca en un barco de ese tamaño."

Para el tercer día ya estábamos en alta mar y pudimos salir a cubierta. Que placer fue respirar nuevamente el suave olor del océano Pacifico. Esta vez estaba parado en la cubierta de un barco y no desnudo en medio de las olas como había sido mi última experiencia en esas aguas. Esa misma mañana comenzamos el entrenamiento para convertirnos en pescadores. Siendo un educador por antonomasia, fue para mí una situación interesante, pero al mismo tiempo vergonzosa. Digo vergonzosa, porque antes de empezar el entrenamiento, Horacio nos revisó la fuerza que teníamos en los brazos, las piernas y especialmente las manos. Cuando llegó a mí, que fui el último, me preguntó:

— ¿Qué tipo de trabajo hacías antes de encontrarte en los líos en que estás?

— Era profesor de la Universidad Técnica del Estado en Santiago.

— ¿A sí? ¡Qué bueno! dijo, y con su clásica sonrisa, gritó a los otros: "¡Muchachos, tenemos un académico entre nosotros!"

Volviéndose hacia mí en un tono socarrón continúo:

— Distinguido señor catedrático, aquí la única cátedra que tendría que dictar seria a los pescados, pero como sus manos son muy finas y no aguantarán mucho el trabajo duro de las redes, le vamos a dar una asignación especial. Ud. ayudará con el almacenamiento del pescado y sólo si es necesario le llamaremos a tirar o recoger redes. El resto del tiempo Ud. será el pinche de cocina porque el cocinero necesitará mucha ayuda para alimentar a los lobos hambrientos que pululan en esta embarcación.

Así es como no pude convertirme en pescador profesional y durante el resto del viaje fui sólo un ayudante de cocina. Ayudaba pelando papas, limpiando platos, ollas y sartenes. También ayudaba a los cortadores de aquel pescado de mayor calidad que se almacenaba en una sección especial del refrigerador. Yo afilaba cuchillos, limpiaba los mesones de corte y vaciaba entrañas de pescado al mar. Hacía de ayudante de los anchoveteros acarreando el hielo con el que se almacenaba la anchoa en las frías profundidades del barco. Ayudaba también a los que reparaban las redes o ayudaba a fijar las decenas de flotadores que tenían esas redes. En realidad, yo era como el ayudante general para todo servicio. Todos los otros tripulantes nuevos estaban acostumbrados a trabajos físicos por lo tanto sus cuerpos se acomodaron rápidamente a las faenas de pesca. Dado que los movimientos de la pesca son diferentes a los que ellos hacían como cargadores o trabajadores de la construcción, al principio aparecieron por aquí o por allá algunos callos extras, pero, aparte de eso, la adaptación fue rápida. Para mí fue diferente. Mis manos comenzaron a endurecerse y aunque no tuve problemas con los músculos en general porque, en la piscina de la universidad, practicaba la natación regularmente, mis manos sufrieron mucho. Por el uso de cuchillos pesados, aparecieron en mis dos manos ampollas que después se convirtieron en callos. A pesar de ese pequeño inconveniente, anímicamente me sentía bien. Estaba escapando del horror que había sufrido las últimas semanas y me estaba graduando como un trabajador manual.

Estuvimos pescando por un mes entero. El viaje fue exitoso ya que regresábamos de alta mar con las bodegas repletas de anchovetas. Además, el refrigerador donde se guardaba la pesca extraordinaria, había sido llenado a su capacidad máxima. Esos eran los peces especiales que a veces venían enredados en las redes de la anchoveta. En esta oportunidad, según decían los que vivían en el barco desde hacía años, la pesca especial había sido muy extraordinaria. Había ahí; sierras, corvinas y jureles de gran tamaño. Otros peces, de los cuales ni siquiera el cocinero sabía sus nombres, completaban esa carga. A ese cocinero le fascinaba comer. A través de los chismes que corrían en el barco, supe que antes de dejar Valparaíso, el cocinero había exigido salir bien aperados de conservas y otros alimentos no perecibles, así es que todo lo que cocinó durante el viaje resultaba exquisito. Era un hombre grande y gordo. Tenía dificultades para moverse en la estrecha cocina del barco, pero cocinaba tan bien y servía porciones tan abundantes, que era el miembro de la tripulación más apreciado por todos nosotros. A pesar de las largas horas de trabajo duro, con lo que comimos en ese viaje, al igual que los otros, subí de peso. Como yo ayudaba en la cocina, aprendí a preparar diferentes platos de pescado. Desde entonces es que me he convertido en experto en sebiche de corvina y otras exquisiteces del mar.

Cuándo el capitán nos comunicó que era tiempo de terminar la faena, nos explicó que para proteger a los que estábamos ilegales, nos aproximaríamos a la costa por el lado peruano. De esa manera podríamos evitar ser abordados por la marina chilena. Eso era lo mejor. Arica está tan cerca del límite entre los dos países, que sólo a último momento ingresaríamos a aguas territoriales chilenas. La estratagema resultó muy bien. Muy tarde por la noche, ingresamos desde el Norte y en la madrugada aparecimos frente al puerto de Arica. Nadie nos revisó y las tareas de desembarco comenzaron de inmediato. Nosotros, los ilegales, tuvimos que ayudar en esas faenas, pero, como nuestra apariencia era ya la de unos pescadores curtidos, nada se vio fuera de lugar. Había policías en el muelle, pero estaban tan preocupados de revisar las pequeñas embarcaciones que cruzaban la frontera con "contrabando hormiga," que no se ocuparon de nosotros.

El "contrabando hormiga" era la mayor preocupación policial del litoral. Consistía en botes o barcos de poco calado que navegaban entre la costa peruana y la chilena. Estas pequeñas embarcaciones llevaban pasajeros con bultos. En los bultos, cargaban uno o dos kilos de azúcar, varios tarros de conservas, electrónicos u otros productos y eso es lo que se llamaba el "contrabando hormiga." Un barco de mayor tamaño, como era el que viajábamos, se veía claramente como una embarcación de pesca industrial. Amarrado al muelle, no despertábamos sospecha alguna. Por las recomendaciones de Horacio y las necesidades del barco, los ilegales permanecimos a bordo por dos días más, hasta que toda la carga fue transferida a las bodegas de las afanadoras. Ayudamos a limpiar y el barco quedó listo para iniciar una nueva temporada de pesca. Al capitán no le fue difícil remplazarnos porque, había tanta cesantía en los muelles de Arica, que antes de terminar totalmente nuestras tareas, ya se habían enlistado cinco nuevos tripulantes que serían nuestros reemplazos. Al momento de despedirnos, Horacio nos llevó hasta la cabina del capitán y ahí recibimos la buena noticia. La pesca había sido tan buena, nos dijeron, que ya el trato inicial no corría. En lugar de haber trabajado solo por la comida y el transporte hasta Arica, recibiríamos dinero. El capitán se sentía tan orgulloso de nuestro trabajo, que cada uno recibió una suma considerable de dinero. La verdad es que realmente no lo esperábamos, así es que quedamos impresionados. En ese mismo momento se llegaron los tripulantes de planta del barco. Venían cargados con botellas de cerveza fría y todos brindamos por el éxito que habíamos tenido y la llegada a Arica sin contratiempos para nadie. A nombre de los que nos habíamos incorporado al barco en Valparaíso, los ilegales, hice un pequeño discurso y elogié la camaradería que se había producido entre los que trabajan en el mar. Después de eso, abandonamos la nave muy contentos. Con billetes en el bolsillo, pasar de Arica al Perú no nos sería difícil.

Saliendo del muelle, el colombiano y yo nos pegamos junto a los peruanos que no sólo conocían el lugar, sino que sabían dónde ubicar a los contactos que nos ayudarían a cruzar la frontera sin pasar aduanas o controles. Los cuatro subimos en un taxi que nos llevó al barrio ariqueño donde se concentraban los peruanos y bolivianos. Pronto, Julio y el otro peruano que se llamaba Vicente hicieron contacto con la gente que se dedicaba al contrabando hormiga. Esas gentes eran en su mayoría habitantes de Tacna, la ciudad peruana próxima a Arica. Su contrabando hormiga consistía en transportar productos más baratos o fáciles de conseguir en un lado que en el otro. Desde Arica transportaban electrónicos y artículos importados. De vuelta desde Tacna, pasaban comida y otros productos peruanos cotizados en Arica. Todo esto lo hacían caminando y cargando lo que sus fuerzas le permitían. Cruzaban de un país al otro por aquellas regiones remotas de la montaña o el desierto en las que ellos sabían que la guardia fronteriza peruana y la policía chilena no podían controlar.

Hacer el trato no costó nada. Nos ofrecimos a llevar tanto como pudiésemos cargar con la única condición que nos permitieran acompañarles y cruzar al Perú. Aclaramos que no queríamos nada en retorno y que toda la ganancia de la venta seria de ellos. Nosotros sólo queríamos cruzar. Como para ellos esto era altamente conveniente, se arregló que saldríamos inmediatamente con un grupo que ya estaba preparado para partir. Habían aceptado más carga que la que podían transportar y necesitaban ayuda. Salimos esa misma noche y caminamos por el desierto hacia la cordillera durante todas las horas que hubo oscuridad. Desde la mañana, durante todo el día siguiente, esperamos por la noche en unas chozas que estaban preparadas para pernoctar durante el día. Era un conjunto de ranchos de paja que, camufladas en un barranco, eran difíciles de distinguir del resto del paisaje. Allí nos acomodamos a dormir. Las chozas las pagó el jefe del grupo y los tipos que las atendían nos dieron agua y charqui de vicuña. Al oscurecer, iniciamos nuevamente la jornada y a la mañana del segundo día ya estábamos en el Perú. Esta vez no tuvimos que pernoctar. Había vehículos esperándonos y como ya todo estaba arreglado, por unos pocos pesos, esos vehículos nos transportaron a Tacna. Ahí, en unos galpones fuera de la ciudad, entregamos la mercadería. Claramente, el contrabando hormiga para el paso de mercaderías y personas ilegales entre Chile y Perú funcionaba como reloj. Nos despedimos agradecidos de aquellos que nos habían ayudado a cruzar y ellos se ofrecieron para que, cuando quisiésemos, podríamos volver a hacerlo para cualquiera de los dos lados. Conseguimos transporte y en la tarde de ese mismo día ya estábamos en el centro de la ciudad.

CAPÍTULO DOS

El Exilio

Llegué al centro de Tacna temprano en la tarde de un viernes. Comprobé que en Santiago fuese una hora adecuada y llamé a la sastrería de mi suegro. Mi preocupación por la hora era importante. Nunca me había llevado bien con el padre de mi esposa y no quería molestarle, pero en la situación en que me encontraba, me veía obligado a tener que usar su teléfono. No es que discutiéramos o nos tratáramos mal. No, era solamente que yo no le gustaba y como el sentimiento era reciproco, hablábamos estrictamente lo necesario para mostrarnos mutua urbanidad. Describir la relación entre nosotros como fría, sería mucho decir. Como no nos pasábamos en absoluto y ninguno expresaba lo que sentía, debería decirse que no había relación alguna. Sin embargo, el amor que ambos teníamos por Hilda nos hacía mantener un pacto de no agresión. Nos hablábamos, pero evitábamos cualquier tema que nos pudiera llevar a un roce. Nos demostrábamos el absoluto desinterés que sentíamos el uno por el otro sosteniendo sólo conversaciones anodinas. Desde que se impuso la dictadura, eso cambió. A Don Luis le asustaba estar cerca de mí y aparte del saludo, dejó de hablar conmigo. Evitaba hacerlo y me evadía. No porque tuviese temor de mí, sino porque pensaba que, asociándose con un "upeliento" izquierdista como yo, él podría ser afectado. Es por eso por lo que, al hacer esa llamada, yo estaba preocupado de su reacción. Conociéndole, supuse que cuando se enteró de que yo me contaba entre los "desaparecidos," su desasosiego respecto a su relación conmigo, sería mucho mayor que antes y trataría de evitarme a todo costo. Sabía que se asustaría de escuchar mi voz, así es que me preparé para una reacción impredecible. Desgraciadamente, esa era la única manera en que me podía contactar con Hilda así es que antes de hacer la llamada, me armé de paciencia y esperé lo peor. En casa no teníamos teléfono y el de la sastrería era el único al que yo podía llamar para conectarme con ella. Me hice un auto lavado de cerebro para mantener mi sanidad mental, pensé en algo positivo. Después de todo, me dije, las condiciones de esta llamada permitirían seguir manteniendo mi existencia secreta. Asumí que era casi seguro que, para protegerse a sí mismo y por el temor a que se supiera que uno de los "desaparecidos" se había contactado con él, Don Luis no compartiría con absolutamente nadie que había recibido una llamada de su yerno.

Esto de los teléfonos ha sido siempre una pesadilla para mí. Hasta los finales de los años sesenta, la telefónica de Santiago nunca llegó a extender los cables hacia los sectores populares. Supongo que como siempre, era una cuestión de mercado. Los servicios domiciliarios para una población formada por cooperativas de profesores y empleados públicos, como era el área donde yo vivía, no eran rentables. Usuarios como nosotros no proveían las suficientes ganancias que justificaran el cableado. Sin embargo, en mil novecientos setenta, el gobierno de Allende forzó a la compañía de teléfonos a actuar como un servicio e hizo que instalara aparatos públicos en todos los barrios de bajos ingresos de Santiago. Finalmente, teníamos un teléfono en la esquina de mi casa. Desafortunadamente, esos teléfonos, aunque había que pagarlos con monedas, eran buenos sólo para hacer llamadas. Cierto que también las recibían, pero para escucharlas había que arreglar previamente la hora de la llamada y estar ahí, en la calle junto al aparato. Además, el servicio duró poco. Algunas semanas antes del golpe, alguien los había inhabilitado. Supimos quiénes fueron los que los destruyeron porque algunos vecinos los habían visto, pero nada pudimos hacer, eran elementos del lumpen. Esos malandrines se habían dejado caer durante la oscuridad de la noche e hicieron el trabajo sucio para el cual habían sido pagados por los conocidos de siempre. Este tipo de individuos, el lumpen, los habíamos visto actuar produciendo desmanes durante las concentraciones de apoyo al gobierno de Allende. Sabíamos que, por años, habían sido aquellos mercenarios que eran financiados por los políticos de la derecha para producir desmanes. Obviamente, es sabido que las gentes que votan por la derecha, no se atreven a participar en manifestaciones callejeras, excepto en sus propios barrios cuando están protegidos por la policía. Por la forma de hablar, por sus manierismos y su vestimenta, la "gente linda" del barrio alto, no pueden pasar como gentes del pueblo. Históricamente nunca han osado acercarse al centro de la ciudad a hacer manifestaciones o contramanifestaciones en contra de la izquierda. Para eso han usado al lumpen. Estos son los que producen daños que dan la sensación de desorden social. Los elementos del lumpen se confunden visualmente con los trabajadores y es por eso que, para las faenas sucias, como en este caso, destruir los teléfonos públicos, los golpistas de la derecha, contrataron al lumpen. Fue una operación secreta que se llevó a efecto antes del golpe. Lo hicieron en todos los barrios populares de la ciudad y su objetivo era evitar que sus pobladores se comunicaran entre sí. Había que impedir o neutralizar la participación de aquellos que se opondrían al golpe de estado. Identifico como lumpen, a aquellos menesterosos que, sin identificación social alguna y en el desconocimiento absoluto de valores éticos, están dispuestos a hacer cualquier cosa por dinero. Son los individuos que desde hace mucho tiempo han sido pagados por los que ostentan el poder económico en Chile para provocar disturbios en las calles de la ciudad. Los desmanes producidos por estos sujetos serán luego atribuidos a los trabajadores a través de los medios controlados por el poder económico. En preparación para el golpe de estado, el primer paso para llamar a los militares a imponer el "orden" fue crear un ambiente de anarquía social. Ahí fue que nuevamente se reclutó al lumpen para producir desórdenes en Santiago. Eso no es difícil de hacer. Este tipo de personas abundan en todas las grandes ciudades. Son aquellos indigentes que no se identifican con los intereses de los trabajadores. Viven en las poblaciones, pero no teniendo oficio, afiliación social u ocupación fija, aprovecharán cualquier oportunidad para hacer dinero. Están siempre listos para convertirse en vendedores ambulantes temporarios o dispuestos cualquier otra actividad, legal o no tan legal, que les sea remunerable. Sin escrúpulos ni sentido de la moralidad, están dispuestos a participar en cualquier cosa para conseguir el dinerillo fácil que les satisfaga sus necesidades básicas inmediatas. Sin ser delincuentes, viven al borde del delito y eso no les incomoda. Es su forma normal de vivir. ¿Cómo sé yo que estas gentes existen y porque sé que han sido usadas en la política chilena desde hace décadas? Porque me lo contó mi primo Gabriel, una fuente fidedigna de información acerca de ello. Él estuvo personalmente implicado con ese tipo de sujetos. Gabriel era el hijo mayor de la tía Tota, una hermana de mi padre. Se llamaba Gabriel Arturo Ferreira Olivares y era un tipo enorme. Alto y muy musculoso. Fue el principal guardaespaldas de Arturo Alessandri Palma. El que llegó a ser presidente de Chile. En su calidad de guardaespaldas de Don Arturo, como le decía el primo Gabriel, él estuvo involucrado por varios años en las actividades políticas del lumpen chileno. Durante la candidatura de su jefe, el primo Gabriel era quien se encargaba de pagar y acarrear en camiones a aquellos que aparecían avivando las concentraciones políticas de Alessandri. Como buen populista, este quería aparecer apoyado por el verdadero pueblo y desde el principio de su candidatura intentó hacer concentraciones multitudinarias, pero no podía conseguir que sus partidarios participaran. Sus seguidores, "la gente linda," los habitantes de los barrios pudientes, no se iban a presentar en concentraciones populares codeándose con el populacho. Por otro lado, los trabajadores organizados en sindicatos y los miembros de las mutuales de los años treinta, no se identificaban con un candidato que protegería los intereses económicos de la oligarquía. Es por eso que mi primo quien se encargaba de conseguir gentes para las concentraciones de Arturo Alessandri. Visitaba las barriadas y repartiendo dinero a destajo, conseguía sujetos del lumpen para avivar esos mítines. Por su apariencia afable, por su extracción social y porque siempre tenía dinero para invitar a un trago, el primo Gabriel tenía excelentes relaciones con el lumpen. Según el mismo me lo contó, en algunas ocasiones se acordó que, durante el mitin, el candidato haría una arenga o una pregunta capciosa a la multitud. Alguien del público, como ya estaba preparado, se la contestaba con un lenguaje grueso y el candidato respondía en el mismo tono. Esto provocaba grandes risas y aplausos entre los presentes y todos celebraban la espontaneidad del "candidato del pueblo." A la mañana siguiente, los periódicos parciales a la derecha, que eran la mayoría de los medios, declararían el mitin como todo un éxito. Esos periódicos que controlaban la opinión pública de Chile le dieron a Alessandri el epíteto: "El León de Tarapacá." Ese título, exaltaban la capacidad del candidato para conectarse con los chilenos de las barriadas populares. Según Gabriel, el mismo fue parte de esa farsa participando activamente en esas concentraciones desde el lado del populacho. Así es como Arturo Alessandri fue elegido presidente y esa es la prueba que el uso político del lumpen en Chile no es nuevo. Lo han estado haciendo desde mil novecientos treinta y no sólo para camuflar a ciertos candidatos, sino que también para provocar el enfrentamiento social. Ese es el caso también de Arturo Alessandri. Cuando al "León" la cuestión política se le puso complicada, fue mi primo Gabriel quien contrató a matones del lumpen para que se mezclaran entre los asistentes a los mítines de protesta de los trabajadores e hiciesen desmanes. Obviamente, la prensa favorable al gobierno nuevamente atribuiría esos desmanes a los criminales de izquierda que se oponían a Alessandri. Por mucho tiempo mi primo estuvo a cargo de contratar gentes del lumpen y ese era su secreto personal. Aunque afable, en lo personal el primo Gabriel era conocido en la familia como un hombre serio y reservado. Cuando me contó estas cosas, yo me sorprendí mucho y recuerdo claramente la ocasión. Fue en uno de esos días en juntábamos en casa del tío Tito a celebrar el cumpleaños del abuelo. Ese día el abuelo cumplía cien años y estábamos casi todos los primos. Yo era un muchacho muy joven y Gabriel era un hombre bastante mayor. Siendo alcohólica, supongo que ya estaba bebido y como siempre le había gustado hablar conmigo, apenas nos encontramos a solas, me dijo:

— Tú lees mucho Rafael y creo que tú eres el que sabe de más cosas que todos los primos. Yo nunca aprendí a leer bien y me cuesta mucho. Es por eso que te admiro y quisiera que tú también te sintieras orgulloso de mí. Déjame contarte lo que he mantenido en secreto por largo tiempo. Es una de las cosas más importantes que he hecho en mi vida, y quisiera que tú lo sepas.

Y ahí empezó a relatarme su participación en la política chilena. Repitió varias veces que su trabajo había sido siempre secreto. Incluida la familia, muy pocos sabían lo que él había hecho por Arturo Alessandri, pero como yo era su primo predilecto, quería hacerme partícipe de ello. A mí, me fascinaba hablar con el primo Gabriel porque usaba un lenguaje muy florido. Como introducción a su historia, me dijo que hablaríamos "de hombre a hombre," o sea me lo contaría todo a "culo pelado." Ahora aprecio mucho más sus confidencias de que lo que las aprecié entonces. Ellas me han dado un testimonio de primera mano acerca del rol que han jugado en la política chilena los individuos del lumpen. Eso es lo que me permite sugerir que fueron tipos como esos los que destruyeron los teléfonos de mi vecindario. Habría sido estúpido que mis vecinos lo hubiesen hecho, todos los utilizábamos. Mi convicción de que fue el lumpen quedó confirmada más tarde cuando escuché los comentarios de mi suegro y mi padre. Cuando supieron lo sucedido, ambos dijeron exactamente lo mismo. "Claro, era de esperarse, tienen que haber sido los upelientos. Si esos ni siquiera saben cuidar sus propios teléfonos." La opinión de mi padre y mi suegro, hombres de trabajo, pero extremadamente conservadores, coincidía exactamente con los titulares de los diarios de la derecha. Sin comunicarse entre ellos, ambos emitían el mismo juicio. Una vez más, como históricamente lo ha sido, las acciones del lumpen, financiadas por el poder económico, eran atribuidas por la prensa de derecha a los militantes de izquierda. Esto es lo que se convertía en la opinión pública chilena.

Bueno, volviendo a la llamada a la sastrería, debo decir que me había preparado para ella acumulando mucha paciencia. Yo sabía que sería conflictiva. Mi suegro fue uno de esos chilenos que habían pedido a gritos el golpe de estado, pero después de haberlo conseguido, vivían aterrados de lo que la dictadura les pudiese hacer. Como muchos otros sin educación política, nunca se imaginó que es lo que estaba pidiendo a gritos. Estaba tan asustado, que aun sabiendo que la única manera de comunicarse con su hija era visitándonos, después del golpe, nunca más fue a nuestra casa. Pasaron varias semanas antes que se atreviera a mandar a su prima a vernos y saber de su hija y sus únicos nietos. Su prima, que era enfermera y también estaba asustada, se hizo conducir a nuestra casa por un médico de mucho prestigio en Chile que era altamente respetado por los militares.

Esto, porque ellos sabían que vivíamos en una zona de la ciudad donde la dictadura hacía continuos allanamientos, detenciones y actividades extrajudiciales. Varios de nuestros vecinos fueron extraídos de sus casas por desconocidos y desaparecieron.

Sinceramente creo que el padre de mi mujer nunca fue una persona capaz de hacer maldad con intención. Además, como no tenía valores filosóficos definidos o principios de identidad social, carecía de opinión política propia. Sus opiniones eran las mismas que las del último cliente con quién hubiese hablado. Era un excelente artesano y su sastrería tenía éxito entre los tipos elegantes de Santiago que por verse bien no se fijaban en costos. Como resultado de esto, la mayoría de sus clientes eran personas acomodadas y el hacía buen dinero. Obviamente entonces, lo que mi suegro sentía y pensaba en el ámbito político, eran las opiniones de esas gentes. A sus clientes, Don Luis nunca les contradecía, pero con su familia o sus empleados, su actitud era diferente. Varias veces vi a Hilda llorar por las cosas que él le dijo en algunas de sus conversaciones telefónicas. Para evitar ponerla en la disyuntiva de tener que tomar partido entre su padre y yo, nunca intervine y evité el conflicto. Sin embargo, me quedaba el sinsabor de haberme refrenado. Sabiendo cómo se ponía en una discusión, siempre evité confrontaciones con mi suegro. Generalmente era un hombre muy gentil y educado. Pero cuando se alteraba, se convertía en un energúmeno. Me parece que fue ese carácter infernal es el que lo llevó tan tempranamente al derrame cerebral y consiguientemente a la tumba. Creo que él sabía que su temperamento y su intelectualidad eran frágiles y débiles y es por eso por lo que cuando se sentía acorralado, levantaba la voz y usaba un vocabulario agresivo. Sin embargo, cuando se trataba de relacionarse emocionalmente con mujeres, esos rasgos de su personalidad los disimulaba muy bien. De conversación liviana y con la pinta de un italiano rubio de ojos verdes, Don Luis Genni, era muy bien considerado por las damas y tenía gran éxito con ellas. Su misma hija me ha contado de las innumerables "amiguitas" que ella le conoció. Algunas las tuvo por tantos años, que más tarde, cuando alguna más joven pasó a tener la preferencia, esas se convirtieron en "tías" de Hilda. Recuerdo que incluso yo estuve involucrado. Fue en esa ocasión en que acompañé a Hilda para que la "tía" Aurelia conociese a nuestros niños. Esa tía, supe después, no tenía parentesco familiar alguno con Don Luis, pero había sido una de esas "amiguitas." Posteriormente, ya envejecida se mantuvo cerca de mi suegro, se convirtió en una amiga para siempre y jugó un rol importante en la juventud de mi esposa.

Por este conocimiento que tenia de mi suegro, es por lo me había preparado para la cantinela que vendría durante la llamada. Mi intuición no falló. Recién había identificado mi voz, cuando me estaba diciendo que por favor no usara más su teléfono para este tipo de llamadas. Estaba tan asustado de escucharme, que ni siquiera me preguntó cómo estaba ni donde me encontraba. Sólo me pidió que hablara rapidito para que nadie supiera que hablaba conmigo. Y claro, mientras me tenía en el auricular aprovechó de decirme todo aquello que antes, en persona, no se había atrevido a decir. Se olvidó que el mismo había dicho que la llamada debería ser corta y se largó en una larga reprimenda. "Que yo debería haber tenido cuidado de no haberme metido en cuestiones peligrosas." "Que yo era el único culpable de lo que me hubiese sucedido." "Que como se me ocurría llamar y ponerle en riesgo a él, si él no tenía nada que ver en el asunto." "Que era irresponsable de mi parte pedirle ayuda y hacer que él se involucrarse en mis problemas y bla-bla-bla." Todo esto, yo ya lo sabía. Se lo había dicho a su hija y ella me lo había referido a mí. Nunca se atrevió a decírmelo de frente, pero dado que ahora tenía mi oreja cautiva aprovechó de hacerlo. Después de haberse repetido varias veces, reluctantemente accedió a escucharme.

Le pedí disculpas y le recordé que tenía que llamarle porque no teníamos teléfono en casa y esa era la única forma que teníamos de comunicarnos. Le prometí que, si me permitía sólo una llamada más, no volvería a involucrarlo. Para poder hablar directamente con Hilda, yo llamaría entre las diez y las doce de la mañana del día siguiente. A esa hora de un sábado, ella no tendría problemas en esperar en la sastrería. Sin decirle donde, le expliqué que estaba fuera del país y le imploré que nos facilitara esa llamada. Con humildad en la voz, le dije:

— Si hablo con su hija mañana, le dejaré un número a ella para que me pueda llamar. Después de mañana, ya habremos establecido un contacto y nos las arreglaremos solos.

— Le aseguro que no volveremos a incomodarlo, repetí.

Él sabía que pidiéndole algo tan extraordinario, tendría que seguir escuchándolo así es que nuevamente me volvió a repetir lo que ya había dicho antes. "Que todo esto era culpa mía por haberme metido en la porquería de la política" y toda esa andanada de epítetos que se había guardado contra mí por tanto tiempo. Estoicamente, esperé. Sabía que esa perorata nuevamente vendría, pero conociendo bien el carácter del hombre, también sabía que eso significaba que había accedido a mi petición. El tipo era así. Después de hacer un favor, se quejaba un montón por haberlo hecho, pero igual lo hacía. Cuando terminó su cháchara, renuentemente dijo que mandaría a buscar a Hilda para que estuviese en la sastrería en la mañana siguiente.

El encuentro telefónico que tuvimos con Hilda fue tremendamente emotivo. Por boca de nuestra amiga Sonia, ella ya sabía que yo estaba vivo y me encontraba viajando en un barco pesquero hacia el Perú. Para no preocuparla, en el momento no le conté exactamente dónde estaba, pero para su tranquilidad, le dije que pronto llamaría a la sastrería y le dejaría un número de teléfono donde pudiese llamarme y hablar extenso. Para mantener la conversación corta le pedí que, por esta vez, solo me escuchara. Ya me imaginaba yo lo nervioso que su padre debe haber estado en ese momento y por ende Hilda.

Lo haríamos como lo habíamos conversado antes de mi desaparición. Lo primero, sería revisar los documentos de toda la familia. Títulos académicos y currículos profesionales. Certificados escolares de los niños y por supuesto Carnés de identidad y pasaportes. Le recordé que, afortunadamente, por nuestros recientes viajes a la Argentina, los pasaportes estaban vigentes. Le pedí que sacara del banco todo el dinero que teníamos ahorrado, lo convirtiera a dólares y cerrara la cuenta. Por el momento tenía que deshacerse de todas las cosas de la casa y conservar solo las ropas con las que viajaría. Ella y los niños deberían estar listos para salir hacia Lima en cualquier momento. Eso podría ser pronto o en unas dos o tres semanas. Cuando yo estuviese instalado, les daría la fecha exacta. Me excusé de no darle ningún detalle de lo que me había sucedido porque la historia era muy larga y ya me imaginaba lo nervioso que debe haber estado su padre junto al teléfono. En unos pocos días más, le dejaría en la sastrería un número de teléfono al que ella pudiese llamarme. Ahí podríamos hablar con confianza y sin apuro. Ya tendríamos el tiempo de compartir nuestras experiencias del último tiempo. Me despedí cariñosamente y estando demasiado emocionado para escuchar lo que ella me dijera, le mandé un beso y corté.

Esa misma tarde me instalé en un bus y viajé toda noche hacia Lima. Lo primero que hice en la mañana, fue buscar cómo podría contactarme con mi amigo Pedro Alvarado. Pedro, mi gran amigo peruano, había sido profesor de la Universidad de San Marcos y ahora se encontraba tremendamente comprometido trabajando para el gobierno del presidente del Perú Don Juan Velasco Alvarado, su tío. Mi amistad con Pedro se había iniciado en mil novecientos sesenta y ocho cuando ambos asistimos a esos cursos internacionales de perfeccionamiento que se dieron en Santiago. Por aquellas cosas de la química que se da entre las personas, desde que nos conocimos, la amistad se hizo sólida. Por supuesto, ayudó mucho el que nuestras ideas acerca de la educación en Latinoamérica fuesen muy semejantes. Leíamos los mismos autores y profesábamos filosofías políticas muy parecidas. Incluso nuestras respectivas familias se habían conectado muy bien. La esposa de Pedro había conocido a la mía cuando ella había viajado a Santiago para reunirse con su marido antes de terminar los cursos. Los cuatro habíamos pasado estupendas veladas nocturnas y tan buenas migas hicimos que, antes que ellos volvieran a Lima, insistimos en que debían quedarse algunos días más de vacaciones en nuestra casa. Accedieron y así fue que no sólo turisteamos los alrededores de la capital, sino que paseamos por las playas del litoral central. Fueron unas vacaciones cortas pero muy intensas. Desde entonces la amistad entre nosotros se había acrecentado. Nos contactábamos periódicamente por teléfono y hablábamos de política y educación.

Busqué un centro de llamados y conseguí comunicarme con la oficina de Pedro en el ministerio de educación. Como era un hombre importante, no me comunicaron directamente y me pusieron con su secretaria. Cuando ella le dijo quien llamaba, el me atendió de inmediato. Me sentí muy bien de escuchar una voz amiga. Sin darle detalles le expliqué por qué le llamaba sin haberle avisado de mi arribo a Lima. Con la afabilidad que le caracteriza, insistió en que yo debería irme inmediatamente a su casa a almorzar. Ahí nos veríamos con cierta calma y podríamos conversar mejor que si nos viéramos en su oficina. Me dio su dirección y me instó a que me fuera inmediatamente hacia allá. Como no tenía nada más que hacer, así lo hice y a mi llegada, fui maravillosamente recibido por su mujer. Pedro había avisado a su esposa que yo iba y ella ya había dado órdenes de preparar un almuerzo típicamente limeño para mí. Le expliqué las razones de por las qué me presentaba de improviso en su casa y sin darle detalles, le describí mis avatares y las circunstancias que me habían llevado hasta allí. Después de escucharme con atención, se excusó por un momento, fue a otro cuarto y escuché que he hizo una llamada por teléfono. No escuché bien lo que se hablaba, pero cuando volvió, lo hizo con una tremenda sonrisa en sus labios.

— Mira Rafael, me dijo, aquí en nuestra casa no tenemos mucho espacio y tú sabes que nuestro cariño es tan grande que no tendríamos problema que te quedaras con nosotros, pero te he conseguido algo mejor. Como me imagino que tu estadía puede ser por más de unos pocos días y seguramente después se te unirán tu esposa y los niños, te he conseguido un lugar donde tú y tu familia se puedan acomodar por algún tiempo.

— Pero no deberías haberte molestado, me puedo ir a un hotel. Cuando lleguen Hilda y los chicos ya nos las arreglaremos, le dije.

— No es ninguna molestia. Mira, sucede que una amiga mía, acaba de heredar de su abuela una tremenda casa en el centro de la ciudad y está arrendando apartamentos. Yo los he visto y son mononos. La casa es tan antigua que su construcción es de esas en que las habitaciones se encuentran alineadas a los costados de varios patios. Por su antigüedad, es una de las pocas casas de ese tipo que quedan justo al centro de la ciudad. Por esa misma razón, desgraciadamente fuera de sus murallas hay una tremenda actividad y el ruido es inaguantable, pero una vez que cruzas esas grandiosas puertas coloniales, el interior es de una tranquilidad exquisita. Los patios están adornados con jardines bien cuidados y aunque las habitaciones se ven alineadas como de un claustro antiguo, ellas tienen todas las condiciones de una construcción moderna. Todo esto ha sucedido porque mi amiga, la que heredó esta propiedad, es una viuda joven que nunca tuvo familia. Antes de recibir la herencia ya tenía bastante dinero y como hacía tiempo que buscaba ocuparse de algo, decidió convertir esa casa en una especie de Condominio/Hotel de primera categoría. Esta propiedad es tan bien ubicada en la ciudad que cualquier inversión que se haga en ella, garantiza un soberano rembolso. Es por eso por lo que la han renovado con todas las amenidades actuales. Cada una de esas grandes piezas antiguas ha sido convertida en un pequeño departamento de lujo. La obra ha sido diseñada por un arquitecto conservacionista y el resultado, dado que los costos no fueron obstáculos para el diseño, es una serie de habitaciones de un ambiente que mantienen el sabor de la construcción original, pero con todas las comodidades tecnológicas del momento. Mi amiga, la dueña, es una mujer de acción que le gusta controlar todo y en este caso, ha supervisado desde la renovación del edificio hasta la administración de las rentas. Recién está comenzando a arrendar las unidades que han sido terminadas y cuando le expliqué la necesidad urgente que tenías de alojar a tu familia, ella inmediatamente accedió a arrendarte un departamento. Me advirtió si, que aún hay unidades en construcción y eso producirá molestias. Conociéndolos a ustedes, le dije que la construcción no sería ninguna molestia así es que ya tienes alojamiento para ti y tu familia.

Riéndose agregó:

— Hay un solo inconveniente, por ahora ustedes serán los únicos inquilinos del condominio y dado que tendrás que soportar las incomodidades de la construcción, por el momento la renta será baja. Estoy tan segura de que Pedro no tendrá problemas en que les paguemos los primeros meses de renta, que ya arreglé un contrato. ¿Estás de acuerdo?

— ¿Que si estoy de acuerdo? Pero si estoy encantado, yo no quería molestarles, dije, pero esto es mucho más que la ayuda que me esperaba de ustedes. Sobre los pagos del alquiler, no te preocupes, te agradezco tu oferta, pero tengo algún dinero y mi esposa vendrá luego trayendo todos nuestros ahorros.

— Debo decirte que por ahora el dinero no importa. Tu alojamiento ya está arreglado. Después que terminemos de almorzar, cuando Pedro vaya de vuelta a su oficina, te pasará a dejar. La casa está en el camino al ministerio. Veo que no tienes equipaje así es que podrás instalarte esta misma tarde. De ahora en adelante todo te resultará bien.

— ¡Ah! Ahí llega Pedro, vamos a almorzar.

Me atendieron maravillosamente bien. Entre plato y plato de esa estupenda comida limeña, llené los huecos de mi narrativa inicial y les conté en breve mis experiencias de las últimas semanas. Me hicieron muchas preguntas y quedaron bastante impactados de lo que me había sucedido. La esposa le preguntó a Pedro que es lo que se podría hacer en el Perú para ayudarme y este me explicó que él trabajaba en el Ministerio de Educación, pero que, por ser sobrino del presidente, el General Juan Velasco Alvarado, tenía amigos en casi todas las dependencias del gobierno y todos le trataban muy bien. También me explicó que para mí fortuna, por su alta posición como Director de Educación Primaria y por razones de la reforma educacional en que se había comprometido a todas las áreas administrativas del país, incluidos los militares y la policía, creía que me podría ayudar bastante a legalizar mi situación. Por razones de la reforma al sistema educativo auspiciada por el presidente, me dijo, él se encontraba continuamente en reuniones con los más altos personeros del estado y eso le facilitaba acceder a varias dependencias de gobierno. Me advirtió también, que por ningún motivo me acercara a ninguna oficina diplomática chilena. La dictadura chilena se oponía absolutamente a la política actual del Perú y las relaciones entre ambos gobiernos se habían deteriorado mucho. Más todavía, me dijo que a él le constaba que si los servicios secretos de la dictadura chilena me identificaban en Lima, mi vida corría peligro. El gobierno peruano sabía que la misión diplomática de Chile tenía agentes secretos en el Perú que buscaban y raptaban a aquellos que eran requeridos en Chile, pero ellos, los peruanos, no podían hacer nada. Justamente por ser agentes secretos no podían ser identificados.

Le agradecí todas sus preocupaciones y le aseguré que sería muy cuidadoso. Esperaría a mi esposa e hijos en Lima y ya vería cual sería nuestro paso siguiente. Me dejó frente a la casona donde me habían conseguido alojamiento y se despidió cordialmente. Antes de partir, dijo:

— Rafael, ¿te acuerdas de Bruce Vogeli el profesor de la Universidad de Columbia de Nueva York con quien hicimos esos cursos de Educación Matemática en Chile?

— Por supuesto que me acuerdo, si tú y yo nos conocimos en uno de esos cursos.

— Bueno, el caso es que Vogeli planea pasarse aquí unos días. Vendrá a Lima a asesorarnos en la reforma educacional en la parte de educación matemática. Lo hemos contratado como experto y también dictará algunos cursos de perfeccionamiento. Voy a arreglar un encuentro de manera que podamos juntarnos con él. Es posible que él te pueda ayudar a estudiar en los estados unidos. Tú sabes que como académico chileno tus chances aquí en el Perú no son buenas. Yo te podría apoyar por ahora, pero este gobierno no será para siempre y si la situación política cambia, mi influencia apoyando a un chileno, será nula.

— Gracias, creo que Bruce sería una buena carta. Si, por favor prepárate una reunión con él cuando llegue. Él y yo, ya habíamos hablado de la posibilidad de ir a hacer mi doctorado en educación en Nueva York. Nuevamente, gracias por todas tus atenciones, nos mantendremos comunicados. Tu esposa me dijo que hay un teléfono en esta casa. Te llamaré para darte el número apenas lo sepa. ¡Ho! Torpe de mí, eso no es necesario porque tu esposa ya lo tiene. Fue ella la que hizo el llamado para arreglar mi estadía aquí.

Estando frente a la casona, quedé muy impresionado. Ubicada en el centro mismo de la ciudad, debe haber sido construida hace varios siglos atrás. Sin embargo, su fachada había sido conservada exactamente como el original. El trabajo de renovación había creado un clima arquitectónico fantástico. Las gigantescas puertas de madera elaborada eran de tal tamaño, que parecían portones de un garaje moderno. Seguramente, cuando fue construida, pasaban por ellas los carruajes de caballos. En esas grandes puertas, con mucho gusto, se habían cortado dos puertas más pequeñas que funcionaban a la perfección y no alteraban la apariencia de las originales. Sus balcones con balaustras de donde colgaban preciosas plantas le daban al conjunto ese sabor a cosa antigua. Adentro la casona había sido remozada con todas las comodidades modernas de los años setenta. Manteniendo los marcos de madera de las puertas y las ventanas originales, se habían hecho las ampliaciones y las modernizaciones de las murallas de tal manera que los ambientes eran contemporáneos, pero mantenían el sabor original de cosa vieja. En cada una de esas piezas antiguas de gran tamaño, se había construido una unidad habitacional independiente que tenía las características de un departamento moderno. En más de un caso, para conservar el añoso árbol que se erigía en un patio, se construyó alrededor de su tronco. La construcción que respetaba las plantas adyacentes resultaba increíble.

Me asignaron la unidad número cinco que estaba al final del primer patio. Todo ese primer patio ya era habitable. Aunque la unidad cinco no era la más bonita de las ya terminadas, por su ubicación me dejó contento. Estaba exactamente al lado del teléfono y como había uno solo en toda la casa, me resultaba muy conveniente. La dueña me había llevado personalmente hasta la habitación así es que, después de agradecerle mucho su bondad por haberme solucionado mi problema en tan corto plazo, le pregunté si en aquel teléfono podría hacer llamadas internacionales. Me dijo que no habría ningún problema siempre que mantuviera el récord de lo que se había gastado en cada llamada. "Las llamadas locales no se cobran," dijo, "pero cuando pague el arriendo del mes, tendrá que pagar las de larga distancia." Llamé inmediatamente a mi suegro y le pedí que por favor le diera a su hija el número de teléfono en donde me encontraba. "No me diga dónde está," me dijo. "No quiero saberlo. Esta misma tarde le daré este número a Hilda, pero por favor no vuelva a llamarme a mi sastrería. No quiero que me meta en problemas."

Nunca supe la razón, pero mi suegro siempre me trato de usted, sospecho que era porque nunca le gusté como yerno. A mí eso no me importaba, el caso es que, con su responsabilidad de siempre, mi suegro cumplió y esa misma noche recibí la llamada de mi esposa.

Rápidamente le expliqué dónde estaba y le dije como los Alvarado me habían acogido en Lima. Enseguida le pregunté cómo iban sus trámites y los preparativos para el viaje. Me dijo que todo marchaba bien. De acuerdo con lo previsto, todos los pasaportes estaban al día. Ya había sacado el dinero que teníamos en el banco y lo había convertido en dólares. Les había pedido a nuestros vecinos y a los parientes que estaban menos asustados que dispusieran de todas las cosas de nuestra casa. Ya se había imaginado ella que no volveríamos en mucho tiempo o tal vez nunca, así es que había dispuesto deshacerse de todo. Posteriormente habríamos de vender incluso la casa así que era mejor dejarla vacía. Nuestros hijos, Rafael Jr. y Paulina ya sabían que deberíamos viajar al extranjero. No tendrían que seguir yendo a la escuela y por eso estaban muy contentos. Paulina estaba triste de dejar a sus amiguitas, pero Rafael estaba excitado de conocer otro país. Ahora que ya sabían que estaba en Lima, sería cuestión de un corto tiempo para que pudiésemos reunirnos como familia.

Efectivamente, tres días después, mi esposa me llamó y me dijo que ya tenían los pasajes en bus hasta Arica. Ahí se alojaría con sus primas, a quienes no veía por muchos años, y prontamente seguiría el viaje a Tacna. Ya había averiguado como podría trasladarse de Arica a Tacna en bus y de ahí a Lima por el mismo medio. Había calculado todos los horarios de los buses y los tiempos de viaje así es que estimaba que nos juntaríamos en más o menos una semana. Ahora que tenía un teléfono donde recibir llamadas, ella me llamaría desde los teléfonos públicos que durante su viaje hubiese disponibles. Así es como me mantuve informado de las alternativas del viaje y el día de su arribo, les estaba esperando en el terminal de Lima. El encuentro, fue un acontecimiento inolvidable para todos. Aun ahora, después de cuarenta años de esa fecha, cada vez que nos juntamos los cuatro a solas, no podemos dejar de recordar esos momentos. El caso es que desde que los niños eran pequeños habíamos creado lazos cariñosos profundos. Usualmente no nos veíamos igual que otras familias. Los cuatro éramos físicamente muy efusivos y como en esa oportunidad hacía meses que no me veían, el reencuentro en Lima fue apoteósico. Apenas nos divisamos, comenzamos a hacernos gestos y cuando nos acercamos, empezamos a demostrar nuestra felicidad con gran espaviento. Yo los abrazaba y los besaba. Ellos me abrazaban y me besaban. No podíamos parar de reírnos y provocar gran algarabía. Entre los chilenos siempre había resultado extraño que mi hijo y yo nos abrazábamos y nos besáramos en público. Entre hombres, aunque sean padre e hijo, eso no se hace. Tampoco se hace tanto ruido para despedirse o encontrarse en público. Hay que mantener la compostura. Parece que, en este aspecto, los peruanos no son diferentes a los chilenos. Tal vez sean aún más recatados porque de reojo vi como otros pasajeros que se bajaban del bus, demostraban incomodidad por nuestra conducta. Pareciera que, entre ellos, como entre los chilenos, no es común que los hombres se demuestren afecto físico. Los varones no deben besarse y punto. Tampoco se debe ser bullicioso en público. Hay que ser reservado. Pero lo que nosotros hacíamos, lo habíamos hecho siempre y como la ocasión era tan especial, seguimos abrazándonos, riéndonos y llorando de felicidad. Después de un buen rato, nos compusimos y nos preocupamos de rescatar los equipajes. Mientras viajamos hacia donde nos instalaríamos, seguimos atropellándonos en nuestras conversaciones. ¡Teníamos tanto que decirnos!

Antes de la llegada de mi familia yo había conseguido que me arrendaran otra habitación al lado opuesto del patio y ahí alojamos a la hija y el hijo. El viaje había sido largo y los chicos estaban agotados. Después de comer se retiraron inmediatamente a su cuarto. Los ayudamos a meterse en sus camas, los arropamos y al poco rato estaban durmiendo.

Cruzamos el patio y después de tanto tiempo sin vernos, nos quedamos mirándonos por un largo rato. Finalmente, después que Hilda me había dado por perdido y yo había abandonado toda idea de volver a verla, nos encontrábamos a solas. Ahí estábamos frente a frente, juntos otra vez en una historia de amor se remontaba a nuestra adolescencia. Cuando nos conocimos en las fiestas de la Escuela Normal de mujeres, éramos muy jóvenes, pero a pesar de ello, desde el primer encuentro, la química entre nosotros había sido instantánea. Desde entonces habíamos cultivado amorosamente la relación y habíamos llegado a convertirnos en una pareja como muy pocas de las que conocíamos.

Esta vez nos reencontrábamos como adultos, teníamos una familia y habíamos sobrevivido peligros políticos de vida y muerte. Como el de la llegada en el bus, el reencuentro como pareja fue también muy especial y único. Es por eso por lo que, en estos últimos cuarenta años, muchas veces lo hemos recordado con gran ternura. Esa noche nos abrazamos tiernamente y nos dijimos cuanto nos habíamos entrañado. Yo la besé y ella devolvió el beso con pasión. En ese momento entendí que la llama de su amor por mi estaba ahí ardiendo más grande que nunca. Es porque en ese momento sentimos aquello especial. Sentimos que lo que podría haber sido y que afortunadamente no fue, nos unía más que nunca. Nos dimos cuenta de que la ausencia del otro habría sido lo más desastroso que le hubiese sucedido a cada una de nuestras vidas. Es por esa realización, por la química que ardía más que antes y por la tranquilidad que aquella casona nos brindaba, que tuvimos un sexo tan glorioso que esa noche nunca será olvidada. Fue un sexo maduro y comprehensivo. De entrega total. De entendimiento que la posesión del otro no es mía sino del otro. Lo que aprendimos ese día de la calidad de nuestro cariño nos ha permitido replicar en otras ocasiones esa misma calidad del sexo, pero lo que sucedió esa noche nunca lo hemos olvidado. No lo hemos olvidado porque después de haber vivido juntos por varios años, esa vez fue la primera vez nos dimos cuenta de lo que podría haber sido de nosotros, sino hubiésemos tenido la oportunidad de volver a estar juntos. Es por eso por lo que nos entregamos al amor del uno por el otro como nunca lo habíamos hecho. Es por eso, porque esa fue la primera vez que nos dimos cuenta lo que significaría para uno la posible ausencia del otro, que esa vez será siempre única.

El resto de los recuerdos que tenemos de los días en esa casona, son también placenteros y halagadores. En los primeros días, mientras los chicos caminaban y aprendían acerca del centro de la ciudad de Lima, en la intimidad de nuestra habitación, mi esposa y yo teníamos interesantes coloquios amorosos y todo parecía como suspendido en el tiempo.

El fin de semana siguiente, la realidad nos hizo aterrizar. Estábamos de visita en casa de los Alvarado, cuando Pedro me comunicó que Bruce Vogeli estaría llegando a Lima en los próximos tres días.

— Creo que será necesario que el próximo domingo nos juntemos nuevamente a almorzar, dijo Pedro. Yo invitaré a Bruce y esa será un buen momento para que hablen de tu futuro.

— Por supuesto, aquí estaremos el próximo fin de semana, dije. Pero esta vez, por favor, permíteme aportar con el vino. Yo sé cuál es el que le gusta a Vogeli. Allá en el centro, cerca de donde vivimos, conozco una botillería y lo puedo conseguir.

— Excelente, dijo Pedro. Trato hecho.

Continuando con la racha de buena suerte que me había acompañado desde el momento de mi fuga, el encuentro con Vogeli el fin de semana siguiente, fue todo un éxito. Me dijo que no tendría ningún problema en auspiciarme ya que él conocía mi calidad académica y con gusto me presentaría a la oficina de admisión del Teachers College de la Universidad de Columbia. En el Teachers College ya sabían del buen ojo que tenía Vogeli para seleccionar estudiantes graduados. Antes lo había hecho varias veces y sus protegidos siempre habían tenido éxito. Explicó que frecuentemente, como resultado de sus viajes para dar cursos de perfeccionamiento, auspiciaba académicos latinoamericanos, africanos y asiáticos para estudiar en Teachers College. Nunca había sido desilusionado y todos habían sido excelentes estudiantes. Por esa razón y con su auspicio, me dijo, mi ingreso al Teachers College, estaba asegurado. En mi caso, usaría su prestigio para pedir a la oficina de admisión por algo extra. Pediría que, por el primer semestre académico, yo fuese eximido del examen de inglés que se les exige a todos los estudiantes extranjeros. "Tomar ese examen," me dijo, "te retrasaría por lo menos un semestre de admisión así es que yo testificaré que tu inglés es aceptable para comenzar tu doctorado de inmediato." "Ya veremos después, en el segundo semestre académico, como arreglaremos para que cumplas ese requisito," terminó.

Me advirtió además que, al principio, sería duro y que tendríamos que trabajar en lo que fuese para vivir y pagar no sólo los gastos de matrícula, sino también todos los gastos personales. "Vivir con toda una familia en Nueva York no es barato," me dijo. Con las becas que el controlaba podría financiarme uno o dos cursos, pero el resto tenían que ser cubiertos por mí. Me conseguiría habitación en los dormitorios para familias del Teachers College, pero habría que pagar arriendo, comida, transporte y los otros gastos familiares que implica hacer estudios de postgrado en una ciudad tan cosmopolita como Nueva York.

Mirando mi historia personal en perspectiva, podría decirse que todo aquello resultó extraordinariamente bien. Mucho mejor que lo que yo me pudiese haber imaginado. Apenas conseguí los papeles, llené los documentos de postulación a Columbia y Vogeli los envió con una carta de presentación suya al Director de Admisiones del Teachers College. Estábamos preparándonos para una larga espera, cuando a las pocas semanas llegó la aprobación de la admisión. No cabía en mi pellejo cuando supe que había sido aceptado para realizar estudios doctorales en USA. Yo sospechaba desde antes que la influencia que tenía Bruce con las autoridades del Teachers College era significativa, pero debo confesar que no me imaginé que fuese tanta. Tan pronto llegó la noticia de mi aceptación, que me sorprendió preparándome para un tiempo de espera más largo. Inmediatamente después de haber enviado toda la documentación, mi esposa y yo nos habíamos puesto a estudiar inglés y pensamos que tendríamos más tiempo para ello, pero no fue así. El tiempo se nos acortó considerablemente. Yo recién había empezado a asimilar todo lo que fuera relacionado con USA y especialmente con Nueva York. A mi esposa no le entusiasmaba mucho la idea de irse a vivir a los Estados Unidos y por eso estudiaba sólo dos o tres horas al día. Pero yo, con la tenacidad que ponía cuando me abocaba a una empresa de mi interés, me había convertido en un fanático. Estudiaba el nuevo idioma por horas y horas. Escuchaba todo el inglés que podía sintonizando las radios de onda corta de Nueva York. No entendía mucho, pero eso era lo que hacía hasta tarde por las noches. Me había propuesto acostumbrar el oído a la tonalidad y la música de los sonidos diferentes del inglés. Especialmente del inglés de Nueva York. Por mis estudios anteriores en la universidad, yo podía leer artículos profesionales sobre educación en ese idioma, pero lo hacía con bastante dificultad y siempre con un diccionario al lado. Esta vez no se trataba del inglés profesional, sino que necesitaría además comprender el inglés cotidiano. Con ese propósito, busqué en los quioscos de publicaciones internacionales en el centro de Lima y compré todos periódicos de Nueva York que pude encontrar. Esos, los use con dos intenciones. Primero me sirvieron para leer y practicar el inglés coloquial que necesitaba y segundo, me ayudaron a tener una idea de cuanto nos duraría el dinero que teníamos para financiar nuestra futura vida en esa ciudad. La verdad es que, en esto de la parte financiera, no alcancé ni siquiera a preocuparme del dinero que gastaríamos en Lima. Mi aceptación al Teachers College llegó tan pronto, que mi inquietud económica se trasladó inmediatamente a lo que habría de suceder en Nueva York. Después de leer las noticias locales de cada periódico, buscaba la sección de avisos económicos y revisaba las ofertas de trabajo. Como el aviso decía lo que pagaban por hora, tenía que calcular cuánto se podría ganar por mes. Con esos números, revisaba los comerciales de los supermercados y buscaba los valores de productos como carnes, vegetales y lácteos. Calculaba cuanta comida se podía comprar con ese dinero y luego revisaba los arriendos para agregar los costos de habitación y así estimar cuantos dólares se necesitarían para una familia de cuatro.

Siempre preocupado de las finanzas familiares y sabiendo que tal vez no tendría ingresos por largo tiempo, empecé a buscar cómo podría conseguir los pasajes desde el Perú a USA sin tener que pagarlos de mi propio bolsillo. Después de todo, pensé, viajaba a perfeccionarme al extranjero. Por recomendación de mi amigo Pedro, averigüe con la Comisión para las Migraciones Europeas (CME) y en esas oficinas me dijeron que, si conseguía auspicio del Perú, postulara. Ya se vería que sucedería. Cuando llegó la carta de la Universidad de Columbia me apersoné a las oficinas de la CME en Lima con la admisión del Teachers College y con una nota de presentación a nombre del gobierno peruano que me había conseguido mi amigo Pedro. Al principio, la persona que recibió la solicitud cuestionó que el gobierno peruano estuviese auspiciando a un académico chileno, pero después de mostrársela a un funcionario de mayor jerarquía, los documentos fueron aceptados. Quince días después, recibíamos la noticia de que la CME pagaría por los pasajes de toda la familia. Lo que yo no supe en ese momento, pero lo habría de entender más tarde, es que como sucede en muchos organismos internacionales que conceden ayuda a los estudiantes graduados, cuando yo solicité la financiación de los pasajes, la sede peruana de la CME había gastado muy poco de su presupuesto. Ese año, pocos peruanos tenían los antecedentes necesarios para solicitar ayuda a la CME así es que, aunque mi situación apareciese ligeramente irregular, fue aceptada. Mi solicitud había llegado justo en la coyuntura precisa. Si no gastaban ese dinero durante el año, en el próximo, el presupuesto les sería reducido considerablemente. Independientemente de las políticas internas de esa institución, para mí, el resultado fue fantástico. Otro gasto grande que habría tenido que hacer, quedaba fuera de mi camino.

Llegamos a Nueva York asustados pero contentos del futuro que se nos presentaba. Un futuro que no habíamos elegido pero que nos alejaba del peligro de vivir en Chile. Con ese espíritu, mi esposa, mi hijo, mi hija y yo, aprovechamos al máximo las oportunidades que esta nueva vida nos brindaba. Desde el principio, todos trabajamos y estudiamos muy duro en Nueva York y ahora podemos decir con orgullo que como individuos y como familia hemos triunfado. Me gradué de mi doctorado y luego de duras experiencias como maestro de escuela primaria en Harlem llegué a conocer bien la realidad de la educación urbana en USA. Después de varios años de trabajar como maestro elemental en el barrio más bravo de la ciudad, fui contratado como profesor de la Universidad de la Ciudad de Nueva York (CUNY) donde completé veinte años de docencia universitaria. Actualmente soy académico retirado del Queens College, CUNY, donde cree la Maestría en Pedagogía Bilingüe, programa del que fui director hasta el momento de mi jubilación. El programa se encuentra en excelente salud académica y goza de gran prestigio en los centros internacionales de la educación bilingüe.

Mi esposa, quien también tuvo años duros de experiencias en las escuelas primarias de Harlem, se retiró como maestra primaria con una pensión de la ciudad de Nueva York y continuó trabajando como profesora de matemáticas bilingües en el Hostos Community College del CUNY. Después de desempeñarse brillantemente allí por varios años, se acaba de acoger a un segundo retiro. Como profesora de Hostos, Hilda hizo todos los cursos para el doctorado en educación matemática pero no se graduó porque simplemente no quiso terminar su disertación doctoral. En ese punto había tenido tanto éxito en Hostos, que el escribir la disertación y obtener el grado académico de doctora en educación matemática, no le haría gran diferencia en su estatus académico. La verdad es que los dos tenemos gran cariño por Hostos Community College. Fue ahí donde comenzamos a trabajar mientras estudiábamos en la Columbia y esos ingresos fueron los que nos permitieron nuestros estudios graduados en USA.

Nuestros hijos son profesionales exitosos en sus respectivos campos y cada uno de ellos no sólo tiene magníficos compañeros de vida sino una preciosa familia. Mi hija y su esposo criando hijas y mi hijo y su esposa criando chicos.

Después de los trágicos eventos que he descrito en el capítulo anterior, debo decir que a pesar de cualquier cuestionamiento político que se le haga a los Estados Unidos, y he hecho muchos, en mi caso personal y familiar debo estar agradecido de esta tierra. Hemos tenido que adaptarnos con gran esfuerzo y dolor a USA, un mundo tan diferente del nuestro. Sin embargo, justamente mis experiencias me ese país, me han hecho sentir que la vida es bella. Después de todo son esas experiencias las que me han permitido enfrentar la realidad con una perspectiva distinta. Esa perspectiva me hace sentirme como ciudadano del mundo. Nací en Chile donde hice mi juventud profesional y he vivido la mayor parte de mi vida en la gran manzana donde logre la madurez académica. Creo que puedo decir que después de todos mis avatares, la vida me ha vuelto a sonreír y desde Nueva York yo le devuelvo la sonrisa.

Sin menospreciar mi sentimiento anterior, comparto la critica que se le hace a USA por su manipulación económica y política de tantos países, especialmente los latinoamericanos. Soy consciente de como los gobiernos norteamericanos han intervenido abierta o subrepticiamente en toda Latinoamérica y sobre todo soy absolutamente consciente de la injerencia de USA en la política chilena. Nunca olvidaré el rol que el gobierno de USA jugó en el golpe de estado en Chile y como eso afecto a tantos chilenos y a mí en particular. Pero debo ser honesto y reconocer hidalgamente que, a pesar de esos amargos sentimientos, en lo personal esta sociedad me ha dado mucho más que lo que esperaba. La vida en Nueva York es fantástica. No olvido ni perdono a la CIA y a todos esos norteamericanos que intervinieron políticamente en Chile e hicieron daño a mí, a mi familia y al país en general, pero no debo permitir que lo que siento contra aquellos, me impida reconocer a esos otros, aquellos que genuina y desinteresadamente me ayudaron a triunfar en esta tierra. Permítaseme aclarar. No es que condone los valores éticos y las políticas de presión que los Estados Unidos han ejercido en el mundo, pero después de cuarenta años en este país, debo hacer una diferencia. Es aquí donde aprendí que no es apropiado usar estereotipos para juzgar a los otros. Debemos hacer la distinción entre aquellos que dominan y manejan el imperio y los otros, aquellos que practican valores humanistas y también viven en la sociedad norteamericana. Los humanistas son como nosotros, pero los que soportan y justifican las atrocidades del imperio también viven entre nosotros y yo los llamo los otros.

CAPÍTULO TRES

¿Volver?

Cuando las condiciones políticas de Chile cambiaron y los perseguidos por la dictadura pudieron volver, yo no lo hice. Como respeto al lector, brevemente suspenderé la narrativa para explicar esa decisión. Las meditaciones que siguen, están ligadas a mi historia, pero no son necesarias para entenderla. El no leerlas, no afecta el hilo de la narrativa. Si le resultan fastidiosas, por favor elúdalas y vaya al capítulo siguiente.

Aclarado esto, empezaré con las razones profesionales por las que tomé la decisión de no volver. El lector ya sabe que, a diferencia de aquellos que emigran por razones económicas o personales, yo no elegí irme de mi país y al comienzo de mi estadía en Nueva York sentía que todo era temporal. Tan transitoria percibía mi situación, que volver a Chile lo veía como una cuestión de tiempo. Cuando hablaba de mi estatus, yo no decía "Si volviera a Chile…" sino que decía: "Cuando vuelva a Chile…" Sin embargo, al avanzar en mis estudios doctorales, ese sentimiento evolucionó. La primera señal de ese cambio, la sentí al final del primer semestre académico cuando descubrí que mi gran preocupación por los problemas chilenos, me había impedido tener una visión global de la educación. Al entender las intenciones de la educación internacional comprendí el error. Capté que, en el escenario mundial, la población chilena es sólo una más en el planeta y por lo tanto mis conductas profesionales anteriores habían sido provincialmente chovinistas. Si se entiende la educación como un factor de movilidad social, mi lucha por la educación de los desposeídos, no podía quedar circunscrita a Chile. El desarrollo educativo debe ser concebido de acuerdo a las necesidades locales y también promover la justicia social a nivel internacional. Es decir, el acto educativo contribuye al desarrollo de la democracia participativa a nivel país pero al mismo tiempo le da a cada individuo las herramientas para actuar a transnacionalmente. Por ese camino, la educación podrá alterar no sólo las relaciones de clase dentro de una nación sino también ejercer presión contra las desigualdades que existen entre las naciones.

Lo otro que me motivó a no volver, está relacionado con mi especialización académica. Desde muy joven, cuando me inicié en el estudio de la pedagogía en Chile, me había dedicado de lleno a defender las políticas educativas que me parecían socialmente justas. Sin embargo, envuelto en las batallas ideológicas, había descuidado mi desarrollo profesional. Al iniciar mis estudios doctorales entendí que mi calidad académica había sido comprometida y que mi error me había costado caro. Me había convertido en un pedagogo experto en generalidades, pero como experto en generalidades no era especialista en nada. En desmedro de mi formación, me había gastado en la lucha contingente y eso había sido un gran desperdicio de tiempo. Para recuperar ese tiempo debería crear para mí, un nicho académico muy específico. Empecé a buscar por un aspecto muy definido de la pedagogía y encontré la pedagogía bilingüe. Para que ella funcione, exige una visión multiculturalista y globalizada del mundo y como además protege a las minorías étnicas, se ajusta plenamente a mi filosofía educativa. Por otro lado, esa especialidad me permitiría continuar aplicando aquellos principios pedagógicos que ya eran parte de mi formación y mi experiencia académica. Después de graduarme como Doctor en Educación Bilingüe, enseñe por varios años en las aulas de la ciudad de Nueva York. Esa práctica me permitió reforzar los aspectos teóricos de mi especialización e iniciarme en el desarrollo de material pedagógico para el bilingüismo. Me preocupé de participar activamente en organizaciones nacionales e internacionales de educación bilingüe y tuve acceso a editoriales dedicadas a ese campo. Publiqué artículos sobre bilingüismo en revistas profesionales y me hice relativamente popular en la academia. El caso es que pronto empecé a ser reconocido como experto en materias de pedagogía bilingüe. No pasó mucho tiempo en que se me abrieran las puertas de la docencia universitaria y me convertí en catedrático de CUNY, la Universidad de la Ciudad de Nueva York.

Cuando en mil novecientos noventa, los exilados políticos tuvieron la oportunidad de volver a Chile, yo ya había creado en Queens College, uno de los campos de CUNY, una maestría en Educación Bilingüe. Desde sus comienzos, esa maestría se convirtió en todo un éxito. Esto se debe a que en pasillos de Queens College es habitual escuchar más de sesenta lenguas diferentes. Para la gran mayoría de sus estudiantes, el inglés es una segunda lengua y como han sido ya educados en otra, son lingüísticamente proficientes en ambas. Con tanto bilingüismo alrededor, no me fue difícil reclutar estudiantes para el programa y fue esa clase de gentes las que lo llevaron a su éxito. Después de más de veinte y cinco años de existencia, puedo decir con orgullo que el programa de Maestría en Educación Bilingüe del Queens College, CUNY, no sólo continúa creciendo cuantitativamente, sino que, por su calidad, goza también de un excelente prestigio académico. El programa forma maestros que pueden enseñar en dos lenguas, todas las materias del currículo de la escuela elemental. Habitualmente se gradúan de él maestros de educación bilingües en inglés/cantones, inglés/coreano, inglés/haitiano creole y por supuesto inglés/español. Eventualmente, uno o dos estudiantes buscan su especialización en educación bilingüe en otras lenguas como por inglés/farsi, inglés/hebreo o inglés/árabe y aunque esos son raras excepciones, también pueden ser atendidos en sus necesidades lingüísticas.

Siendo el creador y director de la maestría en educación bilingüe, Queens College me nombró profesor titular en esa especialidad y desde ese instante, mi carrera académica en USA quedó asegurada. Al momento en que los exilados tenían la oportunidad de volver, yo comprendí que dadas las condiciones en que trabajaba en Nueva York, sería imposible conseguir algo equivalente en Chile. Allí, la Educación Bilingüe es desconocida no sólo para el público en general, sino que también para los educadores profesionales. Digo esto porque he visto como en los comerciales de algunas escuelas privadas de Santiago, se confunde la educación bilingüe con la enseñanza de un segundo idioma. Esas escuelas promocionan la enseñanza de dos idiomas desde el primer grado y se auto identifican como escuelas bilingües. El error es patente. Aquello no es educación bilingüe, sino enseñanza temprana de un idioma extranjero. En un programa bilingüe los estudiantes aprenden matemáticas, historia, ciencias y todas las materias escolares en ambas lenguas. Esto permite que los estudiantes no sólo hablen y escriban en ambas, sino que aprendan a aprehender cualquier materia y a pensar tanto en la una como en la otra. Este tipo de educación existe solamente en aquellos países donde la presión política de diferentes grupos lingüísticos ha logrado que se practique el bilingüismo regional o nacional. Ese es el caso del Paraguay donde se enseña en castellano y guaraní y en la sierra del Perú y Bolivia con el castellano/quechua y el castellano/aimara. En otras partes del mundo se puede encontrar educación bilingüe en Nueva Zelanda con el maorí y el inglés, en el Canadá con el inglés/francés y en Cataluña con el catalán/castellano. En Chile, cierta forma de educación bilingüe se encuentra solo en algunas aulas de la región de la Araucanía. En ellas los estudiantes aprenden el currículo escolar en mapuche y castellano, pero para la mayoría de los chilenos, esto es absolutamente desconocido.

Siendo yo un especialista en una pedagogía que se desconoce en Chile, la idea de volver resultaba absurda. A que habría de volver. ¿Volver a vivir y a trabajar allá? ¿Dónde? ¿En qué?

Además de los motivos profesionales, existen también cuestiones personales y filosóficas que explican porque no he vuelto a vivir en Chile. La primera de ellas, se relaciona con mi habitual sospecha de que todo aquello que parezca demasiado bueno para que sea real, es porque habitualmente no lo es. Cuando me encontré con el equivalente a esta idea en inglés, la adopté de inmediato y la uso con frecuencia. "It is too good to be true" El dicho representa exactamente ese aspecto de mi personalidad que me hace sospechar de todo. Especialmente aquello que aparezca extraordinariamente bueno. Así me sucedió cuando tuve que pensar en la belleza de volver a un Chile libre y democrático. Yo intuía que tenía que ser una falacia. Cuando otros vieron el término de la dictadura como una maravilla, yo no lo vi así. No podía creer que los mismos que gestaron la dictadura y que habían arrebatado el gobierno por la fuerza de las armas, lo entregarían ahora sin condiciones. No cabía pensar que esos entregarían el poder pacíficamente sin guardarse en la manga algún subterfugio para seguir controlándolo desde las sombras. Como esto de la teoría de la conspiración, ha sido parte de mi carácter desde muy joven, cuando la mayoría de Chile votó por el "NO" y la dictadura aceptó el veredicto de la población, no lo creí.

Desgraciadamente, no me equivoqué. Lo que en un principio había nacido solo como un sentimiento visceral, más tarde se convirtió en realidad. Aquellos cambios, que son el producto de la dictadura y que han transformado la fábrica social de los chilenos, no han logrado ser revertidos por los gobiernos elegidos. En mil novecientos noventa, Chile no se convirtió en una auténtica democracia, sino en lo que el mismo dictador ya la había definido: "una democracia protegida." ¿Protegida de quién? ¿Protegida contra qué?

En realidad, después del "SI" y el "NO," el país volvía a ser lo que – con algunos breves intervalos históricos – había sido hasta antes de la dictadura; una democracia aparente en que las oligarquías que controlan el poder económico, controlan también el poder político. Y cuando digo oligarquías, me refiero a los conocidos de siempre. A aquellos que, desde el origen de Chile, han manejado el país desde las sombras. Los que, en números, nunca han sido la mayoría, pero continúan dominando a todos los chilenos. Aquellos que, en contubernio con la CIA, cuando vieron que sus intereses eran amenazados por el gobierno de Salvador Allende, financiaron y dirigieron el apoyo civil al golpe. Son los mismos que, después del veredicto del "NO," posaron una vez más defendiendo la llamada "democracia" y aparecieron respetando la voluntad del pueblo.

Son los que, sintiéndose dueños de Chile, han hecho coincidir la defensa de la voluntad del pueblo, con la defensa de sus propios intereses. Son los que respetan la democracia solo si ellos, desde las sombras o abiertamente, manejan el poder. Aquellos que, apenas atisban la posibilidad de perder ese poder, acusan faul y acuden a los cuarteles. Aquellos que justifican la violencia cuando defiende sus intereses y acusan cualquier otra forma de violencia como "ilegal." Esos son los que en mil novecientos ochenta y ocho ya habían captado que la dictadura había llegado a un punto álgido. Las protestas populares y la fuerza de la oposición a Pinochet se hacían incontrolables y la "violencia ilegal" podría llevar al país a un caos. La paz que daba la dictadura mandando a los opositores a los cementerios, o haciéndolos desaparecer, ya no funcionaba. En una sociedad en caos, sus intereses se verían amenazados y para proteger sus intereses, había que soltar vapor. Para que la economía de mercado funcione, es indispensable que las masas consumidoras se sientan tranquilas y había que evitar que la caldera explotase. Como el cambio que se venía era inevitable, con el oportunismo político de siempre, posaron apoyando el referéndum. Ya no podían seguir usando a sus esbirros militares como lo habían hecho hasta entonces, pero a esos había que ofrecerles una salida honorable. Como la fórmula del control directo de los militares, estaba políticamente agotada, idearon una fórmula para el control indirecto. Sus sicarios entregarían dignamente el gobierno, pero respetando la constitución impuesta por Pinochet, se mantendrían como garantía de la transición a la "democracia." Qué paradoja, se aceptaba una transición a la democracia que sería protegida por los mismos que en 1973, la habían destruido. Según fue concebida, la transición, que en un principio no tenía límites, seria cautelada por los militares y conservaría intacto el modelo de libre mercado. Es por eso que los conocidos de siempre empujaron al dictador a crear un referéndum nacional organizando el circo del "Si" y el "No." Lo hicieron aparecer como la solución perfecta a la crisis política y por supuesto, para ellos, sí lo era. No tenían por donde perder. Si ganaba el "SI," Pinochet seguía como jefe de gobierno y esto les favorecería lo mismo que si ganaba el "NO," según lo cual Pinochet no seguía, pero la transición mantenía el statu quo económico. Además, la consulta popular a través de un referéndum, no sólo legitimaba a los militares como defensores de la democracia, sino que permitía bajar la tensión social y reducía la presión internacional que se ejercía sobre los horrores de la dictadura.

El referéndum creo euforia popular entre la mayoría de las gentes del pueblo que, por la falta de participación social, se habían convertido en analfabetos políticos. Sin embargo, los políticos que luchaban por una democracia real, no se la tragaron. Ellos entendían cuál era el juego, pero lo vieron como la única oportunidad de inducir un cambio. Tal vez un pequeño cambio, pero sería más que lo que no se había logrado ni con la oposición violenta ni con las protestas callejeras. A la mayoría de esos líderes les costó aceptarlo, pero con gran reluctancia accedieron. Supongo que pensaron que era una pequeña abertura y que tal vez más adelante, ella les permitiría empujar a cambios mayores. ¿Habría yo de volver a eso? ¿A qué costo me reinstalaría en una sociedad que yo veía como inestable?

Otro de los motivos personales que explican mi decisión de no volver, está relacionado con mi apreciación de la idiosincrasia chilena. En este aspecto debo decir que, después de Pinochet, las cuestiones de fondo que aquejan a la sociedad chilena, a mi parecer, no han cambiado. Han pasado muchos años en que el país ha tenido gobiernos que se llaman a sí mismos de centro o de centro izquierda y sin embargo, la economía de mercado que creó el dictador, se ha exacerbado. Las elecciones y las campañas políticas son un bonito adorno, pero son una mascarada. En lo substancial, la desigualdad entre los que poseen y controlan la riqueza y los desposeídos se hace cada vez más profunda. Las relaciones sociales en el país permanecen casi inalteradas, porque a pesar que la economía de mercado ha aumentado el número de aquella población que se identifica a sí misma como "clase media," lo esencial de esas relaciones, aún persiste. Aunque vivo fuera del país, lo que ahí he visto, me permite decir que la idiosincrasia de la mayoría de los chilenos ha sido alterada por los cambios psicosociales que produjo la política económica de la dictadura. En este sentido, coincido plenamente con las opiniones vertidas en algunos periódicos digitales de Chile. El sentido clasista y arribista que siempre ha caracterizado a los chilenos, se ha visto ensalzado por los valores desarrollados por la economía de mercado que valora las relaciones sociales con un criterio economicista. Esto ha alterado y deteriorado los valores de convivencia y solidaridad que eran comunes en gran parte de mis connacionales. Veo como, descontando a los que conservan o han desarrollado una conciencia político social, el chileno medio actual, visualiza las relaciones sociales, culturales y valóricas con un criterio de mercado.

Ejemplos específicos de esta actitud se pueden observar en varios ámbitos. No es poco común escuchar a chilenos que dicen: "Yo puedo pagar la mejor calidad de educación para mis hijos y es por eso que los tengo en escuelas privadas." Y esto va acompañado por: "No me importa la educación pública gratuita. ¿Por qué tengo que sacrificar mi calidad de vida pagando por la educación de otros niños si eso es la responsabilidad de sus padres?" Entiéndase "calidad de vida" como el acceso a cosas, lugares o situaciones "de calidad." En la mente de muchos chilenos, la educación ha dejado de ser un derecho social para convertirse en un bien de consumo. Fue con ese criterio que la dictadura traspasó a las municipalidades la responsabilidad de proveer educación pública. Y como los ingresos municipales determinan la disponibilidad presupuestaria de las escuelas, aparece como "justo" que aquellos que viven en comunas afluentes tengan una mejor educación para sus hijos. Obviamente, si la educación es considerada como bien de consumo, las municipalidades pobres dispondrán de menos recursos y la calidad de sus escuelas se verá disminuida. En el Chile democrático pre-dictadura, la educación pública centralizada proveía de los mismos recursos a todas las escuelas del país. Bajo ese sistema, el estudiante pobre, descontando el significativo apoyo de la situación familiar, tenía oportunidades semejantes a las que tenía aquel con mayor status económico. Lo que cada estudiante podía lograr con la educación pública centralizada, estaba más ligado a sus propios esfuerzos y habilidades que a la capacidad económica donde vivía. Mi esposa y yo somos producto de ese sistema. Proviniendo de familias de escasísimos recursos, nos educamos solo en escuelas públicas y logramos llegar al tope de nuestras carrearas académicas. En el caso de la educación municipal, la educación deja de ser un elemento de movilidad social y se convierte en perpetuadora del sistema. Aquellos que nacieron en las barriadas pobres, deben permanecer en esos vecindarios. Eso es exactamente lo que diseñaron los cerebros de la dictadura ya que la economía de mercado, necesita mano de obra barata y un cierto nivel de desempleo. Esto permite entender que, para evitar aparecer cruel e insensible, en público, el chileno critica la desigualdad social, pero en privado, la acepta como un fenómeno natural. Es frecuente escuchar: "Yo no soy como esos, yo soy de clase media." Interesante es notar que, como auto-identificación, casi todos los chilenos se consideran a sí mismos "clase media." Ninguno reconoce en público de ser de "clase alta." Si llega a hacerlo, lo hará solo en privado y solo cuando los de su propia clase le escuchan. Se habla de los ricos, pero nadie se auto-identifica en ese rango. Por otro lado, tampoco he escuchado nunca a un chileno que diga de sí mismo que es de la "clase baja." Se habla de los pobres, pero algunos que podrían identificarse como tales, nunca se llamarían a sí mismos con ese apelativo. Interesante país, nadie se auto-identifica como miembro de la clase alta o de la clase baja. Todos son de clase media. ¿Pero si no hay gentes que se identifiquen ni en la clase alta ni en la clase baja, que es la clase media? ¿Media entre qué?

Soy consciente que no hay una base científica para estas aseveraciones y que mis especulaciones son anecdóticas, pero son genuinas. Están basadas en mis observaciones y percepciones de las conductas y el lenguaje de los chilenos. Por otro lado, debo aclarar que estas generalizaciones gratuitas no deben ser consideradas como estereotipantes. No todos los que viven en Chile han adoptado esas formas de ser, pero para nosotros, los que no hemos estado allá y no vivimos los cambios que produjo la política económica de la dictadura, nos parece que muchos, sin siquiera percibirlo, son bastantes diferentes de los chilenos que conocimos. Las relaciones sociales, la educación de los hijos, la calidad de vida y el éxito profesional, se evalúa con parámetros de mercado que, a nosotros, nos parece difícil de entender. Otro ejemplo de esto pareciera reflejarse en la ausencia de valores éticos en gran parte de la juventud profesional chilena. Claro, materias como filosofía, sociología o psicología social, durante la dictadura, fueron prácticamente eliminadas del currículo universitario. Se trataba de formar técnicos altamente especializados en su profesión. No había necesidad de crear una actitud reflexiva. Para probar esta teoría, hice la siguiente pregunta a varios sobrinos y sobrinas que alcanzaron niveles doctorales en Chile: ¿Cuánto dinero cobrarías para desarrollan una tecnología que fuese letal para millones de personas? Desgraciadamente, la respuesta fue invariable: "Depende de los costos, de la viabilidad técnica y del tiempo disponible." Ninguno cuestionó la moralidad de la propuesta y cuando sugerí el asunto de los valores éticos involucrados, la respuesta fue espeluznante: "Eso no es importante porque si no lo hago yo y el dinero es suficiente, igual lo hará otro" (sic).

Después de estas disquisiciones, puedo decir que, realmente, no siento nostalgia por el viejo país como le llamaban aquellos inmigrantes europeos que llegaron a USA en el siglo pasado. Igual que ellos, a Chile lo llamo el "viejo país," no porque sea viejo sino porque es el de mi pasado. El "nuevo país," es donde he hecho la parte más importante de mi vida y no es que me sienta norteamericano. Con la oposición de mi esposa, prefiero llamarme a mí mismo ciudadano del mundo. Lo hago porque he tratado de mantener los valores que más aprecié del "viejo país" y adoptar del "nuevo," sólo aquellos que considero apropiados a lo que soy. Por ejemplo, como familia, nos preocupamos de practicar aquellos valores humanistas que sustenta una gran parte de la sociedad norteamericana. No toda esa sociedad lo hace, pero un alto porcentaje de los norteamericanos precian a las personas por lo que son y no por su origen social. ¿En qué vecindario naciste? ¿Cuál es tu apellido? ¿De qué familia vienes? ¿En qué escuelas estudiaste? ¿En qué vecindario vives? ¿Qué auto tienes? Son preguntas que habitualmente en USA no se hacen. Vale más que tan bueno seas en lo que haces que tu origen y tu estatus social. En cambio, en Chile, se ha creado oficialmente un sistema de estratos. Se habla de los estratos A, B y C y cada uno de esos estratos está dividido en categorías A1, A2, A3 y B1, B2, etc. Las categorías obviamente, están basadas en lo que tienes, donde te educaste, de dónde vienes y donde vives. Esta clasificación se usa en las solicitudes de trabajo donde cada postulante debe proveer los datos personales que le permite identificarse en un punto de la categoría y sirve al empleador para hacer un perfil social del postulante. Con esa información se hace una primera selección evitando contratar a aquellos que sean considerados socialmente indeseables para ese trabajo. En cierta forma el sistema es parecido a uno de castas, pero, por favor, no te atrevas a decirlo en Chile. Por supuesto, muy a la chilena, esto se presta para que los postulantes usen toda clase de subterfugios para engañar al sistema. Para eso, puedes dar el domicilio de un amigo o un pariente y aparecer que vives en un barrio "bueno" en lugar del tuyo propio. Puedes pedir ropas y un auto prestado, impostar la voz como que te educaste en escuelas caras y otras pillerías por el estilo. En los Estados Unidos, cuando postulas a un trabajo, no solo es ilegal hacer preguntas para ubicarte en la escala social, sino que, por costumbre, no se hace. En mi experiencia personal, cada vez que busqué trabajo, las preguntas de la entrevista estaban dirigidas exclusivamente a mis habilidades y destrezas y nunca a mi origen o status social. Relacionado con esto, hay otro aspecto que no ha cambiado en la idiosincrasia chilena. Me refiero a esa intromisión descarada que se hace en la vida de otras personas. Basta que cuentes algo de tu vida privada para que tu interlocutor comience a darte instrucciones de lo que debes hacer al respecto. Con gran autoridad te dan soluciones a tus problemas cuando ellos mismos están metidos en tremendos líos personales o familiares.

Y eso no es todo. Debo decir que, de acuerdo a mis observaciones, otra institución que se ha exacerbado con la actitud mercantilista desarrollada en Chile, es el chaqueteo, pero el chaqueteo, tal como yo lo conocí ya no existe. Ahora es diferente, pero en principio, sigue siendo lo mismo. Tan propio es el chaqueteo a la sociedad chilena, que esa palabra no existe en otros países de habla castellana. Entendido como el acto de tirar de la chaqueta a cualquiera que sobresalga profesionalmente en su trabajo, el chaqueteo actual no es el mismo que lo que fue. Ahora se trata de practicar el chaqueteo, más que nada, para mejorar la paga. Y como el chaqueteo va siempre acompañado de la envidia y la mediocridad, en eso si los chilenos no han cambiado. No te atrevas a destacarte en lo que haces y no pretendas ser reconocido si lo haces bien. Acostumbrado a eso, fue impactante para mí cuando en USA los colegas me dieron la bienvenida a la Universidad. Llegaron a saludarme a mi oficina felicitándose ellos mismos por el privilegio de tenerme en la institución. Sin embargo, en todos los lugares que trabajé en Chile, nunca me sucedió algo así. Si alguna vez llegué a descollar en alguna actividad, aparecían los comentarios tan típicamente chilenos: "¿Y este de que se las da?" y a partir de esos comentarios se iniciará la actividad chaquetera. Vamos a tirarle a este de la chaqueta para que baje al nivel de todos. Es importante que todos aparezcamos iguales o casi iguales y nadie debe descollar. En Chile hay que mantenerse al nivel del grupo porque es socialmente importante no hacerse notar. Por mi naturaleza, yo siempre he hablado en un alto volumen de mi voz y desde que era pequeño fui constantemente sancionado. Aprendí que debía hablar bajito, pero desde la distancia he visto que eso crea un ambiente de mediocridad. Como contraste, los argentinos que habitualmente hablan a un alto volumen de voz, son considerados engreídos. Si el lector encuentra que estos juicios acerca de la sociedad chilena son injustos e inapropiados, le ruego que revise las historias de Gabriela Mistral, Pablo Neruda, Claudio Arrau, Isabel Allende y otros. Todos ellos fueron reconocidos internacionalmente mucho antes de ser apreciados oficialmente en Chile. ¿Qué puede significar eso?

Otra dimensión de análisis entre el "viejo y el nuevo país" se refiere a los contrastes entre el idioma español y el inglés. Como subproducto de mis estudios en bilingüismo, aprendí que las diferencias entre los idiomas no existen sólo a nivel de los sonidos, la gramática y la simbología usada en cada lengua, sino que más que nada en los elementos socioculturales y sociolingüísticos de los que las usan. Cuando recién empecé a dominar el inglés como mi segunda lengua, aún no había identificado muchos de esos elementos. Por ejemplo, para hablar en inglés tuvimos que abandonar el uso de los dobles negativos que resultan tan comunes en español. Por ejemplo, decimos: "No, no tengo ninguna." También empezamos a ser conscientes que en una conversación normal en Chile hacemos y decimos cosas que vistas desde afuera resultan interesantes. Por ejemplo, contradictoriamente comenzamos con una negación para hacer una aseveración: "No, la verdad que sí, tienes la razón" o "No, si ya sé que es así." El uso del "no" se complementa con el "pero" que resulta revelador de la forma en que se ven las relaciones humanas en Chile. Siempre hay un pero. "Estoy totalmente de acuerdo contigo, pero…" o "No podría ponerlo mejor que tú, pero…"

Otra diferencia que nos costó mucho resolver es la dinámica de una conversación. En Chile, habitualmente, no tomamos turnos para decir lo nuestro y nos atropellamos para hablar sin terminar de escuchar al otro. Desde pequeño se aprende que la única manera de ser escuchado, es interrumpir mientras el otro toma aire para continuar. Generalmente las conversaciones en Chile son bullentes y rápidas. Si no se interrumpe y esperamos, como se hace en inglés, el tema de la plática se va hacia otro lado. Si lo que queremos decir no lo decimos pronto, cambia el tema de la conversación y lo que queríamos decir deja de ser relevante.

Todas estas cosas, aun los detalles más pequeños, fueron las que pusimos en la mesa de discusión cuando llegó el momento en que podíamos volver libremente a Chile. Nos reunimos como familia y dejamos que nuestros corazones hablaran libremente. No nos ocultamos nada. Poniendo en práctica lo que ya habíamos adoptado del nuevo país, cada uno expuso sus sentimientos, aunque los otros se sintiesen incómodos. Conversamos no como padres con hijos al estilo chileno donde los hijos deben respetar siempre la autoridad del padre, sino como iguales. Se analizaron los pros y los contras para cada uno y después de una extensa discusión, decidimos. Como familia, la decisión de no volver a Chile fue unánime. Nos quedaríamos en Nueva York, el lugar donde, más que en ningún otro, nuestras vidas han sido significativas.

Cuando hemos contado esta decisión a amigos o parientes, muchas personas se han maravillado de como nuestros hijos, participan en las decisiones familiares. Tal vez sea que, al tener que reconstruir nuestras vidas en un medio tan diferente, creó entre nosotros lazos que no existen en otras familias. Entiéndase bien, no todo ha sido miel sobre hojuelas. Hemos tenido discusiones y argumentos familiares feroces, pero de una manera u otra, siempre ha prevalecido el amor filial.

Las consecuencias de esa decisión han sido increíbles. Los hijos se han graduado con honores y en sus respectivas carreras y son profesionales de éxito. Se han emparejado con bellísimas personas que provienen de lo que podrían llamarse, típicas familias norteamericanas y con ellos nos entendemos a las mil maravillas. Tenemos nietos que desde temprana edad han demostrado ser fantásticas personitas y se mantienen bilingües. No sólo son inteligentes y bien parecidos, sino que tienen un gran sentido del humor y una personalidad tan fuerte que no se achican ante nada. Su habilidad en el español y el inglés es casi equivalente, porque no hemos olvidado nuestro origen, solo hemos trasplantado nuestras raíces.

Retornando a la idea de volver a Chile debo decir que después de tantos años de vivir en los Estados Unidos, no me quejo que haya sido la intervención de otros lo que inesperadamente cambió mi vida. Tampoco me quejo que fui forzado a adaptarme a un futuro que no busqué y no puedo quejarme, porque he sabido sacar gran ventaja de la situación. El abrupto cambio me ha hecho aprender a adaptarme a cualquier cosa. Más aún, creo que esta capacidad adaptativa la he logrado transmitir a toda la familia. Lo digo porque al principio, cuando recién nos encontramos en estas tierras extrañas y añorábamos el terruño, tratábamos de reunirnos con coterráneos, pero, mientras más me adaptaba, el concepto de patria comenzó a cambiar en mí. Tomé consciencia de este cambio en una conversación con amigos en que se discutía que es lo que se considera "patria." Para muchos, independientemente de donde vivan, "la patria" es el lugar donde han nacido. Para estos, aunque la mayor parte de su vida la hayan hecho en otro país, la patria es el lugar donde nacieron. Por otro lado, para otros, la patria sigue siendo lo que se come, lo que se canta o lo que se viste en el viejo país. Por supuesto, para casi todos, la patria es el territorio enmarcado por las fronteras del país. En ese contexto, no es poco frecuente encontrar expresiones como "no hay tierra como la mía" o, aunque nunca se haya viajado se diga "mi país es el más bonito del mundo." Raramente se escucha reconocer a la patria como el conjunto de los individuos que ahí viven. Los compatriotas. Convencionalmente la patria aparece representada por símbolos como la bandera, el escudo, el himno nacional. He observado que ocasionalmente alguien hará referencias a individuos o representaciones ideológicas pero lo que el inmigrante mayormente añora, es siempre lo material. Frente a esta disyuntiva, he preferido no reconocer una patria sino muchas. Adoptando todas las culturas, no como mías sino como universales, tomo una posición ecléctica. No soy chileno que es el lugar donde nací ni soy norteamericano, el lugar donde vivo. Prefiero declararme, como ya lo dije, ciudadano del mundo. Es por eso que no tengo problema en compartir la crítica que se le hace los Estados Unidos por manipular económica y políticamente a otros países en beneficio propio. También condeno las intervenciones directas que los gobiernos norteamericanos han ejercido en Centro América, Sud América y el Caribe. Pero, sobre todo, soy consciente de la injerencia que durante los setenta tuvo USA en la política latinoamericana y especialmente del rol que jugó la CIA en Chile. No olvido el pago en dólares a los camioneros para que paralizaran el país antes del golpe y la creación de la Operación Cóndor para exterminar físicamente a la oposición. Todo eso está bien documentado y es de dominio público. Sin embargo, después de casi cuarenta años viviendo en Nueva York, puedo diferenciar perfectamente entre aquellos que dominan y manejan el imperio y los otros. Aquellos que con valores auténticamente humanos viven y trabajan en la sociedad norteamericana. Es aquí y no en Chile donde aprendí que no es apropiado usar estereotipos para juzgarnos a nosotros y menos a los otros.

CAPÍTULO CUATRO

María Pía

Era temprano por la mañana y pensábamos que nuestro nieto llegaría pronto, pero los altoparlantes anunciaron que el vuelo de Juanluis había sido demorado. Estando en el aeropuerto Kennedy y teniendo algún tiempo extra, ni siquiera me di cuenta cuando ya estaba repitiendo las mismas preguntas que tantas veces allí me he formulado: Hilda, ¿cómo crees que estaría yo si ustedes no me hubiesen acompañado en el exilio? ¿Qué habría sido de todos nosotros si tú y los niños se hubiesen quedado en Chile? ¿Cómo viviríamos si no tuviésemos a Juanluis? Mi esposa, pacientemente escuchaba.

Tantas veces he reiterado todo esto, que la respuesta de Hilda podía ser ya anticipada: "Te lo he dicho Rafael, cuando supe que estabas con vida, no dudé ni un segundo en unirme a ti. Ya no sigas con eso, ha pasado mucho tiempo. Tal vez estaríamos juntos en otro lugar y los niños serian igual de exitosos. Tal vez estaríamos separados y los hijos desorientados. Tal vez Juanluis nunca hubiese existido. Que importa. Tienes que dejar de cuestionarte los posibles pasados. Esas preguntas te torturan. Vive ahora y goza lo que tenemos. Mira lo lindo que es esperar a Juanluis. Especialmente ahora que viene acompañado de su novia"

El caso es que cada vez que hemos estado en el aeropuerto Kennedy, hago lo mismo. Fue por ahí que entramos a la nueva vida en los Estados Unidos y el lugar me trae recuerdos. A mí el juego no me cansa e Hilda, a pesar que siempre me da la misma reprimenda, igual lo sigue. Yo diría que nos entretiene y es por eso que lo repetimos. Mi esposa ha sido siempre una mujer práctica. Su vida nunca estuvo amenazada directamente por la dictadura y exceptuando las molestias que sufrió cuando fue acosada por un policía, en otros aspectos, no fue afectada por el régimen. El acoso sucedió cuando ella era maestra guía para la práctica pedagógica en la Escuela Anexa a la Normal Superior. Allí había sido identificada apoyando el plan educacional del gobierno de Salvador Allende y por varios días después del golpe, la visitó un teniente de carabineros. El teniente le hacía preguntas capciosas sobre su participación en política y acompañaba esas preguntas con amenazas veladas e insinuaciones personales de carácter soez. Por temor a las represalias, contra su familia, Hilda nunca contestó ni denunció el acoso. ¿A quién? De súbito, el miserable dejó de aparecer y ella no volvió a recibir molestias de los sicarios del dictador, pero desde entonces, ha guardado con rabia los agravios de aquel bruto que abusaba de su poder para fastidiarla. Ese incidente que tuvo con los esbirros de la dictadura no influyo en su decisión de seguirme, ella la hizo por su propia y entera voluntad porque a pesar que vivía con miedo nunca sintió otra amenaza personal. Varias veces me ha dicho que la decisión la tomó no sólo pensando en mí, sino en toda la familia. Y respecto a la familia, los niños tampoco estuvieron en peligro directo porque como sabíamos de casos en que se usó a los hijos para amedrentar a los padres, nos habíamos cuidado mucho de no hablar de cuestiones políticas en frente de ellos. El deseo de Hilda de mantener a la familia unida fue tan fuerte, que ella no se hace las preguntas que yo me hago, pero el caso mío es diferente. Yo no me cambie de país por mi voluntad, fui empujado a ello. Es curioso. Cada vez que llego a esto de que "fui empujado," al principio suena chistoso, pero como literalmente yo no fui empujado al cambio, sino a la muerte, luego se me acaba el chiste. Mis reflexiones han ido muy lejos. Trato de cambiar el tema y pensar en otra cosa. Sin embargo, conociéndome, sé que en el futuro todo esto se volverá a repetir.

Bueno, esta ocasión en que esperábamos a Juanluis es ligeramente diferente a las anteriores. Él no viene solo. Regresa acompañado de una muchacha con la que ha decidido hacer vida en pareja. Antes, cuando viajaba a estudiar para conseguir aquellos créditos universitarios que en Chile resultan más económicos que en USA, lo hacía por todo un semestre. Había sabido provechar su bilingüismo aprovechando al máximo todas las ventajas académicas que su programa de estudios en USA le permitían. Pero, desde que terminó la universidad y se envolvió con esta joven, eso cambió. Ahora sus viajes son cortos y muy frecuentes y nosotros, con gusto, nos hemos hecho la obligación de ir a esperarlo todas las veces que sea necesario. Este chico lo queremos muchísimo. Más que un nieto es como un hijo adoptivo. En verdad, somos nosotros quienes lo hemos criado ya que fue concebido en una tempestuosa relación amorosa y sus padres no habrían podido hacerlo. La madre, una bellísima mujer nativa de Alaska, era estudiante de doctorado en la Universidad de Columbia y el padre, nuestro hijo Rafael, recién terminaba la secundaria. A pesar de esa y otras diferencias, se enamoraron tan profunda y fogosamente, que la consecuencia de esa pasión vino a resultar en Juanluis. Aquella chica de Alaska era inteligente industriosa y muy capaz, pero no había podido adaptarse a la compleja vida de Nueva York y cuando se dio cuenta que estaba embarazada, sus dificultades se agravaron. Después de tener el bebé, decidió que lo mejor para ella era volverse a Alaska y dejó al niño en manos del padre. Aunque en ese momento Rafael tenía excelentes opciones para entrar a estudiar Medicina, asumió la paternidad y comenzó a buscar trabajo. Viendo que, por un desliz de juventud, nuestro hijo se disponía a desperdiciar un brillante futuro, insistimos en que nosotros nos haríamos cargo de la creatura. Le presentamos una decisión no negociable y no permitimos discusión ni argumento alguno. Esa ha sido la única vez que hemos intercedido en la vida emocional y personal de alguno de nuestros hijos. Ciertamente, consideramos que esa ha sido la mejor decisión de nuestras vidas. Hilda cumplió su sueño añorado de criar otro bebé y ambos gozamos del placer de tener un tercer hijo. Eso era algo que hasta entonces habíamos evitado con gran pena. Lo deseábamos, pero sentíamos que otro hijo no sólo complicaría más nuestras vidas, sino que quitaría oportunidades a los dos que ya teníamos. Cuando recién nos casamos, nuestra vida como profesores primarios en Chile era económicamente muy ajustada. Más tarde, siendo académicos universitarios, la economía familiar mejoró, pero las obligaciones profesionales aumentaron. Luego se nos vino encima la dictadura y tuvimos que cambiarnos de país. Pero todo eso había sido antes. En el momento que nos hicimos cargo de Juanluis, nuestra situación era bastante diferente. Teníamos una posición profesional y económica tan sólida, que comenzar a criar a otro bebé, se convirtió en una bellísima tarea. El resultado final ha sido perfecto. El padre, no tuvo que opacar sus estudios haciéndose cargo de un chico. La madre regresó a Alaska sabiendo que su bebé seria bien cuidado. Nuestra hija Paulina, que ya bordeaba la edad de ser madre, fue liberada de nuestra presión por tener nietos y se dedicó con ahínco a su carrera artística. Mucho más tarde, cuando ya estaba profesionalmente bien desarrollada, ella se uniría en matrimonio a un buen hombre y de esa pareja hemos tenido tres inteligentes y bellas nietas que son nuestros ojos. Rafael, el hijo, aprendió la lección. Después de su desliz de juventud, vivió con diferentes mujeres, pero se cuidó mucho de no engendrar y se abstuvo de cualquier compromiso formal. Tras varias relaciones fallidas, eligió a nuestra nuera actual y esta pareja también vive feliz. Se entienden muy bien entre ellos y los dos nietos que nos han dado, son un tremendo placer para nosotros.

En definitiva, nuestra relación con nietos, nietas, hijo e hija, así como con sus respectivos compañeros, no podría ser mejor. Me gusta decirlo y lo repito. Nos hemos sabido adaptar no sólo a una nueva sociedad, sino que también a las diferencias intergeneracionales que tenemos con los hijos. Cuando ellos nacieron, nosotros estábamos en los veinte y cuando llegaron a su adolescencia, nosotros recién nos asomábamos a los treinta. A esa edad, recién empezábamos a estudiar en la Columbia y aun no habíamos llegado al tope de nuestras carreras profesionales. En cambio, nuestros hijos, que están cerca de los cuarenta, llevan ya varios años de vida profesional y recién empiezan a criar. Consecuentemente, las diferencias generacionales son grandes, pero usando nuestros conocimientos profesionales y mucho sentido común, hemos aprendido a absorberlas. Adaptando aquello que nos interesa y descartando lo que no nos gusta, hemos sabido acomodarnos no sólo a la diferencia cultural de la sociedad norteamericana sino también a las diferencias que tenemos con los hijos y sus parejas. Por ejemplo, les he pedido a los nietos que me llamen "Tata" y no abuelo. Una palabra quechua como Tata, es exótica y en los Estados Unidos resulta original. A su abuela, la llaman "Yiya," que también es original. Viene de cuando nuestros hijos eran tan pequeños que no podían pronunciar Hilda y a su madre la bautizaron "Yiya." Este tratamiento de Tata y Yiya nos resolvió un problema comunicacional. Yo nunca me sentí cómodo con la costumbre anglosajona en que las parejas de los hijos llaman a sus suegros por el nombre de pila. Que mi nuera o mi yerno me dijesen: "Hi Rafael" ¡Uf, insoportable! Es difícil explicar esto del tuteo en español porque en inglés, no existe. No recuerdo exactamente como, pero yo había dado a entender a la nuera y el yerno, que eso de llamarme por mi nombre de pila, no me gustaba. Tampoco me habría sentido cómodo que se me hubiese llamado Don Rafael. Eso me resulta siútico, formal y poco cariñoso. Recién casados, la nuera y el yerno evadían usar un nombre para mí y la situación resultaba incómoda para todos. A Hilda nunca le molestó que la nuera le llamara por su nombre a secas. Sin embargo, se sentía incómoda que el yerno, usando otra costumbre anglosajona, le dijera "mom." "Porque me llama así," decía mi esposa. "Yo no soy su mama, soy su suegra." Afortunadamente, cuando llegó la primera nieta, el asunto se resolvió. Ahora, con excepción de nuestros hijos, todos en la familia me llaman Tata y a la abuela le llaman Yiya. El caso de Juanluis, es una cuestión aparte. Habiéndolo criado desde pequeño, para él somos papi y mami y hablando de nombres, debo decir que a Juanluis se le llamó así, por la insistencia de su madre. Como a ella le gustaba más el segundo que el primer nombre de nuestro hijo, quiso que su hijo se llamase así. Su deseo fue aceptado con gusto ya que Juanluis, escrito como una sola palabra, es la combinación de los nombres de mi padre Juan, y del padre de Hilda, Luis.

De pronto, una exclamación de Hilda me despierta de estas memorias: "¡Rafael, los chicos ya salen!" Juanluis nos saluda con un abrazo y un beso. La chica que viene con él, hace exactamente lo mismo y dice: "Juanluis me ha hablado tanto de ustedes, que, al verlos en persona, me parece que les hubiese conocido desde siempre."

La muchacha nos ha conquistado. Una cara lozana y una sonrisa agradable le hacen ver atractiva. Mirando cada una de sus facciones por separado, no podrían definirse como bellas, pero el conjunto resulta cautivante. María Pía no es alta. Podría decirse que es más bien petit. Su gracia nace de la soltura de sus movimientos ya que, sin aparecer pedante, se mueve con confianza en sí misma. Se muestra como una joven que sabe cómo desenvolverse en cualquier medio. Su conversación es interesante y cuando le hacemos algunas preguntas en inglés, contesta con una gramática y una pronunciación impecable. Su inglés muestra acento chileno, pero eso es irrelevante. Más tarde, al quedar solos, Hilda y yo coincidimos. La recién llegada tiene el potencial de hacer a Juanluis un hombre muy feliz y resulta entendible que desde que la conoció, haya quedado tan prendado de ella.

Nuestro juicio inicial acerca de la chica, habría de ser confirmado más tarde. Sucedió durante uno de esos desayunos en que nos juntábamos los fines de semana y estábamos hablando de las relaciones entre padres e hijos, cuando María Pía dijo: "Honestamente, en esto de padres e hijos, yo no sé exactamente quién es mi padre ya que incluso mi abuela, la que me ha criado, lo sabe." Amargamente agregó: "Tampoco mi madre lo sabe porque al momento que fui concebida, tenía tantos amantes que ni siquiera ella ha querido darme alguna referencia para identificar a los posibles candidatos." Con un dejo de tristeza expresó que sus primeros intentos por averiguar quién es su padre le habían resultado tan dolorosos, que había dejado de sentir cualquier emoción al respecto. Entonces, con sinceridad y sintiéndose en confianza, comenzó soltarse:

— Si de seguro mi padre ni siquiera sabe de mi existencia, ¿Porque habría yo de preocuparme de la suya? Con mi madre me relaciono lo mínimo y hablamos lo estrictamente necesario. Generalmente nuestras conversaciones giran en torno a nimiedades o solo dinero: ¿Cuánto necesitas? ¿Me puedes pasar tanto? La verdad es que hasta ahora nunca he sabido lo que es tener familia y como yo quiero la mía propia, esa es una de las razones por las que me he venido a los Estados Unidos. Siento el amor de Juanluis y sé que él me apoyará en mis ambiciones para convertirme en una profesional que pueda ayudar a sostener una familia. Aquí una mujer puede desarrollarse mucho mejor que lo que pueda hacerlo en Chile. Yo siempre he deseado hacer un doctorado en salud pública y lo quiero hacer sin la ayuda económica de esa mujer que por un accidente biológico es mi madre. Sé que estoy usando palabras duras, pero lo hago con intención. Quiero que ustedes aprecien el verdadero calibre sentimental de esa señora ya que esas palabras no son mías, son de ella. Cuando tuvimos una discusión acerca de mi futuro, fríamente me dijo que yo he sido solamente "un accidente biológico en su vida" y que no esperara de ella nada más que su apoyo económico. Yo les pido excusas por haber usado sus palabras, pero creo que no hay una mejor manera de describir nuestra relación. Cada vez que he tenido que hablarle para pedirle dinero, ha sido una tortura para mí. Mi abuela me dado amor, techo y comida, pero cuando he necesitado algo extra, he debido recurrir a esa mujer y ahí he sentido como que quisiese deshacerse de mí lo antes posible. Ella me hace sentir que le molesto. Para evitar verla, llamo por teléfono, pero, aun así, sigo sintiendo lo mismo. Desde muy joven me puse a trabajar para sustentar mis necesidades personales, pero cuando necesité dinero para la universidad, tuve que recurrir a ella. Fue un tremendo sacrificio y no quisiese volver a repetirlo.

— Me duele decirlo, pero es la verdad es que finalmente me he liberado de esas amarguras que he sentido desde mi niñez. Mi abuela se ha ocupado bien de mí, pero no era suficiente, yo quería una madre. En mi adolescencia, cuando las otras chicas criticaban y cuestionaban a las suyas, yo sentía la ausencia de la mía. Con la emocionalidad de una adolescente, le enviaba tarjetas para su cumpleaños y el día de su santo. En ellas le escribía palabras cariñosas, pero ella jamás me respondió. Nunca me ha mencionado ni me ha dicho nada acerca de esas tarjetas y es por eso que durante mucho tiempo sentí que era una hija no deseada. Ahora, como mujer, ya no siento lo mismo y debo reconocer que después de saber por lo que ella ha pasado, la entiendo. No la justifico ni la perdono, pero la entiendo. Por otro lado, sé que extrañaré a mi abuela, pero necesito tanto desprenderme de cualquier conexión con mi madre, que estoy totalmente dispuesta a comenzar una nueva vida. Como nunca supe lo que es vivir en familia, no estoy acostumbrada a ello y este último tiempo ha sido una experiencia diferente para mí. Siento el cariño de Juanluis y después de haberlos conocido también siento el de ustedes. Y ya que me he extendido tanto hablando de mis ancestros, quisiera agregar algo más. Dado que las necesidades sentimentales de mi adolescencia ya no existen. Debo mirar hacia adelante y por lo tanto no es totalmente cierto que me desentendido de mi padre. En el futuro, trataré nuevamente de conseguir su identidad, pero lo haré no por razones sentimentales, sino para construir mi historia genética. Reconozco que es una deformación profesional de mi parte, pero como enfermera, debo saber cuáles son mis genes. Si eventualmente tuviese hijos, necesito saber los problemas hereditarios que pudiese transmitirles.

Al oír esa última oración, Hilda no pudo contenerse e intervino:

— ¿Pero todo eso es muy frio, acaso nunca sentiste un poco de cariño por tu madre? después de todo, tu hablabas con ella, ¿realmente nunca sentiste que ella se preocupara por ti? Te pregunto esto, porque tu historia es parecida a la mía. Perdí a mi madre cuando era casi un bebé y me crio mi abuela. Yo conocí a mi padre solo a los catorce años y antes nunca supe de él. Yo sentí el cariño de mi padre, tardío, pero lo sentí.

— ¡Ha! Señora Hilda, usted usa la palabra cariño, pero esa palabra creo que no existe en el vocabulario de aquella que me dio el ser. De mi padre, obviamente, no puedo hablar. Me imagino que la vida de mi madre ha sido difícil, pero se necesita una persona muy dura para hacer lo que ella eligió para sí misma. No creo que ella tenga sentimientos, puede que tenga intereses y necesidades, pero no sentimientos.

— ¿Cómo puedes decir eso de tu madre? Insistió Hilda.

— Con todo respeto hacia usted señora, se lo digo porque antes de venirme, he visitado a la única amiga que le he conocido y a ella dije: "Usted sabe que mi madre sigue siendo una desconocida para mí y como no sé cuánto tiempo estaré fuera, antes de irme quisiera enterarme de su vida" Y entonces me contó, pero lo que escuché me dejó tan choqueada, que no se lo he dicho a nadie, ni siquiera a Juanluis. No sé por qué, pero ahora me siento en tanta confianza y estoy serena que no lo siento tan terrible y quisiera compartirlo con ustedes. Es largo. ¿Se animan a escucharme?

Hacía rato que habíamos terminado de desayunar, pero Juanluis, que estaba tremendamente intrigado, le rogó que lo hiciera. Permanecimos ahí por el resto de esa mañana.

—La persona que me dio los pormenores de lo que les voy a contar, es tía Carmen. Ella vive en el barrio donde me crie y la conozco desde siempre. Nunca se casó o tuvo hijos y a pesar de ser bastante mayor, se hace llamar señorita, pero yo le digo tía. Bueno, no es realmente mi tía, pero yo se le digo porque a ella le gusta. Con mi madre fueron compañeras de curso en la escuela primaria y en el liceo.

— De acuerdo a tía Carmen, la amistad tan cercana que ella había tenido con mi madre cuando eran niñas, en los últimos años del liceo, se empezó a enfriar. Eran los comienzos de los setenta y la familia de la tía Carmen apoyaba al gobierno de Allende. La de mi madre era de oposición y como adolescentes tuvieron varias discusiones políticas, pero se reconciliaban. Sin embargo, poco después del once de septiembre del mil novecientos setenta y tres, cuando mi madre comenzó a trabajar para el gobierno de la dictadura y tía Carmen se enteró, la separación fue total.

Varios años después, como resultado de su embarazo conmigo, las dos amigas del viejo vecindario, habrían de reencontrase. A partir de entonces, mi madre, que necesitaba descargar sus problemas personales y de trabajo, tomó a su única amiga como confidente. Siendo su paño de lágrimas, tía Carmen se enteró de muchas intimidades y esta es la historia que ella me refirió.

— Mi madre se inició trabajando para la dictadura sólo un par de meses después del golpe. A través de su padre, supo que en la unidad militar donde él se desempeñaba, estaban reclutando muchachas bonitas para hacer un trabajo que no requería preparación académica. Ella se encontraba en el último año de la secundaria y como no tenía ninguna ambición profesional, postuló. Despierta, vivaz y con un desarrollo anatómico muy superior a su edad, fue inmediatamente aceptada. La paga era buena y lo que había que hacer era entretenido así es que, al abandonar la escuela, no sintió remordimiento alguno. A los diecisiete, había comenzado a trabajar para el ejército de Chile.

Según tía Carmen, ella misma le había dicho: "Yo he nacido para algo así." El caso es que puso tanto ahínco en ello, que desde el principio se destacó entre las demás y pronto pasó a ser la jefa de grupo. Eran ocho mujeres muy jóvenes que la inteligencia militar había comenzado a utilizar como espías del servicio. Las muchachas fueron bautizadas informalmente como el "Comando Señoritas," pero, a insistencia de la jefa, mi madre, posteriormente las llamaron el "Comando Damas." Así fue como a pesar de su juventud, pero por su carácter y personalidad, mi madre se convirtió en la líder del Comando Damas de la Dirección de Inteligencia Nacional (DINA). A las dos semanas de haber terminado su entrenamiento básico como espía y por recomendación de sus jefes, dejó su casa instalándose en un departamento elegante en el barrio alto de la ciudad. Con esa movida, se independizó absolutamente de su familia. Se cambió el nombre y dejó de hablarles a mi abuelo y a la abuela. Nuevamente tía Carmen la citaba: "Codeándose solamente con la alta oficialidad, se vería mal que se supiera que mi padre era sólo un sargento."

— Su carrera fue meteórica. En unos pocos meses, para fines del setenta y cuatro, ya tenía prestigio por su habilidad no sólo de extraer información política y financiera de aquellos individuos que le encomendaban, sino que también se destacaba por su exquisita maestría en describir los detalles de cómo la obtuvo. Dotada de una belleza extraordinaria y una memoria de elefante, empezó a acumular datos que no sólo eran útiles para el servicio, sino que también lo serian personalmente para ella. Esto es porque temprano había percibido que la información que conseguía podría usarla más tarde para beneficio propio. A pesar que la pechoña de mi abuela la había tratado de criar católica practicante, ella tenía una moral muy suelta y adaptable a las circunstancias. Eso fue lo que le permitió actuar sin ningún escrúpulo para avanzar en su empleo que requería una actividad sexual intensa y muy liberal. Los detalles de esa actividad, que, por decoro, tía Carmen no me quiso contar, deben ser extraordinarios, pero yo no los sé.

— Bueno, además de trabajar como espía, astutamente se convirtió en amante no sólo de individuos que tuviesen autoridad dentro de la DINA sino que también de aquellos que tuviesen autoridad sobre la misma DINA. Esto fue lo que le permitió sobrevivir a las frecuentes purgas que se producían dentro de los servicios de seguridad. Por ejemplo, con orgullo y sin atisbo de vergüenza alguna, le confesó a tía Carmen que, cuando su padre cayó en desgracia, ella ya se había distanciado tanto de él y sus amigos eran tan poderosos que, a pesar del parentesco, esa purga no la tocó.

— Guardando cuanto dinerillo le caía en sus manos, para principios del setenta y cinco, ya tenía un pequeño capital. Sus ingresos no venían solo de su sueldo que era considerable, sino también de propinas y regalos de aquellos con quien debía intimar para obtener sus secretos. Ese fue el capital que comenzó a invertir con éxito en aquellas empresas que se aprovechaban de la dictadura. En su celo protector, la DINA espiaba a todos aquellos que podían afectar la autoridad de Pinochet. Por lo tanto, los objetivos del Comando Damas no eran sólo militares, diplomáticos o ex políticos, sino también hombres que manejaban la economía del país. Con los contactos que hacía en el mundo de las finanzas, mi madre tenía información anticipada y de primera mano cuando y donde debía poner sus dineros. Con la información secreta que obtenía de los que controlaban la economía de la dictadura, ella movía sus inversiones donde más convenía. Lo que inició con un pequeño capital, lo manejó tan bien, que, en poco tiempo, se convirtió en una mujer de fortuna. Mientras el capital crecía, inesperadamente aparecí yo. Había quedado embarazada de mí y me convertí en un obstáculo. Según se lo contó a tía Carmen, a veces su actividad era tan febril que podría haber estado con más de un hombre en el mismo día y esa es la razón de que no se puede saber quién es mi padre. Yo soy el producto de la licencia sexual de mi madre.

— Bueno, el caso es que cuando aparecí en escena, ella tuvo una conducta inesperada y decidió traerme al mundo. Nadie sabe que bichito le picó ni porque no se hizo un aborto. A pesar que en Chile el aborto era y es ilegal, con sus conexiones y sus recursos no le habría sido difícil hacérselo. Sin embargo, en una conducta inexplicable, decidió tenerme. En los últimos meses, cuando ya no pudo ocultar su embarazo, desapareció de su trabajo y se fue a vivir con la abuela en el Llano Subercasaux. Ahí fue que, por necesidad, convirtió a tía Carmen en su confidente y se volvió a reestablecer la amistad entre ellas.

— No cabe duda que mi madre es una mujer emocionalmente impredecible. A pesar de ser calculadora y tener una personalidad fuerte y avasalladora, su carácter es volátil. Apenas había yo nacido, cuando otro bichito le picó y cambió de parecer. Decidió que yo era un error y que ella, en realidad, nunca quiso tenerme. Me dejó con mi abuela y volvió a trabajar. He especulado sobre esto y he pensado que a lo mejor ella esperaba un varón, pero lo descarté. Ella solamente quería tener la sensación de ser madre, pero nunca quiso asumir la responsabilidad de criar. Siendo adolescente traté de confrontarla, pero ella siempre me evadió. Nunca ha querido conectarse emocionalmente conmigo. Debo reconocer que financieramente me ha dado todo lo necesario, pero continúa siendo una extraña. Es por eso que, como ya dije, yo no he tenido familia. Mi abuela ha tratado de jugar el rol de mamá, pero ella no se comunica bien con nadie y mi abuelo desapareció hace tiempo. Ni siquiera sabemos si está vivo o muerto y mi propia madre, que sí está muy viva, es como si no existiera.

Lo que María Pía nos revelaba, era increíble. ¿Cómo podía suceder que miembros de su familia fuesen gente que trabajó para los servicios de seguridad del dictador? Mientras más la escuchaba, más se hacía patente que a través de su madre y su abuelo, la novia de mi nieto estaba relacionada con aquellos que hicieron el trabajo sucio de la dictadura. Esos que implementaron el terror sobre los chilenos. Sus familiares eran de aquellos "otros," los protagonistas de la reciente historia oscura de Chile. La pregunta me mortificaba: ¿Era posible que, a través de esta nueva relación familiar en que nos involucraba el nieto, un elemento de los otros haya entrado en nuestro círculo familiar? La historia de esta chica incitó tanto mi curiosidad que esta vez fui yo quien no pudo contenerse. Tenía que confirmar lo que estaba presintiendo y decidí preguntárselo.

— ¿Y tu abuelo, podrías decirnos algo de él?

— A pesar que llevo su apellido, yo nunca le conocí y la razón por la que tengo su apellido es porque a falta de mejor ocurrencia y siendo mi padre desconocido, a mí me registraron como María Pía Muñoz Zárate. Mi abuelo es Anastasio Muñoz y mi abuela Adelaida Zárate de Muñoz. O sea, esos son los apellidos que tenía mi madre antes que se cambiara el nombre, pero eso es otra historia. De su vida solo sé lo que me han contado tía Carmen y la abuela y por ellas sé que él siempre fue milico. Haciendo el servicio militar fue tan obediente y atlético, que, al terminar el periodo obligatorio, ya ostentaba el grado de sargento. Como no sabía hacer otra cosa que lo que había aprendido en el ejército, al final de su conscripción, decidió quedarse en los cuarteles militares. Era muy fornido y la brutalidad con que trataba a sus subalternos, así como la actitud servil con sus superiores, pronto le llevó a ser recomendado a la Escuela de Suboficiales. Ahí se convirtió en instructor especialista en la defensa y el ataque personal y antes de terminar en esa escuela había sido promovido a Sargento Primero. Su fidelidad a la institución militar y sus cualidades en la lucha cuerpo a cuerpo eran tan notables que sus superiores le recomendaron como protector de oficiales del más alto rango. Su primera comisión fue como chofer de un general de división, pero su verdadera misión era ser guardaespaldas. Como tal, era la sombra del general y como este comulgaba regularmente, mi abuelo debía acompañarle constantemente a la iglesia. Allí conoció a mi abuela, una beata que se dedicaba a mantener las decoraciones y las flores del templo. La abuela Adelaida, una mujer simple, quedó prendada del hombre respetuoso y pulcro que vestido en ese hermoso uniforme, se sentaba siempre al lado del general. Se casaron en esa misma iglesia y recibieron como regalos del general, un ascenso a Sargento Mayor para el abuelo y una casita en el Llano Subercasaux para la abuela.

— Eso es lo que supe por tía Carmen. El resto, lo supe por mi abuela a quien desde pequeña yo había estado majadeándola para que me dijera quien era ese hombre de uniforme que aparecía en tantas fotos que había en la casa. A mí siempre me había intrigado ese personaje, pero para la abuela ese era un tema tabú. Aunque ella prohibía que se hablara de él, yo tenía fuertes sospechas. ¡Que sospechas! Si yo sabía quién era, pero igual majadeaba a la abuela. "Si no se puede hablar de él," le decía. "¿Entonces por qué hay tantas fotografías en las murallas?" Finalmente, acabé con su paciencia y logré que rompiera su propia regla. "Te lo voy a contar por una sola vez." Me dijo. "Después, no hablaremos más de ello. ¿Estamos de acuerdo?" Por supuesto asentí.

— "Bueno, ese hombre es tu abuelo con el que viví feliz hasta que nació tu madre. Después de haber visto a la niña, me dijo que él siempre había querido tener un hijo varón así es que tal vez el segundo lo seria. Desde el principio le dije que no. Los dolores habían sido tan insoportables que yo no volvería a quedar embarazada. El insistía y yo me negaba. Teníamos frecuentes discusiones hasta que, no soportándolo más, fui enfática. La fábrica estaba cerrada, le dije. Por ningún motivo tendré otro hijo y por lo tanto no habrá nunca más sexo. Eso le molestó tanto, que cambió totalmente su trato conmigo. Desde ese momento empezó a repetir el ejército era su verdadera familia. Remachaba constantemente que yo ya no le servía y que el cuartel era el único lugar donde lo entendían y lo respetaban."

"A pesar de no sentirse a gusto en la casa," reconoció la abuela, "nunca descuidó ni a tu madre, ni a mí. No éramos felices, pero nos tolerábamos. De lunes a viernes, el salía a trabajar temprano y llegaba muy tarde por las noches. Los fines de semana nos dedicábamos a arreglar la casa, pero de pronto, incluso eso cambió. Dejó de usar el uniforme y empezó a vestirse de civil. Se compró un auto nuevo, usaba estupendos trajes e hizo construir altas murallas alrededor de la casa. Cuando me atreví a preguntarle si había cambiado de trabajo, entró en cólera y callé. La segunda vez que pregunté lo mismo, me insultó groseramente y dijo que debería dedicarme a mi hija, a la casa y la iglesia. Del resto de las cosas se encargaría él. Se levantó de la mesa y gritó: ¡De ahora en adelante no se hablará más del asunto! Eso es lo que te puedo decir de tu abuelo. Después de esa escena, cada vez llegó menos a la casa hasta que dejé de verlo totalmente. Por eso es que no quiero hablar de él.

— Claramente, la información estaba trunca así es que me fui derechito a ver a tía Carmen. Ella completó la historia. "Ese cambio que notó Adelaida en su marido," dijo la tía, "tiene que haber sido a principios del 1970. Tu sabes que ella nunca ha entendido nada de nada y esto es una deducción puramente mía, pero yo sabía, por lo que me había contado tu madre, que tu abuelo trabajaba en los servicios de inteligencia del ejército. Todo eso quedó confirmado cuando tu abuela me comentó lo que había sucedido con su marido después del "pronunciamiento militar." En su analfabetismo político, Adelaida se refería al golpe de estado como el "pronunciamiento militar." Bueno, fue alrededor de esa fecha en que ella dijo que él tenía tanto trabajo y que por órdenes de sus superiores había tenido que irse a vivir a Quinteros. Al principio, viajaba y llegaba a la casa los fines de semana. Pero luego, lo hizo un par de días al mes hasta que finalmente, no llegó más.

— "Querida," me dijo tía Carmen, "no se necesita ser detective para hacer estas simples deducciones." ¿Un tipo que trabaja para los servicios secretos del ejército y que, durante la dictadura, debe irse a vivir cerca de Quinteros? Seguro que se fue a trabajar en Ritoque y los que resistíamos a la dictadura, sabíamos que ahí se había un campo de concentración. ¿Qué cómo lo supe? Bueno, estando en la clandestinidad, yo pude saber de aquel reportaje que no se conoció en Chile, pero que fue publicado en Europa y expuso a la luz pública la existencia del centro de tortura de Ritoque. A mí me parecía que cuando esa noticia recorrió el mundo, tu abuelo tiene que haber estado allí. Mi intuición fue reconfirmada cuando por tu abuela habría de saber que, justo alrededor de la fecha en que se publicó ese reporte, su marido había ido a sacar todas sus cosas de la casa. Demasiada coincidencia. Tu abuelo tiene que haber estado conectado con esos sucesos. Las fechas en que el centro de tortura fue denunciado, concuerda con los días en que tu abuelo, a altas horas de la noche, se apareció en su casa del Llano Subercasaux, sacó sus ropas, vació el contenido de la caja fuerte y se fue. En su inocencia, tu abuela se preguntaba si tal vez había algo malo con ella porque su hija y su marido la habían abandonado de manera parecida. Cuando me lo contó, estaba tan dolida, que, en un arrebato de ira, cosa fuera de lo común en ella, me sorprendió con un súbito ataque de locuacidad y habló por un largo rato. "Si ni siquiera habló conmigo," se quejó. "Fíjate que llegó en un jeep del ejército con un chofer que se quedó esperándolo. Empezó a recoger y a poner sus cosas en una bolsa. Cuando me puse en el pasillo frente a él y ya no pudo evitarme, lo único que hizo fue empujarme, hacerme a un lado y seguir hacia su cuarto. Ni una palabra. Para entonces ya estábamos separados, pero yo siempre le mantenía sus ropas limpias muy ordenadas y planchadas. No nos hablábamos, pero teníamos un acuerdo tácito de por lo menos saludarnos y despedirnos. No es que fuésemos cariñosos ni mucho menos, pero siempre guardábamos cierta apariencia de urbanidad. Esa vez ni siquiera se despidió. Se veía tan agitado que con los ojos desorbitados parecía un animal perseguido. Desde entonces nunca más supe de él y con su desaparición, mis ingresos se redujeron a cero. Al principio me fue muy difícil ya que nunca tuve más ingresos que lo que él me daba, pero cuando la gente de la parroquia supo de mi situación, anónimamente a través del cura, comenzaron a enviarme comida. Con eso y los ahorros que tenía, me mantendría por algún tiempo, pero no podía ser para siempre. Afortunadamente, apenas mi hija supo de la situación, vino en mi auxilio. Como ya había obtenido una posición económica pudiente, estableció para mí una cuenta bancaria con una mensualidad. Cuando dejó a María Pía conmigo, me dobló esa mensualidad y a pesar que a veces he hablado mal de ella, debo confesar que ha sido una buena hija. Y bueno, cuando por largo tiempo no supe nada de Anastasio, me dio miedo y pensé en esas historias que se corrían en la iglesia acerca de gente desaparecida, pero desistí de comentarlo. Yo sabía que él no era uno de esos upelientos que se decía que desaparecían. Él era un militar hecho y derecho así es que me resigné rogándole a Dios para que lo cuidara. En el fondo de mi corazón, aunque me trató mal, espero que algún día vuelva conmigo. Él es mi esposo para toda la vida" Eso es todo lo que me contó to abuela, dijo tía Carmen. Tal vez tu mamá sepa más, pero como a ella no le gusta hablar de su padre, no sé qué más decirte.

— Quiero que sepan que, al enterarme de esas cosas, continuó María Pía, fue chocante para mí. Las revelaciones de tía Carmen me habían dejado con tantas preguntas, que más tarde, al educarme políticamente en la Escuela de Enfermería, esas preguntas se convirtieron en tortura interior. Cuando mis estudios universitarios y las conversaciones con mis compañeras me hicieron entender lo que había sucedido durante la dictadura, sentí que de todos los relacionados sanguíneamente conmigo, ni siquiera la abuela Adelaida, se salvan de su culpabilidad social. Por su ignorancia de no saber lo que sucedía a su alrededor, incluso ella, es tan culpable como mi madre y mi abuelo. Espero, que algún día sabré los detalles de la historia de mi abuelo. ¿Qué hizo él durante y después del golpe? ¿Cómo es que mi madre trabajaba espiando para la dictadura? ¿Qué cosas habrán hecho esos dos? ¿Me cabe a mi responsabilidad por lo que ellos hayan hecho? Perdonen por haber compartido estas tristezas, pero eso es parte importante de lo que me ha hecho venir a vivir con Juanluis. Quiero alejarme de ese pasado. No es que quiera olvidarlo o ignorarlo, pero solo quiero estar lejos de él.

Mientras escuchaba la impactante narrativa de María Pía, las ruedas de mi cerebro habían comenzado a funcionar a máxima velocidad. ¿Era posible que hubiese una conexión entre el abuelo de María Pía y la situación que yo viví en prisión? Por lo que había escuchado, este Anastasio Muñoz tiene que haber sido parte del personal de la prisión de Ritoque. Dado que las fechas calzaban, la pregunta era inevitable. ¿Podría existir tanta coincidencia que uno de mis carceleros fuese el abuelo de la novia de mi nieto?

Recordé que, por puro interés personal, me había pasado horas en la biblioteca pública de Nueva York leyendo los periódicos correspondientes a los días en que fui lanzado al mar. Había leído todo lo que se decía de Chile en esa época y obviamente sabía de ese reportaje mencionado por tía Carmen. Acompañado de fotografías, el reportaje demostró fehacientemente que los confinados en Ritoque eran sometidos a torturas y eso dañó seriamente la imagen internacional de Pinochet. Paradójicamente, la prisión fue creada transformando las cabañas del campo de veraneo de la Centra Única de Trabajadores de Chile y el reportero asumió que el lugar había sido elegido con malsana intención. Algunos de los mismos dirigentes de la Central Única de Trabajadores, estaban allí prisioneros. Las cabañas familiares habían sido divididas en cuartos pequeños y esas eran las celdas. En los salones para reuniones, se construyeron cubículos para oficinas administrativas de la prisión y se agregó un nuevo edificio especialmente diseñado para interrogaciones y torturas. Con el objeto de aislar el lugar de los vecinos, en todo el perímetro se construyó murallas de ladrillo y concreto. Acompañando una foto panorámica del campo, el reporte decía: "Aquellas estructuras que habían sido planeadas por los dirigentes sindicales para el solaz de los trabajadores y sus familias, son ahora la prisión en que esos mismos dirigentes son sometidos a torturas."

Al usar como cárcel instalaciones que no fueron diseñadas para eso, hizo que, a pesar de la alta muralla, el patio central continuaba siendo ampliamente visible desde los cerros y la intención sarcástica con que la dictadura había creado ese campo, se les convertía ahora en una pesadilla. El reportaje no fue conocido en Chile porque la censura estatal y la auto-censura de los medios eran efectivas y solo supieron de él, los que estaban clandestinamente conectados con la resistencia. Durante todos los años de la dictadura, el resto del país nunca supo lo que decía ese reportaje, pero todos conocieron sus consecuencias. Sin saber del reportaje mismo y conocer solo las consecuencias, la mayoría de la población no entendió nada del asunto.

Lo que aprendí de mis lecturas en Nueva York es que la noticia provino de un periodista y un reportero gráfico que se instalaron por varias semanas en los cerros de Ritoque. No recuerdo si eran italianos o franceses, pero si recuerdo que se habían camuflado muy bien en la distancia. Desde allí, usando binoculares y un potente teleobjetivo fotografiaron todo lo que era visible en los espacios abiertos de esa prisión. Su misión era tomar notas y fotografías de cuanto sucediese en esos espacios. Así fue como registraron varios de los actos inhumanos que allí ocurrieron. El reportaje no mostraba tácitamente las torturas. Eso no era visible ya que ocurría en edificios cerrados, pero habían fotografiado las marchas de prisioneros encapuchados, el traslado a rastras de aquellos que habían sido torturados y otras señales que fácilmente permitían asumir que, en ese lugar, el apremio físico era sanguinario. Cada foto estaba acompañada de una leyenda explicativa que no dejaba nada a la imaginación. El reportaje lo proclamaba claramente, en Chile se tortura.

El que tomó la decisión de convertir este campo de veraneo en una prisión, no consideró que lo que allí sucediese, seria visible desde los cerros. Con algún esfuerzo, los periodistas lograron sacar las fotografías del país y el reportaje fue publicado primeramente en Europa. Replicado en el resto del mundo, hizo evidente las acusaciones de tortura y Pinochet se vio forzado a responder. Para justificar las imágenes, el dictador recurrió al típico argumento de todos los dictadores. Negar su responsabilidad. Apareció en la televisión nacional y dijo: "Acerca Ritoque, debo decir que si, que efectivamente ocurrió, pero los responsables han sido debidamente castigados. Fueron jóvenes oficiales del ejército que se han extralimitado en su celo por defender la democracia con desconocimiento de la autoridad superior." Como el reportaje no era conocido en Chile, los chilenos no supieron exactamente de que hablaba Pinochet.

La prensa chilena que podía difundir solo lo que le permitía la dictadura, repitió el argumento. Culpó a los estaban al mando de Ritoque de actuar con demasiado celo. Su conducta había sido estrictamente personal actuando fuera de las directivas oficiales. La misma prensa informó que a partir de ese momento, cuando el dictador se enteró de esa "irregularidad," se cerraba el "centro de información" de Ritoque y se reubicaba a los detenidos. Por supuesto no se dijo que los presos importantes fueron trasladados a otros centros de torturas y al resto se le había hecho desaparecer en el océano. La historia oficial registró que el comandante del campo fue sumariado por desobediencia a sus superiores y sentenciado a cárcel. El resto del personal fue trasladado a otros organismos militares y las instalaciones de Ritoque fueron arrasadas con máquinas niveladoras. El tiempo haría que el pasto natural retomara la soberanía del terreno. La declaración oficial del gobierno establecía que el cáncer maligno dentro de las fuerzas armadas había sido extirpado. Caso cerrado. No es que los que sufrieron como chivos expiatorios de esta situación, no fuesen culpables. Lo eran. Su mala fortuna fue que se ensañaron con los prisioneros cuando eran observados por la prensa extranjera. Otros campos de tortura permanecieron intocados porque se mantuvieron en las sombras. Las imágenes del reportaje acerca de Ritoque no habían sido tampoco tan terribles ya que las verdaderas torturas se hacían en lugares cerrados, pero lo que quedó demostrado internacionalmente es que Pinochet mentía. Había tortura en Chile.

La narrativa de María Pía me volvió a la memoria lo que sufrí en Ritoque. El reportaje lo había leído muchos años antes y casi lo había olvidado, pero ahora esos recuerdos me ponían en una tremenda disyuntiva. ¿Existiría alguna conexión entre el abuelo de María Pía y mi situación de prisionero en ese lugar? ¿Debería hacerle más preguntas acerca de su abuelo para explorar esa conexión? ¿Cómo podría abordar la cuestión si ella era la novia de Juanluis? ¿Afectaría esto la relación entre ellos dos?

La situación era tan espinuda que decidí callar. No quería herir los sentimientos de los chicos así es que como nadie hizo más preguntas, la conversación de ese desayuno murió ahí. Me pareció prudente que antes de hacer más indagaciones, era necesario averiguar la seriedad de la relación de mi nieto con la muchacha.

Con tacto, me avoqué a la tarea de buscar la oportunidad precisa para hablar con Juanluis y preguntarle derechamente como veía su futuro con María Pía. La ocasión se presentó en la tarde de otro fin de semana. Las mujeres habían salido a comprar provisiones y nos quedamos solos, me acerqué a Juanluis y abordé el tema. Desde que él era pequeño, yo había asumido más el rol de padre que el de abuelo. Siempre habíamos mantenido una comunicación plena así es que, sin mayores preámbulos, le pregunté directamente varias cosas acerca de su novia: ¿Cómo se habían conocido? ¿Cómo se llevaban en la intimidad de la relación? ¿Cómo veía él su futuro con ella? Antes que me contestara la primera pregunta, me adelanté y le expliqué las razones de por qué hacía tantas preguntas impertinentes. Le dije acerca de mis dudas de cómo abordar lo que aparecía posible. Le señalé que, por lo que María Pía nos había contado, su abuelo podría estar ligado a los que me torturaron. Le expliqué lo importante que era para mí saber la seriedad de su relación con la muchacha porque quería evitar cualquier conflicto. Le manifesté que de ninguna manera quisiese yo provocar situaciones afectaran su relación con ella. Su respuesta, como había sido en tantas otras ocasiones, fue directa y sincera.

— Sé que puedo ser espontáneo contigo, me dijo. La verdad es que creo que esta es la mujer con la que quisiera pasar el resto de mi vida. Tú sabes que yo siempre he admirado lo que tú y la abuela han construido. Yo quisiera hacer lo mismo y creo que ésta es la mujer con la que puedo hacerlo. María Pía es increíble. Fíjate que desde el primer momento que nos conocimos, hemos desarrollado una afinidad que es difícil explicar. Las palabras me quedan chicas para describir lo que sentimos el instante en que nos encontramos. Siendo de mundos diferentes, tenemos muchos sentimientos comunes y apreciaciones parecidas por la mayoría de las cosas. Por ejemplo, te cuento que nuestro primer encuentro sexual fue de una naturaleza tan sutil, genial y gloriosa que la hemos comentado decenas de veces. Lo maravilloso que sucedió entre nosotros en esa ocasión, aconteció a pesar que las experiencias sexuales de ella no sólo eran limitadas, sino que su formación había sido adversa a toda forma de plenitud sexual. Piensa abuelo, que ella se había criado solo en internados de monjas y su abuela, con quien vivió desde niña, es una fanática religiosa. Ya escuchaste, por la misma boca de María Pía que para su abuela, el sexo es solo para procrear. Esa es una mojigata para quien el sexo es el pecado original. De eso no se debe hablar nunca. Es por eso que, a pesar que ella misma se considera una mujer moderna, antes de conocerme, las experiencias y las destrezas de María Pía respecto a la sexualidad eran prácticamente inexistentes. Las vivencias que había tenido con miembros del sexo opuesto eran puramente académicas y eruditas. Sin embargo, como mujer inteligente y estudiante de enfermería, su conocimiento académico del asunto era fuerte. Ese conocimiento y la entrega total que ambos sentimos al momento de nuestro primer encuentro íntimo, nos hizo tener una relación que te la podría describir como mucho más allá de lo puramente carnal. Creo que con esta mujer he encontrado un alma afín. Te digo esto, porque pareciera que nos hemos conocido desde siempre. Ambos sentimos que, después de mucho tiempo, hemos encontrado exactamente aquello que habíamos estado buscando. Por ejemplo, te digo, y aquí debo confesar que te copio a ti. Hemos tenido discusiones fuertes y feroces acerca de nuestro futuro y nuestras intenciones. Nos hemos tratado duro y con criterios implacables nos hemos criticado en nuestras personalidades, pero al igual que tú y la abuela, nos reconciliamos. Y no me digas que esto no sucede entre ustedes, recuerda que yo también vivo en esta casa, los he visto y escuchado. Me parece que María Pía yo al igual que ustedes, entendemos que la atracción emocional, física, e intelectual que tenemos el uno por el otro es mucho más fuerte que las palabras duras e implacables que hemos usado en una discusión. Lo he aprendido de ti abuelo, si dos personas realmente se necesitan porque se quieren, no hay razón en el mundo ni orgullo en el corazón para que no se llegue a un entendimiento sobre cualquier discrepancia.

Por la manera en que Juanluis hablo de su novia, era obvio que mi nieto estaba prendado de la chica. Además, de la forma en que describió la relación, no cabía otra cosa que asumir que el sentimiento era mutuo. Para mí la cosa resulto clarísima. No podía permitir que un interés egoísta de mi parte, se interpusiera entre ellos así es que decidí no hacer más referencias al asunto de Ritoque. Ya vería yo como me las ingeniaba para comenzar una investigación personal al respecto.

La historia de María Pía había abierto heridas que estaban casi escondidas en mí y aunque recordarlas me resultó doloroso, quedé contento del resultado. Me di cuenta que hasta entonces, había guardado mi escapada de la muerte en un lugar tan protegido de mi memoria, que llegué a pensar que lo había olvidado. Obviamente, no era así. Lo que dijo la novia de Juanluis demostró lo indudable de ello. Esas experiencias no estaban olvidadas, los recuerdos solo habían sido reprimidos. Era cuestión de tiempo que afloraran nuevamente a mi conciencia y eso podría ser traumático. Había que hacer un cierre. Es por eso que quede contento de la fortuita coincidencia de tener a María Pía incorporada en nuestra familia. Esto creaba la posibilidad para ese cierre. El hecho que ella estuviese relacionada con esbirros del dictador, no sólo reabría un capítulo casi olvidado de mi vida, sino que me motivaban para iniciar la búsqueda de aquellos que me torturaron y me mandaron a la muerte. Indudablemente tenía muy claro que ella no era culpable de lo que hubiese hecho su familia, pero al escuchar la historia de su abuelo y su madre, me hizo despertar el bichito de la curiosidad. Sentí la necesidad de dedicarme a investigar el paradero actual de esas gentes. Tenía que saber que sería de aquellos que sostuvieron a la dictadura a través de la tortura, el asesinato y la desaparición de los opositores. ¿Dónde están y como viven los que implementaron físicamente la mano férrea del dictador? ¿Qué será de esos individuos que operaban la máquina del terror estatal? Deben haber sido muchos, pero hasta entonces, solo unos pocos habían sido identificados. De seguro, aún viven entre nosotros y como seres humanos, tienen lazos familiares y parentela. Ese es justamente el caso de la familia de la novia de mi nieto. Pueden estar cerca de nosotros, pero, como viven en la impunidad, no sabemos quiénes son. Indudablemente se ven como nosotros, pero esos son "los otros." Son aquellos que, sin ningún rasgo de humanidad, colaboraron y no trepidaron en aplastar, torturar e incluso matar a sus conciudadanos. Fueron el brazo ejecutor de una autoridad que pretendía cambiar la sociedad no por la fuerza de la razón, sino por la razón de la fuerza. Son los que hicieron el trabajo más sucio de la dictadura. Son los que me hicieron a mí y a tantos otros, indignidades que son difíciles de describir.

Cabe recordar que comencé la investigación que he vaciado en este libro con las preguntas: ¿Qué es de aquellos "otros," los que son diferentes a "nosotros?" ¿Qué es de aquellos que torturaron y mataron? ¿Dónde están los que hace cuarenta años intervinieron en mi vida cambiándola para siempre? ¿Cómo viven? ¿Será saludable averiguar su paradero y abrir las profundas heridas del pasado?

Como se podrá descubrir en las páginas siguientes y como resultado de lo que aprendí de la historia de María Pía, para entender mejor el "nosotros," las preguntas iniciales se extendieron a: ¿Son los "otros," iguales a nosotros o son una clase diferente de seres humanos? ¿Si tienen sentimientos y sufren como nosotros, como es que pudieron infringir tanto dolor? ¿Cargan ellos la cruz de la memoria? ¿Sienten remordimientos? ¿Es tiempo de olvidar y perdonar? ¿Perdonar qué? ¿La inhumanidad de un ser humano? Mientras más pienso en estas preguntas, más comprendo que la realidad puede ser más cruda que la ficción. Las respuestas podrán ser cortas o extendidas, pero no serán nunca simples. El nosotros y los otros es circunstancial y temporal, por lo tanto, tal vez muchas de estas preguntas ni siquiera podrán ser abordadas. Otras quedarán en la incógnita eterna.

CAPÍTULO CINCO

¿Los otros?

Nuevamente, estábamos en el aeropuerto Kennedy, pero esta vez no íbamos a buscar a nadie, éramos nosotros mismos los que viajábamos. Yo estaba más contento que Hilda porque antes lo había hecho solo y por pura necesidad, ahora, lo hacía acompañado para satisfacer un deseo muy personal. Habiéndolo hecho por necesidad, las veces anteriores no sentía interés por mi entorno y moviéndome sin pensar, seguía a la multitud sin notar lo que sucede en la puerta de abordaje. No había notado que pesar de que todo el que llega hasta ahí es porque tiene un lugar asegurado para sentarse, antes que la salida sea anunciada, ya varios pasajeros se apretujan frente a la entrada. Codeándose y empujándose, es como si temieran quedarse sin asiento y tratan de tomar la delantera para entrar al avión. Sin darme cuenta, yo había participado en ese pánico colectivo. Pero ahora, con la calma que viajaba, la situación me pareció chistosa. En mis viajes anteriores, aunque me movía como un zombi, había notado que, de una manera u otra, la tripulación de cabina asiste a todos los pasajeros que pasan por esa puerta. No sólo les ayudarán a acomodarse en sus respectivos asientos, sino que también cuidarán de sus equipajes. La verdad es que no hay razón alguna para toda esa aprensión. Así se lo hice notar a Hilda y esperamos atrás. Cuando el gentío se aclaró, cómodamente, subimos al avión.

Desde que lo concebí, había decidido que este viaje debería ser absolutamente placentero. No permitiría que nada ni nadie lo hiciese desagradable como habían sido algunos de los anteriores. Esos, los que había hecho por necesidad, siempre habían sido de prisa y cortos porque eran programados a última hora. Tenía que asistir a un funeral o atender algún asunto burocrático urgente como fue el caso de cuando viajé a rescatar los dineros que tenía por los años de imposiciones que hice en Chile. Cuando en los años ochenta por un simple decreto de la dictadura se privatizaron todos los sistemas de retiro, obviamente yo no pude viajar y esos dineros quedaron en el limbo. Apenas cambió el gobierno, traté de rescatarlos, pero ahí comenzó una comedia tragicómica. En algunas de las oficinas donde me presenté, me habían declarado oficialmente muerto y no era suficiente que estuviese ahí en carne y hueso. Los funcionarios me decían que, a pesar de que me estaban viendo, ellos no podían testificar que estaba vivo. El sistema exigía que debía producir un documento de identificación para probar que existía y regularizar mi situación requirió varios viajes. Primero tuve que obtener una nueva identificación y después, tratando de aclarar lo de los fondos de retiro, aparecieron otros trámites. Esos viajes, por lo breves, resultaron tensos e incómodos porque aún me encontraba trabajando y trataba de ahorrar usando aerolíneas baratas. Esas hacen infinidad de escalas y constantemente estaba corto de tiempo. Sin embargo, al viaje que me abocaba ahora, era muy diferente. Por un poco más de dinero, había conseguido un vuelo directo. Un vuelo sin escalas me permitió apreciar realmente lo extraordinario que resulta dormirse después de la cena y amanecer al otro lado del planeta. Cuando se vuela de un hemisferio a otro, en unas pocas horas cambias la estación del año. Pasar del frio invierno neoyorquino al cálido verano santiaguino, siempre me ha parecido fantástico, pero antes teniendo que revertir el proceso en unos pocos días, me había complicado la psiquis. Esta vez, viajando por varias semanas, podría gozar esa sensación en plenitud.

La cuestión climática y la ausencia de las incomodidades en mis viajes anteriores eran importantes motivos por los que estaba contento, pero eso era tangencial. La principal razón de mi felicidad es que finalmente, me abocaba a un proyecto que había acariciado por largo tiempo. Pretendía enfrentar cara a cara a aquellos sicarios de la dictadura que me habían hecho daño. Sabía que la empresa sería complicada y posiblemente peligrosa, pero eso no me preocupaba. Estaba en las condiciones óptimas para hacerlo. Primero, me había jubilado y por lo tanto disponía de tiempo. Segundo, las condiciones en la que me había retirado en USA me daban seguridad para desenvolverme con holgura económica en cualquier lugar y tercero; me encontraba totalmente libre de obligaciones familiares. Si algo llegara a sucederme, Hilda quedaba acomodada y en ese entonces, mis hijos y nietos me necesitaban solo para demostrarme su amor. En suma, sentía que ya no le faltaría a nadie. Por supuesto, todo esto no era una cuestión puramente fortuita. Era el resultado de un cuidadoso y sistemático plan que comencé a forjar cuando fui forzado a abandonar Chile.

¡Momento! ¡Corrijo! No fue el día que logré escapar de las garras de la dictadura. La reprogramación de mi futuro la comencé exactamente el 11 de septiembre de 1973. Ese funesto día, en que los militares de Chile, con la ayuda de la CIA, causaron la muerte de Salvador Allende, fue cuando llegué a la realización de que el país donde vivía, no era diferente a las repúblicas bananeras de las que había hecho tanta mofa. Abruptamente, ese once de septiembre, comprendí que el tono sarcástico con que me había referido a aquellos países que vivían de dictadura en dictadura, había sido ridículo. Que grotesco de mi parte hacer burla de aquellos países que, en realidad, no eran diferentes al que yo tenía. Ahí fue que comprendí la fragilidad de la democracia. El advertir que la barbarie de los que usan la fuerza no puede ser combatida solo con ideas, me llevó a modificar mi sentido de lo social. Empezar a vivir en una sociedad controlada solo por la fuerza bruta, me forzó a convertirme en un individualista. Desde ese momento, volqué mis preocupaciones cotidianas y mis planes a largo plazo, solo en la protección de mi familia y con excepción de mi trabajo académico, elaboré un diseño que me aislaba de toda actividad social. En otras palabras, a partir del día del golpe, adopté una actitud absolutamente egoísta centrándome en un proyecto exclusivamente personal. Mi participación en el desarrollo de una política educativa que fomentase el avance social, quedó relegada a una fracción de mi actividad docente. Ese es el diseño que ha prevalecido en mi vida personal, social y profesional. He desterrado la participación política al mínimo necesario para no sentirme un paria social y me he concentrado en lo profesional, lo económico y lo personal. Muchas de las chances que me han permitido lograr este éxito han sido por azar, pero si no hubiese mantenido la claridad de mis objetivos, no las habría sabido reconocer. Este es el diseño de vida que me ha guiado no sólo a mí, sino también al resto de la familia. He criticado duramente la política internacional de los Estados Unidos, pero soy honesto en reconocer que también es un país que ofrece oportunidades para el que tenga la disciplina y la disposición de carácter para saber aprovecharlas y eso es exactamente lo que hicimos. Cuando recién llegamos a USA, no manejábamos el inglés y trabajábamos en lo que se nos presentara. Más tarde, cuando ya dominamos la lengua, nos aplicamos con dedicación, constancia y disciplina a nuestras especialidades profesionales. Manteniendo una ética de trabajo impecable, hemos logrado el éxito laboral. A partir de ahí, usando nuestros ahorros en la adquisición de propiedades, buscamos como suplementar los fondos de la jubilación. Dado que como académicos retirados contamos también con una buena protección en los servicios de salud, estamos totalmente cubiertos. O sea, el ahorro sistemático y la sabia inversión, nos proveen de un retiro cómodo.

Definitivamente era el momento para abordar aquellas preguntas que me habían angustiado por tanto tiempo: ¿Qué será de los que me torturaron? ¿Qué será de aquellos que implementaron la mano criminal de la dictadura? ¿Estarán vivos? ¿Si viven, dónde están? ¿Cómo y con quién viven? ¿Cuántos vivirán camuflados entre nosotros? ¿En qué condiciones viven aquellos que se ocultan en la multitud? ¿Serán alguna vez castigados por sus crímenes?

En algunos de aquellos cortos viajes anteriores, ya había empezado a fantasear respecto a estas preguntas. Miraba las caras de aquellos que me atendían en una oficina o me servían en un restaurant y pensaba que ese podría ser uno de esos "otros." Me imaginaba que cualquiera que transitara junto a mí en las calles de Santiago, podría ser alguno de ellos. Esos, que ahora no se ven, pero que, por años, hicieron sentir la dictadura en el cuerpo y la mente de miles de chilenos. Aquellos que diligentemente y desde las sombras, torturaron y asesinaron para la dictadura. Como lo hacían en secreto, es muy poco lo que sabemos de ellos. Metafóricamente, podría decirse que yo los conocí y digo metafóricamente porque sentí sus torturas, pero nunca los vi. Por eso mi interés es personal. Necesito saber que es de esos "otros" chilenos, los que actuaron criminalmente amparados por la impunidad del régimen. Aquellos que se condujeron como bestias y no pueden ser aceptados en la comunidad humana pero que continúan siendo chilenos. Esos no son parte de "nosotros," y es por eso por lo que les llamo "los otros." Los que se hicieron insensibles al dolor convirtiéndose solo en una extensión de las máquinas de tortura.

Soy consciente que será difícil identificarles. También entiendo que me estoy adentrando en un proyecto con límites difusos ya que las conductas de un individuo no pueden ser vistas solo en blanco y negro. Las motivaciones y las razones de por qué lo hicieron, pueden ser múltiples y tampoco se les puede considerar a todos iguales. Lo que esos tipos hicieron, no puede ser condenado a priori. Ahí está el caso, por ejemplo, de aquellos muchachos que, en su tierna adolescencia, fueron arrastrados al ejército por la conscripción militar obligatoria y como conscriptos fueron obligados a participar en los crímenes y, sin embargo, arriesgando su propia vida, algunos asistieron a aquellos que eran vejados. Yo mismo fui salvado por uno de ellos ya que si Juan Luna no me hubiese ayudado, hace mucho que yo habría sido alimento de cangrejo.

Motivado por la pista que me había dado la novia de mi nieto, iniciaba la búsqueda de uno de esos individuos y después de un viaje muy agradable, nos instalamos en un departamento frente a la Plaza de Armas de Santiago. Al principio, nos pareció curioso que, estando en el mismísimo centro de la ciudad, ese departamento tuviese una renta tan económica. Pronto, lo curioso, tuvo su explicación. Desde muy temprano pululaban en la plaza, predicadores, artistas callejeros y otros personajes peculiares y estrambóticos que, usando altoparlantes de gran volumen, pregonaban sus canciones o sus credos religiosos creando un ruido infernal. Afortunadamente, por reglamento municipal, el bullicio debía cesar a las diez de la noche y como a partir de esa hora, podríamos dormir, el ruido diurno nos pareció soportable ya que el lugar era altamente conveniente para mi proyecto. Estaba tan central, que, desde allí, sería fácil transportarse a cualquier lugar dentro o fuera de la ciudad.

Como el lector seguramente recordará, lo que dijo la novia de mi nieto me hizo sospechar que su abuelo se desempeñaba como militar cerca o en el mismo lugar en que yo había estado prisionero. Con esta clave, decidí que la mejor manera de empezar la búsqueda era investigar a ese individuo y al segundo día de nuestra llegada, ya me dirigía temprano a la casa de la abuela de María Pía. Por la descripción que había hecho la chica, no fue difícil encontrar el lugar. Ni siquiera tuve que mirar el número. En esa calle del barrio Subercasaux de San Miguel, donde la mayoría de las casas tienen rejas muy parecidas, la que estaba rodeada por altas murallas resultaba fácilmente reconocible. Era evidente que el que hizo construir esas murallas quería aislarse lo más posible de su vecindario. Solo para estar seguro de que esa era la casa, confirmé el número en mis notas e hice sonar la campanilla. Una voz femenina preguntó quién tocaba y me identifiqué como el abuelo del novio de María Pía. Abrieron esa tremenda puerta de entrada y me hicieron pasar a un jardín meticulosamente cuidado. Las plantas se veían viejas, pero muy bien mantenidas. Ofrecí mi mano a la mujer que tenía enfrente y con una sonrisa volví a identificarme. Ella me extendió la suya, pero no me dio un apretón, su mano la sentí tan feble, que me pareció absolutamente insípida. Se identificó como la abuela de María Pía y sin mirarme a los ojos, me dijo que, por teléfono, su nieta ya le había anunciado mi visita. Con un gesto casi imperceptible, me invitó a entrar a la casa. Esta, parecía una fortaleza. Todas las ventanas estaban cubiertas con rejas de fierro y un doble visillo de madera sólida. Por dentro, la puerta de entrada y cada una de las ventanas, tenían cuatro cerraduras. En el interior de la casa, no se sentía el calor de enero porque las murallas eran tan sólidas y gruesas, que daba la sensación de frescura que se debe sentir en una tumba de concreto. La habitación en que la que entramos me hizo experimentar aquella sensación del "living" chileno que yo recordaba de mi niñez. Todos los espacios estaban ocupados por muebles y fotos. Algunas fotos colgaban de las murallas y otras descansaban sobre los muebles. La abuela de María Pía me ofreció asiento y comenzamos una conversación que desde el comienzo me hizo sentir incómodo. Tenía un timbre de voz tan desagradable, que aun las preguntas que me hizo sobre la salud de su nieta sonaban huecas. Sonaba anodina y sin emoción. Cuando me ofreció algo para beber, me apresuré a aceptar. Aunque no tenía sed, aprovecharía el momento en que ella saliera, para inspeccionar las fotos. Apenas abandonó la habitación, me levanté y empecé a mirar. Sobre los muebles se encontraban las clásicas fotos familiares; la boda, el bebé, la niña haciendo la primera comunión y otras. Lo que directamente atrajo mi atención, fue un arreglo de varios retratos que colgaban en una de las murallas. En una foto grande al centro, aparecía un hombre en traje militar y a su alrededor, ordenadas en forma geométrica, había varias otras fotos pequeñas. En una de aquellas pequeñas, el mismo militar de la foto grande aparecía rodeado de varios jóvenes. Uno de ellos se parecía mucho a Juan Luna y cuando usé mis lentes para mirarle mejor, el corazón me dio un respingo. Esa era la versión de hombre del Juan Luna que yo conocí como niño. Mi excitación aumentó sobremanera. Evidentemente, Juan tenía que conocer al individuo con quien aparecía en la foto. Había encontrado una conexión. Los que posan juntos, no tienen que ser necesariamente amigos, pero tienen que saber quién es quién. Cuando la mujer volvió con la bebida, traté de controlar mis sentimientos y comencé a hacer alguna conversación insustancial para inquirir datos acerca del uniformado que se repetía en aquellas fotos. Su respuesta fue corta y seca:

— Ese fue mi marido. Se fue hace muchos años de esta casa y de eso prefiero no hablar. He dejado aquellas fotos en que aparece, solo porque son parte de la historia de mi familia, pero ese individuo no me importa ni me interesa. Me niego a saber que es de él. Perdóname usted señor, pero me rehúso a mencionar su nombre y nunca más querré saber nada que se le relacione.

Me pareció claro que de esa mujer no sacaría nada y considerando la tensión que sentía en el aire, decidí escapar de ahí tan pronto como me fuese posible. Solo para aparecer educado, tomé un corto sorbo de lo que me había traído y me despedí tan cordialmente como mis buenos modales me lo permitieron.

Más tarde, comentando con mi esposa lo poco sociable que había sido mi encuentro, con esa intuición que siempre he admirado en ella, Hilda me recordó lo que nos había dicho María Pía. Su abuela era una mujer beata que voluntariamente se había recluido entre cuatro paredes y que su única vida social era atender la iglesia. Incluso la nieta la veía como una persona frustrada y nos había advertido de su falta de sociabilidad. Estuve de acuerdo y me conformé pensando que después de todo, mi visita no había sido un fracaso total. Algo había averiguado. Ahora sabía que había una conexión entre Juan Luna y el abuelo de María Pía. Sin embargo, al mismo tiempo, eso me empezó a inquietar. Si Juan fue quien me lanzó del helicóptero, él lo había hecho siguiendo una orden y por lo tanto tenía que saber quién le había dado esa orden. No me cupo ninguna duda que mi próxima tarea era buscar a Juan Luna.

Afortunadamente, recordaba la ubicación exacta de la casa de los Luna, así es que, al día siguiente, me dirigí hacia la población Quinta Bella que estaba al final del barrio Recoleta. Mi memoria no me engañó, la casa de los Luna estaba tal como yo la recordaba, justo frente a la escuela "República del Perú." Al ver el viejo y desvencijado edificio de esa escuela, me emocioné profundamente. No era para menos. Esa fue la escuela donde, hace más de cincuenta años, empecé a trabajar como profesor primario. Ahí había comenzado mi carrera docente y a pesar de que el edificio se veía deteriorado y en bastante mal estado, lo vi con cariño y nostalgia.

Dos, de los ocho hermanos de Juan, todavía vivían en la misma casa. Desgraciadamente, ninguno sabía de su paradero. La última vez que le habían visto, fue unos pocos días antes que desertara del ejército y después de eso, se había esfumado. Fue chocante saber que Juan había desertado en el verano del setenta y cinco, muy cerca de la fecha en que me había salvado la vida. Aunque sus hermanos no sabían exactamente dónde estaba, sabían que Juan estaba vivo y se encontraba muy bien. Según me lo dijeron, Juan pensaba que el ejército todavía le buscaba para castigarle como desertor y es por eso por lo que no se contactaba directamente con ellos, pero, a través de un amigo de su infancia, continuamente les mandaba noticias suyas.

Ese amigo con el que Juan se comunicaba era otro de mis exalumnos de la escuela República del Perú, José Gutiérrez. Por varios años se había ido a vivir lejos de la población, pero, por los avatares del destino, había vuelto a vivir en la misma casa de la Quinta Bella donde había nacido. Los Luna me advirtieron que el tipo era extremadamente reservado. Habitualmente no conversaba con nadie, pero considerando que Juan era su único amigo, mantenía a la familia informada. Nunca les había dicho exactamente dónde estaba y ellos, respetando los temores de su hermano, se conformaban con saber que estaba bien.

La casa de José Gutiérrez no estaba lejos de la de los Luna. Caminando unas pocas cuadras, me encontré golpeando en una puerta que se veía muy poco usada. Cuando me abrieron, me sorprendí. La persona que se presentó frente a mí se parecía bastante a José, pero su semblante era tan sombrío y su cara tan triste, que se veía como una caricatura ajada del niño que se había sentado en mis clases. Ahí fue cuando José y Juan se habían convertido en grandes amigos. Al principio, esa amistad me había resultado extraña porque ambos tenían caracteres opuestos, pero más tarde descubrí que estaba totalmente equivocado. Entre ellos se dio una química tan grande que, a pesar de que habían dejado de verse por largo tiempo, cuando se reencontraron como hombres, renovaron su amistad con mayor fuerza.

José Gutiérrez, era el muchacho a quien mi esposa y yo habíamos ayudado a casarse participando como sus padrinos de boda. Cuando José me abrió la puerta y me reconoció, me alegré mucho y le ofrecí una gran sonrisa, pero su cara permaneció inexpresiva. No supe que hacer. Era imposible decir si realmente se alegró de verme, o simplemente no podía expresar emociones. Decidí que debía ser yo quien rompiera la frialdad y me acerqué dándole un gran abrazo. Sin soltar el abrazo, le hice un comentario acerca del momento en que nos había pedido que fuéramos los padrinos de su matrimonio. Todo esto lo hacía en un tono festivo, pero él, con un dejo amargado, me contestó parcamente.

— Hola Sr. Olivares. Si, por supuesto que me acuerdo de ese funesto día en que me casé. Todo eso se fue al tacho de la basura. Afortunadamente, ese matrimonio ya no existe. Todavía lamento lo que le hicieron a su auto. Esa fue una gran cochinada y debo decirle que, tiempo después, cuando volvimos a hablarme con mis padres y mis hermanos, les pregunté a todos; quien de ellos podría haber sido y todos me contestaron lo mismo. Ninguno de nuestra familia podría ser tan vil, desgraciado y cochino para hacer algo semejante. A mí me parece Sr. Olivares, que tiene que haber sido la familia de la Teresa. Esos son unos sucios, unos verdaderos chanchos.

Siendo mucho más joven que yo, José se veía tan deteriorado que parecía casi de mí edad. Me costó bastante aceptar que la imagen de ese hombre viejo y gastado que tenía frente a mí correspondía a aquel niño que conocí como mi alumno. Yo lo recordaba como un niño almidonado y compuesto, siempre ordenado, respetuoso y trabajador. Un excelente muchacho. Creo que fue el mejor alumno que tuve aquel primer año que enseñé en la Escuela República del Perú. Viéndolo ahora tan abatido, volvieron a mi memoria las desgraciadas circunstancias de lo que sucedió el día de su boda.

Cuando esa mañana de un jueves, José se presentó en mi sala de clases, habían pasado ya seis años desde que él había sido mi alumno. Me alegré mucho de verlo. Se veía un joven buen mozo, esbelto y bien vestido. Después de responder a las típicas preguntas que habitualmente hacemos a nuestros exestudiantes, con cierto embarazo, me explicó que se veía obligado a visitarme para pedirme un favor.

Me explicó que el lunes próximo, comenzaba a trabajar en la casa central de la Universidad Católica de Chile donde un tío le había conseguido un trabajo de aseador y aunque la paga no era fantástica, era segura. Es por eso por lo que ahora que tenía un trabajo estable, podía cumplir con un compromiso que lo agobiaba profundamente y esa era la razón por la que venía a pedirme el favor. Tenía que casarse lo antes posible con aquella muchacha a quien, en un arrebato amoroso, había dejado embarazada. Nadie sabía lo del embarazo y es por eso por lo que querían casarse pronto. No querían que se notara que era un bebé concebido fuera del matrimonio.

Si yo aceptaba hacer el favor, mi papel sería el de actuar, junto con mi esposa, como testigos de la boda civil y padrinos de la boda religiosa. Él sabía que yo lo estimaba mucho. Sabia, me dijo, que mi mujer, según lo que yo había contado en las clases, era una persona tan buena que no le diríamos que no. También me dijo que él pensaba, y así había convencido a su novia, que nosotros éramos la pareja perfecta para hacer esto. Con lágrimas en los ojos, me dijo, que recurría a nosotros porque su familia, de solo saber que salía con esa chica, ya estaban indignados. Desde que supieron de sus intenciones de desposarla, su madre y su padre le quitaron la palabra. Ya no le hablaban. El único de su familia que le aceptaba, era su tío, pero este, sin querer enemistarse con su hermana, tampoco quería participar en el asunto. El mayor argumento de los padres de José era que en la familia de la chica eran todos unos delincuentes y no permitirían que un hijo suyo se emparentara con ese tipo de gentes. Por otro lado, los padres de la chica también se oponían absolutamente a esta unión. El argumento de estos era que, en la familia de José, eran todos unos pobretones tirados a siúticos. Se echaban toda la plata encima pero aparte de las apariencias de vestirse bien, no tenían donde caerse muertos. Su hija no debería involucrarse con esa calaña de perdedores. Cuando le referí esta historia a mi esposa, le gustó tanto, que inmediatamente se puso a hacer los preparativos para ser los padrinos de boda de estos Romeo y Julieta de la Quinta Bella.

Llegó el día de la boda y esta fue muy modesta. Además de nosotros, asistieron unos cuantos jóvenes amigos de la pareja. El único auto estacionado en la puerta del edificio donde José había arrendado un departamentito, era el mío. Mi "auto" en verdad era un destartalado viejo taxi que yo usaba para suplementar mi miserable sueldo de profesor primario.

Queriendo evitar salir muy tarde desde una población de dudosos antecedentes y por recomendación de muchos de los presentes, a las nueve de la noche comenzamos a retirarnos. El novio y la novia agradecidos, junto con otros amigos, salieron a dejarnos al auto. Era el único vehículo estacionado en toda la calle. Cuando abrí la puerta, sentí un impacto terrible. Un olor insoportable a heces humanas emanaba del volante. Salté hacia atrás y todos se acercaron a ver que sucedía. El gesto de malestar y turbación de José y su esposa fue muy gráfico. Empezaron a excusarse y a tratar de darnos explicaciones. Un par de amigos que vivían cerca, corrieron a sus casas a buscar implementos de aseo porque José, recién se había mudado, y no tenía nada en su departamento. Varios de los invitados se pusieron afanosamente a limpiar mientras especulábamos acerca de los autores de esta porquería. Con gran pena y pesar, la novia dijo que lo más posible era que hubiese sido su familia. Ella había escuchado que en el pasado habían hecho cosas así a personas a quienes odiaban.

Después de un rato, el volante estuvo aceptablemente limpio como para poder tomarlo y manejar a casa. Pasaron casi dos semanas para poder tomar pasajeros que no se quejaran del olor porque, por necesidad, traté de trabajar normalmente pero no pude, fue imposible. Después del segundo día dejé de intentarlo. No pudiendo soportar el olor, varios posibles pasajeros, simplemente no subían el vehículo. Por varios días, en lugar de salir a trabajar el taxi por las tardes, cosa que hacía habitualmente después de terminada mi jornada en la escuela, me iba directamente a casa y ensayaba nuevas sustancias químicas para librarme del olor. El olor duró bastante tiempo, pero siendo el único medio de transporte para mi familia, mi esposa y yo lo usábamos sin comentarios. Esa es la historia de la boda de José Gutiérrez, aquel joven y aquel niño que recordaba de mis años mozos.

Habían pasado muchos años y me volvía a encontrar con el mismo José. Por lo poco que habíamos conversado en la tarde de su boda, yo había percibido que ese joven, como cualquier muchacho de su edad, tenía ciertas ambiciones de grandeza y deseo de éxito personal, pero como sonaba políticamente neutro y socialmente arribista esas ambiciones me aparecieron centradas en las apariencias, en las cosas y en el que dirán. Ahora, por lo que me contó y como se veía, era evidente que la vida le había golpeado bastante. Su presencia física era la de un hombre abatido, pero a pesar de que se veía bastante maltrecho, aparentemente en lo social no había cambiado. Por las cosas que me dijo y la forma en que las dijo, sus valores personales parecían seguir siendo los mismos.

Digo esto porque, aun cuando se encontraba viviendo en la misma casa que le habían dejado sus padres en la Quinta Bella, él se considera a sí mismo como de "clase media." Lamentaba tener que vivir ahí, un barrio de trabajadores pobres y de personas, según él, que viven al borde de la delincuencia. Lo dijo varias veces y se lo repetía a sí mismo como tratando de auto convencerse. "Mi condición es temporaria" me decía con amargura, "Pronto saldré de aquí," repetía. Para explicarme porque estaba en aquella miseria que a él no le correspondía, sin pedírselo me empezó a narrar la historia de su vida. Su argumento era que fue ella, la mujer con la se casó, lo que le había llevado a la cloaca.

No lo dijo directamente, pero de la manera en que lo contó y por la amargura que destilaba en su narrativa, se puede asumir que todo comenzó cuando ella inició su envolvimiento en política. Al momento de nacer aquel hijo que esperaban al casarse, su esposa no tenía suficiente leche para amamantarlo. El bebé estaba débil y necesitaba constantemente suplementos alimenticios así es que la madre se las rebuscó en los centros médicos de atención a los sin recursos, y luego, apenas asumió el gobierno de Salvador Allende, se involucró en las juntas de acción popular (JAP) de la Quinta Bella. Seguramente ahí se vio como una mujer activa, independiente, inteligente y habladora porque pronto la eligieran jefa de la JAP vecinal. Como dirigente vecinal, empezó a asistir a las reuniones a nivel municipal y allí conoció mucha gente. Al año, ya estaba radicalizada políticamente y comenzaron las discusiones con su marido.

Poco tiempo antes de eso, cuando el hijo ya no era tan bebé y ella pudo dejarlo con vecinas, José había logrado conseguirle un puesto como aseadora en la Universidad Católica. En los primeros meses de la Unidad Popular, habiéndose desarrollado políticamente en la comuna de Conchalí, ese interés en la política lo trasladó a su trabajo y comenzó a participar activamente en los sindicatos de la Universidad Católica. Pronto, ahí también se hizo popular y llegó a ser dirigente de las mujeres sindicalistas. Al momento de contar la historia, José, con pena y amargura, se lamentó de haberle conseguido a su esposa ese trabajo en la Universidad Católica.

Cuando vino el golpe en septiembre del 1973, ella junto con todos los otros dirigentes sindicales de la universidad, fueron despedidos sumariamente. Con orgullo, José me explicó que la expulsión de su esposa a él no le había afectado. Como ella había empezado a vociferar políticamente antes de empezar a trabajar en la universidad, él le había conseguido el trabajo con la condición de que nunca dijera que él era su marido. José me explicó lo inteligente que él había sido de cuidarse que no los vieran juntos en el trabajo. Ella había usado sus apellidos de soltera y nadie supo nunca que eran marido y mujer. Cuando la echaron del trabajo, ya la relación de pareja estaba en crisis. La crisis había comenzado desde la candidatura del presidente Allende. En el vecindario, ella había trabajado para esa campaña y después de la elección, además de dirigente del JAP de Quinta Bella, ella se había convertido en una convencida militante política del gobierno de Allende. Según él, en este aspecto, eran muy diferente. Él era neutro porque nunca le había gustado involucrarse en política. A él le parecía sucia y por eso nunca participó en el sindicato de la UC. Le parecía muy politizado. Al momento del golpe de estado, los conflictos de la pareja habían alcanzado el máximo punto de la crisis y los argumentos que empezaban como cuestiones domésticas, terminaban en agrias discusiones políticas. Como la militancia de la mujer la abrió filosóficamente al mundo de la igualdad, ella se puso crítica de la iglesia y sobre todo de aquello que ella identificaba como los valores de pequeño burgués de su marido. Las relaciones personales y por supuesto las amorosas eran insostenibles.

Repito, José no lo dijo, pero yo lo asumí por la manera en que contaba la historia. Él se definía a sí mismo como políticamente neutro, pero por la forma de expresarse acerca de las actividades de su esposa, era evidente que se oponía a cualquier cambio de carácter feminista o de reformismo social. Usaba el término despectivo con que los diarios y las gentes de derecha llamaban a los partidarios de la Unidad Popular. Por ejemplo, refiriéndose a ella dijo: "Y entonces ella se convirtió en una upelienta." La más clara evidencia de sus valores se expresó en un comentario sobre el orden social de las cosas. Lo dijo explícitamente: "Por lo que vi y aprendí en mi trabajo en la universidad, es natural que los ricos sean los destinados a mandar. Ellos son más inteligentes, y eso, según las órdenes dadas por Dios, es el orden natural de las cosas."

Al momento que la despidieron de su trabajo en la Universidad Católica, la esposa de José ya sabía que su vida corría peligro y como para soportar su matrimonio ella había iniciado desde antes relaciones amorosas con un hombre que pensaba como ella, después del golpe, sigue a ese hombre hacia la clandestinidad política y desaparece. De un día para otro, José Gutiérrez no sabe nunca más de su esposa hasta que se entera que murió en un "enfrentamiento." Él no se lo dice a nadie, pero lo sabe el día que ve la foto en TV. Un encuentro a balazos entre la policía secreta de la dictadura y algunos miembros del Movimiento de Izquierda Revolucionario (MIR), ha terminado con la muerte de todos ellos. La televisión muestra las fotos de todos los carnés de identidad de los que ahí se encontraban y entre ellos aparece la cara de su esposa. El carné es falso y el nombre es diferente, pero la cara es la de ella. Así es como se entera que su esposa murió acribillada.

Cuando la esposa desapareció en la clandestinidad, hacia fines de septiembre del setenta y tres, el ingreso en el grupo familiar de José se redujo a la mitad. Si con dos sueldos de aseadores a duras penas alcanzaban a llegar al fin de mes, con uno solo, José debe abandonar su casa. Ya no puede seguir soñando que es de clase media viviendo en Ñuñoa y con rencor contra su exmujer, se ve obligado a mudarse a la casa de sus padres en la Quinta Bella. Allí ve que su hijo debe asistir a la misma escuela que él lo hizo y lo considera un tremendo retroceso social, pero no le queda otra que aguantar. Entonces, desesperado, busca alguna manera de aumentar sus ingresos para salir de esa población.

— Pensé que consiguiendo un suple y ganando más, podría liberar a mi hijo de tener que codearse con esos niños que son de otra clase social. Ellos no son de clase media como nosotros. Me dice.

Un conocido de la Universidad Católica le cuenta que además de hacer el aseo, él podría hacer algún dinero extra trabajando para el servicio de seguridad de la universidad. Por supuesto en su ingenuidad política, José no se da cuenta que es la DINA (Dirección Nacional de Inteligencia) la que anda reclutando empleados del servicio de aseo. Como tales, estos tienen acceso a las diversas dependencias y oficinas de profesores y pueden actuar como informantes para la policía secreta.

Cuando José me contaba esto, recordé mi experiencia personal de como en la Universidad Técnica, donde yo trabajaba, había varios empleados de servicio que desde mucho antes del golpe trabajaban para los servicios de inteligencia militar. Esto lo habríamos de saber más tarde cuando después del golpe, varios de ellos, entre los cuales se encontraba Mardones, el jefe de los aseadores del Pedagógico Técnico, aparecieron con uniformes militares. Mardones había sido sargento del ejército y aunque decía que se había jubilado, en verdad, nunca lo hizo. Simplemente, con las influencias necesarias, comenzó a trabajar como jefe de los empleados de servicios del Pedagógico Técnico. Que ingenuos habíamos sido, profesores y empleados confidenciábamos a nuestros compañeros, los trabajadores de servicio, nuestras inquietudes políticas sin saber que algunos de ellos eran informantes de los militares. Los servicios de inteligencia militar sabían mucho acerca de cada uno de los que trabajábamos en la universidad. Sabían de todas nuestras militancias y actividades políticas.

La voz de mi exalumno me hizo descartar mis recuerdos y volver a su narrativa. Cuando José postuló a la DINA, lógicamente le investigaron su pasado y como ya conocían la verdadera identidad de su exesposa, descubrieron que él estaba ligado a una militante del MIR. Con esta información, no sólo le rechazan su solicitud para trabajar con los servicios de inteligencia, sino que, por tener una relación familiar de naturaleza peligrosa, lo despidieron de la Universidad Católica.

Desocupado, la vida en la casa de sus padres se le complica y sin ingresos va de mal en peor. Hace trabajos esporádicos, pero como él se siente de clase media, hay muchas cosas que no puede hacer. El sentirse de otra clase, lo expresa con convicción:

— Supongo que usted me entiende profesor. Yo no puedo hacer cualquier cosa como hacen muchos de los que viven aquí en la población. Yo no podría salir a vender dulces en los buses ni ir a cargar papas en la vega. Yo no soy de esa clase; ¿Me entiende?

Eso me lo dijo en voz muy baja y en un tono confabulatorio. Asume que, siendo yo de su misma clase, debo entender y me habla bajito para que otros no escuchen.

Entretanto, su hijo ya no se entiende con él. Se ha acercado a la familia de su madre y con ellos se ha radicalizado políticamente. A la muerte de sus abuelos paternos, no tiene razón para permanecer en esa casa y deja definitivamente a su padre. Aunque es aún niño, no pide autorización ni da explicaciones a José y se muda con los abuelos maternos. Otra parte de la historia que José me cuenta culpando a su exesposa.

— Y claro señor Olivares, el chico salió tan rebelde como la madre, me dice.

Así estaba José Gutiérrez cuando le llegué a ver. Completamente solo, desencajado, mal nutrido y con tan poco dinero que posiblemente no tenía ni siquiera para mal comer. Se ve como un cadáver. Habla pestes de su vecindario y rumia tanta rabia contra todo y contra todos, que, durante la narración de sus pellejerías, yo no me había atrevido a hablar. Cuando dio por terminado su relato y aparatosamente me preguntó a que debía el placer de mi visita, recién entonces avancé las preguntas que tenía acerca de Juan Luna.

— Ha sí profesor, Juan se contacta conmigo. Él no quiere comunicarse directamente con sus hermanos porque tiene miedo de que, por ser desertor, aún lo estén buscando y pudiesen apremiar a la familia. De vez en cuando, me llama para pedirme que les diga que se encuentra bien y poco a poco me ha ido contando como fue que se escapó de Chile. Llevamos varios años de estas conversaciones A mí no me gusta involucrarme en líos, pero como somos amigos de la infancia, lo escucho. Después de todo, que más me puede pasar a mí. ¿Que sepan que estoy ayudando a un desertor? A lo mejor eso me facilitaría la salida de esta miseria, profesor. Seria hermoso desaparecer y se acabó.

Con la misma amargura que me había referido su vida, José me contó lo que sabía de la fuga de su amigo, pero con un poco más de entusiasmo, esta vez usó un lenguaje más florido. Narraba la historia de Juan como si fuese la suya propia. En ciertos puntos, sonaba como describiendo una novela de aventuras.

— Todo comenzó, me dijo. Cuando Juan aprovechó unas cortas vacaciones que le dieron en el ejército y se fugó a la Argentina. Cruzó la cordillera por aquellos pasos clandestinos que son solo conocidos por los contrabandistas de ganado. Eso lo pudo lograr gracias a nuestro común amigo, Facundo. Un muchacho, de quien nadie sabe su apellido y que se pasaba los inviernos en la Quinta Bella. El resto del año acompañaba a su padre cruzando la cordillera de Chile a Argentina y viceversa. Facundo era más amigo de Juan que mío, pero muchas veces jugábamos entre los tres. En uno de esos fríos días de lluvia en que no se podía jugar fuera, Facundo nos convidó a tomar mate a la casa de sus tías y a la orilla de un fogón nos contó su historia. Nos pasamos toda esa tarde escuchándolo.

Bueno, de la manera que lo contó José, la vida de Facundo y sus ancestros, resultó tan interesante como lo que se pude encontrar en un libro de aventuras. El padre de Facundo se llamaba Aurelio y había sido el hijo único de una jovenzuela de la Quinta Bella y un arriero de San Felipe, el abuelo Hipólito. Siguiendo las huellas de su propio padre, Hipólito, se había dedicado desde muy joven a contrabandista de ganado entre Argentina y Chile. Siguiendo la tradición, Aurelio nunca fue a la escuela y desde muy joven supo asimilar la experiencia familiar heredada de su padre y su abuelo convirtiéndose en arriero especializado en el contrabando de ganado entre los dos países. Entre viaje y viaje visitaba a sus tías que vivían en la Quinta Bella y esas eran las tías, ahora tías-abuelas con las que se quedaba Facundo.

El contrabando de ganado usando pasos cordilleranos secretos entre Argentina y Chile, es una actividad bastante frecuente en el área de San Felipe. Esto es lo que habían hecho los ancestros de Facundo, y eran tan efectivos practicándolo, que al momento que Juan lo aprovechó para su fuga, ya se remontaba a varias generaciones. La operación, era controlada desde la estancia "El Toro Rebelde," ubicada justo a los pies de los Andes en el lado argentino. Era bastante simple ya que los límites del "El Toro Rebelde," coincidían exactamente con el límite de la frontera entre Chile y Argentina. Es decir, la estancia estaba en territorio argentino, pero el otro lado de la cerca que marcaba los límites de la estancia ya era territorio chileno. Empezando en el otoño y durante todo el invierno, los dueños de "El Toro Rebelde" compraban el mejor ganado que encontraran en el territorio argentino que les rodeaba y lo engordaban en las tierras de la estancia. En los primeros deshielos de la primavera, gauchos argentinos y huasos chilenos seleccionaba y congregaban los animales que harían la travesía. Usando los excelentes caballos montañeses de la zona, diestramente los arrieros hacían que el ganado atravesase por aquel un paso cordillerano que no podía ser controlado por las autoridades argentinas ni chilenas. Y claro, aunque presentaba más obstáculos naturales que aquellos pasos oficialmente reconocidos, para los avezados arrieros del "Toro Rebelde," ese paso no era difícil de seguir. Sobre todo, que, mientras el ganado ascendía por el lado argentino, estaban legalmente dentro de la estancia. Una vez que llegaban a la cima de la montaña donde se encontraba el límite, simplemente cruzaban la cerca de la estancia y ya estaban en el lado chileno. Desde ahí, entraban a arrear el ganado los huasos chilenos y los gauchos cubrían la retaguardia. Nadie sabía porque, aunque muchos lo sospechaban, pero en el lado chileno no había cercas. Hasta donde empezaban los primeros poblados, o sea el pie de la montaña en el lado chileno, el camino era libre. En esos poblados, los huasos ya conocían a las gentes que estaban dispuestas a comerciar cualquier ganado de dudosa procedencia y la transacción se hacía en pocos días y al contado. Dado que las vacas, terneros y toros, eran de la mejor calidad, nunca había habido problemas en su comercialización. Por razones obvias, desde mediados de otoño y durante el invierno, toda esta actividad se suspendía para reanudarla tan pronto como el deshielo de la montaña lo permitiesen. Dado que las autoridades del área también se beneficiaban y hacían la vista gorda, la operación se había repetido sin obstáculos por muchos años.

Cuando Aurelio comenzó a acompañar al abuelo de Facundo, era muy niño así es que prácticamente se había criado en la montaña. El ejercicio permanente y la buena alimentación con carne, hizo que desde muy joven se convirtiera en un huaso bien plantado. En uno de los viajes, el arriero jefe se accidentó y el padre de Facundo que ya a temprana edad, era el hombre de más experiencia en la partida, hubo de hacerse cargo de la operación. Lo hizo tan bien que, cuando vieron que el accidente había sido grave y que el jefe no podría continuar, unánimemente, el resto de los arrieros nominó a Aurelio como el nuevo jefe. Convirtiéndose en líder de la banda a tan tierna edad, el padre de Facundo comenzó a hacer algo que había ambicionado desde pequeño. Comenzó a cortejar a la hija más hermosa de los dueños del "El Toro Rebelde." En esa familia, había solo dos niñas, por lo tanto, no existían varones que pudiesen hacerse cargo del contrabando así es que, cuando los padres de la muchacha vieron que un muchacho tan hábil y respetado por sus compañeros, tuviese pretensiones amorosas con su hija, lo aprobaron. No les importó que Aurelio fuese tan joven, casi analfabeto y además chileno. Todo lo que vieron fue a un arriero eficiente, un huaso bien plantado y encima de eso, un hombre honrado. No se equivocaron, al poco tiempo y por muchos años, el padre de Facundo no sólo fue el líder indiscutible de los arrieros, sino que manejaba todas las facetas de la operación. Por razones misteriosas que nadie nunca supo, Aurelio no se casó con la hija de los dueños, pero concibió con ella a Facundo. Como orgulloso padre, se encargó de educarlo como arriero para que el muchacho siguiese la tradición familiar y es por eso por lo que, igual que su padre, Facundo se crio más en la cordillera que en ningún otro lugar.

Tal vez por razones tan misteriosas como aquellas por las que Aurelio nunca se casó con la madre de Facundo, este transcurrió su niñez alternadamente entre la familia de su madre en Argentina y la de su padre en la Quinta Bella. Durante el tiempo que pasaba en la Quinta Bella, se juntaba mucho con Juan. Habían hecho muy buenas migas y eran conocidos como los niños más traviesos de la población. A veces, las menos, José también era miembro de la partida, pero los amigos inseparables eran siempre Facundo y Juan. Facundo debe haber tenido apenas el tamaño suficiente para cabalgar, cuando tal como lo habían hecho con su padre y su abuelo, lo iniciaron en las actividades de contrabandista de ganado. Nunca fue a la escuela, pero era astuto y una bala con las cuentas y los números. Y ahí fue que la historia se repite. Su padre sufre un accidente y Facundo, aun casi un adolescente, se convierte en el líder de los arrieros. Cuando Facundo se enteró que Juan Luna, su querido amigo tenía dificultades en el ejército, le invitó a unírsele en el siguiente viaje para escapar a la Argentina. Sin pensarlo mucho, y falto de alternativas, Juan aceptó la oferta. Viajó hasta San Felipe y desde allí inició el ascenso a la cordillera. Todos los viajes de vuelta a la Argentina se hacían sin ganado, por lo tanto, eran rápidos, más fáciles y siempre sobraban cabalgaduras. Una persona más en la partida no significaba ningún problema. Además, a pesar de que Juan, como chico citadino no sabía cabalgar, era un hombre atlético y sin miedos. Pronto se adaptó al paso ligero del resto del grupo y en unos pocos días estuvo a salvo en la casa de la madre de su amigo. Allí fue muy bien atendido y le facilitaron el transporte a la capital. Esconderse en las calles de Buenos Aires, resultaba mucho más fácil que hacerlo en las pampas de la Argentina. Desde que, al momento que ingresó en territorio argentino, Juan había abandonado su nombre y confundirse en la multitud de la capital argentina no le fue difícil.

Hasta ahí es lo que José Gutiérrez sabía de Juan Luna. Desde Buenos Aires, su amigo se contactaba periódicamente con él y le pedía que les dijera a sus hermanos que estaba bien. Nunca le había dicho su nuevo nombre ni donde o como vivía. Tampoco le había dicho en que trabajaba o si tenía papeles y había legalizado su residencia en la Argentina. Lo único que le había insinuado, es que se había dedicado a bailar tango. Eso era todo lo que José me contó acerca de Juan Luna.

A pesar de que lo que hasta entonces sabía de Juan era poco y bastante esquemático, resultaba afortunado porque los planes de viaje que teníamos con Hilda coincidían con la próxima parada requerida para mi proyecto. Hacía tres años que nos habíamos dedicado al tango y queríamos aprovechar la oportunidad de estar en Chile para viajar a Buenos Aires. Es por eso por lo que ya habíamos programado pasarnos todo el mes de marzo bailando en la meca del tango. Nunca he creído en el destino, la divina providencia o la suerte y es por eso por lo que me fue difícil entender o interpretar esa coincidencia. Ir a buscar a Juan Luna en Buenos Aires, calzaba perfectamente con nuestros planes de viaje.

Siguiendo la experiencia de Santiago, Hilda y yo, conseguimos arrendar un departamento en el mismo centro de Buenos Aires, Marcelo T. de Alvear con Florida y desde ahí, teníamos fácil acceso a varios lugares de interés tanguero. La verdad es que mi esposa y yo nos conocimos bailando. Nuestro noviazgo empezó en el gimnasio de la Escuela Normal donde Hilda estudiaba. Allí, los miércoles, cuando terminaban las Tardes Deportivas, las continuábamos bailando Rock and Roll hasta que oscurecía. Desde entonces, hemos aprendido a bailar solo mirando como otros lo hacen.

Pero el tango es demasiado complejo para aprenderlo solo mirando. A pesar de que, cuando llegamos a Buenos Aires, algo sabíamos, necesitábamos mejorarlo así es que decidimos tomar clases en la Escuela Nacional del Tango. Esta escuela se encuentra en el centro cultural Borges y como estábamos muy cerca de ese centro, por las mañanas caminábamos hasta ahí a tomar clases y por las tardes íbamos a milongas. Mi esperanza era que, si Juan Luna bailaba tango, eventualmente, en alguna de esas milongas podrían saber de él. Después de todo, pensé, la gente que baila tango en Buenos Aires es numerosa, pero no infinita.

La primera clase que tuvimos en el centro Borges no nos gustó en absoluto. Era grupal y la instructora, atendiendo a turistas europeos y estadounidenses, se dedicó toda la sesión a enseñar cómo hacer pasos. Por nuestras experiencias en Manhattan, nosotros ya habíamos superado esa etapa. Más aun, con tres años de práctica, sabíamos que el tango es mucho más que hacer pasos. Lo que necesitábamos era alguien que nos ayudara con la técnica corporal, la posición del cuerpo, y la sincronización de la música con los pasos que ya sabíamos. Lo que los tangueros llaman, limpiar el movimiento. Pedimos un instructor privado y el que nos fue asignado, resultó ser maravillosamente bueno. Augusto supo satisfacer nuestras necesidades porque es un buen conocedor del rol del hombre tanto como el de la mujer. Además, es un individuo fantásticamente amable. Conversando con él nos enteramos que corría la mejor milonga Gay de Buenos Aires y ese mismo viernes nos fuimos a su milonga. Queríamos conocer un ambiente de tango que sería nuevo para nosotros.

Allí, en esa milonga Gay, se produjo otra coincidencia increíble que me empujó aún más a creer en el mundo de lo fortuito y de la predestinación. Estábamos bailando en la "La Marshall," cuando alrededor de la media de la noche, veo entrar a un hombre atlético con los mismos rasgos faciales de Juan Luna. Vi los ojos, la nariz y los pómulos de aquel muchachito travieso que se sentaba en la fila del frente de mi clase. Desgraciadamente, al verlo, también se me vino a la memoria ese terrible error que cometí con él. Aquel error, cuyo recuerdo, nunca ha abandonado mi vida profesional. A veces me he justificado diciéndome a mí mismo que entonces yo era un maestro muy joven, pero la verdad es que aquello me marcó para el resto de mi vida. La trágica experiencia socio pedagógico que tuve con Juan Luna que he usado profesionalmente en todos mis años de docencia como ejemplo de lo que no se debe hacer, se presentaba frente a mí. El intérprete mismo de esa funesta experiencia estaba ahí, representado en carne y hueso. El caso es que cuando empecé a trabajar en la Escuela República del Perú, tenía solo dieciocho años y para controlar la disciplina de un grupo de treinta muchachos que se encontraban entre los trece y los quince, tenía que aparecer fuerte y riguroso. Me ayudaba mucho mi apariencia física de una cara dura y severa, pero, aun así, desde el principio, traté de imponer una disciplina férrea. Seguía por el libro, las recomendaciones que me habían dado mis instructores de la Escuela Normal. Juan Luna era un chico inquieto y tratando de mantener esa disciplina férrea, fue que cometí el error. Apenas hizo una de sus travesuras, la dramaticé exageradamente y llamé a su padre para quejarme de su conducta. Muy respetuosamente, el señor Luna, me dijo que él se encargaría de la situación y que no me preocupara. Juan no me volvería a tener ese comportamiento. Eso fue un viernes por la tarde. Cuando pasaron cuatro días de la semana siguiente, y para el jueves Juan no había aparecido en mi clase, en un recreo, me acerqué a uno de sus hermanos menores y le pregunté:

— ¿Qué pasa con Juan? ¿Por qué no viene a la escuela?

— ¡Ah! ¿Usted no lo sabe señor Olivares? Juan está en cama desde el sábado. Se encuentra recostado sobre su estómago porque tendrá que recuperarse de las heridas de su espalda antes de volver a la escuela.

— ¿Cómo es eso? ¿Por qué tiene que recuperarse de la espalda? ¿Qué ha sucedido? ¿Tuvo un accidente, está enfermo?

— No, profesor, no está enfermo. ¿Usted no sabe cómo nos castiga mi papá?

— No, no sé. ¿Cómo lo hace?

— Bueno, no nos pega siempre, pero cuando lo hace, lo hace muy duro. Él dice que es para que no repitamos la falta. Así fue como le dio a Juan el sábado. Lo amarró a la rueda de la carreta, como lo hace con cualquiera de nosotros, y con la huasca con que le da al caballo, lo azotó por un rato. Es por eso por lo que Juan tiene la espalda hecha un desastre. Le costará unos días más para recuperarse. Pero todos lo hemos sufrido. Mi mamá le pone unas cremas y ya se recuperará. No se preocupe.

Ese fue mi primer encuentro con la realidad de ese lugar, la Quinta Bella. El chico describía lo sucedido con tal naturalidad, que la violencia parecía ser el pan de todos los días. Más tarde habría de enterarme con detalles acerca de la vida de los habitantes de la población Quinta Bella. Sus primeros ocupantes fueron aquellos que trabajaban extrayendo arena del Mapocho a quienes se les trasplantó desde las chozas de lata y cartón que habían construido junto al rio y se les llevó a vivir en casas de concreto y ladrillo con agua corriente y electricidad. Fue una movida política de los comienzos de la década de los cincuenta que fue gestada por la primera dama de la nación, doña Rosa Markmann, esposa del presidente Gabriel González Videla. Para emular la popularidad de Eva Perón, la primera dama chilena, al igual argentina, combatía una lacra social de Santiago haciendo construir habitaciones decentes para los areneros del

Rio Mapocho. El padre de Juan fue uno de esos primeros habitantes de la población. Era hijo de areneros y había heredado la carreta de su padre quien la había recibido del suyo propio. Por generaciones, los Luna, al igual que varias otras familias vivían en chozas de latas y trozos de madera encontrados en el rio. Ellos abastecían de arena a las grandes construcciones de concreto de la ciudad, pero ellos mismos, no contaban con condiciones sanitarias mínimas. Para todos los menesteres higiénicos usaban las indecentes aguas del rio Mapocho que ya traía la alcantarilla del barrio alto. Visibles desde ambas riberas, era una mancha de la ciudad y es por eso por lo que, para involucrarse en la política de su marido, la primera dama había empezado su obra social con estas gentes. El padre de Juan debe haber sido uno de los más rudos entre estos primeros habitantes de la Quinta Bella, pero aun siendo analfabeto, daba gran valor a la educación de sus hijos. Cualquier queja que recibiera de la escuela, imponía sobre los chicos ellos una disciplina digna de un bárbaro. ¿Cuándo en el futuro habría de quejarme yo de la conducta de uno de sus hijos?

Cuando vi a Juan Luna en esa milonga, esas tristes memorias habían vuelto a mi mente. Hice un esfuerzo para que no se me notara y me acerqué a él extendiendo mis brazos.

— ¡Que placer de verlo señor Olivares! Ya me decía yo que usted tenía que salvarse de las aguas del Pacífico. Yo sabía que usted es buen nadador. Que gustazo de verlo en tan buen estado. ¿Y cómo está? ¿Todavía nada? ¿Dónde vive? ¿Y que hace en esta milonga? ¿Mire qué sorpresita me ha dado? Se le ve muy bien.

Todo esto lo decía mientras nos abrazábamos una y otra vez y a la usanza argentina, el me besaba en las mejillas.

— ¡Para! ¡Para Juan! No me hagas más preguntas. Déjame contestarte la primera. ¡No, espera! Mejor déjame preguntarte yo ¿Y cómo has estado tú? ¿Qué es de tu vida?

Y así seguimos por un buen rato. Nos atropellábamos con preguntas y no terminábamos de responderla cuando ya avanzábamos la otra. Fue increíble. Ese encuentro nos permitió descubrir que Juan y yo, teníamos una conexión humana extraordinaria. Sería difícil identificar la naturaleza de ella, pero había una conexión. Nos habíamos conocido en una relación alumno/maestro cuando él era un niño y yo un adulto joven. Nos habíamos reencontrado, por un breve momento, cuando él había sido obligado a lanzarme a la muerte y después de muchos años, descubríamos que teníamos tantos elementos en común. Esa noche, hablamos y hablamos y no nos dimos cuenta cuando nos encontró la mañana. Como no habíamos agotado los temas de los que deseábamos hablar, nos citamos para otro día. En ese segundo encuentro, Juan, que ahora se hacía llamar Vicente, me presentó a su compañero, Agustín. Como ahí teníamos el tiempo y la tranquilidad de conversar fuera de la milonga, continuamos contándonos nuestras vidas.

Juan me dijo como se había visto forzado a escapar del ejército porque las cosas que le obligaban a hacer, ya no las podía tolerar. Estaba al tanto de las consecuencias de lo que hacía, pero estaba tan hartado, que igual decidió tomar el riesgo de desertar. Él mismo había sido parte del pelotón de fusilamiento. "Imagínese," me dijo, "fusilamos a un conscripto que desobedecía una orden. ¿Qué le harían a un desertor? Pero yo no aguantaba más. Me estaba volviendo loco"

— Fíjese profesor, que lo único que hizo ese al que fusilamos, fue desobedecer la orden de golpear a un tipo que se encontraba postrado. Le ordenaron que lo golpeara y lo golpeara hasta que se pusiera de pie y él no lo hizo. Cuando después supe exactamente lo que había sucedido, me revolvió las entrañas y me hizo vomitar. Esto me lo contó alguien del pelotón. Él conocía al que fusilábamos. El conscripto que se resistió a obedecer la orden de golpear al que estaba postrado, no lo hizo porque lo había reconocido, era su hermano. El que se encontraba postrado y malherido le pedía al otro que lo golpeara. El que me contó esto profesor Olivares, estaba presente y me dijo como, desde el suelo, un hermano suplicaba al otro:

— "Hazlo le decía, golpéame y no muestres que me reconoces. Si no lo haces te van a matar a ti. Yo ya estoy muerto. Igual me van a matar. Ya no puedo más, ayúdame a descansar. Golpéame con el rifle en la cabeza, prefiero que seas tú quien me mata a golpes, que seguir sufriendo torturas. Ya no las puedo aguantar."

Según me lo refirió el que los conocía, eran de una familia de varios hermanos que se habían criado en el sur de Chile. Hacía bastante tiempo que el mayor de ellos se había ido a Santiago a trabajar. El menor de la familia, que había sido reclutado como conscripto y se encontraba haciendo el servicio en un regimiento de la ciudad más cercana a su pueblo, no veía a su hermano desde que era niño. La paradoja es que justamente para evitar este tipo de encuentros entre familiares, la dictadura había ordenado que cada regimiento fuese desplazado lo más lejos posible de su base.

El muchacho más joven, quien no se podía consolar de ver a su hermano postrado, ignoró la orden, dejó su fusil y se arrodilló para asistirle. El sargento volvió a gritar y el conscripto lo volvió a ignorar acercándose a abrazar a su hermano. En ese instante, el sargento y el oficial que se encontraba presente, levantaron al conscripto y atándole con las manos en la espalda lo mandaron a un calabozo. Él que me contó esto profesor Olivares, fue ese otro conscripto que estaba presente. El no sólo era del mismo regimiento sino del mismísimo pueblo y los conocía a ambos. Es por eso que reconoció al que fusilábamos. Según se nos dijo a los del pelotón, había sido fusilado por desobedecer una orden en tiempo de guerra.

— ¡Imagínese señor Olivares! me dijo Juan, ¡Fusilado por desobedecer la orden de golpear a su hermano! ¡Y yo fui uno de los que lo fusilaron! Me arrepiento tanto de haber sido parte de ese pelotón. Reconozco que fui cobarde he hice a otras personas cosas terribles, pero yo estaba tan asustado que me movía como un robot. Hacia lo que me decían y trataba de no pensar en lo que hacía. A pesar de que trataba de no pensar, no podía dejar de sentir que lo que hacía no estaba bien. Por otro lado, sabía muy bien lo que me esperaba si abandonaba el servicio y me convertía en desertor. Pero llegué a un punto en que sentí que, si seguía ahí, o me volvía loco o me ponía el fusil en la boca y apretaba el gatillo. Era solo una cuestión de tiempo. Lo sé porque vi a varios que lo hicieron. Hubo uno que dormía al lado mío que me lo dijo la noche antes de matarse en la madrugada.

— "Por favor Juan," me dijo. "Si te salvas y sales de aquí, busca a mi madre y dile que me perdone, pero a pesar de sus enseñanzas tengo que quitarme la vida que Dios me dio. Lo hago porque ella también me enseñó que no debo hacer mal a mi prójimo y míranos lo que hacemos. No te arriesgues Juan, tú no eres religioso y tal vez puedas resistirlo. Yo sinceramente creo que Dios me entenderá. Solo sigo sus enseñanzas. Para mí la única salida para evitar seguir haciendo daño es desaparecer de aquí. Gracias Juan, si puedes dile esto a mi madre. Espero que ella entienda."

Este no fue un caso aislado profesor Olivares. Los que estábamos ahí lo sabíamos. Después de todo era alguno de nosotros el que tenía que limpiar el lugar donde alguien se había volado los sesos. Por supuesto, nada de eso se sabrá nunca porque cada vez que algo así sucedía, aquellos que estábamos cerca y teníamos conocimiento directo de los hechos, éramos inmediatamente instruidos a no hablar más del asunto. El conscripto era agregado a la lista de los caídos en combate en la guerra contra las fuerzas de la Unidad Popular y el oficial de mayor jerarquía en la unidad enviaba una carta a los familiares. La carta llegaba acompañaba por un ataúd sellado y caso terminado. Estábamos en tiempo de guerra.

— En el caso mío, profesor Olivares, no crea que no lo pensé. Había visto como queda un cuerpo después de disparase en la boca y vi que no era difícil hacerlo. Es cuestión de sentarse, ponerse el cañón del fusil en la boca, sacarse el zapato derecho y enganchar el dedo gordo del pie en el gatillo. Pero cada vez que lo pensé, más sentí que era mayor cobardía escapar de esa forma que escapar haciéndome el pillo. Usted me conoce profesor. Usted sabe que ese no es mi estilo así es que, dominando los fantasmas de mis temores, busqué la oportunidad y deserté.

Las atrocidades a las que Juan fue forzado a participar y que lo llevaron a esa difícil decisión, son terribles. Sin embargo, mientras más escuchaba sus historias, más me convencía de mis juicios sobre los "otros" tal vez estaban ligeramente equivocados. Empecé a dudar de mi prejuicio contra todos los que frente a mi aparecían como los "otros" Y claro, ese hombre que estaba sentado junto a mí había sido parte de esos "otros."

Como la unidad de Juan era una unidad de choque, era la que enviaban a las situaciones más difíciles y conflictivas. Él y otros conscriptos de su unidad fueron filmados quemando libros frente a la Torres San Borja. Él fue, tal como me él lo dijo, uno de aquellos bárbaros, que, al más puro estilo Nazi, trataban de quemar las ideas y el pensamiento. Estas imágenes de la quema de libros mostradas por la televisión francesa fueron vistas en todo el mundo. En Chile no se vieron hasta que se fue la dictadura. "Yo fui uno de esos," me dijo Juan, "Cada vez que he visto ese video aquí en Buenos Aires, siento vergüenza."

Después de haber vivido por casi cuarenta años como un hombre Gay en Buenos Aires, Juan se había educado social y políticamente. Esto era evidente porque su forma de contar las cosas era mucho más que una simple descripción. Lo que él decía, no era sólo la narrativa de los hechos que le tocó vivir sino también el juicio crítico de como las veía ahora, un hombre militante de una posición social de avanzada. Cuando fue forzado a hacer lo que hizo y que le causó la repulsión que lo llevo a desertar, esa repugnancia fue una cuestión natural de su cuerpo, fue una reacción física que le salía de las entrañas. Como ser humano racional, él no podía hacer daño a otros seres humanos. Ahora, con más educación y entendiendo porque se sintió así, la condena que hace de sus acciones es genuina. Cada vez me veía más forzado a cambiar mi apreciación de los "otros" porque los "Juanes Lunas" que había en el ejército chileno deben haber sido muchos. Eso nunca lo sabremos.

—Teníamos que actuar con severidad y violencia, me dijo Juan. Aunque a mí no me gustaba creo que lo hacía mejor que los demás conscriptos de mi unidad. Tal vez esto de la violencia lo aprendí de mi padre. Por mi conducta, pronto me ascendieron a cabo y me trasladaron a uno de esos lugares que se habían habilitado para encarcelar y torturar prisioneros políticos.

— Ahí me di cuenta, me dijo también Juan, que mi actitud de indiferencia hacia el dolor ajeno que yo tenía en ese tiempo se había desarrollado en la casa de mi padre. Usted se acuerda como nos castigaba. Yo estaba acostumbrado a ver el sufrimiento de mis hermanos y yo mismo, con un padre como el que tenía, me había habituado al dolor físico. No al dolor psíquico, pero si al dolor físico. Siempre he sido gallina para el dolor mental. Y creo que es justamente eso lo que me hizo escapar. Mi dolor de ver a tantos otros mentalmente torturados hacia tal meya en mí, que no lo podía soportar. Todo eso se había acumulado tanto en mí, que cuando tuve que empujarle a usted del helicóptero, fue la gota que colmó el vaso. Ese mismo día, el día en que le ayudé a que se salvara, decidí que tenía que escapar. Y ya que estamos hablando de ese día, me gustaría saber cómo se salvó usted. Bueno, si ya sé que lo hizo porque lo tengo en frente mío, pero no sé cómo fue. Me gustaría saber que sucedió después de que usted fue empujado por la puerta del helicóptero.

— Bueno si — contesté—, obviamente estoy aquí y nunca podré agradecerte lo suficiente porque si no hubiese sido por ti, seria parte del fondo de la playa de Concón. Por eso, con gusto, te referiré la historia de que sucedió conmigo desde la última vez que me viste.

Es así es como Juan Luna se enteró de lo que el lector ya conoce. Le conté de mis vicisitudes en el mar, mi escapada al Perú y mis éxitos en los Estados Unidos. Juan se puso muy contento con mi historia y en un gesto de sinceridad me dijo:

— Mire señor Olivares, usted y yo bien sabemos que cuando fui alumno suyo allá en la escuela primaria, yo no era un santito. Pero mis recuerdos de ese curso en que estuve con usted, no se me han olvidado nunca. Hasta mi adolescencia seguí haciendo pilatunadas y usted sabe que era conocido en la población como el muchacho travieso de quien se puede esperar cualquier cosa. Pero cuando tenía como unos dieciséis años algo pasó otra vez con usted, y fue eso lo que me hizo cambiar.

— De que hablas — dije — no recuerdo haberte visto como muchacho. Para mí siempre fuiste la imagen de ese niño castigado tan severamente por su padre.

— ¡Ha! Yo habría apostado que no se iba a acordar, pero fue en esa reunión de padres en que fui representando a mi mamá. ¿Se acuerda usted cuando fue el maestro de mi hermano menor?

— Sinceramente no me acuerdo Juan. Me acuerdo de tu hermano menor, pero no me acuerdo de haberte visto en ninguna reunión.

— Bueno, no importa si usted se acuerda o no. Yo si me acuerdo. Ese día, como buen maestro que es, usted me dio la lección de padre y señor mío. Me dijo que como podía yo haberme convertido en un vago cuando tenía una inteligencia superior. Me dijo, y hasta un poco enojado lo noté, que estaba desperdiciando mi vida y que iba directamente a convertirme en un número más en las estadísticas criminales.

— Señor Olivares, yo creo que usted ya lo sabe, pero a veces usted dice las cosas tan directas y crudas que le tocan a uno en los huesos. Bueno, ese día a mí me los tocó. Por supuesto que lo que le escuché no era nuevo para mí porque lo mismo me lo habían dicho muchas personas. Me lo había dicho el cura de la parroquia donde mi padre nos obligaba a ir. Me lo decía poco menos que todos los días mi madre, a quien siempre he querido mucho. No de la misma manera por supuesto, pero el significado era el mismo.

— Realmente no sé lo que pasó, pero tal vez ese día me encontraba en un estado especial, no sé, pero lo que usted me dijo me llegó a lo profundo. Me llegó profundo porque venía de usted y porque yo, aunque nunca se lo dije, siempre lo he tenido en gran respeto y cariño. Ese respeto y cariño nacieron el día que me di cuenta de que, a pesar de seguir haciendo cagadas en su clase, después que supo cómo me castigaba mi padre, nunca más le dijo de mis problemas de conducta. ¿Se acuerda ahora que los últimos tres meses de ese año me convertí en un excelente alumno? No logré destacarme porque el José Gutiérrez me llevaba mucha ventaja, pero hice un esfuerzo sincero. ¿Se acuerda?

— Si tienes razón. Ahora me acuerdo. ¿Y qué pasó?

— Bueno, al año siguiente, me cambiaron de maestro y volví a ser el mismo de siempre. Usted no estaba ahí para inspirarme. Y no se me ponga colorado, si es la verdad que usted me inspiró. Por poco tiempo, pero lo hizo. Es por eso por lo que cuando fui como apoderado de mi hermano menor y me dio la tremenda perorata, esa sí que me hizo mella. Tanto me tocó, que decidí cambiar y pensé que lo mejor sería salir de la Quinta Bella. Aproveché la oferta que varias veces me había hecho un tío de mi mamá y me fui a trabajar él en un taller de muebles que tenía en La Cisterna. El tío era un artesano en madera de gran prestigio en Santiago. Tanto éxito había tenido, que trabajaba en un taller instalado en el patio trasero de su casa. Nunca salía de su casa porque clientes y proveedores le iban a ver hasta allá, a La Cisterna. Él me recibió gustoso en su casa. Era una de esas antiguas casas de un fundo que debe haber existido en La Cisterna. El patio era de tal tamaño, que además del taller, donde trabajaban varias personas, todavía sobraba espacio para varios árboles frutales. Al final de ese gran patio, había una construcción con dos cuartos y un baño. Eso se usaba como bodega, pero en realidad era como una pequeña casa. El tío me ofreció uno de esos cuartos como dormitorio y, aunque no estaba muy limpio, yo lo acepté sin reparos. Trabajando en La Cisterna y viviendo en la Quinta Bella, me lo habría pasado viajando todo el día. Entusiasmado, me puse a trabajar inmediatamente para instalarme. Apilé en un solo cuarto todas las maderas que ahí se guardaban y me acomodé en el otro. Al día siguiente empecé a trabajar para el tío. Era el aprendiz de la más baja de las categorías del taller, era un lijador. Al poco tiempo, cuando mi tío vio la habilidad que tenía con las manos y lo rápido que trabajaba, me cambió a la sección tallado en grueso. Nuevamente, lo debo haber hecho tan bien, que en pocos meses me tomó como su aprendiz para enseñarme el tallado fino. Mi tío era un machista, pero al mismo tiempo, un progresista social de los de viejo cuño. Lamentaba haber tenido solamente hijas así es que, entre conversa y conversa en ese banco de tallado, no me di cuenta de que me estaba adoptando como su hijo varón. Lo noté cuando me forzó a leer los manuales de matricería. Esos manuales eran aburridísimos, pero como a mí me gustaba el tallado, empecé a poner especial atención a los detalles. Después de aprender todo lo que debía aprender de los manuales comencé a leer las novelas que el tío me prestaba. Seguí con sus libros de historia, y apenas vio que realmente le había tomado gustito a la lectura, me empezó a pasar libros de filosofía y política. Estaba recién empezando en esa área cuando cumplí los dieciocho años y me pilló la conscripción militar obligatoria. Como era atlético, rápido para actuar y podía leer con entendimiento, me fue bien, pero, justo cuando terminaba el servicio y me disponía a volver al taller, se produjo el golpe de estado. Por decreto, todos los conscriptos tuvimos que quedarnos dos años más.

— He echado mucho de menos esos dos años que trabajé con el tío. Cuando más los extrañé fue durante el servicio militar. La comida de la tía, la tranquilidad de la casa y el taller donde aprendí a escuchar música clásica, contrastado con la comida miserable, la rudeza y el bullicio del cuartel, no había comparación. Pero tenía que adaptarme, y como soy bueno para eso, me adapté. Y me adapté tan bien, que los suboficiales me elogiaban y me decían que podría llegar a ser un sargento ejemplar. Si entonces hubiese sabido lo que vendría después, no lo habría hecho tan bien. Si hubiese mostrado torpeza e ignorancia, tal vez pronto me hubiesen dado de baja, pero tengo este orgullo estúpido que me dice, si lo vas a hacer, hazlo bien.

— Bueno, que quiere que le diga, con mi capacidad adaptativa, yo llevaba una vida aceptable en el ejército, pero justo cuando me preparaba para volver a la vida civil y seguir trabajando con el tío Tito, el golpe lo cambio todo. La ambición que tenia de convertirme en un tallador tan bueno como él, se esfumó. Usted recuerda que el golpe fue un martes, el martes once de septiembre del setenta y tres. Ya para el jueves, dos días después, me encontraba en un camión militar con destino desconocido y mis esperanzas destrozadas. La fecha de término de mi conscripción quedaba postergada "indefinidamente" se me dijo. El día del golpe, el papel de nuestro regimiento fue simple. Salimos temprano por la mañana y se nos ordenó proteger las instalaciones eléctricas del área oriente de la capital. Como para el miércoles ya no se preveía ningún peligro, nos enviaron de vuelta al cuartel.

— Bueno, ese jueves, varios conscriptos íbamos en ese camión con destino desconocido. El sargento que nos acompañaba llevaba una lista y nos iba dejando en distintas unidades militares. Al final quedábamos solo dos. Al otro muchacho que lo conocía. Era un buen lector, y por sus reacciones rápidas también se había destacado entre los otros conscriptos del regimiento. Nos dejaron en la escuela de suboficiales. Seriamos parte de una unidad que se estaba formando. Claro, ahí entendí. Por nuestras condiciones, habíamos sido asignados a los servicios de inteligencia militar. Ahí fue donde conocí a ese desgraciado del Anastasio Muñoz.

— Por favor entiéndame señor Olivares, no he olvidado ni he ignorado lo que usted me preguntó el primer día de nuestro reencuentro. En ese momento no le contesté porque, a veces, todavía me asalta el temor de no saber con quién hablo. Pero ahora, con confianza y sabiendo cuanto sufrió usted en las manos de ese desgraciado, debo decirle que le conocí. Si, conocí al pedazo de la gran puta.

— ¡Ah! Entonces si le conoces. Ya me parecía raro que no me hubieses respondido.

— Bueno, ya le dije que aún estoy asustado de no saber exactamente con quien hablo. Pero con usted debo ser sincero. Él era el sargento mayor de la prisión de Ritoque y su nombre era Anastasio Muñoz. ¿Usted ya sabe acerca de Ritoque no?

— Si. Por varios antecedentes que he conseguido, yo ya había deducido que esa era la prisión en que estuve. También he leído por qué fue desmantelada. Estuvo en muchos medios de Europa y los Estados Unidos. ¿Qué sabes tú de eso?

— Creo que bastante más que muchos porque tengo la desgracia de haber estado destinado ahí. Yo fui parte de lo que sucedía dentro de ella. Seguramente usted ya sabe que el campo de prisioneros de Ritoque no fue diseñado para ese propósito así es que hacíamos lo que podíamos con lo que teníamos. Por ejemplo, se acuerda usted de la regla que había de no sacarse nunca la capucha cuando se caminaba por el campo.

— Como no me voy a acordar. Eso era horrible. ¿Alguna vez oliste una de esas capuchas? La que a mí me pusieron, seguramente ya había sido usada antes, olía a esputo y sudor seco. Como no voy a recordar lo difícil que es caminar con una capucha que no se te ajusta a la cabeza y los hoyos por donde debes mirar se mueven a todos lados. Creo que, desde un punto de vista humanitario, el simple acto de obligarnos a tener la capucha puesta era ya una tortura psicológica y física.

— Si, de acuerdo, lo es. Pero a nosotros se nos dijo que era por seguridad. Que ustedes eran tan malvados que si, por cualquier casualidad alguno de ustedes se salvara y pudiese identificar nuestras caras, nos matarían a cada uno de nosotros y a nuestras familias. Es por eso por lo que los obligábamos a usar la capucha. Cuando recibíamos órdenes de eliminar a un prisionero porque ya no tenía nada importante que confesar, le sacábamos la capucha. Después de todo, un futuro cadáver no podría identificar a nadie. Créame señor Olivares, en algunos casos en que yo lo hice, sentí tal culpabilidad que pensaba, "démosle un momento de respiro a este pobre desgraciado que igual pronto ha de morir." Suena cruel, pero en ese momento no había nada que yo pudiese hacer. En el caso suyo, cuando le llevábamos en el helicóptero, teníamos tanta prisa por volver a desmantelar la prisión, que no se nos ocurrió sacarle la capucha.

— La orden de desalojar la prisión llegó una mañana en que ninguno de los oficiales se encontraba presente. Era un feriado importante y todos se habían ido de franco. El que había quedado al mando, era el sargento Muñoz que nunca iba a su casa. Él nos reunió a todos y dijo: "Ha llegado esta orden urgente del alto mando. Para el día de mañana estas instalaciones deben ser demolidas y arrasadas. Esta tarde llegaran desde Santiago varios camiones que se llevarán las tropas y a aquellos prisioneros todavía sean necesarios para la inteligencia militar. Esos serán trasladados a otras instalaciones. Los otros, los prisioneros que ya no sean indispensables para el servicio deberán desaparecer expeditamente. Tarde por la noche, las motoniveladoras del ejército limpiarán completamente los terrenos. Después de mañana, no existirá ningún vestigio de las instalaciones de Ritoque."

— Ya se imagina usted señor Olivares, la premura con la que tuvimos que actuar para cumplir semejante orden. Después del desmantelamiento de la prisión, lo que pasó con el personal que ahí trabajaba es confuso. Pinochet, aunque explícitamente aceptó que la tortura existía en Ritoque, negó rotundamente haber dado la orden. El gobierno declaró que aquellos que lo hicieron, lo habían hecho por excesivo celo profesional y por iniciativa propia. Habían desobedecido las instrucciones específicas del General Pinochet. Algunos me han dicho que Anastasio Muñoz hubo de abandonar el ejército porque los jueces militares que levantaron el sumario de Ritoque, declararon culpables de desobediencia a todos los oficiales y suboficiales de esa unidad. Claro, no podían negar las fotos publicadas en la prensa internacional, pero usaron un chivo expiatorio, los que estaban al mando de Ritoque. A los conscriptos nos dieron dos semanas de vacaciones y después de esas vacaciones nos reubicarían en otras unidades. Esas son las vacaciones que aproveché para escapar a la Argentina. Honestamente señor Olivares, desde ese día, el mismo día que usted se salvó, yo perdí contacto con Anastasio Muñoz. No tengo idea de dónde puede estar.

CAPÍTULO SEIS

Juan Luna

Nuestra visita anterior a la milonga donde encontramos a Juan Luna había sido todo un éxito. "La Marshall" es un excelente sitio para bailar y siendo la milonga Gay más popular de Buenos Aires, fue para nosotros una increíble experiencia. En un ambiente tanguero libre y heterodoxo, las reglas de género no existen, hombres bailan con hombres, mujeres con mujeres y por supuesto, parejas mixtas. Hilda quedó muy complacida. Estaba encantada de haberse dado el lujo de bailar no sólo con varones, sino que también con otras mujeres. Para mí, resultó aún mejor. Antes de llegar ahí, me había aprestado a buscar a Juan Luna en diversas milongas y lo encontré en la primera. Desgraciadamente, en nuestro primer encuentro Juan solo me corroboró que el sujeto era ese tal Anastasio Muñoz pero él no sabía su actual paradero. Aunque me pareció haber perdido el rastro, con la obstinación de un sabueso, decidí insistir. Si sigo conversando con Juan pensé, tal vez conseguiría algo para retomarlo. Con ese propósito, la noche del siguiente viernes volvimos a "La Marshall." Para nosotros, el horario de esta milonga era muy inconveniente. Comienza a las once y media de la noche y termina en la madrugada. La trasnochada de la vez anterior nos había arruinado todo el día siguiente así es que, antes de esta segunda visita, habíamos tomado una siesta más larga que las de costumbre. Nos habíamos preparado para una larga noche.

Tan tarde se empieza a bailar en "La Marshall," que a pesar de la siesta y de haber esperado por un largo rato antes de salir, igual llegamos temprano. Recién comenzaban las lecciones previas a la milonga pero como ya que estábamos ahí, decidimos participar en ellas. El instructor era nuestro maestro de tango Augusto y estaba tan elegantemente vestido, que no pude reprimir una observación: "Nunca te habíamos visto tan acicalado," dije. "Vengo de una entrevista para participar en un show," me contestó. "Por eso he tenido que vestirme elegante."

Él dijo elegante. La verdad es que, estaba mucho más que elegante, estaba impresionante. Su tenida había sido diseñada con un gusto exquisito. Vestía un chaleco negro sin mangas que evidentemente se había mandado a hacer a la medida. El chaleco era ajustado al cuerpo de un largo justo a la altura de las caderas. Tal vez lo hizo él o lo mandó a hacer, porque ese no es el tipo de prenda que se encuentra en una tienda. Se cruzaba adelante en una diagonal y la diagonal resaltaba con una línea blanca ondulada que lo cruzaba a lo largo de todo el pecho. La línea aparecía rematada en su borde con un fino filetillo blanco. No se veían botones ni cierre. Los pantalones eran de un gris muy oscuro. Estaban ajustados en la cintura y se ensanchaban con pinzas que nacían de la cadera para volver a cerrarse ligeramente al final de la pantorrilla. Esos pantalones habían sido confeccionados con una tela, tal vez una fina lanilla, que destacaba la caída de la pierna. Esta caída empezaba en las cuatro pinzas que se abrían a una distancia de dos pulgadas bajo la cintura. Adornados con dos bolsillos traseros laterales y dos bolsillos altos al frente, el corte de ese pantalón era impecable. Remataban el conjunto de la tenida, un par de zapatos de baile confeccionados con tiras transversales de cueros multicolores semejando el arco iris sobre un fondo de cuero blanco. Como es un hombre alto y delgado, Augusto se veía no sólo elegante, sino que, a pesar de lo heterodoxo de su tenida, también se veía distinguido y fino.

Al terminar la clase, vimos que Juan ya se encontraba sentado con su pareja en la misma mesa que le habíamos visto antes. Apenas nos acercamos a saludarles, nos invitó a sentarnos con él. Esta vez, a diferencia de la vez anterior, los cuatro nos sentíamos en mayor confianza. Agustín, la pareja de Juan, era ciego y con la habilidad que solo los no-videntes desarrollan, apenas nos escuchó nos identificó de inmediato. Asumo que Juan ya le había hablado bastante de nosotros porque se mostró mucho más relajado que cuando nos conocimos. Me cuesta imaginarme lo difícil y complicado que será, incluso en una ciudad tan cosmopolita como Buenos Aires, ser un Gay ciego.

Todos nos sentíamos tan bien, que en poco rato se había iniciado una activa conversación. Mi esposa hablaba con Agustín y Juan conmigo. Ellos discutían las alternativas de cómo un ciego podía jugar el papel de líder en el tango. En la periferia de mi entorno, escuche a Hilda preguntar, ¿Cómo alguien que no puede ver, puede dirigir a su pareja? Agustín le decía que, cuando se llegaba a un real entendimiento con la pareja, eso no era difícil. Como Hilda seguía argumentando, no pasó mucho rato en que esos dos ya estaban bailando. Claramente Agustín estaba tratando de demostrar en la pista lo que habían discutido. Bailar tango guiada por un ciego fue para mi esposa una experiencia tan exhilarante, que mucho tiempo después, todavía lo describe con gran entusiasmo. Como bailaron varias tandas hasta que llegaron a entenderse, Juan y yo aprovechamos de continuar nuestras conversaciones. Esta vez, Juan me expresó que, por el respeto y el cariño que me tenía desde que era niño, sentía la necesidad de contarme sus experiencias de vida Gay. Me conmovió mucho la introducción que hizo antes de comenzar sus historias. Me sentí especialmente tocado cuando me dijo que siempre había sentido la necesidad de contarlo, pero como él no creía en psicólogos ni menos en sacerdotes, lo había hecho solo con sus parejas. Sin embargo, eso no fue satisfactorio. Esta era la primera oportunidad que tenia de decírselo a alguien que no era pareja, pero le era muy estimado y respetado. Me sentí muy halagado.

— Me he dado cuenta, continuo, que ninguna de mis parejas, sean las anteriores o la presente, pueden comprenderme realmente porque ellos, al vivir en el mundo Gay, tienen sus propios problemas. Lo sé, porque cada vez que intenté sincerarme con los tipos con quienes he convivido, sus comentarios han estado siempre teñidos de subjetividad. Cuando escuchan mis historias, lo hacen a través del filtro de sus propias experiencias. No han escuchado mi historia, sino que han querido contar la suya. Incluso Agustín, con quien nos queremos muchísimo, no creo que pueda entender mis necesidades porque las de él son mucho más complejas que las mios. Es por eso por lo que me gustaría contarle acerca de mí, pero quiero que sepa desde un principio que no lo hago para pedirle consejos. Tampoco busco su compasión porque a mi edad, me siento muy cómodo con mi forma de vida. He alcanzado aquel punto en que entiendo perfectamente quien soy. No tengo dudas existenciales, pero aún siento el deseo de compartir con usted. En otras palabras, lo que necesito, es una oreja donde descargar todas estas cosas que he llevado tantos años dentro de mí y me parece que la suya es la indicada.

— Por supuesto, me apresuré a responder. Poner mi oreja a tu servicio no es suficiente ni comparable con todo lo que te quisiera dar. Recuerda que, literalmente te debo la vida, así es que gustoso escucharé lo que ha sido de la tuya y como tú lo quieres, solo escucharé. No habrá juicios de mi parte.

Bueno señor Olivares, la verdad es que desde joven me he inclinado hacia otros hombres. He leído y estudiado mucho acerca de ello y ahora, mucho mejor educado, entiendo que las cosas que hice antes y que por largo tiempo creí que eran pecaminosas, son normales. Lo que quiero decir es que durante años mantuve un sentimiento de culpa por los juegos sexuales que tuve con mis hermanos. Por mucho tiempo pensé que lo que habíamos hecho era indecente. Como usted ya sabe, los hermanos Lunas éramos varios, vivíamos muy apretados en una pequeña casa y todos dormíamos juntos. Cuando mis padres se iban de fiesta a casa de los vecinos, nosotros, especialmente los que ya éramos adolescentes, nos poníamos a jugar en la cama. Cuando papá y mamá volvían, siempre llegaban borrachos y cuando tenían sexo, hacían mucho ruido. Entonces nosotros aprovechábamos. Continuábamos jugando, pero teníamos cuidado de hacerlo en absoluto silencio. Esas experiencias me atormentaron durante largo tiempo creándome un sentimiento de culpa que me hacía sentir sucio. Pero ahora, después de todas las lecturas que he hecho al respecto, comprendo que esas son conductas comunes y normales.

Supongo que mis hermanos no tuvieron esos sentimientos o si los tuvieron, de eso nunca se habló entre nosotros. En la adolescencia, empezaron a tener novias y lo hacían con chicas. Yo, tratando de mantener las apariencias, también tuve un par de novias. En la plaza, imitando a los otros, las besaba en público, pero no me gustaba. Cuando las parejas se iban a esos lugares oscuros donde podían tener sexo, yo lo evitaba. Lo hice tan bien, que nunca nadie lo notó. Pasada esa etapa, ya le conté que cuando me fui a vivir con ese tío que me enseñó a tallar la madera me dediqué exclusivamente a leer y educarme. Realmente no las muchachas no las necesitaba, pero desgraciadamente había ahí una hija de mi tío que me acosaba constantemente. Ella me hacía bromas de doble sentido y me daba palmadas coquetas en diferentes partes del cuerpo. Desde el principio, me di cuenta de que yo le gustaba muchísimo y seguramente quería acostarse conmigo, pero yo siempre la evadí. Me corría hacia un lado diciéndole que lo que ella quería hacer era incorrecto. Le repetía que, entre primos, ese tipo de juegos no estaba bien y que, por respeto a mi tío, yo nunca podría hacer nada con ella. Con esfuerzo, logré esquivarla hasta el momento que hube de presentarme a la conscripción militar.

El caso es que mi vida sexual comenzó en el ejército. Nunca he tenido sexo con una mujer y la sola idea de eso, me hace sentir incómodo. Mi primera experiencia amorosa fue muy linda y la atesoro con cariño. Cuando estábamos en entrenamiento militar, en los primeros meses de la conscripción militar, había un muchacho en mi pelotón que a mí me gustaba mucho. Su manera de hablar, sus movimientos y sus labios eran tremendamente atractivos. Su nombre es Benito y yo lo encontraba adorable. En uno de esos ejercicios de resistencia, cuando fuimos ordenados correr varios kilómetros con el peso completo del equipo de campaña más el fusil, él se empezó a rezagar. Su cuerpo estaba en buenas condiciones físicas, pero no tanto como el mío así es que cuando vi que se quedaba atrás, yo también, disimuladamente hice como que estaba cansándome. Quería ayudarle y darle el apoyo que necesitaba para mantener el ritmo del grupo, pero, aparentemente él estaba totalmente exhausto, así es que, pese a mis esfuerzos por animarlo, nos retrasamos más y más. Llegamos tarde, muy tarde. Tanto, que los otros conscriptos del pelotón ya habían terminado sus duchas y se vestían para ir a los comedores. El sargento que nos entrenaba era muy rápido para todo y ya se encontraba listo para salir. Con un tono de sorna y burlón, desde la puerta nos gritó:

— "¡Ah! Llegaron los mariconcitos que no pueden correr como hombres. Pues veamos lo finos que son para hacer las cosas domésticas. Ninguno de ustedes dos se me aparece en el comedor hasta que limpien las duchas, barran esta barraca y ordenen el equipo de todo el pelotón. A ver si se me van a rezagar en el próximo ejercicio. Si no alcanzan a terminar esto antes que cierren el comedor, ¡Hay por dios! ¡Mala cueva! se me quedaron sin cena. ¡A trabajar mierdas!"

Con Benito decidimos que lo mejor sería ordenar y limpiar la barraca primero, después ducharnos y finalmente limpiar los baños. Nos dijimos que si nos quedábamos sin cena no importaba pero que limpiaríamos tan bien, que el desgraciado del sargento no tendría motivos para seguir molestándonos. Después, cuando nos conocimos mejor, habríamos de comentar cuanto nos dolió esto de ser tratados de "mariconcitos." La verdad es que no es que no lo fuésemos, sino que nos dolía que se nos gritara y se nos ridiculizara delante de los demás.

Cuando nos encontrábamos en la ducha ya estábamos absolutamente solos porque todo el pelotón se había ido a los comedores. Benito me pidió que le jabonara la espalda y así lo hice. Cuando toqué su cuerpo sentí un choque eléctrico, pero no hice ni demostré nada. Después él se ofreció a hacer lo mismo conmigo. Cuando sentí sus manos en mí, volví a recibir una carga eléctrica. Esta vez más fuerte que la anterior. Debo haber hecho algún movimiento notorio de lo que sentía, porque Benito me dio vuelta y cuando vio mi tremenda erección, me tomó el pene y arrodillándose me lo empezó a besar con ternura y energía. Después de un corto período haciendo eso, se dio vuelta y expuso sus nalgas frente a mí. Afirmándose en la muralla se agachó un poco y usando sus manos me hizo penetrarle mientras el empujaba con fuerza hacia atrás. Era mi primera experiencia sexual desde que era niño y yo estaba ligeramente asustado. Debe haberlo notado porque lentamente inicio un movimiento ondulante con su trasero que, en pocos minutos, tal vez segundos se transformó en un movimiento enérgico y rítmico. Yo había sido transportado a los siete cielos. Hasta ese momento, cuando sentí la eyaculación, me di cuenta de que hasta entonces yo nunca había sabido lo que es una verdadera experiencia sexual. Después de un momento, él se dio vuelta para besarme dulcemente en la boca. Luego me hizo virar suavemente y con delicadeza me hizo tomar la misma posición en que él se había puesto. Esta vez, él me penetró lentamente. Quedé asombrado de lo que sentí y en unos pocos momentos tuve una segunda eyaculación. Nos besamos tiernamente y sin decir una palabra, nos apuramos en limpiar las duchas y los baños para presentarnos en los comedores. Aunque nos apuramos tanto como pudimos, igual llegamos tarde. Esa noche me quedé sin comer, pero esa experiencia no será nunca olvidada.

Benito y yo repetimos esos encuentros tantas veces como logramos ocultarnos del resto del pelotón. Bueno, en ese tiempo eso es lo que creíamos, pero la verdad es que después supimos que habíamos sido descubiertos por el sargento que nunca dijo nada. Eso lo habríamos de saber por boca de otro sargento, el que nos tocó como jefe de la unidad de choque de la inteligencia militar a la que fuimos destinados inmediatamente después del golpe. Ese fue el que ya le dije a usted, el Anastasio Muñoz.

— ¿Recuerda usted que cuando le conté que había sido destinado a una unidad de inteligencia militar, le dije que éramos dos? Bueno, el otro era Benito. Al bajar del camión nos recibió ese desgraciado Anastasio Muñoz quien nos dijo que habíamos sido seleccionados para esa unidad por dos razones: la primera, era que habíamos sido identificado como buenos lectores y rápidos para adaptarnos a situaciones difíciles. El servicio necesitaba ese tipo de soldados. La segunda, ya la sabríamos más tarde. Desafortunadamente, el sargento que sabía de nuestros juegos amorosos, en la escuela de suboficiales había sido compañero de curso de Anastasio Muñoz y como eran amigos, le había contado de nosotros. Esto lo habríamos de saber después porque el mismo Muñoz, riéndose a carcajadas nos contó que él le había respondido: "Déjamelos a mí, ya verás cómo los voy a enderezar."

Así es como Benito y yo, quedamos bajo el mando de ese infeliz. Para mayor desgracia, cuando él nos dijo la segunda razón de nuestra selección, por temor a cualquier castigo, tuvimos que reírnos con él. No nos quedaba otra, la cara que poníamos era de alegría y risa, pero en el fondo teníamos rabia y odio contra el desgraciado. Como le odiábamos. Lo detestábamos tanto por los dolores que el mismo les infringía a los prisioneros, como por la manera en que nos obligaba a nosotros a hacerlo. Pero la razón que más nos hacía odiarlo, era de cómo nos obligaba a tener sexo con él. Era un energúmeno masoquista que se comportaba como una bestia salvaje. Le gustaba que le golpeáramos las nalgas y que le hiciéramos un sexo rudo y doloroso. Nosotros podíamos ser realmente duros y fuertes cuando se nos exigía serlo, pero entre nosotros siempre fuimos tiernos y cariñosos. Es por eso por lo que no sé ni quiero saber nunca más qué será de ese desgraciado. Desdichadamente, tampoco sé que fue de Benito. Cuando desmantelaron la unidad de Ritoque, el ejército tuvo especial cuidado de enviar a cada uno de los conscriptos a regimientos diferentes que estuviesen muy distantes entre sí. Debíamos quedar dispersos por todo el país. La idea era hacer como que Ritoque nunca existió y que de eso nunca más se hablara. A mí ya me habían entregado una orden según la cual debería presentarme en un regimiento en Arica el lunes subsiguiente y esas fueron las vacaciones que aproveché para desertar. Benito debía presentarse en Chillán y yo nunca más supe de él porque después de mi deserción, tuve gran cuidado de no contactarme con ninguno de aquellos muchachos. Habría sido estúpido exponerme yo y exponerlos a ellos. Por eso soy redundante en repetirle, no le puedo ayudar. No tengo idea donde puede estar el sargento Anastasio Muñoz. Se me ocurre que tal vez alguien conectado a la comunidad Gay chilena podría saber algo de él, pero no estoy seguro. Digo esto porque ese miserable siempre se vanagloriaba con nosotros que él no estaba solo. Que los Gay en el ejército, así como en las otras ramas de las fuerzas armadas no eran pocos y algunos de ellos estaban en posiciones de alto poder. Él no los conocía a todos, pero por estar en el servicio secreto, sabía de muchos. Siempre hizo alarde de eso. A veces lo hacía como amenazándonos para que no lo fuésemos a delatar. Otras veces solo para darse importancia de sus conexiones con los altos mandos. Eso es lo que me hace suponer que podría haber algún lugar donde otras gentes que son como yo y que aún permanecen entre los militares, sabrán esconderse del resto de los uniformados. Sabiendo lo homofóbicos que son los milicos chilenos, creo que para mantenerse conectados entre ellos, los militares Gay deben tener un lugar secreto donde se encuentran. Tiene que haber un lugar o una forma de comunicación entre ellos. Eso debe estar tan escondido y tan fondeado, que solo los iniciados lo sabrán. Yo no estoy enterado.

Cuando ya nos despedíamos, Juan me dijo:

— ¡Ah! Ahora recuerdo señor Olivares, algo que recién se me vino a la mente. Una noche cuando ese tal Anastasio Muñoz estaba tan borracho que ni se le entendía lo que hablaba, mencionó que él había nacido y se había criado en un pueblo llamado Coilimu o algo así como una palabra Mapuche. Tenía la lengua tan pegajosa que su pronunciación era casi ininteligible. Eran realmente sonidos guturales, pero algo se le entendía. Claramente sonaba como Coilimu. Ahí fue la única vez que habló de su pasado. Dijo que algunos de sus hermanos aun vivían en ese pueblo, pero que a él no le gustaba porque todos sus habitantes pensaban como campesinos. Tal vez si usted busca el apellido Muñoz en ese pueblo podría encontrar a esos hermanos o hermanas. Como no estoy seguro del nombre del lugar, tendría que buscar nombres parecidos. No es mucho, pero creo que le podría servir, ¿Conoce usted un pueblo con ese nombre?

— Querido Juan, eso es más que mucho. No conozco Coilimu, pero conozco Coelemu que es un pueblo famoso por su vino pipeño. Esta de Chillán a la costa y casi todo el vino pipeño que se vende en Santiago llega desde allá.

— Bueno yo no sé de vino pipeño, pero si usted puede usar la información, espero que le sirva.

Como ya era casi la madrugada, nos despedimos de Juan, Agustín y Augusto con grandes abrazos. Al día siguiente me sentía más confiado que de costumbre. Ya tenía claramente identificado al sujeto que era el principal motivo de mi búsqueda y no sólo había confirmado su nombre, sino que también conocía algunos antecedentes personales de su pasado. Definitivamente, el proyecto era viable. ¿Pero cuál pista debería seguir primero? Las dos eran buenas, pero la cuestión era ¿cuál sería más difícil? ¿Buscar en el mundo Gay o intentar con la familia Muñoz de Coelemu? Me pareció que el orden en que siguiera las pistas no era importante ya que, si una fallaba, seguiría la otra. Decidí empezar por la familia. Si por ahí no conseguía algo, entonces buscaría a la tía Carmen, quien, según la novia de mi nieto, era dirigente de las lesbianas de Santiago y tendría que tener información acerca del mundo Gay. Deje esto para después porque tratar de penetrar una comunidad como la de los militares Gay podría ser tan peligroso, que me pareció sensato explorar primero el dato de los familiares.

Aunque originalmente habíamos planeado pasar más tiempo en Buenos Aires, me entusiasmé tanto con la idea buscar a la familia Muñoz, que inicié inmediatamente los preparativos para volar a Chile. Como llegaríamos a Santiago en la media mañana de un martes, conseguí un bus que nos llevaría hacia el sur esa misma noche. Confieso que mi entusiasmo no era sólo ir a buscar a la familia del infeliz, sino que también era porque yo sabía que Coelemu ha sido desde siempre la capital del vino pipeño. El bus nocturno nos dejó en la ciudad Tomé. Desde ahí deberíamos viajar hasta Coelemu. Pensamos en tomar otro bus, pero después de dos intensos días de viaje, estábamos tan agotados que decidimos darnos un gusto. Sin fijarnos en gastos, tomamos un taxi a Coelemu y le pedimos que nos llevara al mejor hotel del centro de esa ciudad. Debo decir ciudad porque el taxista nos había advertido que a los habitantes de Coelemu no les agrada que se les diga que ellos viven en un pueblo. Para ellos, Coelemu es una ciudad. Para recuperarnos, no empecé la búsqueda hasta el día siguiente. Bueno, digo empecé la búsqueda en un sentido figurado. La verdad es que no sabía por dónde empezar así es que salí del hotel sin saber qué hacer. Como estábamos en el centro de Coelemu, justo al lado vi las oficinas de un periódico. Entré y adopté la actitud ingenua del forastero que pide ayuda. Un señor se acercó a preguntarme que se me ofrecía y mostrando una cara compungida, le mentí exponiéndole un caso imaginario. Buscaba a la familia de un excompañero de estudios, pero los datos que yo tenía sobre esa familia eran confusos. Ahí, no mentí y derechamente le dije que buscaba información acerca de Anastasio Muñoz. Con orgullo me dijo que había llegado al lugar preciso para iniciar la búsqueda. Su periódico era el más importante de la zona y cubría no sólo Coelemu, sino que las noticias de todos los pueblos de alrededor. Con el mismo tono de orgullo, me llevó hacia una oficina donde había tres terminales de computador y me mostró como su periódico estaba totalmente digitalizado. Ahí me explicó cómo hacer mi búsqueda. Para mantener mi imagen de ingenuo, le escuché en silencio.

— Si es una familia antigua de esta área y tiene cierta importancia social, me dijo, seguro que nuestro periódico habrá registrado alguna boda, nacimiento, bautizo o defunción de alguno de sus miembros. Si es una familia pobre o campesina, podrá encontrarlos en nuestra sección policial. Nuestro periódico cubre todas las noticias publicables del área.

Me sentí casi impelido a contestar esa observación clasista, pero me retuve. Aunque el tipo era un chovinista, había sido atento conmigo y las chances de encontrar digitalmente el apellido en ese periódico eran buenas. Debía seguir jugando al cándido y no convenía alinearlo así es que me mordí la lengua e ignoré lo que había escuchado. Le agradecí amablemente la oportunidad que me daba y me puse a trabajar.

El apellido Muñoz aparecía varias veces así es que, para limitar las entradas, las recabé a los últimos años. Buscando desde la última hacia atrás, me encontré con el obituario de la señora Uberlinda de Muñoz que a la edad de noventa y ocho años había fallecido en su casa acompañada de sus hijos. Era, a la época de su fallecimiento, la persona más antigua de Coelemu y su familia, así como la de su esposo, se remontaba a los orígenes de la ciudad. El obituario ligaba a varias generaciones de los Muñoz con el vino pipeño de Coelemu y señalaba que la dirección de la familia era Avenida Bernardo O'Higgins 346. La entrada anterior para ese apellido correspondía a otro obituario. Aparecía fechado veinte años atrás y al leerlo comprobé que ese tendría que ser el esposo. Entre los que le sobrevivían se citaba a su esposa, doña Uberlinda y sus hijos. Entre los hijos aparecía Anastasio Muñoz y como el obituario daba la misma dirección, quedé convencido. Esa era la familia que buscaba. A la mañana siguiente, averigüé el número telefónico de la casa de Avenida Bernardo O'Higgins 346 y llamé. Ya había urdido una historia para justificar mi visita así es que me presenté como un periodista especializado de una revista internacional de vinos. Les dije que estaba escribiendo un artículo sobre los vinos artesanales de Chile y Argentina, el pipeño y el patero. Como se sabía que la tradición del pipeño de Coelemu la había iniciado alguien de la familia Muñoz, me gustaría entrevistar a algunos de sus miembros para inquirir más detalles. Expliqué que ya me encontraba en Coelemu y que, por razones de costos, mi viaje debía ser corto. Les rogaba que, si accedían a una entrevista, por favor me la concedieran lo más pronta posible. La voz masculina que había atendido el teléfono, me dejó por un momento en espera. Escuché voces que conversaban apresuradamente y luego, con gran entusiasmo, mi interlocutor me invitó a visitarlos de inmediato. No caminé mucho más de tres o cuatro cuadras desde el hotel a la casa que prácticamente, estaba en el centro de Coelemu. Me demoré tan poco que se notaba que las dos mujeres que me recibieron en la puerta no se habían terminado de acicalar. Digo esto, porque era evidente que las dos mujeres que se veían mayores, deben haber puesto especial cuidado en su presentación y en ese momento, no estaban satisfechas. Durante los saludos de rigor, se excusaron por sus vestimentas y sus peinados. Esta visita las había tomado por sorpresa y después de varias escusas por su apariencia, me hicieron entrar. La casa debe haber sido tan antigua que las gruesas murallas eran de adobón. Mi abuelo me había contado que el adobón era una mezcla de paja y barro que se apisonaba dentro de un molde de madera hasta darle la dureza necesaria para una muralla. Era una forma antiquísima de construir. Se usaba en Chile mucho antes del adobe y por supuesto del ladrillo. Montadas unos sobre otros, estos adobones formaban gruesas y sólidas murallas de noventa centímetros de ancho que no sólo podían resistir terremotos, sino que son magníficos aislantes del calor y el frio. Por las interesantes vigas cortadas a mano que eran visibles en el cielo y por la manufactura de las ventanas de esa casa, estimé que esta debía tener varios cientos de años. Tan sólida es, pensé, que ha resistido los terremotos de los últimos ciento cincuenta años y los que históricamente han sacudido esa zona de Chile. Esos tipos de casas son muy frescas en el verano, pero su mayor inconveniente es que son tremendamente heladas en invierno. Calentarlas debe ser difícil, pero como la madera en ese lugar es abundante y barata, seguramente tenían una salamandra en cada pieza. Atravesando una alta mampara de vidrio, la entrada daba acceso inmediato a una gran sala de estar, el "living" de la casa. El piso de esa habitación era de una bellísima madera y estaba minuciosamente pulido y encerado, pero debe haber sido pulido con tanta frecuencia, que los clavos con los que las tablas habían sido fijadas a las vigas, habían comenzado a aparecer como pequeños promontorios y el piso se veía irregular. Los heterodoxos muebles no eran de un estilo sino de muchos y se notaban tallados en finas maderas o tapizados con terciopelos o tapices orientales. Había tantos de ellos que llenaban absolutamente todos los espacios de la habitación. Para moverse, había que sortearlos caminando entre los pequeños espacios que dejaban. Buscando congraciándome con mis anfitrionas, elogié la belleza y la calidad de los muebles. Fue como abrir una enciclopedia parlante de la familia. Las mujeres se turnaban para darme una historia completa de cada uno de los muebles elogiados. "Esa perteneció a la tía Justa y aquella era del tío Teodosio" "A la tía Justa se la había dejado a su hija, la prima Mercedes y cuando ella murió, pasó a nosotras." "El tío Teodosio no tuvo hijos y como nosotras éramos sus sobrinas más queridas, nos dejó todo a nosotras." "Pobre tío Teodosio, sufrió tanto al final. Nosotras le cuidamos hasta el último de sus días." Así siguió la letanía de las historias de cada mueble. Algunas de esas historias, llegaron al origen de la fabricación o de la compra del objeto.

Mientras las hermanas Adelaida y Josefina describían combinadamente entre ellas la historia de una mesita de centro, apareció un hombre que se presentó como Anselmo Muñoz, uno de los dos varones de la familia. Le saludé muy cordialmente y aproveché la oportunidad de hablarle para desviar la aburrida conversación acerca de los muebles.

— ¡Ah! ¿Usted debe ser el hermano de Anastasio Muñoz? Un excompañero de curso me dijo que su familia vivía aquí en Coelemu y que ustedes sabían mucho del vino pipeño.

— Si claro, me contestó. Somos cuatro, Anastasio, yo y mis dos hermanas que usted ya conoce. Bueno, debo decirle que respecto al pipeño, el único que sabe de eso soy yo. Por su religiosidad, mis hermanas, nunca se interesaron en saber de tragos y mi hermano no llegó a enterarse. Sabe usted, según mi padre y el abuelo decían que, mientras los niños varones no crezcan, deben hablar solamente con las mujeres. Como mi hermano se fue de aquí muy joven nunca pudo participar en las conversaciones con los hombres, pero yo sí. La historia de la familia y el pipeño de Coelemu solamente me la contaron cuando tuve la edad para poder tomar con ellos. Nuestro pipeño es un vino tosco y fuerte que se produce solo artesanalmente. Como no es refinado, no tiene aceptación en el extranjero. A muchos no les gusta porque tiene borra, es espeso y nunca se sabe el grado alcohólico que tiene. Solo en pocos lugares se le puede encontrar en Santiago. Uno de ellos, es el Mercado Central. Los que comen en ese Mercado saben que ese es el blanco que va tan bien con el marisco o el pescado chileno. Los verdaderos conocedores de pipeño saben que es el tinto el que mejor acompaña las carnes a la parrilla y los asados.

— Ya que se van a poner a hablar de eso, dijo Adelaida, a nosotras no nos interesa, así es que nos vamos a ver lo del almuerzo.

— Por supuesto que usted se quedará a almorzar con nosotros, ¿verdad? Me preguntó Josefina.

— No sé, no quisiera imponer mi presencia agregándome a un almuerzo al que no fui invitado, dije.

— ¡Ah! No faltaba más, contestaron al unísono. Pero si ahora le estamos invitando, dijo Josefina.

— Pero sepa que se sentará con nosotros a la suerte de la olla. No hemos preparado nada especial, agregó Adelaida.

Estas hermanas deben de haber vivido tantos años juntas que hablaban sincronizadamente. Lo que empezaba una, lo terminaba la otra o viceversa.

— Bueno, si ustedes insisten, dije tímidamente.

— ¡Pues claro que insistimos! Exclamaron los tres.

Después de un rato, a una señal de Adelaida, Anselmo me hizo pasar al cuarto siguiente. El comedor que seguía el mismo estilo del cuarto anterior. Estaba atiborrado de muebles. En el centro había una gran mesa rectangular con diez sillas, cuatro a cada lado y una en cada cabecera de la mesa. En cada lado del cuarto, había un repostero de vidrio que exhibía la cristalería, la loza y la platería. El cuarto estaba tan lleno que para moverse en él había que pasar pegado a los muros sorteando las sillas. En el muro opuesto a la puerta por la que entrabamos, justo detrás de la silla de cabecera, colgaba una consola que parecía un pequeño altar. La consola sostenía jarros con flores y dos candelabros con velas encendidas. Detrás de la consola, pegado al muro y en su uniforme de general con todas las galas, estaba el retrato de Augusto Pinochet. Casi me traicioné a mí mismo y tuve que hacer un gran esfuerzo para evitar una expresión de sorpresa. Nuevamente, me mordí la lengua y no dije nada, pero el almuerzo, que resultó una comida campesina maravillosa, me costó tragarlo. Haciéndome un honor muy especial, la familia me había sentado en la cabecera opuesta a Anselmo y como él se sentaba justo debajo de la consolita, tuve que almorzar mirando ese uniforme del ejército chileno que es una copia exacta del uniforme prusiano/alemán. Vestido como los nazis, Pinochet me miraba. Ahí, enfrente de ese cuasi altar que esa familia fanática le había erigido al dictador, debo confesar que por poco sentí físicamente en mí, la mirada del asesino.

Con una copa de pipeño dulce que bebíamos como bajativo, Anselmo, mucho más suelto que antes, comenzó a darme la información que se suponía yo buscaba. "La historia del pipeño de Coelemu, se mezcla con la historia de mis antepasados varones" me dijo, "nuestras mujeres nunca han sido parte de ella."

Esa historia comenzaba con su tátara-tatarabuelo que, por allá, a principios del mil ochocientos había sido el capataz del fundo conocido como "Fundo Coelemu." Ya desde entonces se producía ahí, al más puro estilo de la tradición española el vino conocido ahora como pipeño. Su abuelo le había contado que, a principios del novecientos, cien años después, aun se continuaba fermentando el jugo de la uva en esas grandes pipas de madera de raulí que están en las bodegas del fundo. Esas pipas, que todavía existen, son las mismas que le dan el nombre de pipeño al famoso vino de Coelemu. En los tiempos antiguos, la uva era apisonada con los pies y el proceso de fermentación del jugo fresco se aceleraba en las pipas con "cueros." Los cueros eran literalmente el cuero de las vacas que se sacrificaban para la carne. Más tarde, cuando las vacas empezaron a ser enviadas a los mataderos de la ciudad, se usaban gatos o perros muertos para ese proceso. Ante mi incredulidad acerca de esto, Anselmo enfatizó:

— Pero si lo que le digo es cierto. Mire, la prueba está en ese cuento que un escritor hizo famoso en la literatura chilena. ¿Alguna vez le hicieron leer a usted el cuento "El vaso de vino" de Eduardo Barrios? Se lo digo, ese cuento está basado en una historia verdadera que sucedió justamente aquí, en Coelemu. Se acuerda usted que en el cuento un trabajador alcohólico de la viña se levanta por la noche a tomar vino directamente de la pipa y que se cae del tablón que había puesto sobre ella. Como vivía borracho, muere ahogado en el vino y como era un huaso al que le gustaba usar platería, el peso de las monedas que había cosido en su cinturón y las cadenas que usaba en el cuello más las puntas y talones de plata de sus zapatos, mantuvieron el cadáver en el fondo de la pipa y nadie se enteró de la tragedia. Tampoco nadie supo, hasta que se llegó al fondo de esa pipa, porqué el vino de esa pipa en particular ese año había sido tan buena. ¡Y es claro! ¡La fermentación del cadáver! Bueno, mi abuelo me dijo que el cuento hizo tanta sensación en la época, que se convirtió en lectura obligada en los liceos del país, pero los que estamos enterados, sabemos que no es cuento. Eso realmente sucedió aquí.

Aunque la historia es espeluznante, no me sorprendió que Eduardo Barrios haya convertido un hecho real en un cuento. Los escritores estamos haciendo eso constantemente. Cuando Anselmo continuó describiendo como su bisabuelo, su abuelo y luego su padre habían estado envueltos en la tradición del pipeño de Coelemu, se lamentó varias veces de como la modernidad había arruinado la tradición. Describió con lujo de detalles como él, cuándo tuvo que asumir esa tradición, ella ya no existía. La producción se había mecanizado y la familia de los antiguos dueños había vendido las tierras por lo tanto él, como capataz-administrador tenía que lidiar con una corporación residente en Santiago. Esos nuevos patrones no entendían nada de lo que es el campo y lo único que demandaban era producir más y más dinero. Llegó al punto que no soportó más y se retiró.

Ahora son otros los que manejan esas tierras. Él vive tranquilo con sus hermanas que se jubilaron como maestras con un sueldo que se ajusta automáticamente al costo de la vida. Es lo que se llamaba la perseguidora, me dijo. Como durante el gobierno de mi general Pinochet ellas tenían buenos contactos en el Ministerio de Educación, supieron con anticipación que la perseguidora seria eliminada así es que primero se consiguieron un nombramiento especial que las puso en el rango en que les correspondía recibirla y luego se retiraron del servicio justo antes de que se acabara ese privilegio. Con lo que ellas reciben y con lo que nos dejaron nuestros padres, aquí en Coelemu nos arreglamos sin problemas. Claro, si quisiésemos irnos a vivir a Santiago, no nos alcanzaría, pero aquí estamos muy bien. La gente de esta ciudad nos conoce como la familia Muñoz y sentimos el respeto de la comunidad toda. Los campesinos y otras gentes humildes saben ponerse en su lugar y entienden que los ricos y las personas de clase media como nosotros somos más inteligentes y es por eso que nos muestran su respeto.

Cuando este pobre desgraciado dijo eso, otra vez hube de contenerme para no soltarle un exabrupto y comprometer mi proyecto. Como habíamos terminado con los postres y pasábamos de vuelta al "living" para servirnos el café, aproveché la oportunidad de cambiar el tema. Era hora de verterlo a lo que a mí me interesaba.

— ¿Y su hermano Anastasio, nunca se hizo cargo o participó en la tradición? ¿Porque le tocó a usted y no a él? Después de todo él era el mayor y le correspondía ¿No?

— ¡Ah, es que mi hermano no alcanzó a conectarse con mi padre ni menos con mi abuelo! Desde que éramos pequeños, Anastasio fue muy atlético y le gustaba hacer ejercicios. Era excelente jugador de futbol, pero lo que realmente quería era ser boxeador. Eso nunca se atrevió a decírselo a nuestro padre porque para él, los boxeadores eran todos unos cabezas de músculo buenos para nada. El día que mi hermano cumplió los quince años y los viejos lo invitaron a esa tomatera en la que uno se suponía comenzaba a hacerse hombre, él no fue. Por eso de ser un buen atleta, él no quería tomar trago. Mi padre y mi abuelo se enojaron tanto, que para mostrarle su desdén, hicieron una excepción a la regla y me llevaron a mí que apenas tenía catorce.

En ese momento, Anselmo se acercó mucho a mí. Sus hermanas estaban en la cocina y él no quería que ellas escuchasen lo que seguía:

— Le cuento esto tan personal, porque me parece que esa costumbre familiar en que los hombres eran iniciados en el trago a los quince años, se remonta a varias generaciones y está ligada al pipeño de Coelemu. Tal vez la pueda incluir en su artículo. Desgraciadamente, creo esa tradición tan linda muere conmigo. Como no he tenido hijos y mis hermanas tampoco han tenido descendientes, después de nosotros, no habrá varones para que la asuman. Bueno, la tradición era linda porque aquella fiesta de los quince años involucraba no solamente iniciarse en tomar trago, sino que, para hacerse hombre, ese día también había que acostarse con una mujer. Cuando me llevaron a ese prostíbulo, yo estaba bastante mareado y no sé exactamente qué es lo que hice, pero así fue como a los catorce años, pasé a ser el nuevo hombre de la familia. Desde entonces era yo y no mi hermano mayor el que salía con los viejos y las mujeres de la familia tuvieron que aceptar esa realidad. A Anastasio, eso no sólo no le importó, sino que sacó partido de la situación. Dejó de sentir las presiones de nuestro padre y el abuelo y empezó a prepararse seriamente para ser boxeador. Para serlo, sus opciones en el campo eran nulas así es que el día que cumplió diecisiete, se fue a Chillán y se presentó de conscripto voluntario en el ejército de Chile. Aunque no tenía la edad, por su estado fornido y su apariencia saludable, fue aceptado. Al venir a despedirse, orgullosamente nos enseñó sus galones, el ejército lo trasladaba a Santiago para continuar su entrenamiento en la escuela de suboficiales. Después de eso, no lo vimos hasta el funeral de nuestro padre. En ese funeral, él se presentó con su uniforme de gala. Ya era sargento mayor. La única vez que lo volví a ver, fue para el funeral de mamá en que apareció de civil y me contó que hacía años que había dejado el ejército, pero que como empleado civil todavía hacia trabajos relacionados con los militares. Desde entonces no he sabido más de él.

— ¿No sabe usted si está vivo ni dónde está? Dije, tratando de sonsacarle tanta información como pudiese.

— Ya le dije, no sé dónde está. Supongo que estará vivo porque si hubiese muerto me parece que el ejército nos avisaría. Somos sus únicos familiares. ¿Porque me lo pregunta? ¿Tiene usted algún mensaje para él?

— No, por nada. Simple curiosidad. No es importante.

— Bueno, lo único que él me dijo una vez es que su trabajo es que era tan secreto que ni siquiera a mi podría contármelo. Como a mí no me interesan los secretos de los militares, no le pregunté. ¿Qué más le interesa saber del pipeño de Coelemu?

A ese punto, pensé que era suficiente. Era claro que ahí no obtendría más información y cada minuto se me hacía muy difícil seguir poniendo buena cara a esos devotos del dictador. Busqué la oportunidad de desligarme de la situación y aduje lo tardío de la hora. Me excusé de una visita no anunciada y tan extendida y comencé a despedirme. Anselmo llamó a sus hermanas a les agradecí su magnífico almuerzo elogiando exageradamente sus cualidades culinarias y salí a la calle. Después de doblar la siguiente esquina, me detuve y respiré profundo.

¡Qué experiencia! Yo no me imaginaba que este tipo de personas todavía existía en Chile. Si parecían salidos de un cuadro de siglos anteriores. Lo único que faltaba para completar la escena costumbrista era que se hubiesen vestido de la época. Esa devoción al dictador que, según ellos, había terminado con la sucia política y había puesto orden en el país. Esa acumulación de muebles y objetos antiguos y sobre todo esos modales tan rebuscados y formales que le daban a ese lugar una sensación fría y llena de falsedades. Me sentí feliz de haber terminado esa visita y me convencí de no culparme de lo sucedido. Lo que al principio había parecido como una buena idea, tuvo un final poco feliz. Esa gente no sabía nada de su hermano y aparentemente, a este tampoco le interesaba mantener contacto con ellos. Al momento de salir, estuve casi inclinado de contarles que yo sabía de una sobrina nieta de ellos que vivía en Nueva York, pero luego pensé que no se lo merecían. Conociendo a María Pía, me imaginé que ni siquiera a ella, aunque fuesen sus tíos abuelos, le habría interesado contactarse con ese tipo de gente. Por último, me dije; ¿quién soy yo para intervenir en una relación familiar como esta? Además, se me habría complicado mucho el tener que explicar porque sabía de María Pía si había usado el camuflaje de periodista escribiendo sobre el pipeño. No, no, no, me dije. Rafael, olvídate. Cuando regresé al hotel, Hilda ya estaba ahí. Le conté esquemáticamente mi experiencia y luego le pregunté: ¿Y tú qué hiciste?

— Este es un pueblito muy pequeño y muy aburrido, me dijo. Para la hora de almuerzo ya había recorrido todo el centro. Después de almorzar me senté en la plaza a leer el diario y a observar a los que pasaban. Con la formalidad con que la gente se viste y por lo que pude leer entre líneas en el diario, me parece que las gentes de este pueblo parecen ser extremadamente conservadores. Fíjate que mientras tomaba un helado, vi que las tres estatuas de bronce de la plaza están pintadas de colores brillantes. ¿Quién puede haber hecho eso? ¿Pintar el bronce de colores? Si las mejillas del pobre Bernardo O'Higgins son rosaditas y sus labios rojos. Es chistoso como brillan los botones en la chaqueta de Arturo Prat. Parecen de oro. Mira, tal vez sea eso que vi o no sé exactamente que es, pero en el aire de este pueblo siento un espíritu conservador. Creo que ya me estoy pareciendo a ti y hago especulaciones gratuitas de una simple observación, dijo Hilda, pero fíjate que, en el centro de la plaza, hay una preciosa fuente de agua que muestra una magnifica copia del David de Miguel Ángel rodeado de querubines. Los querubines cargan unas vasijas y vacían agua en la fuente. El autor, aunque copia a Miguel Ángel, crea una preciosura acompañando al David con querubines desnudos. Me da la impresión de que la fuente debe ser de una época de gloria de este pueblo. Una época en la que alguien, con sentido artístico instaló esa fuente en la plaza, pero también es claro que posteriores administraciones pacatas o por presión de ciudadanos cretinos, la han alterado. ¡Increíble! Le han puesto hojas de parra al David y a cada uno de los querubines. Se nota que han sido agregadas posteriormente porque no sólo son de diferente material que el resto de la estatua, sino que han sido pintadas verdes. Te imaginas lo incómodo que deben sentirse el pobre David y los querubines con una hoja que les cubra el pene. ¡Que crimen artístico más fenomenal!¡Hojas verdes para vestir los desnudos! ¡Y en el medio de la plaza! Solo una administración conservadora podría hacer eso.

— No me digas más querida. Aun no te he dado todos los detalles del tipo de gente que visité, pero ellos concuerdan mucho con tu observación. Mi experiencia de hoy ha sido atroz, solo te diré que en la casa en que estuve, le tenían un altar con flores y velas a Pinochet.

— ¡No! Esa sí que no te la creo. ¿A estas alturas todavía hay gente que venera al dictador?

— Pues tendrás que creerlo. La verdad es que es sorprendente, pero lo es. Tal vez la explicación está en que esta es una zona de influencia total de la derecha conservadora. Tan poderosa debe ser esta gente aquí, mientras ojeaba los periódicos antiguos, esta mañana encontré que es una tendencia histórica. El periódico, aunque conservador, ingenuamente replicaba un estudio estadístico publicado en Santiago. El estudio establecía que en una zona donde la mayoría de sus habitantes son campesinos y obreros agrícolas, los partidos de derecha ganan casi todas las elecciones. En un análisis de los últimos cien años, decía el estudio, la derecha política ha elegido más alcaldes y representantes al congreso nacional de Chile que todos los otros partidos juntos. Seguramente la actividad política en Coelemu es una muestra de lo que todavía sucede en algunas regiones del Chile rural. Los patrones presionan a los campesinos y los peones para que voten en contra de sus propios intereses. Lo paradójico del caso es que una comunidad clasista como esta, tenga un nombre mapuche. Yo sé muy poco de esa lengua, pero cuando busque el significado de Coelemu, he encontrado que para algunos quiere decir "Agua de bosques" y para otros, viene de las voces "Koa," lechuza y "Lemu." O sea, Coelemu seria, "Bosque de lechuzas." Perdona mi disquisición académica, pero tú me conoces bien, a veces no puedo dejar de ser catedrático.

— Por supuesto que te conozco, dijo Hilda. Pero, que importa que el origen del nombre Coelemu sea mapuche. Es muy posible que las gentes que manejan el pueblo no lo sepan ni les interese. Menos les interesaría lo que nosotros aprendimos de esa lengua. Te acuerdas de tu amigo que nos dijo que mapuche, no es el nombre auténtico y que su verdadero nombre es "mapudungun." ¿Tú crees que eso les interesaría? A mí me parece que no. Te lo digo porque aquellos con los que hablé, tenderos y gentes sentadas en el café de la plaza, hablan con tal seguridad sobre cosas que aparentemente no saben mucho, que me da la impresión de que es un pueblo lleno de ignorantes insolentes. Estoy harta de estas gentes.

— Estoy de acuerdo, dije. No creo que sean la mayoría, pero por lo poco que conocí de los Muñoz, yo también tengo la misma impresión. Este es un pueblo aparentemente dominado por analfabetos políticos de clasistas y chovinistas que bordean en fascismo. Para mí el resultado de este viaje es cero así es que sugiero que mañana a primera hora salgamos hacia Santiago.

— Mientras antes salgamos de aquí es mejor dijo Hilda. Siento mucho la triste experiencia que tuviste en la capital nacional del pipeño. Sé las esperanzas que tenías acerca de este lugar pero que le vamos a hacer. Es lo que es.

CAPÍTULO SIETE

Tía Carmen

Buscar a Anastasio Muñoz a través de su familia en Coelemu había fracasado tan rotundamente que ahora me encontraba obligado a seguir el otro rastro que había conseguido a través de Juan Luna, indagar entre los militares Gay del ejército de Chile. Obviamente, esto no sería nada de fácil, pero mientras volvía a la capital, ya había pensado que hablar con "Tía Carmen," la protectora de María Pía, parecía el camino más indicado. Por años ella había sido uno de los líderes de la comunidad Gay de Santiago, así es que fui a visitarla.

Su casa estaba en el mismo vecindario donde había vivido la novia de mi nieto y no me fue difícil encontrarla. Por su apariencia exterior, esta debe haber sido una de las edificaciones originales del barrio, aquellas que fueron construidas por allá por la década del mil novecientos cincuenta. En ese entonces, el Llano Subercasaux se le había considerado como una localidad de clase media incrustada en la comuna de San Miguel, que era mayoritariamente de obreros y trabajadores manuales. Cuando se comparaban con el resto de la comuna, los habitantes originales del Llano Subercasaux, se consideraban a sí mismos de clase media diferentes al resto de la comuna. No es que realmente lo fueran, ya que, si se les categorizara de acuerdo a sus ingresos, podrían ser considerados más bien de clase baja. Pero como ya lo he señalado antes, entre los chilenos esto del sentido de pertenencia a una clase es obscuro ya que cuando se auto ubican en una clase social, lo que cada uno siente, es más importante que cualquier otra característica objetiva. No es en donde o en que trabajas ni cuanto ganas y ni siquiera como realmente vives, sino que es más importante donde te ubicas de acuerdo a lo que sientes y dado que eso es puramente subjetivo, el concepto es complejo y cualquier intento de una definición sociológica resultará ambiguo.

A pesar de que se encontraba solo a la vuelta de la esquina, la casa de Carmen se veía bastante diferente a la de los abuelos de María Pía. En este caso, la construcción original no había sido alterada y tanto las murallas, así como puertas y ventanas, eran exactamente iguales a las del resto del vecindario. La pintura de los muros, por lo impecable que estaba, podría haber sido repintada pero comparada con las casas vecinas, el color debe haber sido el original. En el interior, las diferencias eran aún más notorias. El piso gastado estaba tan bien encerado y pulido que se veía muy bien. La impresión del conjunto ere el de una casa acicalada y mantenida con cariño.

Cuando pregunté por Carmen y me identifiqué como el abuelo del novio de María Pía, la señora que me había abierto la puerta fue muy amable y me hizo pasar a lo que ella llamó "el living." Abrió un poco las persianas y entre las semi-penumbras, constaté que esa habitación no se usaba habitualmente. Había un horrible olor a cera y los objetos de adorno, aunque estaban libres de polvo, descansaban sobre los muebles con ese aspecto de algo que no ha sido movido por largo tiempo. Contribuían a esta sensación, los pañitos tejidos a crochet que debajo de cada objeto protegian la superficie del mueble. La semi-penumbra, los pañitos y el olor a cera, me hicieron evocar la imagen de antigüedad que siempre tuve en "el living" de la casa de mi abuela. No se podía jugar en el living de la abuela, él era solo para atender a las visitas.

Con mucha cordialidad, la señora que se había presentado como la madre de Carmen dijo que desafortunadamente su hija no se encontraba en casa, pero llegaría pronto. Ella no sabía exactamente cuándo, pero me pidió encarecidamente que me quedara. "Por favor espérela," insistió. "María Pía le ha contado mucho de usted y estoy segura de que se alegrará mucho de verle." Al mirarla desde cerca, me di cuenta que esa mujer que se veía anciana, no tendría más de unos sesenta y cinco años. En mis cálculos, esa persona no podía ser tan mayor, pero su rostro sombrío, su espalda encorvada y sus movimientos lentos resultaban engañosos. Recién me estaba sentando, cuando apareció un señor que también se veía muy viejo. Me extendió la mano e identificándose como el padre de Carmen dijo:

— Usted debe ser el abuelo del novio de María Pía, mucho gusto de conocerle. Nuestra hija ha sido casi como una segunda madre para esa chica y es por ellas que nos hemos enterados de ustedes. Por lo que me han dicho, parece que su familia se ha acomodado bien en los Estados Unidos. Yo realmente admiro lo que han logrado y siempre conversamos acerca de lo que han hecho. Por favor, cuéntenos; ¿Cuánto tiempo hace que viven allá? ¿Cómo les ha ido con los norteamericanos en Gringolandia?

Nuevamente, ahí estaba aquella interpelación que yo había escuchado tantas veces en Chile. Son las clásicas preguntas que hace un chileno que se ha enterado que vives en los Estados Unidos. Entre la gente de nuestra edad, esas preguntas están siempre cargadas. Cualesquiera sean las respuestas, ellas proveerán la información que determine la posición política del interlocutor. Las fechas en que se haya emigrado, comparadas con las fechas del golpe de estado en Chile, permiten calcular las razones de la inmigración y consecuentemente se puede especular acerca del pensamiento político del interlocutor. Obviamente ellos no sabían tanto de mí como lo que yo sabía de ellos, así es que no trepidé en contestar con la respuesta que nunca me ha fallado antes:

— Sí, vivo en los Estados Unidos, pero yo no me fui, me fueron. Fue durante la dictadura y las circunstancias por las que llegué a Nueva York son muy largas de explicar. Desde entonces mi familia y yo hemos hecho nuestra vida ahí. No nos fue fácil y la hemos pasado duro, pero con gran esfuerzo y amor filial, nos ha ido muy bien.

Esa respuesta, corta y concisa, funcionó tan bien como en las otras oportunidades en que la había usado. Las caras de la pareja se transformaron mostrando sonrisas que no supe descifrar si eran de complacencia o condescendencia. Lo que si sentí, fue que el tono de voz del hombre, que al principio había sido no rudo, pero sí seco, ahora sonaba más cordial y amigable.

— Perdón, ¿qué quiere decir usted conque lo "fueron"? ¿Acaso lo persiguió la dictadura?

— La verdad señor, es que fue más que persecución. Los lacayos de la dictadura no sólo me persiguieron, contesté, sino que trataron de eliminarme físicamente, pero me salvé. Soy uno de aquellos que han figurado entre los desaparecidos, pero realmente nunca desaparecí ya que ciertas circunstancias muy fortuitas me salvaron de la muerte. Aunque trataron de desaparecerme, fallaron. Como ven, aquí estoy, vivito y coleando. Ya les dije, es una larga historia.

— ¡Oh sí! Dijo la señora, Carmen me había dicho algo de sus peripecias, pero como nunca entendí bien de que se trataba, no se la he contado a mi marido. Ahora que tenemos que esperar por Carmen, me gustaría escucharla de su propia boca. ¿Porque no nos cuenta usted esa historia? Me gustaría oírla de nuevo. Así, yo la entenderé mejor y mi esposo sabrá de ella. Tenemos tiempo. Nuestra hija está en una de esas reuniones de mujeres que suelen durar bastante. Le repito, por favor espérela y mientras le acompañamos, nos cuanta su historia. Por favor, díganos: ¿cómo es eso de que lo fueron?

Eliminando todo detalle superfluo y haciendo un resumen bien apretado, procedí a contarles como me había escapado de una muerte segura y como, paradójicamente, me había tenido que refugiar de la dictadura justamente en los Estados Unidos. Mis interlocutores me escuchaban con gran atención y aún no había concluido, cuando los dos exclamaron al unísono:

— ¡Suena mucho más grave que en nuestro caso...!

Los dos lo dijeron exactamente tan al mismo tiempo, que, por la coincidencia de esa exclamación, los tres reímos. Mientras me escuchaban, ellos deben haber estado proyectando su propio pasado y la expresión tan al unísono sugería que esta pareja también había tenido amargas experiencias con la dictadura. Al responder con una risa tan sincera, hacia evidente que se había establecido una comunicación muy especial entre nosotros y como la tarde había dado paso a la noche y Carmen aun no aparecía, esta vez fui yo quien les pedí por favor que me contaran lo suyo. Así lo hicieron. Justo al momento que terminaban su historia, como si el tiempo hubiese sido programado, llegó Carmen. Su llegada produjo un notable cambio en la dinámica de la conversación y sus padres, aduciendo lo avanzado de la hora, se excusaron y se retiraron a su habitación. Se despidieron muy afectuosamente y yo sentí mucha pena al verlos como se movían. Caminaban ayudándose el uno al otro con esos pasitos cortos, arrastrados y lentos de los ancianos mayores. Sus movimientos se veían como de octogenarios cuando en verdad, por los eventos de su historia, calculé que deben haber sido varios años menores que mi esposa y yo.

Lo que esta pareja me contó, fue para mí sobrecogedor. Ambos provenían de familias muy católicas y se habían conocido asistiendo a las clases de catecismo de la iglesia del barrio. Más tarde, cuando en su adolescencia participaban en las giras y excursiones de los scouts católicos, la amistad de niños, habría de convertirse en enamoramiento de pareja. De la manera en que lo expresaron, resultaba indudable que, desde el principio, ese amor debe haber sido extremadamente profundo. Lo digo porque, según ellos, su primer retoño había sido hijo del amor y me imagino que en aquellos tiempos, eso era impensable. Con los tabús de la época, la única explicación para que una pareja católica llegase a concebir antes del matrimonio, es que fue el resultado de una pasión amorosa incontenible. Lamentablemente, ese primer hijo, el hijo del amor, justamente fue el que la dictadura había hecho desaparecer. Carmen nació dos o tres años después que ya estaban casados.

Desde jóvenes, la pareja se había involucrado en la juventud demócrata cristiana, que en la década de los sesenta se había convertido en una de las colectividades políticas más fuertes del país. Ubicándose al centro del espectro político nacional, la democracia cristiana ocupó un lugar que se encontraba prácticamente vacío. Ese espacio había sido ocupado por los radicales, pero en los sesenta, ese partido ya no atraía a nadie y fue la democracia cristiana quien pasó a representar a ese grupo de la población, la "clase media." Desde sus inicios, la democracia cristiana se encontró dividida entre los militantes que querían aliarse con la derecha y aquellos que deseaban acercarse a la izquierda. Cuando en mil novecientos setenta, los miembros progresistas de la democracia cristiana, entre ellos los padres de Carmen, vieron que la dirigencia de su partido se aliaba con la derecha para obstruir el gobierno de Salvador Allende, dimitieron y formaron el Partido de Izquierda Cristiana. Yo nunca había conocido personalmente a ningún miembro de la Izquierda Cristiana, así es que fue un honor para mí encontrarme con los padres de Carmen. Sabía que existían feligreses católicos que querían una iglesia políticamente comprometida con los pobres y no con los ricos como lo había hecho tradicionalmente la iglesia en Chile, pero yo no conocía a ninguno. Antes de que se convirtieran en partido, había visto a los progresistas católicos actuar políticamente, pero no había tenido el gusto de conocerlos como individuos. La primera vez que los identifiqué como grupo, fue en la campaña presidencial de Radomiro Tomic en mil novecientos sesenta y nueve. Los vi actuar en esa campaña, porque, aunque yo no era demócrata cristiano, participé en ella. Yo fui uno de aquellos militantes de izquierda que asistimos a todas las asambleas públicas que se hicieron por Tomic. Con nuestra presencia, la cantidad de gentes en esas concentraciones era enorme y la democracia cristiana se sentía fuerte, pero nosotros lo hacíamos solo para que la elección se resolviese a tres bandas. Con un tercer candidato, Allende tenía mejor chance porque en las dos elecciones anteriores, que habían sido prácticamente entre dos, la izquierda había sido derrotada por un margen mínimo de votos. La primera de ellas fue en mil novecientos cincuenta y ocho, cuando la derecha creo el fenómeno que se le llamó "el cura de Catapilco." Este sacerdote, el padre Juan Zamorano era de la localidad de Catapilco, y nadie sabe cómo, levantó una candidatura presidencial que logró atracción política en ciertas áreas campesinas. Cuando la derecha descubrió que atraía a algunos sectores pobres de la población, vio ahí la oportunidad de restar votos a la izquierda y financió el populismo del cura. Con ese soporte económico secreto, el cura de Catapilco mantuvo su candidatura hasta el final y el candidato de la derecha, Alessandri, fue elegido por un margen de poco más del dos por ciento. Exactamente los votos que el cura de Catapilco había restado a la candidatura de Allende. La maniobra de jugar a tres bandas resultó tan perfecta, que la derecha, en una versión diferente, habría de repetirla en la siguiente elección. En mil novecientos sesenta y cuatro, por primera vez aparecía en el país un candidato presidencial de la democracia cristiana, Eduardo Frei. Esta vez, la derecha en contubernio con los radicales más conservadores, maquiavélicamente no presentó candidatura y declaró su apoyo al candidato del partido radical que no atraía a nadie. Con la maña y la habilidad desarrollada en siglos de dominación, secretamente financiaron y sostuvieron por largo tiempo al candidato radical que no sólo tenía pocos partidarios, sino que carecía de fondos y sabe que no tiene chance alguna. Muy poco tiempo antes de la elección, ese candidato renuncia a su postulación y llama al país a defender la democracia en contra de la izquierda marxista. Rasgando vestiduras y proclamando que se sacrifica para defender la libertad contra el peligro comunista representado por Salvador Allende, él votará por el candidato de la democracia cristiana. En un mundo en plena guerra fría, los medios de derecha usan esto para crear una campaña del terror y amedrentan a los chilenos con el peligro marxista. La estrategia tiene éxito y en una elección a dos bandas, la clase media aterrorizada por la propaganda, vota en pleno por Frei y la izquierda es nuevamente derrotada. En mil novecientos sesenta y nueve, la derecha esta recelosa del progresismo del candidato de la democracia cristiana, Radomiro Tomic y no quiere apoyarlo. Sienten que un hombre de sus filas, el ex presidente Jorge Alessandri tiene suficiente prestigio de gobernante y confiando en el tercio del electorado que históricamente les ha favorecido, lo proclaman como su candidato. La elección de presidente en Chile se presenta en mil novecientos sesenta y nueve bien definida entre derecha, centro e izquierda. Con la experiencia electoral del cincuenta y ocho y la del sesenta y cuatro, los militantes de izquierda sabíamos que la única posibilidad de triunfo es que la elección se mantenga a tres bandas. Con ese propósito, nos presentamos en todas las concentraciones que se hacían a favor Tomic. Había que inflar sus números. Confiado en la cantidad de gente que cree que lo apoya, este se mantiene hasta el final y la izquierda elige a Salvador Allende.

Los padres de Carmen habían vivido esos mismos eventos, pero como ellos los habían visto desde el interior de la democracia cristiana, tenían una perspectiva diferente. Según me lo explicaron, desde los orígenes del partido demócrata cristiano, muchos militantes, al igual que ellos, no sólo participaban políticamente como católicos, sino que buscaban vivir el catolicismo en la política. Este grupo se había afianzado filosóficamente cuando apareció en Latinoamérica la "Teología de la Liberación." Son ellos, los que, apoyados en esa teología, se convierten en un fuerte movimiento social que nace desde dentro de la iglesia misma. Sucede también porque desde hacía años que muchos curas, especialmente aquellos que servían en los barrios populares de Sudamérica y Centroamérica, habían adoptado los principios de esa teología. Especialmente aquellos conocidos como los "curas obreros," lo hacen con fervor laborando mano a mano junto a los trabajadores. Frente a esa realidad, la transformación de la "Teología de la Liberación" en acción política, es solo una cuestión de tiempo. Ese es el caso de la parroquia de San Miguel, donde profesaban los padres de Carmen. Había allí un cura misionero canadiense que se mantenía en contacto directo con el padre Gutiérrez del Perú y en los sesenta, el padre Gutiérrez — que más tarde sería castigado por el Vaticano — era uno de los representantes más importantes de estas ideas. Como yo no soy católico y no sabía nada de esto, aprendí que fue esta forma de pensar, la "Teología de la Liberación," la que tuvo la más fuerte influencia política en la formación de la Izquierda Cristiana en Chile. Las bases filosóficas de esta teología fueron las que motivaron a ese grupo de militantes, en su mayoría jóvenes, a abandonar la democracia cristiana y formar su propio partido. Al crearse la Izquierda Cristiana en mil novecientos setenta, esta pasó inmediatamente a apoyar el gobierno de Allende y los padres de Carmen, que desde jóvenes habían abrazado los principios de esa teología, se convierten en dirigentes de la comuna de San Miguel.

El desmembramiento de la democracia cristiana resulta obvio porque los principios filosóficos de la "Teología de la Liberación" están mucho más cerca de la izquierda que del centro político en el que ubicaba ese partido. Las ideas de la "Teología de la Liberación," sostienen que la opción preferencial que los pobres usan para pensar la realidad social no solamente es por la mediación filosófica, como lo ha sostenido la teología tradicional, sino que también a través de las ciencias humanas y sociales.

Según lo expresaron con convicción los padres de Carmen, ellos entienden que la salvación cristiana no puede darse sin la liberación económica, política, social e ideológica de todos los individuos. Esos son los signos visibles de la dignidad del hombre porque la espiritualidad de la liberación exige hombres nuevos y mujeres nuevas en el Hombre Nuevo, Jesús. Ese lenguaje de los católicos progresistas, quitándole la mención a Jesús, aparece casi tomado del programa político del gobierno de Allende. Más aun cuando continúa estableciendo que la auténtica liberación cristiana debe ser la toma de conciencia de la realidad socioeconómica latinoamericana y de la necesidad de eliminar la explotación, la falta de oportunidades e injusticias de este mundo.

Tan imbuidos estaban mis interlocutores de estos principios, que en su narrativa, llegaron a citar al padre Gustavo Gutiérrez cuando éste destaca que, al contrario que otros postulados teológicos o filosóficos, la teología de la liberación es un "acto segundo", es decir, emana de una experiencia de compromiso y trabajo con y por los pobres, de horror ante la pobreza y la injusticia, y de apreciación de las posibilidades de las personas oprimidas como creadores de su propia historia y superadores del sufrimiento. Para Gutiérrez, esto no es sólo una cuestión metodológica, sino un compromiso de vida, un estilo de vivir, una forma de confesar la fe es la espiritualidad. Con razón, pensé, es que el Vaticano, indignado con las posturas del padre Gutiérrez, habría de relegarlo al África para separarlo de Latinoamérica.

Claramente la Teología de la Liberación representa un pensamiento progresista que vendría a chocar no solamente con la dictadura sino también con aquellas autoridades de la iglesia católica que apoyan esa dictadura y, consecuentemente, tienen gran poder político. Los sacerdotes y los miembros de la izquierda cristiana que abrazaron esa doctrina se convirtieron en revolucionarios sociales y han de luchar no sólo contra los obispos conservadores sino también con la mayoría de los feligreses que prefieren desconocer la realidad político/social que vive el país y refugiarse en una religión enclaustrada en ellos mismos. La Izquierda Cristiana se convierte en un paria dentro de las propias filas del catolicismo y dado que no tienen la experiencia combativa de los partidos tradicionales de la izquierda chilena que han luchado por décadas contra el sistema sostenido por la oligarquía dueña del país, cuando intentan elaborar un plan de resistencia a la dictadura, son barridos y sus bases diseminadas. Aquellos dirigentes que logran huir al exterior, solo después de varios años de trabajo, habrán de lograr una forma de reorganización que les permite volver a la lucha política.

Para mí, estas no fueron grandes novedades. Lo que sí fue novedad, es haber conocido a estas gentes, los padres de Carmen que fueron dirigentes de la Izquierda Cristiana de San Miguel. Esa fue una de las comunas más combativas de las fuerzas populares chilenas. Es por la involucración en la política de esa comuna, que la dictadura les ha hecho sufrir tanto como familia. El punto más álgido de ese sufrimiento está marcado por la desaparición de su hijo mayor, Jesús. Según sus padres, Jesús era un hombre muy tranquilo, pero se alteró tanto con la dictadura que muy poco después del golpe, decidió crear un grupo de resistencia dentro de la Izquierda Cristiana.

Mirando en retrospectiva, los padres de Carmen reconocen que esa idea fue un profundo error, pero ellos también estaban tan indignados con las cosas que sucedían, que no intentaron parar a su hijo. La resistencia a una dictadura violenta no estaba dentro de las experiencias de un partido político tan joven como la Izquierda Cristiana. Como sinceros católicos, no vieron que no estaban preparados física, psicológica ni emocionalmente para resistir a una dictadura implacable como la que se había instalado en Chile. Cuando concibieron la idea, ni siquiera tuvieron la madurez política para hacer un análisis en que se consideraran los básicos problemas de logística que una organización de resistencia requiere resolver. El caso es que Jesús, quien se había auto nominado como líder del grupo, no pasó más allá de los preparativos para reclutar miembros. Sus conversaciones con los jóvenes que asistían a su misma iglesia fueron tan abiertas, que pronto alguien lo delató a la policía secreta de Pinochet. El sistema de los jóvenes soplones había sido desarrollado por la policía secreta de Pinochet invitando a los hijos e hijas de militares a participar en un programa de vigilancia para la defensa del gobierno. Aquellos que aceptaban, recibían no sólo becas completas para financiar sus estudios, sino que también eran admitidos en los colegios o universidades de su elección, sin pasar por los procedimientos regulares. Las instituciones educativas sabían muy bien que debían obedecer las órdenes militares sin cuestionamiento alguno. Después de firmar el compromiso de convertirse en informantes de la dictadura, estos jóvenes eran recomendados por algún militar de alto rango y eran automáticamente aceptados como estudiantes de la carrera que hubiesen elegido. Nunca hubo rastro de este procedimiento porque siendo secreto, se hacía por teléfono. Ningún administrador universitario se hubiese atrevido a cuestionar el llamado de un alto oficial de las fuerzas armadas que le "solicitaba" se admitiera a uno de sus recomendados. El papeleo se hacía cumpliendo con todas las regulaciones y la admisión aparecía totalmente "legal." Así fue que la dictadura reclutó miles de muchachos y muchachas que a través de todo Chile espiaban a sus compañeros y profesores.

Después de la desaparición de Jesús, otros miembros del partido empezaron a preguntarse por lo sucedido y descubrieron que esos informantes existían desde hacía algún tiempo en el mismo seno de la Iglesia de San Miguel. Los padres de Carmen no están seguros, pero creen que fue uno de esos soplones los que habrían delatado a su hijo y entendieron lo que puede haber sucedido. En su campaña de reclutamiento, Jesús conversaba con todas las gentes que encontraba en la iglesia y en su cristiana inocencia, no vio que aquellos que participaban en las discusiones filosóficas relativas a la Teología de la Liberación, no tenían que estar necesariamente comprometidos con ella. Imbuido de lo que la Teología de la Liberación representaba, Jesús no pudo comprender que había jóvenes con intereses más terrenales y mundanos que lo venderían para gozar de las prebendas del régimen. Una noche, varios individuos entraron por la fuerza en la casa de Carmen y se lo llevaron. De Jesús nunca más se supo.

Esa fue la historia de cómo los padres de Carmen perdieron a su hijo. Ellos mismos continuaron siendo acosados y el dolor les había sido revivido tantas veces, que no quisieron ahondar en ningún detalle. Su casa había sufrido constantes allanamientos nocturnos y en cada uno de ellos, fueron advertidos que, si no se mantenían alejados de cualquier actividad política, ellos también serían desaparecidos. Así lo hicieron, pero de nada les valió. Un tiempo después, en uno de esos allanamientos, se llevaron a Carmen. "No quisiéramos contarle lo sucedido con Carmen," dijeron. "Hemos sufrido mucho recordando a Jesús y preferiríamos que fuese ella misma quien se lo diga." "Y ya que estamos hablando de Carmen," agregaron, "Tenemos que pedirle que tenga mucha conmiseración cuando la vea. Por las circunstancias de su nacimiento, ella siempre ha sido muy especial para nosotros y lo que le vamos a contar," me dijeron, "no lo conversamos con cualquiera, pero como estamos en un momento de confesiones y usted se ve como una persona que pueda entendernos, le compartiremos nuestro secreto. Además, usted se regresará a los Estados Unidos y no creemos que lo vaya a difundir aquí en Chile. Es una gran carga. Entre nosotros lo conversamos constantemente y hemos pensado que tal vez compartiéndolo con otros que no sea un cura, nos daría algún alivio. Creemos que airear nuestras dudas acerca de los propósitos del creador frente a un cura no es conveniente porque ellos no pueden saber lo que uno siente por los hijos. Por eso no lo hemos dicho en confesión. Nuestra religiosidad es fuerte, pero no confiamos en los curas. Si ellos no lo pueden entender, como podrían explicárnoslo a nosotros. ¿Porque nos pasó a nosotros? ¿Hemos sido castigados por dios? ¿En qué le hemos ofendido? ¿Por qué Carmen? ¿Ha sido ella castigada por algo que hicimos nosotros?"

— Perdón, no entiendo ¿De qué se trata? Dije. ¿De qué están hablando ustedes? Dije.

— Si, le explicamos. Mire usted, nosotros siempre hemos creído que todo sucede por un designo de Dios, pero cuando vimos a nuestro segundo bebe, esa creatura que nació con los órganos genitales de los dos sexos, llegamos a dudar seriamente de la magnanimidad del todopoderoso. También tuvimos dudas de atentar contra la voluntad de Dios cuando los médicos aconsejaron que, antes de salir de la clínica, el bebé debería ser operado para dejarlo con un solo sexo. ¿Cómo podíamos nosotros intentar cambiar lo que dios nos daba? En el hospital, los pediatras y los cirujanos nos decían que este tipo de operación se hacía para corregir un defecto de nacimiento y que no era algo extraordinario o antinatural. Ellos recomendaban hacerlo lo antes posible porque si el bebé es recién nacido, su velocidad de crecimiento hará la recuperación rápida y si se hace antes de salir del hospital, menos gente estará enterada y habrá menos posibilidad de chisme. Después de mucho pensarlo y discutirlo, nos encomendamos al santísimo y autorizamos la operación. A nuestro bebé le cortaron el sexo masculino dejándole solo el femenino. Esa es nuestra Carmen.

— Le contamos esto, dijo la madre, no sólo porque usted nos da confianza, sino que también porque como es el abuelo de María Pía, es muy posible que converse muchas veces con Carmen. Ella es más que una tía/amiga para María Pía. Cuando la conozca, notará que no tiene muchos rasgos de femineidad y queremos que usted no demuestre sorpresa frente a su persona. Ella es nuestra hija y la queremos como es. Siendo usted el abuelo de la pareja de María Pía, sería lindo para nosotros que tuviésemos una buena relación. Somos muy querendones de esa chica y extender ese cariño a los que ahora son también parte de su familia, nos parece importante.

— Señora, dije, por favor no tenga cuidado. De donde yo vengo, este tipo de personas son comunes y a mí no me llaman la atención. Es más, mi esposa y yo tenemos muchísimos amigos que son como Carmen. En una ciudad tan cosmopolita como Nueva York, he aprendido a valorar a las personas tal como son sin fijarme en sus peculiaridades. Además, por lo que María Pía me ha contado de ella, desde ya le adelanto que su hija merece no sólo todo mi respeto sino también mi admiración.

Ahí estábamos cuando llegó la hija. Ellos se excusaron porque estaban cansados y después que se retiraran a sus habitaciones, comenzamos nuestra conversación con tía Carmen. Noté que la mujer se veía como una persona confiada y muy segura de sí misma. Más alta que el promedio de las chilenas, era gruesa y se le veía físicamente sólida. Por su forma de hablar, me pareció alguien que no se anda con dobleces ni con cuestiones ambiguas así es que, sin rodeos, después de hablar brevemente de María Pía, le expliqué derechamente el propósito de mi visita. Antes de eso, por supuesto, le pedí que me diera los detalles de su propia experiencia con la policía secreta de la dictadura porque lo que yo sabía era difuso.

— No sé nada específico de ninguna de esas gentes, me contestó, pero si recuerdo lo que viví en carne propia. En general, ahora se muchas cosas del modus operandi de los esbirros de la dictadura porque en mi actual capacidad de dirigente de la comunidad lesbiana de Santiago me he tenido que enterar de las cosas que les hacían a aquellas que identificaban como nosotras. También se de cómo actuaban por lo que aprendí de Anastasia, la madre de María Pía. No sé si usted quiere que le cuente los detalles específicos de mi detención y de las cosas que yo sufrí, pero no veo como eso le pueda ayudar. Yo no tengo temor ni vergüenza de contarlo. Lo he hecho tantas veces, que se positivamente que mientras más lo explicito, más me siento liberada de ello. Contándoselo a otros lo siento como una narrativa histórica. Eso fue lo que fue. Ya no siento ni rabia ni pena de lo que me pasó. He aprendido a vivir con ello.

Esta forma tan franca y abierta de hablar, sonó como música en mis oídos. Finalmente, pensé, me encontraba con alguien que podría hablar sin tapujos de las torturas y la ayuda de Carmen era importante en dos sentidos. Por un lado, a través de ella, podría iniciar mis pesquisas indagando acerca de la comunidad Gay entre los miembros del ejército chileno. Por el otro, si eso fallaba, seguro que ella sabía de la hija de Anastasio Muñoz y esa mujer podría tener alguna idea del paradero de su padre. Con estas dos posibilidades en mente, le pedí que me contara todos los detalles y me apresté a escucharla con máxima atención.

— Bueno, como seguramente ya se lo habrán dicho mis padres, después que se llevaron a mi hermano, nos hicieron varios otros allanamientos buscando documentos u otros elementos que nos incriminaran a nosotros. Como nunca hallaron nada, la cuarta vez vinieron directamente por mí y por algún tiempo deben haber estado vigilándonos ya que sabían exactamente que a esa hora me encontrarían ahí. A rompe y raja entraron en nuestra casa y me maniataron. Sin decir ni una palabra, me tomaron del pelo y me sacaron de la casa haciéndome subir a un Fiat 120. En el auto me encapucharon así es que no vi adonde me llevaban. Los ruidos del tránsito que escuchaba, no eran los típicos de las calles de San Miguel así es que debíamos viajar por el centro de Santiago. Ahora que sabemos dónde estaban los lugares de tortura, me imagino que me habrán llevado a esa casa de la calle Londres. Digo esto porque cuando me sacaron la capucha, me encontré en un subterráneo grande y con murallas de piedras. En el auto no me dijeron nada. Yo tampoco dije nada. Ya sabía que cualquier tipo de reclamo de mi parte era absolutamente inútil. Me callé y esperé por lo peor que no tardó en llegar.

— Cuando me sacaron del auto y me hicieron entrar en ese lugar frio y silencioso, empezaron los insultos. No le voy a repetir las cosas que me dijeron porque María Pía ya me ha contado su historia y me imagino que usted sabe muy bien de lo que hablo. Don Rafael, debo ser honesta al decírselo que nunca he podido explicarme porque a mí nunca me pegaron o me pusieron en la parrilla como se lo hicieron con otros. Lo que si me hicieron, fue violarme continuamente. Fui violada y sodomizada por diferentes tipos. Sé que eran varios porque, a pesar que me encapuchaban y no me dejaban ver, casi todos hacían y decían brutalidades diferentes. Solo uno de ellos me resulto extraño. Era muy silencioso y como no me decía groserías y movió mi cuerpo con cuidado, me pareció casi gentil. Sentí que me embetunaba con vaselina u otro lubricante antes de penetrarme y cuando lo hizo, no me violentó. Lo hizo a la fuerza, pero con mucho cuidado.

— ¡Ah! Veo la qué cara con la que usted me mira. Sé que la forma en que lo estoy contando puede aparecer tremendamente cruda, severa y hasta puede ser repugnante, pero recuerde que vivíamos tiempos repugnantes. De partida debo decirle que, como lesbiana, yo había comprendido que, en la época de Pinochet, a los hombres y las mujeres Gay se les tratara muy diferente. No mucha gente se ha dado cuenta que durante la dictadura los hombres Gay más tenían privilegios que los que tienen ahora. Esto sucedió porque funcionarios civiles del gobierno, incluido el redactor de la constitución de Pinochet, que eran homosexuales, usaron su poder para influir en las políticas al respecto. Esos individuos actuaron en dos frentes. Internamente, crearon en el gobierno un ambiente de protección a los hombres Gay e internacionalmente promocionaron que en Chile no se perseguía a los homosexuales. Ambas cosas fueron usadas por la dictadura para demostrar que había "libertad" en el país. En el caso de las lesbianas fue diferente. Que yo sepa, con la excepción de aquella que fue ministra de justicia y posteriormente ministra de educación de Pinochet, no hubo lesbianas en el gobierno de la dictadura. Con la actitud ultra conservadora de los militares y la intervención machista de la iglesia, la vida de una lesbiana durante esos tiempos fue una cosa terrible. Sin embargo, en mi caso, es paradojalmente cómico que mientras estuve en prisión, haya sido justamente mi lesbianismo lo que me protegió.

— Como ya le dije, las lesbianas debíamos mantenernos en absoluto secreto y fue esa secrecía la que me salvó la vida. Mis torturadores, no sabían nada de mis inclinaciones sexuales y todo el tiempo que me tuvieron prisionera, trataron de quebrarme como mujer. Para mí, que hacía mucho tiempo que no me consideraba como tal, eso no significaba nada. Ya desde la adolescencia había abandonado todo deseo e intención de sentirme mujer y es por eso que cuando fui violada o sodomizada, me resultó tan doloroso como lo habría sido un examen ginecológico en mi vagina o una colonoscopia sin anestesia en mi ano. Si, físicamente me dolía un poco, pero psicológicamente no me afectaba en nada. Seguramente, mis torturadores pensaban que me estaban humillando como mujer, pero los pobres desgraciados no sabían nada de nada. Lo digo, porque después de vejarme varias veces seguidas, comenzaban a preguntar lo que querían saber. Si yo no contestaba lo que esperaban, me amenazaban con repetir el tratamiento. Me imagino que les molestaba muchísimo que, después de lo que para ellos aparecía como ser humillada tantas veces, yo me veía una mujer calmada y serena. Tanto debe haberles trastornado, que frente a mi falta de confesión, volvían a someterme a esos vejámenes con mayor vigor. Como el resultado seguía siendo el mismo, llegó el momento en que desistieron. Deben de haber pensado que, si después de todo ese sufrimiento yo no había hablado, era porque realmente no sabía nada.

— ¿Qué es lo que me preguntaban? Bueno, era siempre lo mismo. ¿Cuáles eran los contactos políticos de mi hermano? ¿En que estaban involucrados mis padres? Pero como yo nunca supe de las actividades políticas de Jesús, contestaba que no sabía nada. Además, tanto me había desconectado de la actividad de la iglesia y de la religiosidad de la familia que tampoco podía saber si mis padres estuvieron o no envueltos en lo que hacia mi hermano. Esa desconexión se remontaba a mi pre-adolescencia ya que después que me obligaron a hacer la primera comunión, no aguanté más que me vistieran con vestidos de niñita y me peinaran con trencitas. Me rebelé contra la familia, me corté el pelo y cambié mis vestidos. Formé nuevas amistades y no fui más a la iglesia. O sea, aparte de vivir en la misma casa, estaba totalmente desconectada de ellos. Yo sabía que mis padres son dos beatos que no podrían resistir ni oponerse a nada con suficiente fuerza. Creo que Jesús, mi hermano, también lo sabía porque fue lo suficientemente sensato para no involucrarlos y ponerles en peligro. Más tarde, tratando de ayudarles a sanar de la tragedia de Jesús, me he acercado a ellos y hemos vuelto a hablarnos con cariño y encontrarnos como familia. El caso es que mientras estuve presa, no sabiendo nada de nada, no tenía nada que confesar.

— El subterráneo en que me tenían, estaba totalmente a oscuras y sin ver la luz del sol, no tenía sentido del tiempo. Me llevaban encapuchada de un cuarto a otro y en todos los lugares en que estuve, las ventanas estaban tapiadas. En un momento calculé que, si la bazofia de comida que me tiraban, era una vez al día, deberían haber pasado dos o tres semanas. Por supuesto bajé varios kilos y físicamente me debilité mucho, pero con la actitud combativa que había desarrollado para defenderme como lesbiana, me hice la promesa que esos desgraciados no podrían derrotar mi espíritu. Ganarles a esos infelices vino a ser el único propósito del momento. Podrían vejarme físicamente todo lo que quisieran, pero no me quebrarían, mi espíritu nunca lo quebrarían. Tan bien me lavé el cerebro con esta actitud, que incluso llegué a sentir lástima por ellos. Comportándose como bestias, pensé, deben darse cuenta como se degradan ellos mismos. Ningún ser humano normal, puede llegar a la bajeza a la que ellos habían llegado. Cualquier individuo con un mínimo de conciencia no infringiría tal vileza en uno de sus semejantes. ¿Serán estos hombres de familia? Me pregunté. ¿De dónde nace tanta barbaridad que hagan sobre una mujer? ¿Tendrán madres, hermanas o hijas? Como ya le dije, hacía mucho tiempo que yo no me consideraba mujer y por lo tanto eso no me afectaba, pero ellos no lo sabían.

— Despúes de varias sesiones, mis verdugos deben haberse convencido de que realmente yo no sabía nada. Las interrogaciones que seguían a las violaciones fueron disminuyendo hasta cesar completamente. Nunca me llevaron a aquellos otros cuartos en que se hacían otras torturas. En ese entonces nunca supe en que consistían esas torturas, pero por los gritos atroces que escuchaba, no era difícil imaginar lo terribles que deben haber sido.

— Todavía tengo clarito en mi mente ese momento en que la madre de María Pía me sacó de ahí. Comenzaba a ver la luz de la puerta que se abría y me empecé a preparar para otra sesión de vejaciones, cuando veo entrar a Anastasia. Apresuradamente, mi amiga me dice: "Carmen, toma ponte esta capucha y vente conmigo." Sin esperar más instrucciones, me apresuré a hacerlo. En pocos minutos me encontraba en el auto de Anastasia rumbo a mi casa. Mientras manejaba por la Gran Avenida, me contó cuanto esfuerzo le había costado sacarme y ahí mismo me hizo prometerle que desde ese momento en adelante, todo lo que había vivido y visto en esa prisión, debería borrarlo de mi mente. Eso nunca había sucedido. "Si tú hablas," me dijo, "no solamente te pondrás en peligro tú, sino que será el fin de mi carrera. Me he comprometido con mucha gente importante para sacarte. Por favor, dejémoslo absolutamente en secreto. Nadie, absolutamente nadie debe saber de esto." Me dejó cerca de casa y partió.

— Desde entonces me lo guardé muy bien hasta que cayó la dictadura. Cuando lo empecé a contar, pronto Anastasia me visitó para pedirme que por favor no lo siguiera haciendo. Historias como esas, la comprometían directamente y aquellos que continuaban controlando el poder económico, podrían perjudicarla. Accedí porque le debo la vida y porque a pesar que hemos elegido diferentes rutas, la sigo queriendo como la quise desde nuestra adolescencia. También creo que ella siente lo mismo por mí. Sé que, por su carácter, nunca me lo dirá, pero si ella no me quisiese, no habría salvado mi pellejo arriesgándose como lo hizo.

— Veo que lo que sufriste con la dictadura ha sido terrible, dije. Me maravillo de la forma estoica en que lo has tomado. ¿Nunca te interesaste en saber quiénes fueron los que te infligieron todos esos vejámenes?

— La verdad es que no. No tengo ningún interés en saber quiénes fueron. Es agua que ya corrió bajo el puente. Lo que pasó, pasó y esta forma de sentir la he logrado volcándome de lleno a la causa del lesbianismo en Chile. Lo que empecé a hacer como una actividad que me ayudaba a olvidar, se convirtió en una ocupación de tiempo completo. Estoy tan ocupada en esto, que no pienso en ese pasado. Vea usted, después de ser una dirigente del movimiento en Santiago, pasé a ser dirigente nacional y ahora, mi máxima preocupación es el futuro de las jóvenes lesbianas de

Chile. Después de la dictadura nos hemos organizado de tal manera que luchamos junto a los hombres Gay y ya tenemos capítulos en casi todas las mayores ciudades del país. Imagínese, actualmente soy la coordinadora nacional del movimiento Gay en Chile.

— ¿Me estás diciendo que tienes contactos con la dirigencia Gay a nivel nacional?

— Por supuesto, eso es exactamente lo que le estoy diciendo.

— En ese caso tal vez me puedas ayudar porque ando buscando a un tipo que fue militar y es Gay. Esta tan escondido, que no he podido conseguir ni una pista acerca de su paradero.

— ¡Ah! Si entiendo, pero eso no es un caso único. Los militares Gay son muchos, pero por la homofobia que existe en esos ambientes, se cuidan mucho de estar bien escondidos.

— Bueno, durante la dictadura, este tipo del que te hablo, no estuvo tan escondido. Siendo sargento tuvo relaciones con varios conscriptos y algunos de ellos han hablado. Sé que después del desmantelamiento de Ritoque se desapareció del mapa. No sé si cayó en desgracia o todavía está conectado con los militares y se muy poco de él pero, por razones muy personales, desearía saber más. La verdad es que me interesaría encontrarle y enfrentarlo.

— ¿No será uno de aquellos que le torturaron en Ritoque? Me dijo Carmen. Se le pregunto porque María Pía me contó su historia.

— Si. Debo confesar que sí. Busco a ese que me parece que fue uno de lo que más se ensañaron conmigo. Por las fotos que vi en casa de la abuela de María Pía y las conversaciones con un muchacho que aparece en esas fotos, tengo altas sospechas que el hombre que busco es su abuelo. ¿Crees que puedas ayudarme?

— Don Rafael, como ya le dije, me he desinteresado absolutamente por aquellos que asesinaron y torturaron para la dictadura. La verdad es que, después de mis traumáticas experiencias no quiero saber nada de ellos. Lo único que sé del abuelo de María Pía, es lo mismo que su esposa les ha contado a todos. Un día María Pía y yo conversábamos tranquilamente en su casa, cuando la abuela se apareció intempestivamente y empezó a contar esa historia. Ya se la había dicho a María Pía y nadie se lo había pedido, pero la pobre mujer necesitaba hacerlo nuevamente. Con lujo de detalles nos dijo como su marido, después de muchos meses de estar ausente, entró en su casa y sin hablarle ni una palabra recogió sus cosas y se fue. Ella nunca más supo de él. Le ahorro los detalles porque asumo usted ya los conoce.

— Si conozco esa historia, pero mira Carmen, hace algún tiempo me di la misión de buscar a este hombre y ahora que estoy retirado tengo el tiempo para hacerlo. Si tú me dieses alguna señal, cualquier cosa me ayudaría a buscarlo.

— Eso si lo puedo hacer. Usted me dijo que tiene antecedentes de que el abuelo de María Pía es Gay y que posiblemente aún se mantiene conectado con los militares. Yo sé de un lugar secreto donde esas gentes se juntan, pero ese lugar está tan bien camuflado, que será difícil llegar hasta él. Le puedo decir exactamente dónde está, pero necesito advertirle y pedirle que, si llegan a descubrir que usted no es uno de ellos, por favor no me cite y ni siquiera insinúe como supo de aquel lugar. ¿Conoce usted el Mercado Central de Santiago?

— Por supuesto que lo conozco ¿Qué santiaguino no habría de conocerlo?

— Bueno, busque ahí el negocio de comidas que se llama "El Rey de La Paila Marina." Según lo que me han dicho, es ahí donde se juntan los militares Gay. Yo nunca he estado. No sé cómo funciona el asunto y asumo que deben tener claves secretas para identificarse. No sé. No sé nada de nada. Le doy el lugar, pero usted se hará cargo del resto.

— Muchísimas gracias. Esta es una magnifica información. No te preocupes que sabré manejarla y nadie podrá rastrearla hasta ti. Soy bueno en guardar secretos. Gracias.

— Don Rafael, se ha hecho tarde y después de esa larga reunión en que estuve en el centro, estoy bastante cansada, ¿le molestaría que dejáramos esta conversación hasta aquí? Debo decirle que me alegro mucho de comprobar usted es todo lo que María Pía me había dicho. Es tan agradable conversar con usted, que le he dicho cosas que he contado a muy poca gente. En realidad, usted sabe escuchar tan bien, que hay cosas de mi pasado que no las había compartido con nadie. Estoy muy contenta de conocerle y espero que esta no sea la única vez que nos veamos. Buenas noches.

— Para mí también ha sido muy grato compartir contigo Carmen. Por María Pía sé que has sido para ella como una segunda madre. ¡Qué segunda madre! Si a mí me parece que tú has jugado ese rol mejor que su misma madre. Ella te tiene en gran estima y ese sentimiento se transmite a nosotros. Espero que puedas ir a vernos a Nueva York y conozcas la ciudad. Estaremos encantados de tenerte en nuestro hogar y, como vivimos cerca, puedas contactarte con las gentes del Village de Manhattan. Me parece que, como dirigente nacional del movimiento Gay en Chile, podrías sacar gran provecho de ello.

— Le encamino hacia la puerta Don Rafael. Muchas gracias por su oferta, le prometo que la consideraré seriamente. Sí, he pensado mucho en hacer ese viaje y ahora que se abre la oportunidad de tener alojamiento, me parece fantástico. A través de María Pía les comunicaré cuándo tome su oferta. Nosotras conversamos con frecuencia. Nuevamente, gracias y que tenga muy buenas noches.

— Que tú también tengas unas muy buenas y que sea hasta pronto. No te preocupes por la hora, sé que es muy tarde, pero estamos viviendo en la Plaza de Armas y no me será difícil llegar hasta ahí. En mi juventud pagué por mis estudios universitarios trabajando como taxista en Santiago y conozco bien la ciudad. Algunos dicen que ha cambiado mucho, pero yo no la veo así, las calles en los barrios antiguos siguen siendo las mismas de hace cuarenta años. Gracias y por favor me despides de tus padres.

— Por supuesto. Chao.

CAPÍTULO OCHO

Secretos

Con la información que Carmen me había dado, a la mañana siguiente me fui a tomar desayuno al "Rey de la Paila Marina." Yo sabía que ese restaurant estaba en el Mercado Central en ese rincón que se hace entre la puerta de la calle San Pablo y la de la calle Puente y sabiendo lo popular que era, no me sorprendió que hubiese cambiado. Ahora el mismo negocio ocupaba dos locales, el rincón original y el de la esquina que da frente a la puerta de San Pablo. Lo que si me sorprendió fue que todo el frente del local original había sido sellado con un vidrio opaco y atendían público solo en el de la esquina. Me senté en una mesa desde donde tuviese una visión panorámica y pedí el desayuno tradicional, la paila marina. Esta consiste en una humeante sopa de mariscos surtidos, mucho de ellos aun en su concha, servida en un pocillo de cerámica y adornada con cilantro. Para acompañar la paila te ofrecen beber "té frio." En eso no ha cambiado. El que llega ahí, sabe que el té frio no va ni con la sopa de mariscos ni se bebe al desayuno. No tienen patente alcohólica y lo que te ofrecen es vino blanco servido en una taza de té. Pedí el "té frio," que resultó ser un magnifico pipeño y me dispuse a gozar de los exquisitos mariscos chilenos. Sentado en el pasillo de la esquina, tenía una buena vista de todo el lugar, pero por más que me esforcé, no vi nada especial. Era un martes y pensando que tal vez el día de la semana hacia alguna diferencia, repetí la visita cambiando los días. Eso fue fácil, el Mercado Central está a solo tres cuadras de la Plaza de Armas y llegaba hasta ahí caminando. La tercera vez que me senté en la misma mesa, los meseros ya me conocían y sin pedirlo, me servían la paila marina con té frio. Poniendo mayor cuidado en observar todos los movimientos del lugar, noté que, además de los meseros, por la cocina pasaban otras gentes a quienes no vi salir. Dado que, a través del vidrio opaco del local del rincón, se veían las siluetas de figuras humanas en movimiento, había que asumir que las gentes que entraban por la cocina se dirigían al otro local y salían quien sabe por dónde. Después de varios días en que fui a comer a diferentes horas y vi lo mismo, llegué a la conclusión que, como me lo había dicho Carmen, ahí se reunía gente en secreto. Tenía que serlo porque para mantener la secrecía, había varios filtros que hacían el lugar impenetrable. El primero era el cajero. Un hombre inmenso que no abandonaba nunca su posición. Se paraba en una especie de pódium que hacía de caja del negocio y desde ahí controlaba todo el tránsito de la cocina. Como restaurant, todo eso hacia sentido. El tipo fiscalizaba todo lo por delante del pódium entraba y salía de esa cocina, pero cuando alguien que no fuese un mesero se acercaba al lugar, él lo aprobaba bajándose del pódium y cediéndole el paso por atrás de donde él se encontraba. El segundo obstáculo estaba en la habitación donde se preparaban las comidas. Ahí en la cocina, había un mesón que era visible desde fuera y en él, trabajaban unos tipos igualmente grandes. Se suponía que estos eran los cocineros, pero con la habilidad que manejaban esos tremendos cuchillos y la manera que inspeccionaban con la mirada a los que pasaban, se podría pensar otra cosa. Más atrás, también eran visibles los lavadores de vajilla que se veían siempre atentos al que pasaba. De la manera en que todos esos hombres miraban, daba la impresión de que además de cocineros y lavanderos, todos actuaban también como guardias de la entrada. Era obvio que se había puesto extremo cuidado que el lugar estuviese fuera de límites para cualquier desconocido. El dato que me había dado Carmen era acertado, pero de la manera en que se guardaba el secreto, lo hacía inaccesible para mí. Un nuevo fiasco.

Estaba tan cansado de callejones sin salida, que me pareció más apropiado usar el resto de mi estadía en Santiago para averiguar otra cosa. Me refiero a una de las cuestiones que nunca me había explicado, la razón de porqué fui detenido. Durante el exilio, varias veces me había preguntado ¿De qué fui acusado? ¿Porque me apresaron? ¿Quién o quienes me acusaron? ¿Qué fue lo que hizo que mis torturadores me trataran de la manera en que fui tratado? Y por mucho que pensara en las posibles respuestas, ninguna me satisfacía. Revisaba mis conductas profesionales y no encontraba explicación plausible. La verdad es que, desde mi adolescencia en la Escuela Normal, yo me había definido ideológicamente, pero nunca participé en un partido político. Muchas veces fui invitado, pero decidí no afiliarme y permanecer siempre como un hombre independiente de izquierda. Durante el gobierno de Salvador Allende, comprometido con los movimientos progresistas de la educación, trabajé con ahínco en la Escuela Nacional Unificada, el proyecto de reforma educativa de la Unidad Popular y con convicción había actuado promocionando e implementando los planes de ese proyecto, pero no me parecía que eso me hubiese condenado a desaparecer. Tenía que haber algo más. Tenían que haber acusaciones que yo desconocía y, por la forma en que fui tratado, esas acusaciones tenían que haber sido más graves que mi participación en un proyecto educativo.

Ahora que disponía de tiempo libre en Santiago, se me ocurrió que una manera de averiguarlo era preguntar directamente a mis colegas, o sea aquellos que estaban en la universidad al momento de mi abducción. Era cierto que había transcurrido bastante tiempo, pero si todavía era posible encontrar a alguno de ellos, tal vez consiguiese algo. Revisando la nómina de académicos de la universidad en el internet, reconocí los nombres de dos individuos de la facultad donde yo había trabajado. Marido y mujer, eran profesores de pedagogía en inglés, pero cuando recordé bien quienes eran, los descarté. No era difícil imaginarse que al momento que me contactase con ellos y se enteraran de mi situación actual, los celos académicos y las diferencias ideológicas que sostuvimos en aquella época, los convertiría en energúmenos. Los había conocido bien. Eran fanáticos. No olvidaba que pidieron a gritos la intervención militar y que después del golpe, con sus actitudes fascistas en la academia, mostraron lo que eran. Recordándoles, llegué a pensar que podrían haber sido ellos quienes me acusaron a la dictadura, pero eso también lo descarté. Eran demasiado gallinas para involucrarse directamente. Y si lo hubiesen hecho, era absurdo de mí parte preguntárselo. No tenía sentido hablar con gente que yo sabía eran absolutamente dogmáticos y con ese tipo de encuentros, no había nada que ganar.

Continúe revisando la nómina y tal como me lo esperaba, en el área de humanidades, no existía nadie a quien pudiese preguntar. Resultaba lógico, todos aquellos con quienes pudiese haber tenido la confianza de hacerlo, ya habían sido exonerados. Pero a ese punto, tanto me había obstinado, que me di a la tarea de extender la búsqueda a otras facultades y mis esfuerzos fueron recompensados. En la Escuela de Ingeniería encontré el nombre de Ariel Valdivia. Continuaba en el mismo departamento de Matemáticas donde yo le había conocido durante los sesenta. Lo llamé y cuando me identificó, inmediatamente quiso que nos juntáramos. "Tenemos mucho de qué hablar," me dijo y como yo quería ver nuevamente el edificio de la universidad, esa misma tarde me presenté en su oficina. Después de efusivos saludos, Ariel me invitó a aquella picada que seguía siendo la más popular entre la comunidad universitaria de la Estación Central. Al entrar al "Chancho con chaleco," observé que, a pesar de haber sufrido algunas renovaciones cosméticas, el lugar se veía casi igual al que yo recordaba.

— Los hábitos no son fáciles de abandonar, me dijo Ariel. Aun después de veinte años que se ha terminado la dictadura, me cuido mucho de lo que hablo dentro del edificio de la universidad. Todavía me imagino que existen micrófonos escondidos. Por eso te he invitado aquí, veamos una mesa donde nadie pueda escucharnos. Tenemos mucho de qué hablar.

Cuando conseguimos la privacidad que buscábamos, lo primero que le pedí que perdonara que yo siguiese llamando a su universidad, Universidad Técnica del Estado. Le expliqué que, siendo progresista en cuestiones sociales, cuando se trata de emociones, soy absolutamente conservador. Para mí, la Universidad Técnica del Estado es la UTE y será siempre siendo la UTE. Las razones políticas por la que los milicos le cambiaron el nombre y ahora se le llama Universidad de Santiago de Chile, no cambian el espíritu de lo que fue la UTE. "Ya sé que ahora nadie la llama por ese nombre," le dije. "Pero a mí me gusta mantenerlo y lo hago no solamente por razones emocionales, sino que también por razones académicas."

— Tienes toda la razón, dijo Ariel, a mí me molesta tanto como a ti que se le haya cambiado el nombre por razones políticas. Siempre he pensado que la misión académica de la UTE era bien clara. Su objetivo era crear, impartir y difundir el conocimiento tecnológico. Para el conocimiento humanístico, artístico y científico estaban la Universidad de Chile y la Universidad Católica. Pero, qué se le va a hacer, ya todos nos hemos acostumbrado y decir UTE, es historia.

Me pareció extraño que Ariel estuviese tan de acuerdo conmigo en cuestiones académicas ya que antes, cada vez que se hablaba de política universitaria, él callaba. Nunca habíamos hablado mucho de nada porque para mí había sido solo un conocido, él era amigo de Marcial, mi hermano. Desde que ellos se conocieron se hicieron grandes amigos. A pesar de que Ariel era bastante menor que Marcial, la amistad que hicieron cursando el primer año de matemáticas, perduró para siempre. Mi hermano, empezó la universidad muy tarde en su vida y aparentemente las matemáticas le costaban bastante. Tanto le costaban, que para conseguir su diploma de profesor de matemáticas se demoró el doble del tiempo regular. Sin embargo, a Ariel la matemática le fluía por los poros. Lo que a mi hermano le costó el doble, él lo hizo en la mitad. El tipo era, o es, un genio matemático, pero en su vida social ha tenido algunas dificultades de relación. Claro, era un niño prodigio que empezó a estudiar entre hombres. Yo creo que, por la diferencia de edad, Ariel veía a mi hermano como la figura paterna que él necesitaba y asumo que Ariel, con su habilidad para las matemáticas, le ayudó mucho a Marcial. Para mí, Ariel era solo un amigo de mi hermano.

Ahora que Marcial ya no está y con mis cincuenta años de experiencia docente, veo a Ariel diferente. El tipo ha sido un genio desde niño. Terminó la secundaria a los quince años y se pasó directamente a la universidad. Después de hacer los cursos de matemáticas de dos semestres en uno, a los veinte ya tenía una maestría en la disciplina y a los veinticinco ya se estaba graduando de doctor. Con esta carrera académica meteórica, tuvo el récord chileno de ser no sólo el doctor en matemáticas más joven del país, sino que también el de ser el académico doctorado a más temprana edad en todas las disciplinas de las universidades chilenas. A pesar de su genialidad, Ariel Valdivia no puede ser encasillado en aquel estereotipo de un científico huraño, despistado y excéntrico. Yo lo recuerdo como un hombre afable que trataba de socializar con todos a pesar de que tenía un sentido del humor que se notaba forzado y una conversación ligeramente acartonada que lo hacía verse muy compuesto y poco natural. Su círculo de amigos era limitado y tal vez por eso le gustaba estar cerca de Marcial, que era muy sociable y siempre estaba rodeado de gente que gustaba de hablar con él. En cuestiones ideológicas, los amigos eran bastante diferentes. Marcial participaba activamente en política cuando Ariel trataba de congeniar con todos y no participaba en ningún tipo de conversación que fuese controversial. No sólo no hablaba, sino que nunca se involucró en nada y por eso nunca supimos sus inclinaciones ideológicas. Cuando se tocaban temas políticos o religiosos él callaba. Mostraba la cara inexpresiva de un jugador de póker y no era posible saber qué es lo que pensaba. Por sus referencias a temas tangentes, se notaba que estaba informado, pero evitaba pronunciarse o tomar posiciones en cualquier tema. Estoy casi seguro de que su extraordinaria calidad académica y esa cualidad de no expresarse en absoluto en temas controversiales, fueron las que le permitieron sobrevivir como profesor de la universidad en los agitados años políticos de la Unidad Popular y los despiadados tiempos de la dictadura.

Conociendo esta característica de Ariel y suponiendo que, como siempre, evitaría darme una respuesta directa, esperé al segundo jarro de chicha para hacer la primera de las dos preguntas que traía preparadas. Hasta ese momento, la única parte seria de nuestra charla había sido recordar a mi hermano que había fallecido hacia solo un año. Cuando hicimos salud para iniciar el segundo jarro, me permití soltarle la pregunta:

— ¿Dime Ariel, que sabes tú de lo que se comentó en la universidad cuando en enero del setentaicinco yo desaparecí?

— ¡Ah! ¡Finalmente! Después de recuperarme de la sorpresa de escucharte esta mañana, he estado esperando que me lo preguntaras. ¡Qué sorpresita! Yo no sabía nada de ti. No pude seguir tu rastro, bueno para ser sincero, no intenté seguirlo porque en ese tiempo nadie lo hacía. No era como para andar preguntando por los desparecidos, pero si te he recordado bastante. Cuando Marcial pudo volver a Chile supe que estabas bien y que te habías instalado en Nueva York. Él me contó tus peripecias, así es que estoy enterado. Tú sabes Rafael que siempre te he tenido en gran estima así es que te contaré todo lo que sé. Puede que no sea mucho ni sea muy cierto, pero esto es lo que sé.

Después de esta introducción tan abierta y sincera quedé impresionado, el hombre había cambiado. Evidentemente ya no tenía temor de abordar temas cargados políticamente así es que dije:

— Mira Ariel, estoy preparado para escuchar lo que sea porque no sé nada de nada. Después que tuve que refugiarme en el extranjero, me costó tanto volver a levantarme, que me desconecté totalmente de la universidad que dejé en Chile. Esta es la primera vez, después de todos estos años, que hablo con alguien que estuvo aquí en esos tiempos. Por favor, dime lo que sea. Todo lo que me cuentes me interesa.

— Primero quiero que sepas que estoy completamente convencido de que durante todos esos años en que nunca expresé mis ideas políticas o religiosas, cometí un grave error. Por mucho tiempo pensé que mi misión en la vida era dedicarme a la investigación matemática y desconectarme de lo mundano y lo circunstancial. Pero, después de saber todas esas cosas que prefiero no recordar, descubrí que estaba equivocado. Tú sabes que yo estaba enterado de lo que sucedía a mí alrededor, pero elegí no ser parte de ello. No lo ignoraba, eso era imposible, pero me hacia el desentendido. Profundo error, ahora sé cuán equivocado estuve. Perdona que haga estas digresiones inocuas acerca de mí y ya contestaré tu pregunta, pero para hacerlo, necesito que recordemos el contexto de la época. Permíteme hacer un paréntesis muy grande para recordarte lo que sucedía en la Universidad Técnica del Estado durante el gobierno de Salvador Allende. Hay muchas cosas que entonces no sabíamos pero que ahora son parte de nuestra historia. Recuerda que desde que se unieron la antigua Escuela de Artes y Oficios con el Instituto Pedagógico Técnico y se creó la Universidad Técnica del Estado, esta se convirtió en un centro de efervescencia política. Por el origen social de sus estudiantes y la militancia ideológica de muchos de sus académicos, desde sus inicios la universidad se identificó con los movimientos de izquierda del país. Sabemos ahora que las fuerzas armadas y los oligarcas del país no sólo estaban bien enterados de esto, sino que ya habían actuado al respecto. No lo sé con certeza, pero, por los comentarios que he escuchado, para el principio de los setenta, los espías que los servicios de inteligencia de las fuerzas armadas tenían en la Universidad Técnica, eran más que los que tenían en la Universidad de Chile y la Universidad Católica combinadas. ¿Recuerdas cuando entramos a la universidad después del golpe y aparecieron varios empleados de servicios, gente de mantención e incluso algunos administrativos en uniforme militar?

— Por supuesto, quien podría olvidar esos días, contesté. Si nunca se me olvidará la sorpresa que me llevé el primer día cuando vi en la puerta de la Facultad de Humanidades a Juan Brito vestido como sargento del ejército. Me saludó en traje de combate, revólver al cinto incluido, como si la Facultad hubiese sido suya. Claro, desde hacía años él era el jefe de los empleados de servicio de la Facultad e incluso posando de simpatizante de la Unidad Popular nos había acompañado en algunas guardias nocturnas de la Universidad. ¿Te acuerda cuando hacíamos guardias nocturnas para proteger la Universidad de los atentados terroristas de la derecha? Bueno no creo que tú te acuerdes si nunca participaste, pero me imagino que si sabias de ellas. Ya te contaré más tarde porque, a pesar de esos espías y siendo yo un conocido militante de la Unidad Popular, igual me llamaron a trabajar después del golpe.

— A sí, eso me interesaría muchísimo. Yo siempre me he preguntado cómo fue posible que después del golpe te permitieran trabajar por tres semestres antes de tu desaparición. Pero eso me parece será otra larga historia. Por ahora déjame seguir contestando tu pregunta inicial. Bueno, en la Escuela de Ingeniería descubrimos que los espías no eran solo empleados de servicios y administrativos sino también hubo académicos. ¿Te acuerdas tú de un profesor de matemáticas de apellido Hartman que todos pensábamos que era alemán?

— Si claro, Roberto Hartman. Recuerdo claramente sus intervenciones en el Consejo Académico en mil novecientos setenta y uno. Un tipo desagradable de presencia. Como miembros del Consejo Académico de la Universidad, tuvimos varios encuentros verbales muy molestos y su actitud a mí me pareció siempre como la de un fascista inaguantable.

— Ese mismísimo. Después del escándalo supimos que no era alemán, sino hijo de un norteamericano y una chilena. Solo su apellido era de origen alemán. Había nacido en USA y tenía ciudadanía norteamericana. Ese desgraciado, perdona que use esa palabra, pero es poco para catalogar a un hijo de su madre, ese desgraciado fue el mayor delator entre el cuerpo académico. ¿Te acuerdas de que desde el veinte de septiembre y todo el mes de octubre del setenta y tres teníamos que presentarnos a firmar asistencia en la entrada de la calle Ecuador?

— Y como no me voy a acordar — contesté — si cada uno de esos días en que yo tenía que presentarme en la puerta de la universidad, le decía a mi mujer: "Este es el día, ahora sí que me echan." Lo empecé diciendo en serio, pero cuando ya pasaron varias semanas, lo empecé a sentir como en broma. Finalmente resultó peor. No sólo me echaron, sino que me desaparecieron. Perdona, ¿De qué escándalo me hablabas?

— Después te explico lo del escándalo, primero déjame decirte que cuando estábamos en esa fila es donde yo vi a ese tal Hartman pasearse con miembros de la policía secreta de la universidad. Debe haberlo hecho muy disimuladamente porque entonces nadie le vio, pero cuando más tarde supimos que era un delator resultó evidente. Él tiene que haber sido el que marcaba sin que se notara a esos académicos que los tipos de la policía se los llevaban de ahí mismo. Más tarde supimos de algunos que fueron exonerados. Otros desaparecieron para siempre. Asumo que en tu caso debe haber sido parecido, porque Marcial me dijo que habías desaparecido y no sabía nada de ti. No tengo certeza absoluta en lo que te voy a decir, porque lo recogí de los chismes universitarios, pero me parece que tal vez no esté muy alejado de la verdad.

— A fines del mil novecientos setenta y cuatro, ese tal Hartman ya no tenía más gente que traicionar en la Escuela de Ingeniería así es que empezó a buscar a quien podría delatar en otras facultades. Por ejemplo, sé de por cierto que fue Hartman el que delató a Pedro Zapata, un profesor de la ex Escuela de Artes y Oficios. Zapata era reconocido en esa Escuela como un militante de izquierda, sin embargo, por su carácter callado, se guardaba sus preferencias políticas y no había participado nunca en la política universitaria. Estaba enseñando cuando se lo llevaron y desapareció. Nunca más se supo de él. Esta delación de Hartman la supimos después porque en marzo de mil novecientos setenta y cinco, el mismo desgraciado fue el que delató como miembro de la Unidad Popular a Julio Labbé, un antiguo dirigente del Partido Radical en la misma Escuela de Artes y Oficios. Lo que Harman no sabía o se le fue averiguar, es que Julio era un alto miembro de las logias masónicas chilenas y además estaba emparentado con aquellos miembros de la familia Labbé que participaban activamente en el gobierno de Pinochet. Después de conversar con los militares del centro de detención donde le llevaron, Julio hizo unas cuantas llamadas e inmediatamente fue puesto en libertad. Cuando volvió a la Universidad, el rector delegado le pidió disculpas, pero Labbé estaba tan molesto que exigió el nombre de su acusador. Se le solicitó que por razones de seguridad no revelara el nombre, pero él igual contó la historia a sus amigos. En esos tiempos, contar a otro académico un chisme de esa categoría, era como publicarlo en un diario mural. Toda la universidad supo lo de Hartman y alrededor de esos mismos días se descubrió que no sólo era inescrupuloso y traidor para acusar a sus colegas, sino que también era absolutamente amoral ya que usaba su calidad de profesor para acosar a las estudiantes. El escándalo reventó cuando una mujer se presentó en su oficina para matarlo porque se había se enterado que Hartman estaba envuelto en una relación extramarital con una alumna. Ahí supimos que esa mujer, su esposa, había siempre de armas tomar. Se llamaba Inés y Hartman la conoció en una de esas fiestas que gustaba de frecuentar en la Población Juan Antonio Ríos porque allí corría la droga. En ese ambiente, Inés que tenía apenas diecisiete años y era conocida con el apodo de "Juana Tres Cocos," vio en Hartman una buena carta para salir de la pobreza de la población e inició relaciones sexuales con él. La mujer no se achicaba por nadie ni con nada así es que se dejó embarazar y luego se apersonó en la casa de los padres de Hartman a exigir sus derechos. Para evitar el escándalo, los padres de Hartman accedieron a que se casaran y ayudaron a su hijo a que siguiera un doctorado en USA. Como hijo de norteamericano, Hartman no tuvo dificultades para hacer su postgrado y con el consiguió un tiempo completo en la UTE. En una fiesta de la Escuela de Ingeniería yo los había conocido como una pareja normal pero el escándalo del tiroteo reveló que era falso. Las secretarias que escucharon los gritos mientras Inés disparaba en la oficina de Hartman, dijeron que ella le imputaba que "por años había tolerado sus infidelidades, pero que ahora le fuera a instalar un piso a su amante, no lo permitiría." A voz en cuello le gritaba que "ahora era el tiempo de morir porque la estaba abandonando por una puta joven." Las secretarias dijeron que solo escuchaban los disparos y los gritos de ella, Hartman no se oía.

Nunca se supo si fue porque no quiso matarlo o simplemente porque tenía mala puntería, pero Inés disparó todas las balas y no le dio a su marido. Este quedó magullado solo en la cabeza. Seguramente se remecía con cada tiro y se había dado de golpes debajo del escritorio donde le encontraron escondido. El decano reunió a toda la Escuela e hizo una fuerte recomendación de no comentar el hecho. El mensaje fue implícito; "esta balacera nunca sucedió y de esto no se habla." Pero el correo de las brujas empezó a funcionar y se ordenó dejar de "comentar" lo sucedido. Para evitar que se filtrara a la prensa, la orden señalaba que aquellos sorprendidos difundiendo "rumores" serian severamente sancionados. El escándalo nunca fue de conocimiento público en Chile, pero en la universidad, la secuela se ha mantenido vigente. Siempre hay alguien que se encarga de mantenerlo vivo y es por eso te puedo contar el resto de los detalles.

Después del baleo, Hartman fue obligado a renunciar, pero por sus servicios a la dictadura no sufrió otras consecuencias. Con su nueva pareja se radicó en Nueva York y empezó a enseñar en el Barnard College, un colegio asociado con la Universidad de Columbia ¿alguna vez le viste allá?

— Si creo que vi la cara de alguien que conocía desde mis tiempos de la UTE, pero nunca le hablé. Pensé que sería alguien de otra facultad porque no ubicaba quién era y por eso evité relacionarme con él. En esa época yo veía sospechosos en todos lados.

— El tipo tenía un doctorado de la Columbia y supongo que uso conexiones para enseñar en Barnard, porque no postuló, sino que fue admitido para completar la cuota de académicos hispanos. El que me lo contó me dijo que ese sinvergüenza nunca se sintió o se identificó como hispano en Nueva York, pero cuando se trató de usar esa calidad se declaró "chileno" y por eso fue por lo que lo aceptaron en la carrera académica. Obtenido su nombramiento, pensó que haría como lo había hecho en Chile y se dedicó a la buena vida. Cuando después de cuatro años llegó el momento de presentar antecedentes para obtener la permanencia definitiva, fue rechazado. No había hecho ni las investigaciones ni las publicaciones requeridas para ser investido como docente permanente en la carrera académica. Se había farreado la oportunidad y al semestre siguiente hubo de abandonar ese plantel. Bueno, Rafael, tú sabes mucho mejor que yo lo que esto significa ¿No?

— Por supuesto, como no voy a saber, si yo lo viví. El sistema universitario en los Estados Unidos es muy generoso, pero también implacable, si entras en la Carrera Académica y después de un tiempo no muestras tu calidad publicando e investigando y no eres elegido como un Académico Permanente, debes irte. Además, si no fuiste investido en esa posición y debes abandonar el cargo, has quedado marcado para siempre. De ahí en adelante a cualquier otra universidad a la que postules, deberás declarar que la calidad de Académico Permanente se te fue negada.

— Exactamente, eso le paso a este desgraciado. Tuvo que buscar trabajo en una obscura universidad al interior de New Jersey donde estaban desesperados por doctores en matemáticas. Estaba marcado, pero había aprendido la lección y como esa la universidad lo necesitaba logró ser contratado fuera de la carrera académica. Entretanto su compañera, después de haber luchado con el inglés por años, logró iniciar sus estudios en matemáticas. Pero aprobó los cursos básicos con tanta dificultad que decidió cambiarse a pedagogía en español. Ahí no le fue tan difícil, pero como sus bases lingüísticas eran débiles, igual le costó varios años obtener el doctorado. Con ese diploma, Hartman le consiguió trabajo en la misma universidad donde él enseñaba. Había una tremenda diferencia de edad entre ambos así es que dos años después, el decidió retirarse y continuar viviendo de su pensión y de los ingresos de ella. Ahí es cuando comenzaron los líos. No es que no hubiesen tenido problemas antes, cuando ella dependía de él, los encuentros no habían sido violentos, pero cuando ella pasó a ser la mayor proveedora, tomó una actitud dura y dominante que nunca había mostrado antes. La situación se agravó más porque Hartman, para sobrevivir ese infierno, se botó totalmente a la botella. La situación se hizo insostenible. Ella dominaba y controlaba todo. El callaba y obedecía.

A los cuatro años de estar enseñando español, ella tuvo que mostrar los requisitos exigidos en la Carrera Académica y al igual que Hartman fue rechazada. La mujer no tenía o tal vez nunca tuvo la habilidad para ser académica, porque sin la asistencia de Hartman, fracasó. La situación económica de ambos se hizo tan crítica que "decidieron" volverse a Chile. Ese "decidieron" lo digo con sorna tal como me lo contaron. Era evidente que la decisión fue enteramente de ella y los hechos que siguieron, habrían de confirmarlo.

Cuando se vinieron a Chile, ella viajó antes y se trajo los pocos ahorros que tenían depositándolos solo a su nombre. Hartman se quedó en Nueva Jersey para vender la casa y llevarse ese dinero. La venta resultó un desastre, consiguieron solo el valor de la deuda hipotecaria y no hubo remanente. Hartman se quedó solo con el pasaje a Chile que afortunadamente había comprado anticipado. Llegó a Santiago sin un dólar y ella no le fue a esperar. Se fue en bus a la casa de un primo y trató de ubicarla, pero ella había desaparecido. Había retirado desde la aduana todas las cosas que habían enviado por barco y no había dejado traces de su paradero. Excepto por su pequeña pensión, Hartman se quedaba sin nada. Incapaz de aceptar esta realidad, el tipo no vio nada mejor que meterse más profundamente en la botella y en unos pocos meses comenzó a mostrar síntomas de delirium tremens. El primo vivía con sus nietos menores así es que no tuvo más remedio que internarlo en el Opendor. ¿Te acuerdas del Opendor?

— Si claro, muchas veces tuve que llevar a mi vecino que se volvía loco y empezaba a golpear a la familia. Un lugar terrible para internar a los alcohólicos. ¿Es ese que está en Puente Alto no? Justo al comienzo del camino al Cajón del Maipo

— Justamente ese. Te acuerdas de que cuando éramos jóvenes le llamábamos también "La casa de orates" bueno, la última noticia que tenemos de Hartman es que vive en esa casa de locos donde aparentemente tendrá que permanecer por el resto de sus días ¿Qué te parece?

— Me parece la historia de un pobre desgraciado de quien no siento pena. No siento pena porque, según me cuentas, bastante daño les hizo a otros. Respecto a mi situación, creo que sí, realmente él puede que haya sido quien me acusó. Tal vez, por lo que tú me dices, yo fui uno de aquellos que identificó más tarde, cuando ya no le quedaban muchas caras que acusar.

—Cuando me llamaste y me pediste que nos juntáramos a conversar, dijo Valdivia, eso es exactamente lo que se me ocurrió que querías preguntarme. Me pareció legítimo porque desde el comienzo de la dictadura nos hemos visto una sola vez ¿Recuerdas?

— ¡Y cómo no! Recuerdo clarito que no se podía conseguir carne y fuimos a esa parcela de tu primo a Curacaví a comprar dos corderos vivos para celebrar ese dieciocho de septiembre del setenta y tres. En mi memoria, ese fue el dieciocho más penoso de mi vida. Hacia solo una semana del golpe y creo que los dos estábamos tan asustados que no hablamos nada de eso. Además, yo nunca supe cuál era tu posición política, cuando salía el tema, tú te callabas y no hablabas más. Veo que ya no eres igual. ¿Qué te cambió?

— Todos cambiamos Rafael. Ya te lo dije, me di cuenta de que estaba equivocado. Pensar que se puede vivir sin participar en política es una farsa. Tienes razón, por mucho tiempo me dediqué solo a estudiar matemáticas y mi concentración en la disciplina me enajenó completamente del mundo que me rodeaba. Pero más tarde, especialmente cuando vi lo que la dictadura hacia a mis colegas, amigos y conocidos, comprendí mi error. Es cierto que antes del golpe no tenía convicciones políticas y es cierto que después del mismo, como la mayoría de los chilenos, me callé y me cuidé mucho de no decir nada. Pero los hechos me han hecho cambiar. Me costó tiempo descubrir que pensar que no se participa es una forma de participación política. Es por eso por lo que me he metido a fondo en las políticas universitarias de los últimos años. Seguramente has sabido que he sido jefe de departamento por años e incluso, por algún tiempo, me eligieron decano. He cambiado Rafael, sigo inmerso en las matemáticas, pero participo en el mundo que me rodea. Creo que la suerte que tu corriste, fue parte del comienzo de mi despertar. Desde que desapareciste me he seguido preguntando que habrá sucedido contigo. Cuando supe que nadie sabía de tu paradero, me preocupé por tu familia. Confieso que estaba tan asustado que ni siquiera me acerqué a ellos, pero sí quiero que sepas que me preocupé.

— Gracias, Ariel. Lo aprecio en lo que vale.

— ¡Momentito! Sé que estarás pensando a que viene toda esta confesión si en verdad que nunca fuimos realmente amigos. Si, tienes razón nunca hemos sido realmente amigos, pero por la amistad que tuve con tu hermano, a ti te he tenido siempre en alta estima. Él me contó tus peripecias de cuando te arrojaron al mar y lograste escaparte de una muerte segura. También me contó cómo te habías acomodado bien en una importante universidad de Nueva York. Es una pena que ya no esté con nosotros. Yo quise mucho a Marcial. Bueno dime ¿Qué fue lo que te imaginaste cuando te dije que a mí también me gustaría conversar contigo?

— Lo típico. Que querrías saber los detalles de mis experiencias. Mira Ariel, siempre que me encuentro con algún conocido he tenido que repetir mi historia, pero si Marcial ya te la contó, para que hacerlo. Los detalles son irrelevantes. Lo que si me gustaría es hacerte más preguntas relacionadas con gente de la universidad. Como la mayoría de los viejos retirados, estoy escribiendo mis memorias y tengo varias páginas en blanco que tú me podría ayudar a llenar. Viviste la UTE y has estado involucrado en la USACH desde sus comienzos, eso te hace la persona más indicada para respondérmelas. No creo que haya otro académico que yo conozca que sepa tanto de la universidad de estos últimos cuarenta años. Las preguntas que tengo son específicas respecto a dos colegas de la universidad que tocaron mi vida en el pasado y de las cuales no tengo antecedentes actuales. El primero, es mi queridísimo amigo Nino Bruzzo ¿Qué sabes de él?

— Nada. Nunca le conocí y lo único que supe de él fueron ciertos rumores que circularon en los pasillos de la universidad a fines del mil novecientos setenta y cinco. En la Escuela de Ingeniería supimos que un profesor de la Facultad de Humanidades había tenido una discusión de padre y señor mío con autoridades de esa facultad y su nombre era Nino Bruzzo. Se dijo que a pesar de los gritos e insultos que se escucharon en varias oficinas colindantes, después de eso, no había sucedido nada. Todos nos maravillábamos de que a pesar de que este señor Bruzzo había tenido un enfrentamiento público de alto calibre con autoridades de la universidad, no había sido sancionado con nada. Como nada le sucedió, muchos nos conjeturamos que el fulano tiene que haber tenido contactos de mucho poder en el gobierno de Pinochet. En esa época era inimaginable saber de alguien que desafiara a la autoridad sin serias consecuencias. Alguien me contó más tarde que se había ido a Europa porque tenía familiares en Italia. Desgraciadamente de él no se absolutamente nada más. No sólo trabajábamos en extremos opuestos en el campus universitario, sino que en áreas académicas diferentes. Ni siquiera sé cuál es su apariencia física. Lo que te he contado es lo que he sabido por el correo de las brujas.

— Si era muy callado, pero no porque fuese tímido, sino que porque, según el mismo me lo dijo, era muy selectivo para elegir a sus interlocutores. Lo que me cuentas acerca de que hubiese tenido un enfrentamiento con las autoridades de la universidad, calza perfectamente con el carácter del hombre que yo conocí. Recuerdo con nostalgia las magníficas conversaciones acerca de política que teníamos paseándonos en el patio de las rosas. Imagínate, conversando de política en la UTE en mil novecientos setenta y cuatro. Pero así era Nino, un tipo fantástico. Siempre se identificaba a sí mismo como un derechista de viejo cuño que estaba muy lejos de esos recién arribados a su tienda. "Esos acomodaticios que aparecieron después del golpe," decía él. En nuestras conversaciones yo le contaba cómo, en mi apreciación personal, en la Unidad Popular había sucedido lo mismo. También hablábamos de los políticos tanto de la derecha como de la izquierda y de la ambigüedad de aquellos que se llamaban de centro. Nos reíamos de los militares que despreciaban la política, pero se habían hecho cargo del gobierno. De

Pinochet, que hablaba contra la política y los políticos y como jefe de la junta él se había convertido en el principal político de la república. Conversábamos acerca de los errores garrafales que se habían cometido por el gobierno de la Unidad Popular y el comentaba como veía las tremendas injusticias sociales a las que la dictadura llevaría a Chile. Recordando sus juicios de la época y analizando sus pensamientos en perspectiva, creo que Nino vio cosas con una anticipación extraordinaria. Como buen sociólogo y profundo conocedor de las gentes de su clase social, ya en esa época Nino preveía que el capitalismo a ultranza al que la dictadura sometería a Chile habría de convertirlo en un país donde la desigualdad social seria de las más marcadas del mundo. Tal vez Nino sabía o intuía lo que habría de ser un gobierno absoluto controlado por la oligarquía del país. Yo diría que él conocía bien la avaricia de los suyos. Digo esto porque en esas conversaciones usó conceptos que posteriormente se harían populares en la economía chilena. Por ejemplo, habló de la falacia de una economía del "chorreo." Recuerdo que hace más de cuarenta años habló de lo imposible que sería para las familias dominantes de la economía chilena no coludirse para controlar el mercado como lo habían hecho por siglos y entrar a una economía de mercado con la honestidad de una auténtica competencia. Te digo, este Nino sabía algo que nosotros ni siquiera sospechábamos. Bueno, a mí me gustaba mucho hablar con él y creo que a él conmigo porque nos juntábamos casi todos los días después de almuerzo en ese patio de las rosas donde nadie podía escucharnos. Los dos sabíamos muy bien quien era el otro y cuales eran nuestras convicciones políticas, pero al contrario de lo que sucedía alrededor nuestro, nos respetábamos y hablábamos de ello. Yo sabía que él era uno de aquellos a los que ahora llamo "los otros" pero creo que me hizo entender que el nosotros y los otros puede ser ambiguo. Él había aprendido de esa ambigüedad desde muy joven. Lo sabía muy bien porque lo había vivido en carne propia. Era Gay y eso era algo que no podía mostrar abiertamente entre los suyos por lo que debía mantenerse en el closet. Sin embargo, como él lo decía, conmigo un hombre de otro estrato social y de una ideología política totalmente opuesta a la suya, no sentía aprehensiones de expresar sus preferencias sexuales. A veces he pensado que fue por eso por lo que tuvimos tan buena química.

— ¡Momentito! ¡Momentito! Ya veo tu sonrisa Ariel. Seguro que estás pensando que estaba enamorado de mi ¿cierto? En eso si te conozco bien.

—Yo no he dicho nada. Yo estoy calladito aquí, contestó Ariel.

— ¡Vamos Ariel! No necesitas decir nada. Lo leo en tu cara. Te digo desde ya, que estas equivocado. Él sabía perfectamente bien que a mí me gustaban solo las mujeres. Por mis comentarios, también sabía cuál era mi posición y mi actitud frente a la homosexualidad. Lo vio y lo sintió porque a pesar de mi aparente machismo, yo le entregaba una amistad sincera y le respetaba su vida de Gay. El a su vez me entregaba la suya demostrándome que nuestras conversaciones políticas quedaban absolutamente entre nosotros.

— ¿Y no crees que pudo ser él quien te delató?

— ¿Quién? ¿Nino? ¡Absolutamente no! Ni una chance. A los pocos meses de instalada la dictadura, estaba tan hastiado con Pinochet, que se había convertido en un opositor al gobierno. No podía expresarlo abiertamente porque nadie le entendería. ¿Quién habría de entender a un tipo abiertamente de derecha que se opusiera a ese gobierno? Yo si supe que se oponía a las políticas de la dictadura porque a mí me lo decía claramente y es por eso por lo que entiendo que finalmente cumplió lo que me había dicho tantas veces. "Yo se las voy a cantar en sus caras" me decía, "no me importa lo que me hagan, pero uno debe mantener sus principios y defender sus valores". Es por eso por lo que me explico lo que debe haber sucedido en la Facultad de Humanidades. Nino debe haberle dicho todo lo que tenía guardado desde hacía algún tiempo. Yo creo que lo dijo y después se fue. Él podía hacerlo impunemente. Era un niño bien de una familia de la derecha tradicional con mucho dinero y gran influencia política. Él nunca necesitó trabajar por dinero, lo hacía solo para entretenerse. Bueno, el segundo personaje de quien te quiero preguntar es un individuo opuesto a lo que era Nino para mí. Ese fue un desgraciado conmigo y solo quiero saber de él por una curiosidad morbosa. Me refiero al chico Karadima. Dime ¿Que sabes de él?

— ¡Ah! De ese sí que sé bastante, mucho más de lo que sé de Nino Bruzzo, contestó Ariel. Quién no habría de saber en la USACH de ese personaje tan peculiar, Oscar Karadima. Era muy especial y en varios aspectos, por algún tiempo fue el hazmerreír de la universidad. Fíjate, que se hacía llamar doctor. Mejor dicho, insistía que se le llamara doctor Karadima y si veía cualquier duda en la cara de su interlocutor, inmediatamente sacaba de su billetera una copia reducida de su diploma de la Universidad de Columbia y decía: "Aquí está, ve usted yo soy doctor de la Universidad de Columbia en Nueva York." Tanto era esto, que se de algunos colegas que le fueron a ver a la oficina que tenía en vicerrectoría, solo para comprobar el chiste. Tú sabes tan bien como yo, que entre nosotros está bien usar el grado académico en ocasiones oficiales o cuando en una ceremonia solemne, somos presentados en público, pero demandar el uso del título académico en cualquier situación social es pomposo. Más todavía, cualquier profesor de la universidad que demande ser doctoreado entre colegas, demuestra un esnobismo supino. Bueno, este Karadima, cada vez que alguien le nombraba y no usaba su título, el mismo corregía: "Dr. Karadima por favor". ¡Qué carácter! ¿Y qué tienes que ver tú con ese gallo?

— Lo conocí, porque había llegado a estudiar un semestre antes que yo al Teachers College, la escuela de educación de la Universidad de Columbia. ¡Por favor! No me preguntes si fuimos compañeros de curso. Estudiábamos en el mismo lugar, pero compañeros de estudios nunca fuimos. Siempre evité estar en las mismas clases. Asistíamos a programas de especialidades doctorales diferentes así es que encontrase en la misma clase era fortuito, pero en los cursos básicos eso era posible. En la inscripción en esos cursos es que evité encontrarme con ese pastel.

— Y si nunca estuvieron en una clase juntos, ¿cómo le conociste? ¿Por qué tienes sentimientos tan negativos contra él?

— Mira Ariel, le conocí porque él y su familia vivían en el mismo edificio en que vivíamos nosotros. Yo nunca le traté y solo algunas veces, por necesidad, intercambiamos algunas palabras. Las pocas veces que conversamos, él hablaba estupideces y era un fanático de la dictadura. Aunque éramos las únicas familias chilenas en ese edificio, yo lo evitaba como la peste. Lo que pasó es que mi esposa y la suya hicieron buenas migas porque en los dormitorios para familias, eran las únicas madres chilenas y además teníamos hijos casi de la misma edad. Jimena, la esposa de este individuo, es una bellísima persona y siendo en lo humano y en lo social lo opuesto a su marido, esta mujer tuvo una química inmediata con Hilda, ¿Tú te acuerdas de Hilda, mi esposa?

— Si claro, como no me voy a acordar de Hilda.

— Bueno, Hilda y Jimena se daban datos de dónde comprar qué y de cómo aprovechar las oportunidades que la universidad y el vecindario ofrecían a las familias de estudiantes graduados. Como consecuencia, las mujeres hicieron que en varias ocasiones nos visitáramos como familias y los chicos jugaban juntos. En esas ocasiones evité siempre hablar cualquier cosa seria con Karadima. Nuestras conversaciones eran sobre venalidades o trivialidades intrascendentes. Para explicarte mejor lo que te digo, déjame ilustrarte la situación en que me encontraba. Creo que describiéndote un par de anécdotas que tuve con el revelarán mejor la calaña de este sujeto. Primero, considera que, en términos de esposa e hijos, los dos teníamos una familia parecida. Ambos habíamos estado trabajando en la UTE y nos encontrábamos estudiando el doctorado en educación en la misma universidad de Nueva York. Hasta ahí las semejanzas. Las diferencias eran astronómicas. En mi caso, yo no sólo había sido "desaparecido" del país, sino que automáticamente había sido borrado de los registros de la UTE. A consecuencia de ello, no sólo no podía volver al país mientras existiera la dictadura, sino que no podía esperar ninguna ayuda económica ni de Chile ni de organismos internacionales. La única ayuda financiera como becario eran las que conseguía a través del Teachers College y de la Universidad de Columbia. Sin embargo, en el caso de Karadima, él estaba ahí con el apoyo total del gobierno chileno que lo había auspiciado para una beca de la OEA (Organización de Estados Americanos). Todos sabíamos que durante la dictadura esta beca se les concedía solo a los incondicionales de la junta. Además de la beca, la UTE le conservó el sueldo completo con imposiciones, vacaciones etc. Ese sueldo le era depositado en dólares directamente en un banco de los estados unidos. Agregado a esto, la universidad le había dado una asignación de estudios de postgrado que le pagaba todos los gastos de la familia más un estipendio para expensas misceláneas. Esta asignación incluía además, el pago de matrícula, libros y otros costos de sus estudio. Estos detalles los sé muy bien porque el desgraciado se encargó de revolcármelos a la cara. Recuerdo claramente cuando y donde sucedió y esto tengo que contártelo en detalle porque te ayudara a completar la imagen del individuo.

— Sucedió en una reunión entre los que nos identificábamos como estudiantes latinoamericanos de la Columbia. Como tales, habíamos organizado eventos en que se discutían cuestiones de Latinoamérica, pero nunca habíamos formalizado nuestra existencia. En esta ocasión, nos habíamos auto convocado con dos propósitos. Primero elegiríamos a los líderes de la asociación para hacerla oficial ante la universidad y luego intentábamos planear un curso sobre la educación en Latinoamérica disponible para todos los estudiantes de la Columbia. El curso sería dictado por Enrique Kirberg, que acababa de llegar después de haber estado en la Isla Dawson en el sur de Chile. El ex Rector de la UTE había sido liberado de ese campo de prisioneros por gestión de catedráticos del Departamento de Estudios Latinoamericanos de la Columbia y acababa de ser integrado como académico en ese mismo departamento. Varios de nosotros, habíamos sido instrumentales en el proceso de liberación de Kirberg y ahora, sintiéndonos responsables por él, le organizábamos un curso. No es que el curso le fuese realmente necesario. Él había sido contratado como investigador y no necesitaba hacer docencia, pero enseñando una clase ayudaría a Kirberg a legitimar su cargo en la universidad. Con miras a maximizar el número de participantes en la reunión habíamos enviado invitaciones a todos los estudiantes latinoamericanos registrados en la universidad y como no se había dejado a nadie fuera, ahí estaba Karadima. Financiado al cien por ciento, tenía todo su tiempo solo para estudiar y no se perdía ninguna ocasión en que pudiese socializar con otros estudiantes graduados de la universidad. Este caso era muy especial para él porque todos los autocongregados éramos de habla hispana. Para mantener la convocatoria breve, no habíamos especificado el segundo motivo de la reunión, e ignorante de ello, Karadima se presentó muy entusiasmado. Su esposa nos había dicho que Karadima pertenecía a todas las organizaciones de estudiantes graduados a las que podía suscribirse y seguramente pensó que venía a hacerse miembro de un nuevo grupo. Cuando entró al salón donde nos reuniríamos, aparentemente no vio otras caras conocidas excepto la mía y se acercó al grupo en que yo me encontraba. Tal vez pensó que nos habíamos agrupado por nacionalidades porque se presentó en el grupo dando su nombre y diciendo que era chileno igual que yo. Nadie dijo nada y seguimos en nuestra conversación. Karadima no sabía que los de aquel grupo éramos los organizadores iniciales del evento y nos encontrábamos discutiendo la mejor manera de comenzar la reunión. Había argumentos encontrados si debíamos partir con lo del curso o la elección de líderes de la asociación. Hubo argumentos a favor y en contra de ambas proposiciones. Si partíamos con lo del curso estábamos tergiversando el motivo de la convocatoria, pero si partíamos con la organización estudiantil tal vez no habría tiempo para discutir lo del curso. Cuando Karadima escuchó esto y se enteró del otro motivo del encuentro, entró en cólera y con un volumen alto de voz expresó que él no podría ser parte de la legitimación de un chileno comunista como Kirberg quien le había hecho tanto daño a su país. Lo dijo en voz tan alta que muchos de los que estaban en otros grupos se volvieron a mirarnos. Los que estaban en ese lugar eran todos estudiantes latinoamericanos de doctorados en diversas especialidades. Gente muy educada y por lo tanto escuchar a alguien hablando poco menos que a gritos, resultaba extraño. Los que estábamos en el grupo donde gritaba Karadima éramos gente de historia, sociología, filosofía y educación y nos sentimos ofendidos por la perorata del chico. Y no podía ser de otra manera. Éramos nosotros los habíamos ayudado al rescate de Kirberg de un campo de prisioneros de la dictadura. Otros miembros de ese grupo me miraron a mí con gestos que decían: ¿Y éste de dónde salió? Como Karadima estaba a un lado mío, el que estaba al otro lado me preguntó:

— ¿Y este pájaro de dónde salió?

Antes de poder contestar a mi interlocutor, ya un ex cura venezolano que era muy verbal, se había dirigido directamente a Karadima diciéndole:

— ¿Aparte de tu cuestionamiento político, tienes alguna objeción académica específica a la calidad del profesor Kirberg para dictar un curso sobre estudios latinoamericanos, sobre todo si será en español?

Karadima se puso rojo y con una expresión facial de rabia habló nuevamente en una voz muy alta para que todos le escucharan.

— Lo que pasa es que todos ustedes son tal como Kirberg y Rafael. Todo lo que hablan está teñido de política. No saben ver el mundo sino a través de la política. Eso fue lo que hundió a Chile, la política y la Unidad Popular. Ustedes no entienden que los militares chilenos han dado un ejemplo a Latinoamérica salvando al país del marxismo. Estoy seguro de que ese es el mismo marxismo que ustedes quieren traer a este curso de Kirberg.

Con esas palabras se armó la batahola. Los organizadores del evento no necesitamos decir nada. Varios de los que estaban en otros grupos se acercaron e intervinieron en la conversación. Uno tras otro reprocharon al chico miserable disparándole una pregunta tras otra. Ni siquiera le dejaban contestar

— ¿Cómo puedes ser tu un estudiante de doctorado con una visión tan limitada de la vida en sociedad?

— ¿Qué tipo de estudiante graduado eres si no entiendes que los problemas sociales de Latinoamérica están totalmente ligados a los aspectos políticos de la región?

— ¿Tú te llamas educador si disocias los problemas educativos de la política de tu país?

— ¿Cómo puedes defender una dictadura sangrienta como la de Pinochet?

— ¿Qué tipo de ser humano eres si justificas que se mate a otros porque piensan diferente?

— Yo te conocí en un curso de filosofía y ahí dijiste que eres sociólogo ¿Qué tipo de sociólogo eres si justificas imponerse por la fuerza de las armas?

Y siguieron y siguieron. Algunos, los más indignados, llegaron a ser groseros.

Sintiéndose apabullado con tanta pregunta que no podía contestar, Karadima, muy asustado, se fue. Antes de iniciar su salida se acercó a mi oído y me dijo:

— Viste huevón, por eso es por lo que estás como estás. Un upeliento sin nada. Eres un chileno todo cagado cuando yo tengo toda la protección de mi país.

—Te digo Ariel, el tipo era nefasto. Nefasto no sólo porque defendía a la dictadura sino porque no se daba cuenta de lo equivocado que estaba. A veces he pensado que era una cuestión de intelectualidad. No tenía la capacidad de darse cuenta del daño que hacía. Para darte una idea de esto, déjame describirte otra anécdota. En cierta ocasión, Karadima llegó bastante tarde al edificio y cuando tocó el timbre para que le abriese la puerta, vio a través del vidrio que yo estaba sentado en el escritorio de la portería. Apenas entró, con voz sarcástica me dijo:

— "¡Hola esclavo! ¿Me has cuidado bien el edificio? Déjame presentarte a un chileno que anda por estos lados. Este es mi hermano Fernando, otro chileno de los buenos que viene a visitarme. Para que tú lo sepas, él es un cura muy importante en Chile".

— Ahí fue que conocí al cura Karadima. En ese entonces yo no sabía nada de ese cura ni tampoco me interesaba, nunca me han interesado los curas, así es que no dije nada. Además, a esas alturas de la noche no tenía ánimo para contestar ese tipo de sarcasmo así es que saludé con buenas maneras y volví a mis estudios. Aprovechaba de estudiar mientras trabajaba en el escritorio de la portería de Bancroft, el edificio para las familias de los estudiantes graduados del Teachers College. Bancroft estaba en la calle ciento veintiuno entre las avenidas Ámsterdam y Broadway en Manhattan. Por los cuatro años que duraron mis estudios doctorales, trabajé como portero de ese edificio y durante todo ese tiempo me senté en ese escritorio, junto a la puerta del edificio, desde las once de la noche a las siete de la mañana. Lo más duro de llevar ese turno era la falta de sueño. Sin embargo, aunque era tedioso y cansador, en varios aspectos ese turno me ayudó. Generalmente, después de las once de la noche no había mucho que hacer y esas horas las dedicaba a leer y escribir los ensayos que mis estudios de graduados requerían. Después de la una, Hilda bajaba desde nuestro apartamento y me llevaba café y un pequeño snack. Ella me acompañaba mientras me tomaba el café y luego se volvía a dormir. A veces, alguno de los chicos bajaba con el café y así conversábamos de sus actividades del día. Eso me daba ánimo para seguir estudiando dos o tres horas más. La parte más difícil del turno eran las últimas horas de la mañana. Para entonces estaba tan agotado que dormitaba un poquito. A las cinco y media ya empezaba el ruido de los que salían temprano trabajar. Ser portero de ese edificio era una de las pocas posiciones de tiempo completo que se podían conseguir como estudiante trabajador de la universidad. Era muy codiciada y cuando yo la conseguí no la solté hasta terminar mis estudios. Pagaba por tres créditos graduados e incluía atención médica para toda la familia en el hospital de la universidad. El salario no era mucho, pero era lo suficiente para pagar por un departamento de los más grandes en el mismo edificio. El mayor inconveniente era que tuve que cambiar mis hábitos de dormir y eso disturbaba a toda la familia, pero las noches eran lo suficientemente tranquilas para permitirme trabajar en mis estudios. Bueno, ahí estaba yo sentado cuando llegó este desgraciado haciendo mofa de mi porque tenía que trabajar. Nunca le he perdonado su falta de sensibilidad social y siempre me pregunté de donde le nacía tanto poder a un pobre energúmeno como éste. Digo energúmeno porque mi esposa me contó que Jimena, su esposa, varias veces no había podía salir con ella porque estaba ocupadísima escribiéndole a máquina y editándole los ensayos a su marido. Hilda me dijo un día que, por lo que ella sabía del sujeto, en su criterio, sin la ayuda de la "Jimenita" como él la llamaba, el pobre desgraciado no habría podido sacar nunca un PhD en la Columbia.

— Esto me lo corroboró un día el profesor Vogeli, mi consejero académico y el que me ayudó no sólo a conseguir la visa de estudiante en USA, sino que también a ingresar a la Columbia. Bueno, Vogeli era una especie de consejero académico sin título para todos los chilenos que estábamos en el Teachers College. Desde hacía tiempo había dictado cursos en la UTE y estaba fascinado con Chile. Después del golpe logró mantener buenas migas con el rector delegado de la UTE y consecuentemente con la dictadura hasta que, en un discurso académico en la universidad, hizo duras críticas a la política educacional de los militares. Por ese discurso cayó en desgracia y las visitas que recibió en el hotel al día siguiente le manifestaron que su presencia en Chile no era más grata y que había un avión esperándolo para llevarlo inmediatamente de vuelta a los estados unidos. Vogeli, que por su prestigio académico internacional y por su amistad con el embajador de USA en Chile era casi intocable, se subió a ese avión a regañadientes, pero no olvidó jamás lo que le hicieron.

— Como buen consejero académico, Vogeli no discriminaba a nadie y un día me llamó para solicitarme que yo ayudara académicamente a Karadima. El infeliz había estado llorando en su oficina porque no podía sacar ciertos cursos básicos de filosofía y como su doctorado era en Filosofía Educacional, estaba desesperado. Para evitar un desentendimiento con Vogeli, argumenté con mucho cuidado mi respuesta diciéndole primero cuanto lo respetaba y lo estimaba por lo que él había hecho por mí y mi familia, pero que, por favor, no me pidiera ayudar a ese individuo. "Tenemos ideas absolutamente opuestas no sólo respecto a la vida y la política sino frente a la mayoría de las cosas," le dije. "Además, ni yo ni nadie podría ayudar a ese sujeto a entender filosofía de ningún tipo. Me parece que más allá de toda asistencia en esa disciplina. Le he escuchado hablar y no sólo es desarticulado en inglés, sino que hace lo mismo en español. No tiene principios y se acomoda a la situación según le convenga." "Ya me lo había comentado un colega en la UTE," le dije a Vogeli, "que cuando había que identificar a aquellos acomodaticios amorales que se habían ubicado bien como resultado del golpe en Chile, Oscar Karadima era un buen ejemplo." Ese fue uno de los casos que me había comentado Nino Bruzzo.

— Tuve que decirle a Vogeli que no, y eso me hizo sentir mal. Por supuesto, el no que yo le daba a Vogeli no era para él sino para Karadima, pero igual me sentí mal. Yo sabía que Vogeli valoraba con orgullo su rol de consejero de postgrado y para dejarle con una salida honorable a este difícil caso le sugerí que le aconsejara al sujeto abandonar la especialidad de Filosofía Educacional y cambiarse a Educación Internacional. Muchos sabíamos que esa era una de las especialidades más fáciles en el Teachers College. Supongo que así lo hizo porque al semestre siguiente allí andaba la alimaña vanagloriándose que se había cambiado al PhD en Educación Internacional, un área de estudios mucho más importante que en la que estaba antes. ¿Qué me dices tú? Por ayudar a Vogeli, terminé ayudándole a la sabandija. Perdona mi lenguaje, pero cuando veía a este sujeto me sentía incómodo y me lo imaginaba como esos seres que se arrastran. Durante todo el tiempo que tuve que soportar su presencia, me pregunté de donde salía su fuerza o influencia política y nunca conseguí una respuesta. Cuando terminó su doctorado y volvió a la USACH, fue ubicado como asesor académico para estudios internacionales. Supongo se graduó en Educación Internacional memorizando todas las materias porque, eso sí, tenía memoria de elefante. Antes de aprender inglés se había memorizado la letra de todos los rocanroles populares de ese tiempo. Bueno, no sé cómo terminó sus estudios y tampoco sé que es lo que hacía en ese puesto en la USACH. ¿Sabes tú Ariel que es lo que hacía el "asesor académico para estudios internacionales de la Vicerrectoría"?

— No y no creo que nadie lo sepa ni la haya sabido nunca. Cuando se anunció esa nueva oficina en rectoría, todos sabíamos lo que era. Se inventaba una posición para un individuo. Esto se confirmó cuando pasaron los años y la oficina no pudo mostrar logros académicos, ni de investigación o de extensión. En la primera restricción presupuestaria después de la dictadura, la oficina fue eliminada y de Karadima nunca más supimos.

— Típico, tenía en Chile un poder de conseguir cosas increíbles. Es por eso por lo que por mucho tiempo me pregunté de donde la brotaba todo ese poder. Y entonces, en 2006, no tuve que preguntarme más. La respuesta la escuche en la televisión. Claro, Fernando Karadima, el cura que yo conocí en Bancroft como el hermano de Oscar, era el Párroco de la parroquia El Bosque y él era confesor de Pinochet. Ahí me cayó la teja. ¿Cómo el chico Karadima no iba a tener poder si su hermano tenía la oreja del dictador? De ese desgraciado no me preocupo, pero desgraciadamente para Jimena y los chicos, los delitos del cuñado y tío, mancharon el nombre de la familia para siempre. Decir "Karadima" en Chile es un epíteto negativo. Si es que no se han cambiado el apellido, espero que esos chicos sepan aceptar las afrentas que esa palabra ahora significa. Qué pequeño es Chile, ¿no te parece Ariel? Te das cuenta que yo tuve que lidiar con el hermano del cura Karadima.

— Claro que sí, me dijo, a mí también me pasa. Mientras más avanzo en edad, más veo que muchos sucesos del país sean recientes o pasados están, de una u otra forma, conectados conmigo.

— No es coincidencia Ariel, a mí me pasa exactamente lo mismo. Fíjate como sucesos importantes en la historia reciente de Chile pueden aparecer conectados con nosotros. Por ejemplo, hace unos meses estaba leyendo acerca de una crónica que conecta al cura Karadima con los asesinos del general Schneider y la crónica sugiere que uno de esos asesinos habría recibido refugio en la torre de la iglesia Del Bosque. A mí, lo que dice la crónica no me consta, pero si me consta que conocí a una mujer que aparentemente tuvo un corto amorío con uno de esos asesinos. Te lo explico. Creo que fue por allá por el noventa y cinco cuando Hilda y yo fuimos con los Kaplan a ver la película "La batalla de Chile" y después de la función nos quedamos conversando acerca de ella. No sé si la has visto, pero esa película muestra varios detalles apócrifos del golpe de estado.

— Si, la vi, me contestó Ariel. La mostraron hace poco en la televisión. Es asombroso lo poco que yo sé de esos días tan turbulentos.

— Bueno, los Kaplan son profesores de Historia del City College. Ambos, marido y mujer, se han especializado en Latinoamérica y saben mucho de Chile. Conversábamos tan intensamente que no nos dimos cuenta de que los demás espectadores se habían ido. Al notarlo, los cuatro vimos que, aunque todo el teatro estaba abandonado, en la fila de atrás, al igual que nosotros, había una mujer que permanecía sentada. Cuando ella vio que los cuatro la mirábamos, nos habló:

— Que agradable es escuchar a gente que está bien informada de lo que pasó en Chile en la década de los setenta, dijo. Yo estuve ahí ¿Saben? Estuve ahí poco antes que Allende asumiera la presidencia y se algo que tal vez les interese.

— ¿Ah sí? ¿Y cómo fue que se encontrara en Chile en esa época? dije.

— De adolescente había sido muy hippie y cuando mis padres me obligaron a ir al College, elegí sociología en Berkeley. Ahí supe de lo que sucedía en Chile quise estar ahí para vivir esa experiencia única en Latinoamérica. Una de las democracias más notables de la región había elegido por voto popular un gobierno de izquierda que incluía a socialistas, comunistas, democratacristianos y socialdemócratas de izquierda. Eso era tan especial y único, que consideré era digno de vivirlo en persona. Nunca me imaginé que lo que me sucedió habría de superar con creces los deseos de aventuras de una hippie californiana.

Con esta introducción nos dimos cuenta de que, con una mujer tan interesante como esa, la conversación podría durar un buen rato. Hilda me miró y después de mirar a los Kaplan y pregunté:

— ¿Qué tal si vamos a comer algo y ahí seguimos conversando? Es hora de irnos, el teatro está cerrando y esto puede dar para largo.

Mientras iniciábamos el camino de salida, hice un gesto con mi mano para dándole la pasada a la mujer que nos había hablado y le dije:

— Su historia se ve tan interesante, que, sin preguntarle a mis amigos, sé que todos quisiésemos oírla completa. ¿Supongo que usted nos aceptará una invitación a cenar? ¿Nos acompaña?

— Con todo gusto. Sí, tengo mucho más que me gustaría contarles, pero no tienen que invitarme. Yo me uniré a ustedes y pagaré mi parte.

— ¡Vamos! ¡Vamos! Dije, nosotros la estamos invitando y por favor no se hable más del asunto. ¿Alguien tiene alguna preferencia por un lugar específico? Pregunté.

— Los Kaplan fueron los únicos que contestaron y tenían razón. "El lugar no es importante, dijeron. Lo que necesitábamos es una mesa donde se pueda comer algo decente y donde haya un ambiente para conversar. Caminamos un par de cuadras por Broadway y encontramos un pequeño restaurant. Ahí conversamos hasta altas horas de la noche. La historia que esta mujer nos contó era casi increíble, Ariel. Si no nos hubiese demostrado que habían sido sus experiencias personales, podríamos haber pensado que nos narraba una novela. Desgraciadamente, sabíamos que había sido verdad.

Comenzó su narrativa describiendo lo placentera que había sido su vida en Santiago y lo impactaba que estaba por la movilización política del pueblo chileno.

— Para donde yo me volviera y con quien hablara, se hablaba de política, dijo. Como adolescente californiana yo había vivido los movimientos sociales del sesenta y ocho en Berkeley y por eso el nivel de participación de los chilenos me pareció notable. Lo que más me impactó durante esos días fue saber del asesinato del General Schneider. Llegar al asesinato político revelaba lo desesperada que estaba en Chile las gentes de la derecha. El triunfo del abanderado de la izquierda las tenía locos. Yo sabía que los que habían dominado la economía y la política de Chile por gran parte de su historia, no se distinguían de las otras oligarquías de la región. Viviendo en el barrio alto en la casa de los padres de unos amigos que estudiaban en California, escuché muchas veces a gente que sugería abiertamente que no se le debería entregar el poder a Allende, aunque de acuerdo con la constitución vigente, este había sido legítimamente elegido. Claro, yo vivía entre la "gente linda." Los económicamente poderosos del país. Era evidente, que al igual que los dueños de las llamadas repúblicas bananeras, la oligarquía chilena practicaba la democracia mientras manejara el poder económico. Según ellos, el poder político podía ser asumido por otros actores como había sucedido con el gobierno democratacristiano, pero eso era temporario. Permitir que tomara el gobierno la izquierda que, según ellos, amenazaba ambos poderes no era "democrático." Bueno, la desesperación de esta gente frente al triunfo electoral de Allende era indescriptible. Tan indescriptible que ahí es donde encaja mi experiencia personal.

Sucedió que cuando viajé de vuelta a California, el vuelo hacia escala en Buenos Aires para continuar al USA al día siguiente. Claro, había conseguido el vuelo más barato que pude encontrar y ya había decidido pasar la noche en el aeropuerto de Ezeiza. Era muy joven y una incomodidad como esa no me molestaba para nada. En el avión de Santiago a Buenos Aires me senté a lado de un muchacho muy apuesto. Se veía un poco nervioso, pero después que nos sirvieron un trago se soltó y comenzamos una conversación muy amena. Bien educado, hablaba inglés con cierta fluidez así es que, entre mi pobre español y su inglés, comenzamos una conversación muy amena. Al principio obviamente, hablábamos de temas intranscendentes, pero luego nos movimos al plano personal. Era joven, yo diría que bordeaba el principio de los veinte y yo era tan joven como él. Siendo los dos atractivos físicamente y manteniendo una conversación de una intelectualidad que yo no había encontrado en muchos hombres, sucedió lo inevitable. Él me tomó la mano. Yo le respondí y en pocos minutos nos besábamos tiernamente. Los asientos en que estábamos al lado de las ventanillas eran solo de a dos así es que gozábamos de cierta privacidad. La conversación derivó en lo que cada uno de nosotros haría después del vuelo y yo le conté como tendría que pasar la noche en el aeropuerto para volar en la tarde del día siguiente a USA. Habíamos salido de Santiago en la madrugada así es que yo tendría casi dos días de espera en Buenos Aires. El, volaría también a los Estados Unidos, pero lo haría a Nueva York una semana después. Me dijo que necesitaba parar en Buenos Aires para retirar los dólares con los que viviría en Nueva York. La atracción era mutua, así es que cuando me invitó a quedarme esa noche en su hotel, no le dije que no, pero que lo pensaría. Estaba jugando a hacerme la difícil, pero en el fondo me moría de ganas. El tipo era muy buen mozo y de unos modales exquisitos. Representaba el estereotipo de lo que en Chile se llama "la gente linda." Habitualmente aquella gente de la clase alta que, aunque no tenga bonita figura, se viste y actúa de tal modo que se ve socialmente atractiva. Por mi pasado hippie, en verdad a mí no me interesaba mucho relacionarme con un tipo de esta categoría, pero después de la conversación que fluía tan naturalmente en mí, y especialmente cuando supe el nombre del hotel en que tenía reservaciones, dije inmediatamente que sí. Me quedaría con él. Yo había tenido bastantes experiencias sexuales en Berkeley y pasar una noche con un desconocido que me atraía bastante no sería gran cosa. Especialmente si, en lugar del piso del aeropuerto, dormiría en un hotel de cinco estrellas.

— Perdonen amigos, ¿soy muy cruda para contar mi aventura?

— ¡Oh no! dijeron Hilda y Carol Kaplan. Aquí, somos todos mayorcitos.
Luego agregaron: ¿Y cómo fue tu experiencia sexual con este representante
de la gente linda? Pero por supuesto, no dejes fuera lo más importante;
¿En que se relaciona esta experiencia tuya con lo que vimos en la película?

— Bueno, ahora les contesto, dijo la mujer. Primero, el sexo fue
fantástico. Nos alojábamos en un hotel ubicado justo en el centro de
Buenos Aires y, por ser de cinco estrellas, nos habían recibido con un
espléndido canasto de frutas, flores y champagne. Nos fuimos a la piscina
y almorzamos opíparamente en el hotel. Impresionada, le pregunté cuanto
costaba todo eso y me contestó que no me preocupara, él tenía amigos
poderosos que se encargaban de la cuenta. Después de caminar un rato
alrededor del Obelisco, decidimos tomar una siesta en el hotel. Ahí fue
que tuvimos la primera sesión de sexo que, con el perdón de ustedes, a mí
me pareció bestial. No porque fuese rudo sino por la forma tan liberal que
este tipo se entregaba al placer. En mis experiencias anteriores con hombres
de California, yo no había experimentado nunca tanta sensualidad. El tipo
era como una máquina sexual y después de varias horas de eso, decidió
invitarme a un espectáculo nocturno. Nos bañamos y nos fuimos a la calle
Corrientes a buscar boletos para cualquiera de los teatros que allí existen.
Como no habíamos hecho reservaciones, para conseguir buenas localidades
tuvo que pagar extra, pero aparentemente eso no le molestó en absoluto.
Cargaba en su bolsillo un fajo de dólares y parecía que muchos más podían
venir en cualquier momento porque no se fijaba en gastos. Pagaba sin
regatear y daba grandes propinas. Después de la segunda o tercera vez
que hizo algo así, comencé a preguntarme de donde sacaba este tipo tanto
dinero, pero después de un rato, irresponsablemente, me olvidé. Me dije a
mi misma, goza y no te preocupes. Asumí, y no equivocadamente, que el
hombre provenía de una familia chilena acomodada. Más tarde habría de
corroborar que sí, era cierto, provenía de una familia muy acomodada, pero
el dinero no provenía de su familia sino de otra fuente.

— Bueno, del teatro nos volvimos al hotel y después de cenar nos
enfrascamos en otra sesión de sexo que duró hasta altas horas de la
madrugada. Esta vez fui yo la que le mostré un par de trucos para obtener
el máximo placer en la cama y quedó maravillado. Nos habían advertido
que al día siguiente podría haber dificultades para viajar al aeropuerto
así es que yo había decidido partir hacia allá, inmediatamente después
de desayuno. Terminábamos de desayunarnos casi al mediodía, cuando
recibí la bomba. "Yo era tan extraordinaria," me dijo, que le gustaría que
nos siguiéramos viendo. "Y, para que nuestra relación fuese autentica, tenía
que confesarme algo," agregó.

— Que pasa, le dije ¿Eres casado? ¿Tienes novia? ¿Acaso tienes alguna enfermedad venérea u otra enfermedad contagiosa de la que debo preocuparme?

— No, no nada de eso. Lo que pasa es que el nombre que te he dado no es mi verdadero nombre. El pasaporte que vistes en el aeropuerto no es mío, sino falso.

— ¡Ah! entonces me he metido con un delincuente, le dije.

— No, por favor, eso tampoco.

— ¿Y entonces qué?

— Por favor no me interpretes mal, no tengo compromisos personales ni enfermedades. Lo que pasa es que soy un patriota.

—Ahora sí que me perdiste. No entiendo. ¿Por favor explícame, de que hablas?

— Mira, he tenido que arrancar de Chile. Actúe defendiendo la democracia de mi país y por eso me acusan de criminal. Pero eso no es cierto. Soy un amante de la democracia en mi país y por eso lo hice. Durante las últimas dos semanas la policía me persigue como un criminal, pero están equivocados, puedo probar que soy un patriota. Si lo que hice no hubiese sido un acto patriótico, ¿cómo te explicas que gente tan poderosa en Chile me haya ayudado a escapar? Fíjate, el mismo párroco de El Bosque me ha dado refugio en su parroquia por dos semanas. ¿Crees tú que, si no lo hubiese hecho defendiendo la democracia, me habría protegido la iglesia?

— ¡Ahí me cayó la teja! ¡Que estúpida había sido! No necesité ni preguntar qué es lo que había hecho. Este era el individuo que la policía tanto buscaba por el asesinato del Jefe de Plaza de la Ciudad de Santiago, el General Schneider. Era el crimen más bullado del país y había sucedido exactamente dos semanas antes. Fue un acto organizado y financiado por la derecha para evitar la asunción al poder del recién elegido Salvador Allende. El General Schneider ya se había manifestado como defensor de la constitución y la ley y como Jefe de Plaza mantendría el orden para la asunción del nuevo gobierno. Por eso lo mataron. Eso explicaba el origen de tanto dinero y el secreto con que este desgraciado se había guardado de describirme sus actividades. Cuando yo le contaba lo que hacía, el casi no hablaba. Me sentí miserable y me bajó un malestar tan grande de haber congeniado con ese asesino, que me dieron ganas de vomitar. Me excusé para ir al baño, pero en lugar de hacerlo, subí al cuarto del hotel, recogí todas mis cosas y me fui sin volverle a ver.

Desde entonces nunca más supe de él. Apenas llegué a Berkeley, me comuniqué con mis amigos chilenos y les conté mi encuentro con el asesino de Schneider. Me guardé la vergüenza de los detalles y les pedí que le dijeran a la policía donde encontrarle. Según supe más tarde, el individuo no fue aprehendido y yo nunca he podido perdonarme a mí misma. La estupidez conque actué en esa circunstancia, la cargo como una mancha en mi vida. A veces he tratado de justificarme por mi juventud e inocencia, pero no resulta. Actué con liviandad y me arrepiento de ello. La película que vimos y la conversación que les escuché me hicieron recordarlo. Gracias por escucharme. Por lo menos lo he descargado con alguien que entiende las circunstancias que se vivían en Chile durante esos años.

— Esta es Ariel, la historia de esa mujer que conocimos en Nueva York. Y ves como todo aparece estar conectado, de alguna manera se relaciona con al caso Karadima porque ella dijo que fue el cura Karadima quien le había dado refugio después del crimen. Se explica, él era uno de los que protegían a esos jóvenes extremistas de la derecha.

— Esto sí que es interesante, dijo Ariel. ¿Intentas incluir estas historias en el libro que estas escribiendo?

—Exactamente, el libro es una especie de ficción autobiográfica. Muchas de las historias son verdaderas y otras las he cambiado un poco para calzar con el hilo de la narrativa. Por ejemplo, todos lo que te he contado de Oscar Karadima es cierto. Lo que acabas de escuchar de esa mujer que conocí en Manhattan es cierto.

— ¿Y que no es cierto?

— ¡Ah! Perdóname, pero eso no te lo puedo decir. Mataría la intriga. Cuando lo leas, tendrás que cabecearte para imaginártelo.

— Este es el segundo libro de ficción histórica que escribes. ¿Qué piensas escribir después? Te pregunto porque he estado pensando en lo que haré cuando me jubile. Todavía no tengo un plan y todos me dicen que no lo haga sin tenerlo. ¿Tú también crees que es importante?

—Absolutamente. Cualquier académico como nosotros sin un proyecto que mantenga ocupada nuestra intelectualidad después del retiro, puede tener serios problemas existenciales. Conozco varios casos. Es por eso por lo que ya tengo otro proyecto en perspectiva. Intento empezar a escribir cuentos cortos basados en hechos reales. O sea, la misma idea de ficción. El tema será acerca de ciertos caracteres de la reciente historia de Chile de quien no se habla mucho y de quienes se ha escrito casi nada. Me refiero a los militares que se opusieron a la dictadura de Pinochet. ¿Qué te parece la idea?

— Pues me parece fantástico y me parece estupendo porque en eso si te puedo ayudar.

— ¿Qué quieres decir?

— Bueno, afortunadamente conozco a uno de ellos. Es un primo mío, ex miembro de la Fuerza Aérea de Chile que se doctoró en Alemania y trabaja en la Escuela de Ingeniería de la USACH. Creo que él debe tener varias historias de sus colegas que te pueden servir de temas para tus cuentos. ¿Te interesaría conversar con él?

— ¿Quieres decir que conoces a un militar que se opuso a la dictadura y ahora trabaja en la USACH?

— Exactamente, como te dije es un primo mío. Sufrió mucho y tuvo que refugiarse en Europa. Allá hizo su doctorado y cuando después de la dictadura volvió a Chile, yo le ayudé y empezó a enseñar junto a nosotros.

— Por supuesto me interesaría mucho. Estoy seguro de que debe conocer situaciones interesantes respecto a los militares, pero lo que más me interesa ahora es que podría darme pistas para continuar rastreando al tipo que busco. Él puede tener información acerca de los militares que desconozco. ¿Crees que podamos verle pronto? Recuerda que me regreso a Nueva York en dos semanas.

— Veamos. Tengo su teléfono déjame llamarle para preguntarle se quisiera reunirse con nosotros.

Hizo la llamada y su primo se entusiasmó con la idea de juntarnos. Tanto se entusiasmó, que el mismo sugirió que lo hiciésemos al día siguiente. Ariel me preguntó si yo estaba de acuerdo y nos citamos para el próximo día en el mismo lugar. Ya que nos veríamos pronto, Ariel y yo decidimos que había que cerrar la noche y mientras nos despedíamos, me costó convencer a Ariel que por favor no me llevase a la plaza en su auto. No tenía sentido. Él vive al lado opuesto de la ciudad y el "Chancho con chaleco." está a solo dos cuadras del metro. En el llegaría fácilmente hasta mi departamento.

CAPÍTULO NUEVE

Los otros militares

Llegue al "Chancho con Chaleco" bastante más temprano que mis invitados. El "Chancho con Chaleco" se encuentra en el corazón de aquel vecindario que por muchos años fue conocido simplemente como el barrio estación. Ese sector de Santiago ha crecido tanto en población, que lo que fue solamente un barrio, ahora se ha convertido en comuna y la Comuna Estación es una de las más populosas y pobres de la ciudad. El nombre proviene de los comienzos del novecientos cuando, en aquella zona, al poniente de la capital, se construyó la terminal principal del sistema ferroviario del país; la Estación Central de los Ferrocarriles del Estado y fue alrededor de ese terminal donde se desarrolló el mayor centro de comercialización de mayoristas y ventas al detalle de la ciudad de Santiago. Aunque actualmente los trenes casi ya no corren, el lugar sigue muy concurrido y bulle en actividad comercial porque en los últimos años se han construido en esa área los terminales de buses suburbanos, regionales e internacionales. Esto hace que diariamente, miles de pasajeros converjan en la Estación Central sea llegando o saliendo en buses a diferentes puntos del país e incluso al extranjero

Por más de un siglo, la estación ha sido y sigue siendo uno de los sectores más cosmopolitas de la ciudad y es justamente ahí, en ese concurrido barrio, donde el Chancho con Chaleco se ha convertido en la representación viva del arte culinario tradicional chileno. Es también precisamente ahí, donde en la década del mil novecientos cincuenta, se construyó lo que se consideró entonces, el edificio educacional más moderno de Chile, la Universidad Técnica del Estado. Desde sus inicios, la UTE se perfiló como una institución diferente a las universidades clásicas como la Universidad de

Chile y la Universidad Católica de Chile. La UTE nació por la amalgama del Instituto Pedagógico Técnico y la Escuela de Artes y Oficios y fiel a su nombre, se inició ofreciendo títulos profesionales universitarias no tradicionales. Es por eso por lo que las carreras profesionales de la UTE estuvieron enmarcadas en un currículo más pragmático que el currículo academicista imperante en las universidades tradicionales de la época. Agregado a eso, por su ubicación geográfica, la mayoría de su población estudiantil de la UTE era diferente. Sus estudiantes, no provenían tanto de las clases económicamente acomodadas como lo eran en las otras universidades, sino que eran en su mayoría, la juventud más brillante de las familias de escasos recursos que vivían en el poniente de la ciudad. Los hijos de las familias pudientes no tenían interés en bajar a estudiar a los barrios populares y dado que, hasta antes de la dictadura, las universidades públicas en Chile eran gratuitas, la UTE resultó ser un excelente factor de movilidad social. En ella, los jóvenes pobres pero inteligentes y esforzados de Santiago, recibían educación universitaria gratuita, se convertían en técnicos de nivel superior y ascendían socialmente. No es coincidencia entonces que la UTE haya sido siempre una universidad progresista y combativa. Fue creada para dar acceso universitario a las clases populares y es por eso que se mantuvo siempre comprometida con las políticas de educación superior que favorecían a los chilenos de bajos ingresos. No es coincidencia entonces que fuese en ella donde el día del golpe, fue apresado y posteriormente asesinado, aquel cantautor símbolo de la música popular, Víctor Jara. Siendo uno de los compositores e intérpretes más conocidos del cantar del pueblo chileno, también enseñaba en la UTE. Todo esto, obviamente, resultaba tan anómalo para la dictadura, que una de sus primeras tareas en la intervención de las universidades fue romper esa característica tan propia de la UTE. Afortunadamente, no lo lograron. A pesar de que el rector militar y sus secuaces expulsaron a muchos estudiantes y académicos, le cambiaron el nombre de Universidad Técnica por el de Universidad de Santiago (USACH), terminaron con la gratuidad y le modificaron las estructuras académicas y curriculares tratando de modelarla al estilo clásico que había desarrollado la oligarquía, el espíritu progresista de la Universidad Técnica, no pudo ser doblegado. Durante todos los años de la opresión, ese espíritu se habría de manifestar tímidamente, pero apenas los militares abandonaron el control de la educación superior, el alma de la universidad se manifestó con mayor fuerza. Había sido reprimida y callada por la fuerza, pero su espíritu había permanecido oculto y siempre estuvo allí. El gobierno militar no entendió que la idiosincrasia social y política de una comunidad universitaria no reside en el nombre ni en sus estructuras académicas, sino en sus miembros. El origen social de la mayoría de los estudiantes de la USACH hoy no es diferente al que fue en los tiempos de la UTE. Hoy como ayer, la universidad sigue incrustada en el corazón del barrio estación y, por lo tanto, se encuentra rodeada de los vecindarios más poblados y populares del poniente de Santiago. Proviniendo de esos sectores, muchos de sus miembros se sienten comprometidos con su origen social. Ese es exactamente el caso mío. Yo nací a pocas cuadras de la Estación Central y es tal vez por eso que, mientras esperaba por mis invitados haciendo estas reflexiones, comencé a sentirme ligeramente extraño. ¿Por qué tenía que pensar en una forma tan impersonal de la comunidad de la UTE si yo mismo fui parte de ella? Ese vecindario fue mi origen social. Nací en "La Pila del Ganso" que no está a más de quince cuadras al poniente de la estación, estudié en la Escuela Normal y en la Universidad Técnica del Estado que también se ubican en el mismo sector y después de casarme, viví en la calle Bascuñán, a no más de doce cuadras hacia el oriente de la estación. Más tarde, cuando comencé a trabajar en la UTE, mi esposa y yo, compramos una casita en una cooperativa de profesores un poco más al oeste, pero siempre en el mismo sector de la ciudad. Durante el tiempo que viví en Chile, siempre lo hice en los alrededores del sector Estación Central. Nunca viví ni me asocié, excepto profesionalmente, con gentes que viviesen en las áreas donde viven la gente acomodada de Santiago. Además, como he sido un hijo de carpintero que recibió educación gratuita en la Escuela Normal y luego en la UTE, llegando a convertirme en catedrático universitario en Nueva York, se podría decir que soy un auténtico representante del barrio Estación y no soy diferente a tantos otros egresados de la UTE que han tenido éxito profesional.

Estaba en medio de esas cavilaciones, cuando vi llegar a mis invitados. Ellos eran clientes habituales y apenas fueron reconocidos, les ofrecieron inmediatamente la mejor mesa del lugar. A mí me habían hecho esperar, pero yo acepté sentarme en la entrada y me puse a recorrer el restaurant. Ahí fue que, recordando mi vida en la UTE, fue que me vinieron esas reflexiones existenciales. La noche anterior, cuando estuve ahí con Ariel, había estado tan enfrascado en la conversación que no había puesto atención a mis entornos. Esta vez, después de caminar por varias de sus dependencias, quedé tan asombrado por los cambios que vi, que no pude refrenarme de comentarlo con uno de los garzones. El garzón se veía joven y me dijo que él no veía nada diferente, "Desde que estoy aquí," me dijo, "todo se ha visto siempre igual." Me di cuenta de que me había dirigido a la persona equivocada. Me acerqué a otros garzones que se veían más viejos y les hice la misma observación. Ellos me aclararon que ese colega, el joven, estaba ahí desde hacía poco tiempo y los cambios se habían hecho veinte años atrás. Claro, como yo no había estado allí desde hacía cuarenta, a mí me parecieron nuevos. Los cambios no eran perceptibles en la fachada del edificio, pero en su interior, las cosas eran muy diferente. Antes, cuando yo lo frecuentaba, El Chancho con Chaleco, era solo un conjunto de mesas y sillas heterogéneas dispuestas de cualquier manera en las piezas de esa gran casona del barrio estación que la habían convertido en restaurant. No había preocupación por la apariencia ya que lo atractivo del lugar eran la buena comida y los bajos precios. Era una "Picada" para los habitantes del barrio estación. Hoy, la misma casona, ya no es una picada de barrio, sino de toda la ciudad. Cada cuarto ha sido decorado alrededor de un tema folclórico con el nombre tallado artísticamente en la puerta. La decoración interior, sincroniza con la temática de cada cuarto y los viejos muebles, fueron reemplazados por mesas artesanales elaboradas con mitades de barriles. Junto a las mesas, se arriman rusticas sillas con cubiertas de totora tejida. El lugar resulta muchísimo más atractivo que antes, pero para los locales, los precios lo hacen prohibitivo. Académicos y estudiantes de la universidad lo siguen favoreciendo, pero ya no se ven ahí los vecinos del barrio. Mayoritariamente, los patronos son turistas extranjeros o gentes del barrio alto de la ciudad.

Apenas nos vimos, Ariel hizo las presentaciones. Su primo, José Pérez, se veía como el estereotipo de un chileno promedio que se asoma a la tercera edad. No era alto ni bajo, tampoco gordo, pero si grueso y de facciones regulares. Sin llegar a ser calvo, tenía poco pelo y podría decirse que su imagen no sobresaldría en absoluto de alguien que caminase en cualquiera de las calles de Santiago. Me estrechó la mano con fuerza y sosteniéndomela por un momento, me dijo:

— Así es que tú eres el hermano de Marcial, el gran amigo de Ariel, ¿no?

— Exactamente, contesté.

— Ariel me ha dicho que tienes algunas preguntas para mí. ¿Es cierto?

— Sí, es cierto. Debo pedirte perdón anticipado por hacértelas, pero Ariel me dijo que a ti no te importaría.

— Por supuesto que no me importará contestar tus preguntas. Cualquier amigo de mi primo es mi amigo. A Ariel siempre le tenido en gran estima porque no sólo es un excelente primo, sino porque, además, especialmente aquí en la universidad, él ha sido un gran apoyo para mí. ¿Dime que quieres saber? ¡Espera! ¡Espera un momento! Antes que me contestes, supongo que no serás un tipo pacato. Debo advertirte que a la edad que tengo y después de todo lo que he pasado, estoy siempre dispuesto a hablar a poto pelado. Ariel y yo siempre lo hemos hecho. Te pido por favor que hables con toda confianza y no te preocupes de lo que yo vaya a pensar. Puedo aguantar casi todo.

— Sí, tengo varias preguntas, dije, pero creo que tus respuestas nos pueden alargar la conversación. ¿No quisieran comer algo primero? Yo invito. Lo que se coma y se tome hoy corre por mi cuenta.

Por supuesto, dijo Ariel, y en un tono jocoso agregó: "Mira José, ahora paga Rafael así es que pide lo más caro que haya en el menú. Este gringo viene cargado a los dólares. Fíjate que ya no sufre más fríos porque en el invierno de USA se viene a Sudamérica y se lo pasa bailando tango en Buenos Aires. Apenas se asoman los fríos por el cono sur, se vuelve a la primavera de los estados unidos. ¿Qué te parece la vidita?"

— Me parece fantástico, dijo José, pero para nosotros, los chilenos que estamos aquí todos cagados y tenemos que seguir sufriendo los inviernos santiaguinos, no es nada de bonito.

A pesar de que, para el no iniciado, esa conversación podría parecer fuerte y ruda, yo estaba complacido. Conociendo el tono en que se hablan los viejos amigos en Chile, esto me indicaba que sería un coloquio tremendamente afable. El primer intercambio de palabras mostraba que hablaríamos entre lo burlesco y lo socarrón, pero que, al mismo tiempo, las emociones serian liberadas y las verdades dichas.

Pedimos de beber y comer lo más tradicional del lugar y como eso siempre está preparado y listo, nos sirvieron inmediatamente. Pronto, la mesa se cubrió con las acostumbradas jarras de arcilla con chicha de uva fresca y vino pipeño. El aire se llenó con el aroma del pan amasado recién horneado y los humeantes platos de pernil y arrollado. Naturalmente, la conversación se volcó a comentar sobre las comidas y las bebidas que cada uno prefería. Era evidente que los tres éramos comedores compulsivos así es que cuando terminamos rápidamente con todo lo que había en la mesa, nos echamos hacia atrás y casi al unísono nos quejamos de lo mismo, "¡Uf, comí mucho!" Al decirlo tan simultáneamente, nos miramos a las respectivas panzas y soltamos una carcajada. Nuestras barrigas demostraban que, para nosotros, esa sensación de glotonería no era una ocurrencia poco común. En medio de ese espíritu de jovialidad, no tuve que ser yo quien dirigiera la conversación hacia el asunto que me interesaba porque mientras esperábamos por los postres, fue José quien abrió el tema.

— A ver Rafael, ahora sí que estamos listos para a conversar lo que te interesa. Con la barriga llena, estoy siempre dispuesto a escuchar cualquier cosa. Lanza tus preguntas. Sin embargo, de partida debo decirte que, si son relativas a los militares, no estoy muy seguro de que te las podré contestar. Por una decisión muy personal, hace mucho tiempo que dejé de relacionarme con esas gentes. No me siento identificado con ellos, pero de todas maneras dime, ¿De qué se trata?

— Siento mucho tener que molestarte José, pero justamente se trata de algo relacionado con un exmilitar a quien me gustaría encontrar. Hasta ahora he hecho muchas indagaciones buscando a ese sujeto, pero me he encontrado que los uniformados crean murallas blindadas que ocultan secretos indescifrables para mí. Perdona que se trate de algo que te guste hablar, pero he pensado que tal vez tú, conociendo el ambiente, me pudieses ayudar. Entiendo que no quieras saber de esas gentes, pero te molesto porque tengo cuentas pendientes con él y he hecho mi misión encontrarlo.

— Me dices que buscas a un ex militar y por Ariel sé tú historia. No necesitas decirme más. Asumo que buscas a tu torturador. ¿Me equivoco?

Este primo de Valdivia era muy agudo. Sin haberle dicho mucho, él ya había adivinado. Decidí que, frente a su actitud, lo mejor era ir directamente al grano y sin preámbulos, contesté tan honestamente como pude.

— ¡Claro, justamente eso! Quiero enfrentarme a ese desgraciado que me hizo daño. No he tenido la oportunidad de contárselo a Ariel, pero sucede que, por coincidencias insospechadas y fortuitas, no sólo sé su nombre, sino que sé exactamente quién es. Ese fulano es el abuelo de la novia de mi nieto y sé que originalmente se llamaba Anastasio Muñoz. No sé cómo se hará llamar ahora.

— ¡Ha diablos! Esta sí que parece una telenovela, dijo José. Así es que ya lo tienes identificado. ¿Y si lo encuentras, que pretendes hacer? Te pregunto, porque creo que te entiendo mucho más que aquellos que no hayan pasado por las experiencias que tú y yo hemos sufrido. Tú sabes que yo también fui torturado pero mi caso es diferente al tuyo. A ti te pasó un año después que se había instalado la dictadura, a mí me empezaron a torturar al día siguiente del golpe. Tú fuiste encarcelado y torturado por desconocidos, yo lo fui por mis propios compañeros. No quiero decir que mi tortura fue más o menos terrible que la tuya porque no se trata de competir. Lo que quisiera compartir contigo es que, aunque los dos sufrimos apremios ilegítimos, yo siento diferente a ti. No guardo rencor ni odio contra mis torturadores porque esa parte de mi vida la he puesto muy atrás, en los recuerdos de mi historia personal. No creas que lo he olvidado, pero ya no siento ni resentimiento ni animosidad contra ellos. Eso toma forma solo como una parte de mi memoria relegada al olvido. No siento hostilidad contra los que perpetraron actos inhumanos conmigo porque he aprendido que abrigar odio, solo te hace consumir energía y te desgasta a ti mismo. Hasta ahora no he tenido la oportunidad de contarle a Ariel los detalles y pormenores de mis experiencias personales así es que, aprovechando esta oportunidad y a propósito de tus preguntas, permítanme hacerlo. Siempre he querido contárselo y me parece que este es un momento mejor que cualquier otro. A ti Rafael, no te puedo ayudar en lo específico porque pienso que será muy difícil o casi imposible encontrar al fulano que buscas, pero espero que la historia que voy a compartir te ayude a aminorar tu dolor.

— Si claro, por supuesto me interesa saber de tus experiencias, dije. Yo sé algo de los militares que son como tú. Aquellos que se opusieron al golpe y sufrieron la ira de la dictadura, pero nunca había conocido a ninguno. Tú eres el primero, y me siento muy honrado de poder escuchar tu historia. Por favor cuenta, dinos, ¿Cómo fue lo tuyo? Tal vez Ariel se pueda aburrir de escuchar a dos viejos hablando de sucesos de hace más de treinta años, pero a mí me interesa sobremanera ¿Por favor, cuenta?

— Mientras Rafael pague por los tragos, a mí no me molesta, dijo Ariel. Además, José nunca se dignó antes a compartir eso con su primo. ¡Vamos dale José!

Dado que Ariel también se había manifestado dispuesto a escuchar, José inició su narrativa. Así fue como supe la historia de ese ex teniente de la Fuerza Aérea de Chile que había sufrido la tortura, el exilio y una suerte muy parecida a aquellos que éramos de izquierda. Los civiles perseguidos, sabíamos muy poco de estas gentes así es que me preparé a escuchar con atención. Al principio, me sorprendió que José hablase con una tranquilidad y frialdad que parecía como si estuviese hablando de otra persona, pero luego entendí. Mientras avanzaba en su relato, resultó evidente que diferente a mi caso, él había superado su historia. Hablaba de sí mismo como de un personaje del pasado.

— Aunque resulte largo dijo José, permítanme comenzar desde el mismísimo día del golpe. ¡Ha! Esto de decir "golpe" me recuerda lo cómico que resulta el lenguaje. Mientras mis compañeros me torturaban, insistían que yo no debía decir golpe de estado sino llamarlo pronunciamiento militar, pero yo nunca me doblegué. Siempre le he llamado golpe de estado y lo seguiré llamando así. Muchas veces, en medio de las torturas, les grité lo ridículos que eran. Si ellos decían que era un pronunciamiento militar, entonces porque me torturaban a mí, que era un militar igual que ellos. Nunca quisieron reconocer el carácter político de sus acciones. Se negaban a aceptar que lo que hacían era anticonstitucional y por lo tanto era una acción política y no un pronunciamiento militar. No estaban obedeciendo a la constitución sino interpretándola a su propia conveniencia. Por eso, junto con los otros militares que piensan como yo, nos hemos llamado a nosotros mismos "constitucionalistas." Tratar de hacer entender a los cabezas dura eso lo de la constitución, es una tarea imposible.

— Bueno, el once de septiembre de mil novecientos setenta y tres, el día del golpe, yo me encontraba trabajando en las oficinas de la DINAC junto al General del Aire, Alberto Bachelet. Esta Dirección Nacional para el Abastecimiento y la Comercialización, había sido creada para combatir a los comerciantes mayoristas, distribuidores y minoristas que saboteaban la distribución de mercancías con el propósito de dar la sensación de escases. Fueron ellos, y no la política económica del gobierno, como se le hizo creer al público, los que crearon eso del desabastecimiento. El propósito era provocar el pánico y descontento en la población y lo lograron. Qué paradoja, los distribuidores saboteaban la distribución. Dar la sensación de escases de alimentos y artículos esenciales, fue parte del plan de la derecha económica para crear una psicosis colectiva e incentivar el golpe. En los últimos días de agosto del setenta y tres, esa psicosis colectiva ya existía y cuando todo estaba preparado para el golpe, la CIA dio el toque final pagando cien dólares diarios a cada camionero que no moviera su vehículo. Sin camiones, el país quedó paralizado y algunas gentes salieron a las calles a pedir el golpe a gritos. El plan había tenido éxito. Al no encontrar las mercaderías que se necesitaban y recibiendo el bombardeo de los medios de comunicación que advertían que pronto no habría nada para comprar, la población entro en pánico. Los medios, controlados mayoritariamente por la derecha, les habían convencido a que había que comprar ahora. Tal vez mañana no habría como conseguirlo. Fuese lo que fuese, apenas aparecía algún producto en una tienda, las gentes se agrupaban y hacían largas filas para comprarlo. Fue lo que se llamó, la época de las colas. Si veías una cola, ponte en ella, se decía. Había que comprar, aunque realmente lo que vendían no lo necesitaras, pero había que hacerlo porque más tarde no lo ibas a conseguir. Esto de las colas en los últimos meses del gobierno de Allende, fue patético. Conocí muchas gentes que compraban sin necesitarlo o lo hacían por acaparar para cuando faltara. Por ejemplo, una de mis primas, que no era capaz de cambiar un neumático, tenía en su casa docenas de repuestos de auto. Si había cola para comprar repuestos de auto, ella se ponía y compraba. Como no sabía nada de mecánica, tenía repuestos que no servían para su auto, pero igual los había comprado. Como tenía dinero, cuando veía una cola, fuese lo que fuese, ella se ponía en la fila y lo compraba. Era una verdadera sicosis colectiva. Muchos años después del golpe, conocimos en Alemania a una mujer chilena de la clase alta que hacía recuerdos de como vivía en Chile poco antes del golpe. Inocentemente y sin entender de lo que hablaba, describió que esos tiempos habían sido muy felices para ella porque como niña, jugaba con sus vecinas al almacén con aquellos víveres no perecibles que todas tenían en sus casas. Vendiéndose o comprándose conservas, arroz, fideos, azúcar, aceite y otros alimentos jugaban al almacén con alimentos que eran difíciles de conseguir pero que sus padres habían acumulado en cuartos especiales para eso. Siendo una mujer adulta, lo dijo con tal inocencia, que me dio vergüenza explicarle lo que eso significaba. Ella jugaba con sus vecinas con aquello que otros buscaban con desesperación. La población con poder adquisitivo acaparaba en sus casas mucho más de lo que podía consumir y eso, agregado al boicot de los distribuidores, creaba escases. La prueba de que eso fue un complot económico con fines políticos quedó en evidencia a los pocos días después del golpe. El trece y el catorce de septiembre, cuando algunos comercios empezaron a abrir sus puertas, muchas tiendas mostraban sus estantes llenos de mercaderías. O sea, aquellas mercaderías y alimentos que por meses no se veían en el mercado, aparecieron en unas pocas horas. Claro, habían sido escondidas. Solo los ignorantes y los que no quisieron ver se habrán tragado eso de que las políticas de Allende hubiesen provocado escases. Déjenme contarles una anécdota más que prueba lo que les digo. Y esto es algo que me pasó personalmente a mí.

— Alrededor de unas dos semanas antes del golpe, me encontraba en casa de uno de mis vecinos donde, después de unos tragos, escuché esta historia. "Mira José," me dijo mi vecino, "quiero contarte esta historia porque me siento muy mal acerca de ella y quisiera compartirla contigo. Quiero que tú, como militar, estés enterado de lo que realmente pasa. Tú sabes que soy bombero voluntario de la Bomba Italia. Hace como cuatro días fuimos llamados a combatir un incendio que se había producido en una tremenda bodega de un comerciante de la vega. Al entrar, vimos algo increíble, todas las estanterías estaban atiborradas de mercaderías de todo tipo. Sabes tú lo que me ha costado conseguir papel higiénico para mi casa y pañales para él bebé. Bueno, en sus estantes, ese desgraciado tenía cientos de cajas de papel higiénico y de pañales. Lo que vimos era degenerado. Las cosas que a todos nos costaba tanto conseguirlas, estaban ahí acaparadas. Todos los bomberos que entramos, nos miramos con caras de asombro y sin decirnos nada, asentimos con la cabeza. Nos dimos media vuelta, recogimos nuestro equipo para apagar incendios y salimos. Desde la calle observamos como las llamas consumían ese edificio. Ninguno de nosotros iba a arriesgar su vida para salvarle los bienes a ese desgraciado. Como la bodega estaba bastante separada de las casas vecinas, nos preocupamos de proteger los otros edificios y esperamos hasta que el lugar estuviese consumido. En nuestro reporte, todos coincidimos en declarar que las llamas habían avanzado tanto que solo quedaba salvar los edificios colindantes. ¿Qué te perece José?"

Por mi trabajo en DINAC yo sabía del complot así es que la historia no me pareció extraña. A mi vecino no le dije nada. Él era de oposición al gobierno y había estado convencido, como la gran mayoría de la población, que el desabastecimiento era el producto de las políticas de Allende, pero claramente esa experiencia lo cambió. Los hechos le habían demostrado que estaba equivocado, no era necesario que se lo dijera. Yo sabía muy bien lo del boicot porque la Dirección Nacional para el Abastecimiento y la Comercialización, había sido creada justamente para eso. Para impedir que el desabastecimiento produjese el caos social. La creación de DINAC se inició con una petición del presidente de la república al comandante de la Fuerza Aérea de Chile, para que comisionara al general Bachelet para dirigirla. Su misión era coordinar la distribución de mercancías en todo el país y siendo una tarea políticamente sensitiva, el General Bachelet eligió para ella, solo a aquel personal de su confianza. Al ser seleccionado para una comisión de esa naturaleza me preocupó un poco, pero cuando supe que estaría bajo las órdenes del general Bachelet, me sentí más tranquilo. Conocía su integridad y sabía que fuese cual fuese la misión, si él estaba involucrado, tenía que ser importante para el país. Además del General, trabajábamos en la DINAC varios oficiales y suboficiales. Por mi formación, yo trabajaba en la planificación y la contabilidad de todo el sistema. Otros oficiales supervisaban las bodegas, la recepción y despacho de mercaderías y la actividad de choferes y cargadores. La mantención de camiones y otros vehículos, estaba controlada por suboficiales especialistas en mecánica. Había muchos civiles que trabajaban en DINAC, pero por encargo directo del presidente Allende, la responsabilidad y el mando de toda la operación caía en nosotros, los militares. Más tarde habría de enterarme que el presidente tenía tanta confianza en el general Bachelet, que le dio carta blanca para organizar la operación y elegir al personal. Cuando concibió la idea, Allende había tenido especial cuidado de no pasar a llevar la línea de mando y por lo tanto solicitó oficialmente al comandante de la fuerza aérea, el General Leigh, que comisionara al General Bachelet. La historia de aquellos militares que vivimos ese periodo es muy curiosa. No hay duda de que más tarde, cuando fuimos detenidos y torturados, tiene que haber sido por orden del mismo General Gustavo Leigh. Resulta chocante entonces, que la misma autoridad que nos había comisionado para un trabajo, después nos acusaría de traidores por haber estado haciendo ese trabajo. En verdad fue como vivir una reversión de la justicia. Se juzgaba como traidores a la patria a quienes habíamos cumplido órdenes. Se declaró que existía un tiempo de guerra y aquellos que no estábamos con los golpistas pasamos a ser enemigos. Todo eso basado en una peregrina teoría según la cual, el gobierno elegido democrática y constitucionalmente, se había convertido en enemigo del pueblo. Parece increíble, pero a partir del día del golpe, la dictadura creo un ambiente de guerra civil. Los amigos, si estaban a lado contrario de los que arrebataron el poder por la fuerza, pasaron a ser enemigos. Esto sucedió también en los altos mandos militares. Gustavo Leigh y Alberto Bachelet eran grandes amigos. Cada vez que Leigh hubo de salir en comisión de servicio al extranjero, le pedía a su amigo Alberto, el "Beto," que asumiera como su apoderado general para administrar sus asuntos personales y financieros en Chile. Fue su amigo Beto quien le presentó a Gustavo Leigh a aquella que sería su primera esposa, Alicia Yates. Era el mundo al revés. El general Bachelet fue acusado de traidor, pero no se consideró traición que otro de sus grandes amigos, el general Mathei, negara el haberse enterado que su compadre "Beto" se encontraba preso en el subterráneo de la Academia de Guerra de la Fuerza Aérea cuando él era el director de esa Academia. ¿El General Director de la Academia no sabía lo que pasaba en un edificio donde todo el personal estaba bajo su mando? ¿O sea, Mathei no sabía que su amigo, aquel con el que habían tenido fiestas familiares, estaba siendo torturado en el mismo lugar al que él llegaba a trabajar todos los días? ¿Nunca supo que la alevosía de esas torturas fueron las que provocaron un fallo al corazón y consecuentemente la muerte de su compadre?

Bueno amigos, para mi esa parte de mi historia no es sólo trágica sino también patética por lo absurdo de su contenido. Después que me liberaron, por años no supe lo que sucedió con los otros que trabajábamos con el general Bachelet. Tampoco lo supe cuando nos detuvieron porque nos mantuvieron separados. Solo puedo suponer que los otros estaban tan asustados como yo porque, apenas salieron de prisión, hicieron lo mismo que yo hice. Esconderse y desaparecer. Para proteger a la familia había que tratar de salir del país y no hacer contacto con nadie. Habíamos visto como aquellos, que hasta antes del once de septiembre habían sido nuestros compañeros de armas, súbitamente cambiaron su conducta y se convierten en nuestros verdugos. Los que fueron parte del nosotros nos declararon traidores y nos convirtieron en el enemigo, los otros. Los militares son entrenados para esto. Si eres el enemigo, ya no eres persona, puedes ser torturado y maltratado despiadadamente. Tienes que confesar quienes son los otros traidores. Quienes son tus cómplices. Aquellos que estaban planeando acabar con ellos. Esas fueron las preguntas que me repitieron una y otra vez durante los días que fui sometido a interrogación. ¿Quiénes son tus cómplices? ¿Quiénes son los otros traidores a la institución y a la patria? ¿Cuáles son sus planes para dominar los mandos de las fuerzas armadas? ¿Cómo pensaban matar a los altos mandos? Mencionaban un plan "Z" del cual yo nunca había oído. Las mismas preguntas las repetían diferentes interrogadores que en el caso mío, diferente al tuyo, Rafael, no se molestaban en ocultar sus propios rostros. Mis interrogadores ni siquiera me encapucharon. Eso habría sido fútil si yo sabía exactamente quienes eran. Yo no sólo podía identificar sus voces y por lo tanto sabía sus nombres, sino que incluso conocía y sabía cosas personales de cada uno de ellos. Después de varios días de esa rutina, creo que se deben haber cansado de mis respuestas porque eran siempre las mismas. Nunca me callé y siempre contesté la verdad de lo que yo sabía. No había conspiración contra los altos mandos, y si la hubiese, yo no sabía de ella. No había planes para actuar en contra de la Fuerza Aérea y aquellos que estábamos por defender la constitución de Chile nunca nos habíamos reunido. Yo no podía saber quién pensaba como yo o quien no pensaba como yo. De eso nunca hablamos, pero si sabía que los militares que trabajábamos con el General Bachelet, estábamos comprometidos a ayudar al gobierno constitucional del país. Como durante todo el tiempo que me torturaron me atuve a la misma historia, creo que finalmente se convencieron de que yo no sabía nada de nada ya que me tiraron en una prisión donde debo haber permanecido varios meses y las torturas cesaron. En ese lugar, empecé a recibir cartas de mi esposa, pero ni aun con el contenido de esas cartas pude saber exactamente cuánto tiempo estuve ahí. Las cartas las censuraban y cualquier cosa que tuviese números o fechas era borrada. Calculo, que por lo que ella me decía de los hijos, deben haber sido varios cientos de días. Una noche, después de lo que pueden haber sido meses, me encapucharon y sin decirme nada, me subieron a un auto y me dejaron en la Alameda con San Martin. Mientras íbamos en el auto, lo único que me dijeron fue que, si hablaba de lo que me había sucedido, entonces me harían desaparecer no sólo a mí, sino que a todos aquellos miembros de mi familia que fuesen sospechosos de saberlo. Sabiendo que vivía con mis suegros, llamé a mi esposa y pronto un cuñado me recogió cerca del lugar donde me dejaron. Debo haber estado muy mal porque me llevó varios días recuperarme. Conté del maltrato al que había sido sometido y pedí perentoriamente a todos los que me escucharon que por favor no lo comentaran con nadie. Se lo ocultamos a los niños, pero como pareja, empezamos inmediatamente a hacer planes para irnos del país lo antes posible. Nos guardamos esos planes tan secretos como pudimos y con la ayuda financiera de las familias de ambos, logramos comprar los cuatro pasajes que necesitábamos para escaparnos a Alemania. Al llegar al aeropuerto, yo estaba sumamente preocupado que no me dejasen salir del país, pero después que revisaron mi pasaporte y pasé sin problemas, sentí un gran alivio. Nunca he sabido que es lo que pasó o lo que no paso, pero salí de Chile y eso era lo único que me interesaba. Mis hijos eran jóvenes y para su propia protección yo nunca les había hablado de cuestiones políticas o conflictos sociales, pero la noche que viajamos a Europa, en el mismo avión les conté lo que me había sucedido. Les conté también porque yo ya no estaba en la Fuerza Aérea y que no sabía el tiempo que tendríamos que irnos a vivir a otro país. Les advertí lo duro que les seria tener que aprender otro idioma y estudiar en una escuela donde se habla solo alemán. Mi esposa me recriminó por ser tan duro con ellos, pero yo le replique explicándole lo importante que era saber qué es lo que nos esperaba adelante. Para ninguno de nosotros sería fácil y por su propio bien era tiempo que se empezaran a endurecer.

—Bueno, la realidad no fue tan trágica como yo me lo imaginaba porque llegando a la República Democrática de Alemania fuimos considerados como refugiados políticos y recibimos ayuda del gobierno para instalarnos, estudiar alemán y comenzar una nueva vida. Como familia yo diría que tuvimos gran éxito. En pocos años mi esposa y yo dominábamos el alemán a un nivel que nos permitió estudiar en la universidad y continuar haciendo aquellos trabajos que nos proporcionaban una vida aceptable. Esos primeros años del exilio voluntario fueron felices porque a pesar de que vivíamos sin lujo alguno y solo satisfacíamos las necesidades básicas de subsistencia, estábamos estudiando y por eso el futuro se presentaba con perspectivas promisorias. Dado que a los dos se nos reconocieron los estudios que habíamos hecho en Chile, pudimos empezar directamente en la escuela de graduados. Ya para el año ochenta, yo había obtenido mi doctorado en ingeniería y mi esposa el suyo en educación. Los hijos se habían convertido en jóvenes alemanes y ya habían empezado a encontrar pretendientes en tanto nosotros, como doctores bilingües español/alemán, habíamos conseguido trabajo en la universidad. Así nos encontró el momento cuando Pinochet hubo de dejar el poder y se nos presentó la disyuntiva de que podríamos volver a nuestra patria. Tuvimos una reunión de familia y, por varios días, discutimos seriamente esa posibilidad. Yo diría tal vez semanas. La verdad es que mi esposa y yo no nos sentíamos alemanes y por mucho esfuerzo que hiciésemos, al abrir la boca inmediatamente éramos identificados como extranjeros. Nunca sentimos ser discriminados, pero había algo en el trato con los alemanes que, a pesar de ser muy atentos y corteses, nos hacía sentir como diferentes. Mi esposa y yo confesamos abiertamente este sentimiento frente a los hijos. Era algo que lo habíamos sentido y hablado entre nosotros, pero que nunca lo habíamos comentado con ellos. No lo habíamos hecho para no preocuparles, pero había algo ahí que era difícil de identificar. No era posible describirlo, pero nos hacía sentir incómodos. En el caso de los hijos, la situación era diferente. Los dos ya tenían una pareja estable. No estaban casados, pero vivían con alguien y en sus trabajos eran tremendamente exitosos. Ellos mismos dijeron que si ellos tuviesen que vivir en Chile lo más posible es que se sintieran como extraños. Tan extraños como nos sentíamos nosotros en Alemania. Y era entendible, porque era muy poco lo que recordaban de Chile así es que después de mucho discutirlo, pensarlo y repensarlo, ellos decidieron quedarse allá y nosotros nos vinimos a chilito. Lo demás es la historia de nuestros últimos veinte años aquí en Chile la cual, no creo que sea de gran interés para nuestro amigo Rafael.

— En eso te equivocas José, sí que me interesa porque por lo que me has contado hay muchos paralelos entre las experiencias de tu familia y la mía. Especialmente, me parece que las vidas de nuestras respectivas esposas parecieran ser bastante similares. ¿Dime José, ya que tu esposa estudió educación, no será por casualidad una de aquellas antiguas normalistas?

— Si lo es, ¿Por qué me lo preguntas?

— Justamente por eso, porque veo que ahí hay otra coincidencia entre nuestras mujeres. Hilda también estudio en la normal. No me digas que las dos estudiaron en la misma escuela porque esa, sería una coincidencia mayor. A principios de los sesenta, había solo tres escuelas normales para mujeres en Santiago. Dos eran públicas y la otra, la Escuela Normal María Auxiliadora era privada. Siendo privada confesional y católica, había que pagar y solo las hijitas de papa y mama podían asistir a ella. Por lo que me has dicho de tu esposa ella tiene que haber estado en una de las normales públicas. ¿En cuál estuvo? En la número uno o la número dos.

— Ella se graduó de la Escuela Normal número uno, dijo José y se llama Rosa Sánchez.

—Ahora sí que estamos hablando de una eventualidad realmente fortuita. Pero si yo la conozco, le dije. Ella es una tremenda bailarina de Rock and Roll. Hilda era del mismo curso y yo bailaba con tu esposa en las tardes deportivas de la normal. Hacíamos una pareja colosal. Cuando bailábamos, nos hacían rueda.

— Esto es realmente increíble, dijo José. Bien se dice que es chico el mundo, si eran del mismo curso, obviamente tienen que conocerse. Eso quiere decir que estudiaron juntas los seis años de la normal. Mira Rafael, ahora ya sé positivamente que Rosa estará encantada de encontrarse con tu esposa así es que, sin consultárselo a ella, en este mismo momento quiero comprometerte para que el próximo sábado se vayan a mi casa y nos hacemos un pedacito de carne a la parrilla. Tenemos una terracita debajo de un parrón y estoy seguro de que a las mujeres les encantará. Ahí ellas podrán ponerse al día de tantas cosas que les han sucedido en todos estos años y nosotros podremos continuar esta conversación. ¿Te interesa? ¿Irías? Por supuesto, Ariel no necesita invitación para ir a nuestra casa ¿Contamos contigo Ariel?

— Lo siento primo, pero tengo otro compromiso. No podré estar con ustedes, dijo Ariel.

— ¿Y tú Rafael, vas?

— Por supuesto estimado amigo, me gustaría mucho. ¿Puedo ya llamarte amigo? ¿no? dije.

— Claro que sí. Será un placer contarte entre mis amigos.

— Cuando se lo diga a Hilda, seguro que estará encantada de encontrarse con una compañera de curso. Cuenta con nosotros. ¿A qué hora quieres que estemos allá? Estamos jubilados y este fin de semana no tenemos ningún programa así es que dinos donde vives, e iremos a tu casa.

— ¡No! ¡No! ¡No! ¡Por ningún motivo! Tú dime donde están alojados y yo los iré a buscar. Sé muy bien lo que se siente cuando visitas otro país y no tienes transporte propio. Más aun, yo los voy a buscar y les dejo de vuelta en el mismo sitio. ¿Entonces, donde los voy a buscar?

Le di la dirección del departamento que arrendábamos en la Plaza de Armas y le agradecí su insistencia en facilitarnos el transporte, pero le recordé que no era necesario. En ese momento, tímidamente, Ariel intervino en la agitada conversación excusándose porque no podría acompañarnos. De la manera en que lo dijo, me pareció captar cierta renuencia en su tono. Tal vez notó que él no era parte de la misma química que se había producido entre su primo y yo. Tal vez pensó que las dos parejas tendríamos tantas cosas en común, que él se sentiría marginado. Digo esto porque consciente o inconscientemente, después de darnos sus excusas, cambió el tema de la conversación. En ningún momento fue explícito, pero Ariel se notaba ligeramente incómodo cuando dijo:

— Veo que ya se las han arreglado para seguir copuchando del pasado, pero como yo no podré estar ahí, antes de irnos, me gustaría hacerle un par de preguntas más a Rafael. Creo que es tarde y pareciera que somos una de las últimas mesas que van quedando.

— Por supuesto, dije. ¿De qué se trata?

— Bueno, quisiera saber más de las cosas que te sucedieron en la UTE durante todo ese año que trabajaste después del golpe. Ya me contaste lo de Nino Bruzzo, pero hay otras cosas que Marcial me dijo, los detalles los tengo confusos y ahora se me han olvidado. Seguro que son anécdotas sabrosas porque cuando Marcial me las contó, yo gocé mucho con ellas. ¿Me dijo algo así como que habías sido profesor del Capitán Ramírez y que te habías reído en la cara de tu decano? Por favor cuéntanos, yo siempre estuve intrigado por aquello que me había dicho Marcial. Yo lo tengo todo enredado y, además, me siento un poquito culpable porque en ese tiempo yo también traté de evitar hablar contigo dentro de la universidad. Por favor, cuéntanos ¿Qué pasó con el Capitán Ramírez y con tu decano?

— ¡Ah bueno! Esas son dos cuestiones separadas. No tienen nada que ver la una con la otra. La primera de ellas que tiene que ver con el Capitán Ramírez es muy curiosa. Ariel ¿te acuerdas del Capitán René Ramírez?

— Y quien no se va a acordar del Capitán Ramírez, si todos sabíamos que él era el jefe de la policía secretas que actuaba espiando para la dictadura dentro de la universidad.

— Efectivamente, no me lo vas a creer, pero ese mismo Capitán Ramírez fue alumno mío. Lo que sucedió con él es muy interesante y lo compartiré gustoso, pero antes hagamos salud.

— Bueno, esto sucedió durante el segundo semestre del mil novecientos setenta y cuatro cuando en la escuela de ingeniería de la UTE se creó un programa acelerado para obtener el Grado de Ingeniero Civil. El argumento que se usó para crear este programa era que su currículo había sido diseñado regularizar la situación de aquellas personas que, teniendo algunos estudios de ingeniería, no eran suficientes para obtener el título de Ingeniero. La verdad era que los cursos habían sido creados a insistencia, influencia y gestión del Capitán Ramírez y aquellos otros oficiales del ejército que habían llegado a trabajar en la universidad después del golpe. Estos militares son los que influyeron para que el Rector delegado, otro militar, firmara un decreto interno de la UTE que creaba un programa llamado: "Cursos de regularización para la carrera de Ingeniero Civil." Para los militares, esto hacia mucho sentido académico, pero para los profesores de la Escuela de Ingeniería era una aberración. La cuestión es que los oficiales del ejército estudian en la Escuela Militar primero y luego en la Academia de Guerra muchos cursos de carácter ingenieril, pero esos estudios no son parte de un currículo específico de ingeniería. Los profesores de la escuela de ingenieros estimaron que el programa de regularización abarataba el título de ingeniero y muy molestos por el decreto interno, adujeron diferentes excusas y se negaron a participar. El rector, que era solo un coronel, no tuvo manera de imponerse sobre las excusas, ya que mayoría de los académicos que habían quedado en ingeniería después del golpe, lo habían hecho porque tenían contactos directos con generales, almirantes y otras altas autoridades de la dictadura. Dado que el proyecto era exclusivamente interno y la condición principal era que el programa no incurriría en gastos especiales para la universidad, los organizadores iniciaron la búsqueda de profesores en otras facultades. Cuando supieron que, en la Facultad de Humanidades, mi colega Luis Gutiérrez y yo, nos habíamos especializado en evaluación e investigación educacional, nos solicitaron que enseñáramos un curso en el área de administración de empresas. El curso denominado "Identificación de las Necesidades Administrativas," estaba basado fundamentalmente en aquellas dos disciplinas en que Gutiérrez y yo éramos especialistas, estadísticas aplicadas y evaluación de las necesidades. Los organizadores del programa estimaron que nosotros, que enseñábamos cursos de evaluación, estadística inferencial e investigación educacional en la UTE y que nos encontrábamos terminando el Magister en Administración en la Universidad Católica, estábamos calificados para enseñar ese curso. Ninguno de nosotros había estudiado ni menos enseñando la materia que se nos pedía, pero Gutiérrez era un recién llegado y yo sabía que me tenían bajo observación, así es que cuando nos llamaron para ofrecernos el curso, no pudimos decir que no. Nos preparamos como brutos por varias semanas y afortunadamente el curso fue todo un éxito. La razón por la que digo que fue un éxito es porque los alumnos quedaron tan contentos que cumplieron con una de las tradicionalidades de la UTE de esos tiempos. Al término de las clases y después que las notas han sido entregadas, los estudiantes de un curso de graduados invitan a sus profesores aquí, al "Chancho con Chaleco." Así es que ustedes ven como, en diciembre de mil novecientos setenta y cuatro, solo dos meses antes que me "desaparecieran," estuve cenando aquí con el Capitán Ramírez, el jefe de la policía secreta de la universidad.

Bueno, se le llamaba secreta, pero no era tal, en la universidad, supongo que ahora como antes, todos saben muy bien quién es quién. Es por eso por lo que ya de madrugada y después de varias botellas de pisco, el Capitán Ramírez y yo nos encontramos a solas en el baño. Sin darnos cuenta, habíamos ido a orinar al mismo tiempo. Medios curanteados, nos saludamos y como el alcohol hace que las restricciones formales desaparezcan, comenzamos a hablar desinhibidamente.

— Señor Olivares, estoy muy contento con todo lo que aprendí en este curso, me dijo el Capitán Ramírez.

— Gracias, yo estoy muy agradecido por su participación durante mis lecciones. Fueron siempre oportunas y al caso. Eso demuestra que un estudiante está siguiendo exactamente el hilo de la clase y para mí fue muy grato comprobarlo a través de sus intervenciones.

— Creo que usted sabrá muy bien quién soy yo y que es lo que hago aquí en la UTE, pero en este momento yo soy el alumno y usted es el profesor. Me dijo Ramírez ¿Por qué no me tutea?

— Tal vez será por temor, pero si prefieres que te tutee, no tengo problema. Todos sabemos que eres el jefe del Servicio de Seguridad de la Universidad y que, como tal, tienes más poder que los decanos y muchas otras autoridades, le dije.

— Si es cierto. Pero por favor tutéeme. Para mi será una señal de respeto al que sabe. Debo confesarle que cuando me enteré de que usted seria uno de los que enseñarían en este programa, me fui inmediatamente a revisar la ficha que le tenemos y no crea que lo hice por precaución. Lo hacemos con todos los profesores de la universidad. Se imaginará que ese es nuestro trabajo ¿No? Tenemos un archivo de cada una de las personas que trabajan en esta institución.

— ¿Y qué encontraste en mi ficha? ¿Se puede saber?

— Si por supuesto. No hay problema. No encontré nada comprometedor. Sabíamos y sabemos que usted trabajó para el gobierno de Allende promoviendo la Escuela Nacional Unificada, pero aparte de su participación en la ENU, no encontré ninguna afiliación a partido político ni actividad política alguna. Tenemos si las fotos de todas las concentraciones de la Unidad Popular a las que usted asistió. Tenemos tantas fotos que me parece que usted asistió a todas.

— ¿Eso es todo lo que tiene mi archivo?

— ¿Y le parece poco? Si en la mayoría de esas fotos usted es uno de los pocos profesores que cargaban le cartel principal de la UTE. Todos los demás eran estudiantes.

— Bueno gracias por esta información. Yo sospechaba que había un archivo de mis actividades y ahora sé lo que hay en él.

— Gracias a usted profesor. Fue un placer haber asistido a su clase.

Y con eso salimos del baño y nos unimos al resto del grupo. ¿Se imaginan ustedes? Conversar acerca de mis antecedentes con el jefe de la policía secreta de la universidad. Lo que aprendí ese día me sirvió bastante para sostenerme mientras me torturaban. Cada vez que me apremiaban, yo asumía que aquel que me interrogaba tenía esa misma ficha y como yo sabía lo que había en ella, me atuve siempre a contestar no más allá de lo que decía la ficha: Si, había trabajado promoviendo la ENU. No, no he pertenecido a ningún partido político. Si, desfilé con la comunidad universitaria en muchas concentraciones de apoyo al gobierno de Salvador Allende. No, nunca he pertenecido a organizaciones paramilitares y no conozco a nadie que pertenezca a una. Seguramente el Capitán Ramírez nunca se imaginó que lo que él me dijo, había ayudado a soportar la tortura. La ayuda solo me sostuvo psicológicamente porque al final, como ya les he contado, igual me mandaron a la muerte.

— ¿Nunca se te ha ocurrido que fuese ese Capitán Ramírez quien te denuncio? dijo Ariel.

— Si, lo he pensado, pero no hace sentido. Cuando apareció mi nombre como uno de los profesores de ese programa especial de la Escuela de Ingeniería, él ya sabía perfectamente quien era yo. Como el mismo me lo dijo, cuando supo que sería mi estudiante me volvió a chequear, pero no me objetó. ¿Por qué habría de hacerlo más tarde si no lo hizo entonces? Además, después del golpe, por todo ese año estuve ayudándole administrativamente a la mujer que fue nombrada directora del Departamento de Pedagogía, y a pesar de que fui objetado e investigado varias veces — ella misma me lo dijo — el informe que Ramírez hizo de mí, fue ateniéndose estrictamente a lo que había en mi ficha.

— Excelente que lo hayas mencionado Rafael, ese era otro de los asuntos de los que me interesaría saber. ¿Cómo fue que tú, un conocido miembro de la izquierda universitaria, lograras permanecer en tu puesto todo ese tiempo? Marcial me lo explicó, pero lo encontré confuso o no presté suficiente atención. Dime ¿Cómo fue eso? Me preguntó Ariel.

— Bueno, esa historia es larga y complicada. ¿Realmente quieren que se las cuente? Es tarde.

— Por supuesto que me gustaría escucharla. Por eso es por lo que te lo estoy preguntando, dijo Ariel. No te preocupes por la hora. Esta gente me conoce desde hace años y se demorarán horas en cerrar. Otras veces me he quedado hasta mucho más tarde que ahora. ¡Vamos, dale!

— ¿Y tú José, no querrás irte ya?

— ¡Estás loco! Si esto no me lo pierdo por nada en el mundo. ¡Dale Rafael, cuéntanos!

— Primero, debo remontarme a los primeros meses en que asumió Allende, en el mil novecientos setenta. En ese entonces, como siempre lo he sido, yo era un hombre de izquierda que, aunque no estaba afiliado ni inscrito en ningún partido, era políticamente muy activo. Es por eso por lo que ese año, fui elegido representante del Departamento de Pedagogía, al Consejo Académico de la Universidad. Ese consejo representaba a los diferentes estamentos universitarios. Esto es, a los académicos, los estudiantes y los administrativos de la UTE. Era una especie de senado académico y funcionaba como el poder legislativo donde se discutían y se aprobaban todas las políticas académicas concernientes a la universidad. Al año de estar participando en ese consejo, me convertí en un duro crítico de lo que hacían los partidos políticos de izquierda porque como independiente, yo podía ver que la actitud de los extremistas ideológicos de la Unidad Popular alineaba a los miembros de aquellos partidos moderados como los Radicales y los Demócratas Cristianos cuyos votos eran necesarios para sacar adelante los proyectos que nos interesaban. Al final, con la actitud intransigente de los extremistas de la UP, cualquier proyecto que se discutiese alineaba a muchos miembros del consejo y era muy poco lo que se lograba. Estando en el corazón mismo del poder académico, también observé que el Partido Comunista, que controlaba el poder ejecutivo de la universidad, o sea la Rectoría, gastaba más tiempo y energía en combatir a otros partidos de la Unidad Popular que en activar políticas constructivas para la universidad. Por eso es por lo que me declaro algo que muchos gringos les cuesta entender, soy un hombre de izquierda, pero absolutamente anticomunista. En mis intervenciones en el consejo traté de hacer ver esos errores y cometí un pecado político capital. Había criticado públicamente las políticas de los partidos de izquierda. No sólo no fui escuchado, sino que pronto me despojaron de cualquier forma de participación en la UTE. Al año siguiente no fui reelegido al Consejo Académico y fui aislado absolutamente de toda acción política. Reducido solo a mi estatus académico, busqué como continuar contribuyendo al gobierno de Salvador Allende y me volqué a trabajar directamente con el Ministerio de Educación en el proyecto educativo de la Escuela Nacional Unificada. En la UTE hacia mis clases, pero el resto de mi tiempo estaba dedicado a participar en el desarrollo de la ENU. Así fue donde me encontraba cuando se produjo el golpe de estado. ¿Te acuerdas Ariel que a fines de septiembre todos los que estábamos empleados por la universidad fuimos citados en la puerta de la calle Ecuador para recibir el cheque con el sueldo de ese mes y firmamos un documento en que aparecía el nombre de cada uno? A mí me pareció curioso que esa lista de todo el personal fuese alfabética. No estaba ordenada ni por estamento ni por facultad. Estábamos todos mezclados, académicos administrativos y personal de servicio.

— Por supuesto que me acuerdo, dijo Ariel. Yo también noté eso de la lista alfabética que tú dices. Después supe que había una explicación. Lo del cheque fue una excusa. Es cierto que nos entregaron el sueldo, pero el verdadero propósito de hacernos firmar esa nómina alfabética era chequear cuantos se presentarían y cuantos ya habían escapado al extranjero. Fueron esos días terribles en que debíamos presentarnos cada mañana a firmar la asistencia. ¿Y tú te acuerdas Rafael que ya para el lunes siguiente, la lista estaba ordenada por facultad y departamento?

— Pues como no me voy a acordar, si esa fue la época en que yo le decía a Hilda: "Este es el día en que me echan." Pero igual me presentaba y cada vez que firmaba, veía los nombres tachados de aquellos funcionarios que ya no eran parte de la institución. Yo estaba asustado y molesto por la situación, pero tenía una familia que mantener y es por eso que igual me presentaba todas esas mañanas a firmar. Además, como yo era políticamente independiente, no tenía la protección de los partidos que otros colegas tenían. Asumo que esa protección no sería mucha ya que la dictadura había desarticulado todos los contactos políticos, pero entre ellos se hablaban, se daban datos y se creaban contactos. Yo estaba absolutamente solo.

— Claro, me dijo Ariel. Me cuesta hacerlo, pero creo que te entiendo. Diferente a ti, yo no tenía nada que temer. Siempre había sido apolítico y ni siquiera participaba en las elecciones de autoridades de la universidad. que hacer por mi familia porque nunca la he tenido. Me presentaba a firmar porque había que hacerlo. No pensaba como se sentían otros como tú, pero en esos días fue cuando vi algo que me hizo empezar a cambiar mi actitud.

Fue cuando vi a ese desgraciado del Hartman apuntando con el dedo a ciertos colegas de mi facultad y vi como la policía secreta los sacaban de la línea y se los llevaba. Eso fue lo que me hizo despertar. Honestamente te digo Rafael, ahí fue que empecé a ver cuán equivocado estaba de no envolverme en lo que sucedía en la universidad. Ahí me di cuenta, que alrededor mío existían desgraciados como Hartman que eran capaces de identificar políticamente a sus colegas para que la dictadura dispusiera de ellos. Ya te conté lo de Hartman ¿no?

— Si, ya me lo contaste.

— Y a propósito de ese desgraciado, siempre me he preguntado. ¿Por qué Hartman nunca te acusó a ti Rafael? ¿Tal vez no te conocía porque eras de la Facultad de Humanidades?

— Yo creo que es lo que tú dices, me parece que no me denunció porque no me conocía. Recuerda que de una facultad a la otra nos conocíamos poco dentro de cada facultad todos sabíamos exactamente quién era quien. Es por eso por lo que, cuando me llamaron para reiniciar las actividades académicas, me mandaron a hablar con una colega a quien yo conocía muy bien. Ella era profesora de pedagogía en inglés y había sido la jefa de los Demócratas Cristianos de la UTE. Había luchado abiertamente contra la UP y los milicos la nombraron Decana de la Facultad de Humanidades porque ella conocía muy bien a todo el personal. Cuando me presenté en el decanato, cerró la puerta de su oficina y me dijo en confidencia: "Mira Rafael, tu y yo sabemos exactamente quienes somos, pero a pesar de tu pasado upeliento, he decidido permitirte que continúes trabajando en la universidad. Por supuesto entenderás que hay condiciones. Primero, no tengo que decírtelo, pero igualmente lo haré. No te hagas notar y dedícate estrictamente a tu trabajo. Cuando presenté la nómina de los colegas que quería de vuelta en la facultad, fuiste muy objetado, pero yo te defendí porque necesito que le ayudes a Ernestina Moreno. A ella la he nombrado directora del Departamento de Pedagogía y como tú la conoces, entenderás porque te pido esto. Cuando se lo sugerí, ella estuvo muy de acuerdo e inmediatamente movió sus contactos con su exmarido. Él está en una posición alta en el actual gobierno y consiguió que te dejaran solamente porque puedes ayudarle a ella. Tú sabes que ahora aquí, no tienes amigos y si muchos enemigos. Las cosas solo se pondrán más duras, así es que, si quieres trabajar aquí, tendrás que pasar desapercibido y ayudarle a Ernestina sin que se note." No tuve ni que pensarlo. No me quedaba otra que aceptar. Yo sabía que ayudarle a esa tal Ernestina no sería difícil porque conocía bien el tejemaneje del Departamento de Pedagogía y así fue como me pude mantener en la universidad hasta que fui detenido por los servicios de seguridad de la dictadura.

— ¿Nos estas diciendo que no tuviste problema hasta que te apresaron? Dijo José.

— ¿Nunca se te ha ocurrido que la decana o Ernestina Moreno pueden haber sido quienes te delataron? Dijo Ariel.

— Mira José, no te puedo decir que no hubo problemas porque si los hubo. Pero de la magnitud de mi desaparecimiento, ninguno. Y de lo que te preocupa a ti Ariel, no veo ninguna chance. ¿Por qué habría de delatarme la decana si fue ella quien me llamó a reintegrarme cuando muchos de mis colegas de izquierda eran despedidos sumariamente? Y en el caso de Ernestina, es menos probable todavía ya que a las dos semanas de trabajar juntos, ella dependía tanto de mí, que varias veces tuvo que defenderme frente al Rector. Había gentes que querían deshacerse de mí, pero como ella me necesitaba y tenía contacto directo con gente en el gobierno a través de su exmarido, varias veces me defendió. Si ella hubiese querido ponerme en aprieto, solo tenía que hacer una llamada telefónica y me acabé. No, no creo que ninguna de esas dos mujeres estuvo involucrada. Yo creo que me protegían y es por eso por lo que me asusté bastante cuando se supo que la decana dejaba su cargo. Claro, los milicos no confiaban en ella y la habían usado para hacer andar la facultad, pero pronto la reemplazaron. El nuevo decano llegaba de España por recomendación directa de Pinochet. Sus nombres y títulos sonaban tan rimbombantes, que varios colegas se empeñaron en saber quién era. Pronto se supo que Pinochet había recomendado al Doctor en Arqueología, señor Marqués Don Arístides Vásquez de Acuña.

— ¿Ese fue el decano de la Facultad de Humanidades que pronto se hizo el hazmerreír de toda la universidad? Preguntó Ariel.

— Exactamente. El Sr. Marqués o Dr. Vásquez de Acuña, como el exigía se le llamase, llegaba de Europa por recomendación directa de Pinochet. Entre los catedráticos chilenos el nombre nos era desconocido, así es que un profesor que se había doctorado en España consiguió contactarse con alguien que sabía la historia de este personaje. Tú mismo lo has dicho Ariel, en la universidad, las noticias corren como reguero de pólvora así es que antes que arribara, todos estábamos enterados del currículo del Sr. Marqués. El título de Marqués lo había comprado en una de esas compañías de estudios genealógicos donde, por un puñado de dólares, te consigues pruebas de tu ascendencia nobiliaria. Sus estudios de Arqueología, los había hecho en una universidad casi desconocida en Europa, donde con unos pocos meses de estudio y el debido pago te entregan un doctorado. También se supo que su conexión directa con el dictador era que habían sido su compañero de curso en el primer año de la Escuela Militar. Como el Sr. Marqués, siendo de familia chilena acomodada, realmente no necesitaba estudiar una profesión, en el segundo año, renunció a la carrera militar y se fue a deambular por Europa. Allí, usando los contactos de su parentela y amigos acomodados, se convirtió en acompañante personal y guía arqueológico para las viudas ricas que visitaban el viejo continente y Egipto. Para rodearse de cierto aire de legitimidad en lo que hacía, obtuvo uno de esos títulos académicos que se consiguen en corto tiempo en una universidad poco conocida. En una de esas excursiones individuales, conoció a una baronesa española viuda y muy adinerada y se casó con ella. Luego vino el título de marqués por el que pagó una enorme cantidad de dinero. Supongo que algo le faltaba en la academia porque cuando supo del golpe de estado, le escribió a su ex compañero de curso Pinochet ofreciéndose para lo que fuera. La dictadura, que lógicamente estaba muy escasa de académicos, lo aceptó de inmediato. El tipo tenía un doctorado, una impresionante relación con la nobleza española y se ponía incondicionalmente a la disposición de su ex compañero de la Escuela Militar. Así fue como habría de aterrizar como decano de la Facultad de Humanidades de la Universidad Técnica.

— Sí, me acuerdo muy bien de él, dijo Ariel. Tú ya nos estabas con nosotros cuando le encontré en una velada de gala a la que invitó Vicerrectoría. Entiendo muy bien cuando dices que ese individuo era un fanático de los títulos nobiliarios porque en esa velada en que lo conocí, se presentó disfrazado de caballero antiguo. Claro, seguramente entendió que, siendo una velada de gala académica, él podría lucir sus atuendos de noble español y perdonen que diga disfrazado, pero no encuentro otra expresión más descriptiva de lo que vi en esa ocasión. El ridículo se había vestido a la usanza de eso nobles españoles que vemos en los retratos del siglo dieciséis. Debe haber sido la primera vez que la usaba porque toda su vestimenta se veía impecablemente nueva.. El pantalón corto de bordados repujados le llegaba hasta un poco más arriba de la rodilla. El resto de la pierna, desde el muslo hasta el pie, estaba cubierto por unas calzas blancas ajustadas que remataban en unas zapatillas negras de cuero adornadas con una gran hebilla dorada. La chaqueta, llena de dorados, cubría una gran camisa de algodón blanco con muchos bordados. Ese atuendo, se complementaba con una capa, una espada al cinto y un sombrero de ala ancha con pluma. En el pecho, le colgaba un medallón de cadena dorada con el escudo nobiliario del Márquez. No se puede negar que llegar vestido así a una ceremonia oficial de la universidad, demostraba que el tipo tenía una gran personalidad. Se veía ridículo, pero como sabíamos que era amigo personal de Pinochet, no se vio a nadie que ni siquiera insinuara una sonrisa. Yo creo que cuando Pinochet supo de esto, debe haber montado en cólera porque a los pocos días después de esa ceremonia, nos enteramos de que había cambio de decano de la Facultad de Humanidades.

— Exactamente, dije. La primera vez que lo vi, confirmé que era un hombre que vivía en un mundo diferente al nuestro. Fíjate que se casó con una baronesa solo para acumular títulos nobiliarios y cuando hablaba, toda su pasión era hablar de la nobleza española. Esa es justamente la razón por la cual él y yo que tuvimos una relación que no se si describirla como chistosa, trágica o grotesca. Sucedió el primer día que el nuevo decano se presentó en la Facultad de Humanidades. Ese día, seguramente tratando de seguir el modelo militar, hizo que las secretarias citaran a todos los académicos de la facultad para conocerlos individualmente. Nos pidieron que por departamentos nos formáramos en una línea y el comenzó a saludarnos individualmente dándonos la mano y preguntando el nombre de cada uno. Cuando me llegó el turno, no me sorprendió que me preguntara lo que yo ya esperaba: "¿Ha usted es el señor Olivares?" Dijo. "¿Alguna relación con el Conde Duque?" Para cualquier otra persona esta pregunta podría parecer misteriosa o inentendibles, pero no para mí. Por algún tiempo yo conocía la historia del Conde Duque de Olivares, un personaje muy importante en la historia del imperio español y muchas veces había hecho chistes diciendo que yo descendía de él, pero por la línea bastarda. Es por eso por lo que cuando el Sr. Marqués me hizo la pregunta, no me sorprendió.

— Creo que si Sr. Marqués, he hecho algunas averiguaciones y parece haber una conexión, pero no estoy seguro, contesté.

— "Ah sí," me dijo. "¿Y qué es lo que sabe al respecto? Es importante conocer nuestros ancestros."

— Bueno, no sé realmente que decirle. Es una historia un poco larga.

— Pues resúmala y cuéntemela. Estoy muy interesado en ella. Los otros colegas pueden esperar y tal vez aprender algo de ella. Vamos, dígame que es lo que ha averiguado.

— Según mis antecedentes, el Conde Duque de Olivares era un hombre muy poderoso en la corte de Felipe cuarto de España, pero no era una buena persona.

— En eso usted está en lo cierto, la historia no ha sido muy amable con él, pero indiscutiblemente parece que en alguna forma llegó a tener más poder político que casi el mismo rey.

— Bueno, continúe. Siguiendo una de las tradiciones medievales, a las que el Conde Duque era muy adicto, ejerció el derecho a pernada en una mujer que sería algo así como mi tátara, tátara, tátara abuela. Dado que el rey le había concedido el título de "grande de España," el Conde Duque se sentía poderoso e intocable y aun estando en el siglo diecisiete, hizo valer esta potestad nobiliaria que ya nadie ejercía en el resto de Europa. Lo que el Conde Duque no sabía, era que esta mujer, de notable hermosura tenía un carácter muy fuerte y cuando descubrió que estaba embarazada, se presentó frente a él y le exigió su apellido como reconocimiento de la paternidad de la creatura. Obviamente, una insolencia de tal envergadura no podía ser tolerada así es que, apenas ella fue despedida a golpes de su presencia, convocó a su asesino personal y en secreto, le encomendó que la hiciese desaparecer. Con lo que el Conde Duque no había contado, es que la mujer no sólo era bella, sino que tenía una inteligencia extraordinaria y anticipándose lo que sería el resultado de su demanda, había usado sus encantos para iniciar amoríos con ese sujeto ya que, en una corte pequeña, como con la que se rodeaba al Conde Duque, lo que ese sujeto hacía, era un secreto a voces. Este personaje, también muy bien conocido por el vasallaje, ya se había prendido tan perdidamente de la mujer, que le anticipó la orden que se le había dado y le facilitó los medios para que ella misma despareciera de los dominios de su señor. Le entregó el mismo oro con que le habían pagado por su muerte y le recomendó que se escapara a una de las regiones más lejanas del imperio español, el sur de Chile. Ahí, aún se luchaba contra los indígenas, había muchos soldados y pocas mujeres. Esa mujer tan astuta se acomodó con un oficial del ejército que luchaba en el sur de Chile, tuvo al hijo del Conde Duque de Olivares y usó su apellido. Esta es la historia que ha circulado en nuestra familia por generaciones. Yo no sé cuánto de ella sea cierto, pero así es como me la contaron.

— Por supuesto que tiene que ser cierta, me dijo el decano. La gente no inventa este tipo de cuentos porque sí. Estoy seguro de que su familia debe venir de esa línea y aunque posiblemente sea considerada una línea bastarda, es muy posible que usted pudiese hacer reconocer su herencia genealógica. Es un placer saber que tengo entre los profesores de la facultad a un descendiente del Conde Duque de Olivares. Mucho gusto profesor. Espero que en el futuro tendremos más oportunidades de hablar del asunto. Yo le puedo dar información acerca de esta cosa genealógica. Gracias por compartir su historia.

— Para evitar cualquier expresión comprometedora, al terminar mi narrativa, no quise mirar a ninguno de los colegas que se encontraban cerca. Estaba seguro de que aquellos que estaban suficientemente cerca para haber escuchado todo, deben haber estado reventándose de risa. No quería mirar a ninguna cara y solo me mantuve mirando al vacío. El señor Marques se había creído la historia. Tan fanático era por los títulos nobiliarios que seguramente, sin pensarlo, quiso creerla. Posteriormente, cada vez que nos cruzábamos en los pasillos de la facultad, el decano me saludaba diciendo: "Como va profesor, descendiente del Conde Duque de Olivares."

— ¿Crees tú que podría ser ese loco quien te denunció Rafael? Dijo Ariel. Como vez, estoy obsesionado por averiguar quién fue el desgraciado o desgraciada que te causó tanta desdicha.

— Si, lo he pensado bastante y creo que podría ser él. Es posible que alguien le haya explicado el ridículo en que lo puse y por venganza me haya denunciado. Por algún tiempo traté de seguirle el rastro para preguntárselo en la cara, pero no le he encontrado. Mantuvo su puesto de decano por muy poco. Es muy probable que lo hayan sacado de esa posición en corto tiempo porque era una vergüenza para la universidad. Una de las secretarias del decanato era la esposa de un exalumno y ella contó varias de las cosas poco saludables que hacia el decano. Por ejemplo, el tipo llegaba temprano a su oficina y revisaba ligeramente los documentos que le habían dejado sobre su escritorio. Los leía muy rápido y escribía en el margen a quien deberían ser enviados para su análisis y respuesta. Él no contestaba ni resolvía nada. Todo lo delegaba a los jefes de departamentos o a otras autoridades de la facultad. Después de haber enviado todo lo que le había llegado para el día, revisaba lo que había requerido para el análisis y respuesta del día anterior y los firmaba como suyos. Luego dictaba cortos memos de agradecimientos al que le hubiese escrito el informe y hacia las llamadas de teléfono que fuesen necesarias. Alrededor de las diez de la mañana se vanagloriaba de haber vaciado su escritorio y se iba a almorzar. Regresaba por un par de horas en la tarde para resolver algunos asuntos pendientes y declaraba terminado el día. Todo esto es lo que supimos por la esposa de mi exalumno que les dije, era la secretaria ejecutiva del decanato. Ella misma era la que escribía esos memos y despachaba los papeles del decano. Supongo que este proceso de delegar todo a sus subalternos, debe haber creado serios problemas administrativos y esa puede haber sido la razón que el señor Marques duró tan poco en el ejercicio de su cargo. También asumo que no debe haber terminado su mandato en buenos términos con la dictadura porque, aparentemente, después de muy pocos días de haber dejado su cargo, se fue del país y su rastro me ha sido imposible de seguir. Pienso que, si fue él el causante de mis desgracias, ya no me interesa encontrarlo. Enfrentarme a un tipo de esa calaña no me hará ganar nada y prefiero dejarlo ahí. Ya no tengo ningún interés en saber de él.

— ¿Vieron la hora que es, dijo Ariel? Creo que se nos pasó la mano y debemos de irnos ahora.

— Sí, ya no queda nadie en este negocio. Vámonos, dijo José. Yo llevaré a Rafael. La Plaza de Armas está cerca del camino a mi casa.

Me despedí de Ariel y José me pasó a dejar en su auto a la Plaza. Antes de bajarme, me hizo prometerle nuevamente que ese fin de semana nos juntaríamos con nuestras respectivas esposas.

CAPÍTULO DIEZ

¿Tetuán?

Antes del fin de semana, José Pérez nos había llamado varias veces para recordarnos de nuestra cita y había vuelto a insistir en que nos irían a buscar. Yo me resistí mucho a que lo hicieran, pero el tipo era de una amabilidad tan grande y de una insistencia tan obstinada, que no hubo caso, fracasé miserablemente. Al principio le expliqué que teniendo su dirección yo sabría exactamente como llegar hasta allí y no era necesario. "Las calles de esta ciudad son muy familiares para mí," le dije. "Debes saber que financié gran parte de mis estudios universitarios como taxista en Santiago y lo conozco bastante bien. Sé que hay una estación del Metro cerca de tu casa y desde ahí podemos llegar caminando." Le sugerí que no queríamos causarles molestias, pero ninguno de mis argumentos fue aceptado. Con testaruda tozudez, José dijo que para ellos no era molestia alguna. Por el contrario, ya que habíamos aceptado a ser sus visitas, sería un gran placer para ellos llevarnos y traernos de su casa. Después de varios tiras y aflojas, no me quedó otra cosa que aceptar. Al mediodía de ese sábado nos estaban recogiendo en la Plaza de Armas.

Desde el primer momento que los vimos, quedamos maravillados con la pareja que hacían Rosa y José. Se presentaron ni un minuto antes ni uno después de la hora acordada. Llegaron exactamente a las doce y apenas nos vieron, Rosa descendió del auto y se acercó a Hilda saludándola con los besuqueos acostumbrados entre las mujeres chilenas. A mí me lanzó solo un "Hola Rafael," agregando: "Por lo que me ha contado José, ya se mucho de ti así es que déjame saludar a tu esposa. No la he visto desde hace muchísimo tiempo. ¡Ah! Y no me preguntes si me acuerdo de cuando rocanroleábamos en la Normal. Ya hablaremos más tarde de eso" Hablaba y se movía tan rápido que no alcance a responder antes que las dos se tomaran de la mano y se sentaron atrás. El mensaje fue claro, los hombres deberíamos ir adelante. No me asombró. Con su desplante y personalidad de siempre Rosa Sánchez dominaba la situación.

Hice un comentario acerca de la puntualidad del encuentro e inmediatamente José contestó que él había asumido que en ese aspecto seriamos tan gringos como él y su esposa. A ellos nunca les había gustado andar atrasados y hacían lo imposible para llegar a tiempo. Eso se les acentuó desde que volvieron de Alemania, pero a veces habían tenido serios problemas con algunos amigos chilenos. Súbitamente, hasta ahí llegó la conversación masculina porque Rosa, quien estaba esperando por una pausa en lo que decía José, intervino de inmediato:

— Dime Hilda, ¿qué ha sido de tu vida desde que terminaste la Normal?

— Ah, yo también quisiera saber que ha sido de le tuya Rosa, pero creo que necesitaremos bastante más tiempo para hablar de eso. Me parece que tal vez deberíamos hacerlo cuando estemos solas. ¿Qué te parece que ahora nos contemos lo que sabemos de otras compañeras?

En son de chiste, Rosa se acercó al asiento delantero y dijo:

— Lo siento señores, pero por ahora, ustedes se quedan fuera de la conversación.

— A la orden señora, contestó José.

Me di vuelta y con los ojos le dije a Hilda cuanto me gustaba esta pareja. Ella, que es muy buena para leer miradas, me contestó con un gesto casi imperceptible diciéndome "A mí también." Como en otras ocasiones, no necesitábamos enunciar nuestros sentimientos, nos bastó comunicarnos con la mirada.

— Y hablando de normalistas, ¿Te acuerdas tú de Lilian Kirland? Preguntó Rosa.

— Por supuesto que sí. Ella era la presidenta del Centro de Alumnas de la Normal dos y todas la conocíamos. Era muy popular entre las estudiantes normalistas de la época.

— Exacto, ¿Supiste que el mismo año en que se graduó, se casó con Rubén? ¿Te acuerdas de Rubén López? Aquel que había sido presidente de la Normal Núñez y después presidente nacional de la Federación de Estudiantes Normalistas de Chile. Bueno, ese matrimonio tuvo tres lindas creaturas, dos chicos y una chica y mientras Lilian criaba a las tres creaturas, Rubén siguió su labor como dirigente. Al momento del golpe era el presidente de la Federación de Profesores de Santiago.

— Si claro que me acuerdo de esa pareja, contestó Hilda. En la Normal, todas hablábamos de cuan romántico había sido ese idilio. Empezó en medio de la huelga de profesores del sesenta. Las escuelas normales, lógicamente, apoyaron esa huelga y en medio del conflicto y durante esas reuniones de luchas sindicales, el presidente de la Abelardo Núñez y la presidenta de la Normal uno, se enamoraron.

— Bueno, eso es precisamente lo que quería contarte, ese lindo idilio, terminó en tragedia. Poco después del golpe, López fue apresado y se cuenta entre los dirigentes del magisterio desaparecidos. La pobre Lilian no pudo sobrevivir el dolor y enfermó tan grave, que sus hijos, que son ahora hombres y mujeres de gran suceso profesional, quedaron huérfanos. Afortunadamente los padres de Lilian no eran muy mayores y los chicos fueron criados por los abuelos.

— ¡Que terrible! Dijo Hilda. ¿Y cómo sabes todo esto?

— Lo sé porque los padres de Lilian, eran del mismo barrio donde yo me crie y los conozco.

Los recuerdos de compañeras y colegas continuaron y continuaron. José y yo permanecimos en silencio el resto del viaje.

La casa de nuestros amigos, resultó ser tal cual me la había imaginado. Como taxista, debo haber pasado cientos de veces por esa cuadra de la calle Domingo Cañas y siempre había admirado esas casas. La construcción y el jardín que se veía frente a la típica vieja casona, eran muy parecidos a lo que yo recordaba de ese lugar, pero los alrededores habían cambiado enormemente. Esa era la única casa que quedaba en toda la cuadra y se encontraba totalmente rodeada de altísimos edificios de departamentos. Ninguno de esos edificios los había visto antes y cuando hice un comentario, José se adelantó a explicarme.

— Si, este barrio de Ñuñoa ha cambiado mucho. Ya ves que casi no quedan casas como la nuestra. Cuando vino la moda de los edificios en altura, nos ofrecieron mucha plata para comprarnos esta casa, pero en honor a mis suegros, a quienes les costó años y años pagarla, no quisimos vender. El terreno es grandísimo y se podría instalar en este lugar otro edificio de muchos pisos y docenas de departamentos. Te imaginas la cantidad de dinero que se han hecho los que han construido todos estos edificios. Ningún otro vecino de esta cuadra pudo resistir la tentación y todos vendieron, excepto nosotros. Algunos se han ido a vivir a otro lado. Otros se han comprado un departamento en el edificio construido en el mismo lugar donde estaba su casa. Muy felices se embolsaron lo que ellos estimaron un excelente precio. Creo que no se dieron cuenta del tremendo negocito que ellos facilitaron a aquellos que construyeron el edificio. Yo sí lo vi, recuerda que soy contador. Esos que compraron esas casas por unos cuantos cientos de miles, demolieron la construcción y usaron el terreno para instalar esos edificios. Han hecho millones. Cada departamento lo han vendido casi por el mismo valor que pagaron por la totalidad del terreno. ¿Te imaginas la ganancia si un edificio puede tener veinte o más departamentos? Más aún, si venden los departamentos en verde, cosa que en esta área de alta demanda es fácil, son los mismos compradores los que financian la construcción. Para los que construyen es un negocio redondo.

— José, perdona mi ignorancia, pero, ¿Que significa vender en verde? Pregunté.

— Es cuando un constructor vende departamentos o espacios de la construcción que están solo en proyecto o cuando la construcción está recién iniciada. Lo que se compra, aun no existe. El edificio aún no está construido. El sistema se hizo popular en Chile porque el constructor recibe el dinero para financiar su proyecto y el comprador, por comprar en verde, tiene un gran descuento sobre el precio de los departamentos terminados. Los bancos financian este tipo de operaciones porque mientras la constructora se mantenga viable, funciona bien y la construcción es efectivamente terminada. Por supuesto, el sistema se ha prestado también para varios casos de fraude, pero esos han sido los menos. Últimamente se ha exagerado. Ahora se habla de comprar en blanco, o sea cuando el proyecto está todavía en los planos de papel. La mayoría de este tipo de construcción ha sido financiado con fondos de las AFP. ¿Sabes de las AFP? ¿Esas asociaciones privadas que administran los fondos de retiro de los trabajadores? Bueno, los trabajadores reciben un interés mínimo en sus pensiones y los que se llevan la parte del león, son los administradores de esos fondos. La dictadura obligó a todos los trabajadores a privatizar sus pensiones y luego esos fondos fueron usados por la clase económica para enriquecerse más aún. Aquí en estos edificios puedes ver tú la desigualdad de ingresos del pueblo chileno. Aquí vive, a duras penas, la clase media que debe trabajar como burros para mantener su nivel de vida. Los otros, ese uno por ciento de chilenos que han manejado la inversión protegidos por la dictadura, se han enriquecido más y han aumentado la diferencia geométricamente. La mayoría de los que viven aquí no ve eso, pero Rosa y yo si lo vemos. Eso, y la realidad cotidiana de tener que vivir aquí donde estamos expuestos como en vitrina, nos tienen muy amargados. La verdad es que constantemente nos preguntamos; ¿cuánto tiempo más podremos resistir? Sentimos que las condiciones en que vivimos, se hacen tan insostenibles, que al final no nos quedará otra opción que vender. Aquí no tenemos privacidad. Ya lo veras. Cuando estemos en el patio de atrás, sentirás que estas como en un escaparate ya que, desde lo alto, cientos de ojos te están mirando. No ves caras, pero sientes que te miran.

Todavía no había visto nada de eso porque lo único que veía era una casa muy bien cuidada con murallas pintadas en tonos pastel y el piso de un parquet fenomenal. Después de conversar por un rato en el "living" y servirnos el tradicional Pisco-sauer chileno, Rosa nos invitó a pasar al patio de atrás. ¡Que agradable sorpresa! A la sombra de las hojas de parras que formaban un techo natural, habían arreglado varias mesas y en un rincón del patio, la parrilla ya estaba encendida. Las brasas, atendidas por una mujer de mediana edad, humeaban y brillaban esperando por el asado. La mujer, según nos explicó Rosa, era la "empleada" de la casa y ese día había llevado a su hija para tener un par de manos extras. "Se trata de atender a las visitas como corresponde," nos dijo José. El almuerzo estuvo exquisito. Un excelente asado fue acompañado por unas ensaladas muy sofisticadas. Todo esto, rociado con un excelente vino chileno.

Hablamos de lo humano y de lo divino. Más que nada de lo humano porque durante el almuerzo los temas giraron mayormente acerca de la comida y las diferencias de costumbres entre Chile y los estados unidos respecto a cómo, cuándo y que se come. A la llegada del postre, se hizo más evidente que nuestros anfitriones se habían desvivido por atendernos. La ensalada de frutas y el flan casero fueron fantásticos. Haciendo notar lo consciente que éramos de esas atenciones, Hilda y yo las agradecimos con muchas señales de satisfacción.

— No es nada, dijo Rosa, ha sido un placer preparar esto para unos viejos normalistas. Además, el crédito de las ensaladas y los postres deben dárselos a María. ¿No es cierto María?

— ¡Hay Señora! Si usted lo planeó todo. Yo solo lo preparé.

— ¡Bravo María! Gritamos los cuatro al unísono.

— Asomándose desde la cocina, la hija preguntó asustada: ¿Qué pasa mamá? ¿Qué hiciste?

— No es nada hija, es que la señora me abochorna delante de estos señores de Gringolandia.

— ¡Bueno, bueno! No molestemos más a María, dijo Rosa, ¿Quién toma café?

— ¡Momentito! Exclamó Hilda. Antes de que pasemos al café, dime Rosa, que es eso de las "viejas normalistas."

— Hilda, ¡por favor! Si lo que dije fue viejos normalistas y no normalistas viejos y yo me incluyo, recuerda que somos de la misma edad.

— ¡Vamos Rosa! Si entiendo, lo digo en broma.

— Bueno, sugirió Rosa. Para tomar el café vamos a sentarnos allá, en la parte trasera del parrón, donde las hojas son más espesas y no estaremos expuestos a las miradas de los copuchentos de arriba. Por favor José, tráete lo que queda de Pisco-sauer. A lo mejor Rafael quiere seguir con eso y no toma café.

— ¡Exactamente! Exclamé, ¿Cómo adivinaste? ¿Usas una bola de cristal?

— No es necesario. Mira Rafael, ahora que te conozco como hombre mayor, veo que te pareces mucho a mi marido. Totalmente predecibles.

Con un gesto de interrogación en mí cara, miré Hilda y ella me contestó con otro gesto como diciéndome: Me gusta Rosa. ¿A ver si le argumentas a ella?

Sentados bajo esa magnífica sombra del parrón, la conversación se puso seria cuando hice la observación de que nuestras historias de parejas, tenían varios aspectos comunes.

— Convengo totalmente, dijo José. Me parece que coincidimos en mucho. A diferencia de otros amigos de nuestra edad, en el aspecto financiero, a nosotros, al igual que a ustedes, nos ha ido bastante bien. Cuando conversamos en el Chancho con Chaleco, no quise contarle a Rafael como sobrevivimos los años que siguieron a mi prisión, porque quería que Rosa lo hiciese. Ella le pone mucho más color que yo.

— Yo también estoy de acuerdo que en varios aspectos coincidimos bastante, dije. A nosotros también nos ha ido bastante bien. A ver Rosa, cuéntanos como fue lo de ustedes. Estoy seguro que Hilda estará tan interesada como yo de escucharlo.

— Bueno, dijo Rosa, recordar esos días difíciles me pone muy triste y en general no me gusta hacerlo, pero ya que ustedes tienen una historia similar, lo haré con gusto. Permítanme empezar con aquellos horribles días que siguieron al golpe. Aquellos fueron los más difíciles de todos porque yo no tenía ninguna noticia del paradero de José. Desde la mañana de ese siniestro once de septiembre, no lo volví a ver por varios meses. Los primeros rumores de desaparecidos y muertos me estremecían. Habiendo llamado a sus compañeros de trabajo, o sea a quienes yo creía que eran sus amigos, me di cuenta que algo muy serio tenía que haberle sucedido. No logré comunicarme con los más cercanos, aquellos con los que trabajaba porque esos ya no estaban en el servicio, pero con los que logré hacerlo, no fueron capaces de darme una respuesta concreta. Después de haberme evitado a través de asistentes y secretarios, cuando finalmente logré hablar con algunos de ellos, sus respuestas fueron similares: "Yo realmente no sé," se excusó uno. "Pregúntale a fulano" me decía otro, y luego me daba el nombre del mismo sujeto con el que ya había hablado antes. Así me mantuvieron en un círculo de negativas en el que aparentemente nadie sabía nada de José. Cuando me cansé de llamar a los que yo suponía eran nuestros amigos, dejé de preguntar. Mi inquietud por él no era infundada. Yo sabía que cualquiera fuese la suerte del general Bachelet, la suerte de José estaría ligada a la de él. José tenía solo el grado de teniente, pero por sus habilidades contables, era uno de los funcionarios más importante del centro de distribución de alimentos donde trabajaban. Es por eso que cuando supe por la televisión que el general había muerto, me entró pánico. Ahí fue que decidí trasladarme a vivir aquí, a la casa de mis padres. Pensé que eso era lo mejor porque ellos podían cuidar a los niños mientras yo seguía averiguando que había sucedido con José. La búsqueda se había convertido para mí en un trabajo de tiempo completo. Cuando no andaba visitando un sitio para preguntar, me sentaba en el escritorio de mi padre a planear mi próxima movida. Finalmente, la esposa de uno de aquellos que antes se llamaban amigos pero que después se negaban a hablar conmigo, se compadeció de mí y a través de ella supe que José estaba preso. Sabiendo de mi desesperación, me dijo que su marido le había comentado que mi esposo era prisionero de la Fuerza Aérea. Él no le había dicho dónde se encontraba José, pero le había dicho que había sido tomado prisionero desde el mismo día del golpe. Finalmente yo sabía algo, porque ella y no su marido, resultó ser la verdadera amiga. Claro, fue triste saber que estaba preso, pero eso fue secundario, lo importante es que estaba vivo. Eso me tranquilizó un poco y me hizo redoblar mis esfuerzos por averiguar su paradero. De mi propio trabajo ni me acordé. Al momento del golpe yo enseñaba en el Instituto Pedagógico de la Universidad de Chile, pero en ningún instante pensé en volver a ese trabajo. Estaba tan avocada a la búsqueda de mi marido, que mi propia situación la dejé de lado. ¿Se acuerdan ustedes del Pedagógico de la Chile, ese que la prensa derechista le había puesto el mote de "Piedragógico"? Jocosamente, para hacer burla de ese tipo de prensa, los que trabajábamos ahí empezamos a usar ese apodo para identificarnos. Trabajábamos en el Piedragógico, y la razón era que habitualmente, las protestas en que participaban sus estudiantes, casi siempre terminaban en una lucha a pedradas. Ustedes recordarán, por supuesto, que el Pedagógico era el más revolucionario en la Universidad de Chile y es por eso que, después del golpe, fue la última sede autorizada a recomenzar las clases. Dado que está aquí cerca, en Pedro Alessandri casi al frente de Domingo Cañas, era fácil para mi ver que todo el tiempo que permaneció cerrado. Cuando lo abrieron, pensé en presentarme a trabajar porque en las circunstancias que me encontraba, necesitaba el dinero, pero mis padres fueron casi rudos en impedírmelo.

— !Olvídate¡ Me dijeron. Estás loca. En que cabeza cave que la esposa de un militar que está preso por sus propios compañeros vaya a presentarse a trabajar en una institución pública. ¡Tú, te quedas aquí! Debes pensar en tus hijos y tu marido. Si necesitas dinero, te hacemos un hueco y te vienes a trabajar con nosotros. Ni pensarlo hija.

— Mi padre fue el más fuerte. "Yo sé que será duro para una mujer profesional como tú el tener que volver a vivir y trabajar con sus padres" me dijo. "Pero estos son tiempos extraordinarios y no dejaré que arriesgues a tu familia. Los queremos mucho para permitir que eso suceda. Perdona, pero tú no te acercas a ese lugar" Eso fue el fin de la conversación. Nunca me presenté y tampoco sé qué pasó con mi cargo porque nunca conseguí rastrear mis papeles. Años más tarde, cuando me di el coraje de empezar a indagar, nadie supo darme ninguna razón. Pregunté por mis antecedentes en la Universidad de Chile y mi situación aparecía confusa. Parece que fui víctima de ese decreto de Pinochet que exoneraba arbitrariamente a todos aquellos funcionarios públicos asociados con el gobierno anterior y alguien hizo desaparecer mis papeles. Mis nombramientos de profesora normalista están registrados en la Contraloría General de la República, pero en los archivos de la universidad, es como si nunca existí. Harta, abandoné toda intención de volver a la enseñanza.

— Soy honesta en confesar que a veces extrañé mi audiencia universitaria, pero pronto dejé de sentir nostalgia por mi trabajo. Durante el tiempo que José estuvo preso, el cuidado de mis hijos y la atención al negocio de mis padres me absorbieron totalmente. No tuve tiempo para pensar en mi pasado porque debía pensar en el futuro de mi familia. La pequeña fábrica de zapatillas "Pinuca" que mi padre había creado, y la tiendita en que las vendía en Irarrázaval, las mantuvimos, pero con los ahorros de los viejos y mi natural agresividad, apenas me vine a vivir con ellos, nos arriesgamos iniciando la importación de zapatillas. En poco tiempo, lo que habíamos comenzado modestamente solo para vender en la tienda, pasaría a convertirse en una empresa distribuidora nacional. Arrendamos un galpón para acomodar las zapatillas importadas y contratamos vendedores. Para no despedir a los operarios, la pequeña fábrica original y la tienda las mantuvimos funcionando, pero la empresa Pinuca de importación de zapatillas creció considerablemente.

— Cuando José fue liberado, él no podía saber lo que yo había estado haciendo porque los desgraciados que guardaban la prisión, nunca me dejaron verle. Cuando finalmente averigüe donde estaba, me permitían enviarle cartas y paquetes con comestibles y ropa, pero no visitas. No sé qué es lo que temían, pero los paquetes eran desarmados completamente y las cartas censuradas con un tremendo marcador negro. No podíamos decirnos nada personal ni menos hablar de nuestra situación. Los temas permitidos eran solo aquellos relacionados con cuestiones puramente domésticas. Incluso las palabras de amor o cariño eran borradas. Lo digo porque nos acostumbramos tanto a leer nuestras cartas entre líneas, que después de la tercera o la cuarta, habíamos desarrollado un sistema de claves para decirnos cosas amorosas sin que los sensores, seguramente tipos ignorantes, no podían entender. En todo caso, no era posible ni conveniente contar en esas cartas lo bien que me estaba yendo financieramente así es que, cuando José lo supo, se alegró sobremanera pero desgraciadamente el debería irse al extranjero. Con lo que había visto durante su encarcelamiento, sabía que permaneciendo en Chile su vida seguiría corriendo peligro. Enterados de esto, mis padres nuevamente se mostraron a la altura de las circunstancias y me empujaron a acompañarlo con los niños. "Debes mantener a tu familia unida," me dijeron. "No te preocupes por nosotros, ya nos arreglaremos. La importación y distribución marchan bien, solo es cuestión de mantenerlas."

—José me ha dicho que ustedes ya saben cómo nos fuimos a Alemania y lo bien que nos fue por allá. De regreso en Chile, vimos que mis padres no habían cambiado nada del negocio. Todo seguía igual, pero ellos estaban cansados, querían retirarse a descansar y me rogaron que me hiciese cargo. Esta vez, con la ayuda contable de José, pronto lo hice crecer sobremanera y aquí estamos. Sin quererlo, nos convertimos en una familia acomodada. Como José siempre tuvo inquietudes académicas, con su doctorado en asuntos contables y la ayuda de Ariel, empezó e enseñar en la USACH con tiempo complete. Entre los dos, hacíamos tanto dinero que no sólo pudimos financiar todos los estudios de postgrado de nuestros hijos en Alemania, sino que los hemos ayudado financieramente por largo tiempo. La verdad es que también hemos ayudado económicamente a muchos parientes y amigos.

— Si tus hijos ya están grandes supongo que te habrán hecho abuela como yo, dijo Hilda.

— ¡¿Abuela?! Exclamó Rosa, te quedas chica. ¡Yo soy bisabuela!

— ¡No, no te lo creemos! Si ni siquiera te ves como abuela, tú no puedes ser bisabuela, exclamamos Hilda y yo.

— Si efectivamente, somos bisabuelos, dijo José.

— Pero, ¿cómo es posible? Ustedes son de nuestra misma edad y yo apenas tengo nietos pequeños, se quejó Hilda.

— Bueno, el caso es que lo somos. Te explico querida. José y yo nos hemos amado mucho desde muy jóvenes. Para mostrártelo puedo decirte que yo no había terminado la normal cuando ya manteníamos relaciones sexuales regulares. Nos cuidábamos mucho, pero ¡saz! el día de mi graduación sucedió lo inesperado. Estábamos tan contentos celebrando que me descuidé y como realmente nos queríamos, nos casamos el mismo mes que lo supe. Tuvimos a nuestra hija mayor a los ocho meses de casados. Ninguno de nuestros padres, ni los de José ni los míos dijeron nada. Después de todo nos veíamos como una hermosa pareja muy feliz. Como los dos ya trabajábamos, arrendamos un departamentito e iniciamos nuestra vida de matrimonio. Con este ejemplo, nuestra hija mayor, la que había nacido a los ocho meses, que en realidad eran nueve, hizo exactamente lo mismo. El mismo año que terminaba su secundaria en Alemania, apareció embarazada. No pudimos decir ni chus ni mus. Desgraciadamente el muchacho no asumió y, asustado, desapareció y nunca más le vimos. Nosotros fuimos los que criamos a ese chico porque le exigimos a la madre que debería continuar estudiando y convertirse en una profesional. Más que un nieto, el muchacho ha sido como un hijo para nosotros. Digo muchacho, cuando en realidad actuó como un hombre cuando, siguiendo a su madre y a su abuela, nos dio una bisnieta antes de cumplir los veinte.

— Que situación tan similar a la nuestra, comenté. Nosotros también criamos a un nieto que nació cuando nuestro hijo recién empezaba la universidad. Pero esa es una historia muy larga que no viene al caso. Ya que ustedes que tienen una historia tan parecida a la nuestra, me gustaría hacerles una pregunta que muchas veces nos hemos hecho con Hilda. ¿Creen ustedes que uno quiere más a los hijos o hijas que a los nietos o nietas?

— Yo no sé, dijo José. La verdad es que nunca me lo había preguntado.

— Yo sí, dijo Rosa. Yo si me lo he preguntado, pero no tengo una respuesta. Es muy difícil decir.

— Bueno, yo tampoco dije, pero para ilustrar la conversación déjenme contarles la tremenda cuasi tragedia que nos pasó con nuestro hijo. Así tal vez podamos elucubrar si haríamos lo mismo por un nieto.

— Por favor Rafael, esa historia es muy larga, vas a aburrir a tu audiencia, dijo Hilda.

— Pero a mí me interesa, dijo Rosa.

— A mí también, dijo José. Dale Rafael, tenemos toda la tarde y yo ya les dije que les voy a dejar a la hora que sea.

— Bueno, ya fueron advertidos que es larga. Permítaseme empezar diciendo que esperaba en el aeropuerto Kennedy a nuestro hijo que debería llegar desde España. Cuando no llegó en el vuelo que debía, me mantuve atento a los monitores por el siguiente y el siguiente. Cada vez que llegaba un vuelo de España, me acercaba a la salida y esperaba hasta que el último de esos pasajeros saliese. Así estuve desde las ocho de la mañana hasta tarde en la noche. Abandoné la espera solo cuando supe que los pasajeros del último vuelo proveniente de España ya habían pasado inmigración y aduana. Solo entonces me convencí que ese día, Rafael no llegaría. Puse al tanto de la situación a Hilda para que llamara a la novia de nuestro hijo. Ella se encargaría de comunicar al hospital que Rafael no había llegado de su viaje a Europa. Hacían la residencia en el mismo hospital y le sería fácil avisar que nuestro no podría cumplir con el turno de esa noche.

Yo me regresé a casa y empezamos a especular acerca de lo que podría haber sucedido. Nos pasamos toda la noche esperando una llamada que nunca llegó. Nos repetíamos una y otra vez que llamaría para decirnos que llegaría al día siguiente. Nos convencimos mutuamente que el hijo había perdido el avión, y ya nos llamaría. Así nos pasamos la noche. Al día siguiente, un martes, trabajamos poco o casi nada. Estábamos trasnochados y cada una hora nos llamábamos al trabajo para seguir reforzándonos mutuamente. Al término de ese día comenzamos a preocuparnos. Era inconcebible que, después de dos días, Rafael no se hubiese comunicado con nosotros. Sin una razón poderosa y con su tremendo interés para convertirse en médico, el no perdería un día de rotación en el hospital. Esa noche, ya la preocupación se convirtió en desasosiego, algo no andaba bien. Hilda me decía: "Desgraciadamente ahora sientes como yo sentí tu desaparecimiento." Nuevamente nos pasamos la noche esperando, pero empezamos a hacer conjeturas trágicas. Cuando vimos que ya pasaban las seis de la mañana y aun no sabíamos nada, el desasosiego se convirtió en zozobra. Si el martes Rafael no se había comunicado con nosotros, quería decir que tampoco llegaría el miércoles. Después de dos días completos sin noticia alguna, era evidente que había algún problema grave. Decidí comenzar a preguntar en los consulados de Chile en España y me pasé la mañana y parte de la tarde llamando a las ciudades españolas donde había consulado chileno. Nadie sabía nada.

— Pensando y repensando, recordé que cuando llevé a Rafael al aeropuerto, él había expresado su interés por usar el ferry que une España con Marruecos y explorar un pedacito de África. Como no era la primera vez que viajaba como mensajero, ahora quería extender su aventura más allá de donde había estado antes. Estos viajes los financiaba una compañía de mensajeros comerciales. La compañía pagaba el noventa por ciento de un boleto de ida y vuelta a Europa con la condición de que el que usaba ese pasaje no podía llevar más que un pequeño bolso para sus efectos personales. Era antes de la Internet y esta compañía usaba mensajeros haciéndoles cargar dos valijas como equipaje. Las valijas iban llenas de documentos comerciales. De esta manera los documentos viajaban seguros y expeditos por un valor igual o menor que si se les enviara como carga regular. En unos pocos días el mismo transportador volvía a Nueva York con otras dos valijas también llenas de documentos. Para las empresas transnacionales era más rápido, económico y seguro usar estos mensajeros que usar el correo ordinario. Eran los días previos al mundo digital y al lavado internacional de dinero. Cada vez que tenía vacaciones en la universidad, Rafael aprovechaba estos viajes y como antes había hecho varios sin problemas ahora la situación se veía irregular. Era evidente que tenía dificultades para volver. Decidí empezar a contactar a los amigos que aún tenía en Chile buscando por alguien que tuviese contactos en Marruecos. Después de muchas llamadas, finalmente conseguí el número del Cónsul Honorario de Chile en Casablanca. El amigo que me lo dio, me dijo que Asid era un hombre muy importante en Marruecos. Tan importante era que se encontraba cercano al rey, pero también me advirtió que, por el tipo de negocios que hacía con Chile, el hombre era pinochetista. Era importante no mencionar nada de política. Cuando llamé, Asid era una persona muy educada y de gran simpatía. Su lengua materna es el árabe, pero también habla francés y algo de inglés y como su español es muy bueno, no hubo problemas de comunicación. Muy atento, me dijo que inmediatamente trataría de averiguar algo acerca de mi hijo y que apenas tuviese alguna noticia, me llamaría.

En la mañana del miércoles la preocupación había aumentado. Con nuestras llamadas a Chile, allá se había corrido la voz y amigos y parientes nos llamaban continuamente. Incluso nuestra hija faltó a la escuela para ayudarnos con tanta llamada. Al mediodía tomé una decisión drástica. Le dije a Hilda que esa misma noche viajaría a España para tratar de rehacer el posible itinerario de Rafael.

— Me voy a España, le dije, y seguiré la ruta desde Madrid a Marruecos para buscar a tu hijo. Con el dramatismo que me caracteriza agregué: "te lo traeré a casa sea vivo o muerto."

— Fui al banco y saqué todos nuestros ahorros. Cuando regresé a casa, dos queridos amigos, Patricio y Catalina, me estaban esperando. "Supimos que vas a España a buscar a Rafael," dijeron. "Por favor danos una foto reciente de él y te haremos varias copias en nuestra oficina. Las fotos podrían ayudarte en la búsqueda. Te daremos las copias cuando vengamos por ti esta tarde. Nosotros te llevamos al aeropuerto."

Patricio y Catalina, igual que nosotros, se habían escapado de la dictadura chilena en los años setenta y habían creado una exitosa empresa de arquitectura en Nueva York. Al despedirse, Patricio me estrechó la mano y acercándose a mi oído me dijo: "Mira Rafael, si necesitas dinero, llámame y yo te enviaré lo que sea necesario. Tú sabes que a través de mi oficina tengo acceso a un monto considerable de fondos así es que, por favor, no trepides en pedirme lo que sea."

— Durante nuestro viaje al aeropuerto, me contaron que la máquina de su oficina no hacía buenas copias de fotos así es que la llevaron a taller de copiado. Habían empezado a explicar el caso del chico desaparecido, cuando el tipo que iba a hacer las copias les hizo callar y cerrando los ojos entró en un trance. Después de varios minutos, dijo: "Este muchacho está en un conflicto grave y le veo muy preocupado. A su alrededor veo gente en uniforme que le lleva por una calle estrecha. La calle es empinada, con el piso empedrado y edificios blancos con puertas y ventanas muy estrechas. Las gentes que veo caminando en esa calle se visten con túnicas y sus rasgos me son extraños." El tipo era un "santero."

— Como el viaje de mi casa al aeropuerto es largo, mis amigos me dieron varios otros detalles de la visión del santero. Con las preocupaciones que tenía no presté atención. Lo único que recuerdo es que dijeron que el santero se había ensimismado en su trance solo con observar la foto.

— En Madrid supe que Asid ya había averiguado algo. Rafael había entrado a Marruecos, pero no registraba salida. Sin pensarlo dos veces y sin salir del aeropuerto, ya tenía mi boleto para volar al Sur de España y desde ahí podría abordar el ferry a Marruecos. Mi idea era rehacer el viaje que hubiese hecho Rafael. Después de pagar el pasaje, me sorprendí de mí mismo. Por primera vez en mi vida no investigaba el costo del viaje y había pagado por el primer vuelo disponible. El vuelo fue a media mañana así es que al mediodía estaba llegando a la costa mediterránea. Ahí, nuevamente, sin considerar costos, tomé el próximo ferry y crucé al África. En Ceuta, el lado español de la frontera con Marruecos, vi a unos tipos cambiando la moneda marroquí por pesetas y dólares. Obviamente practicaban el mercado negro y se me ocurrió que tal vez podría obtener información sobre Rafael contactando el bajo mundo. Me acerqué y mostrándoles la foto, dije:

— Busco a este joven que entró a Marruecos el jueves o el viernes pasado, si alguien tiene noticias de él, por favor comuníquense a este teléfono. Habrá una buena recompensa.

Diciendo esto, les di varias copias de la foto. En cada copia puse el teléfono de un amigo de Patricio y Catalina que ya había sido alertado en Madrid. También hice en la foto el signo peso con el símbolo U$A para señalar que habría una recompensa en dólares por la información.

Los tipos hablaban español y se habían demostrado bastante amigables, así es que se me ocurrió que todos los marroquíes lo eran y es por eso que cuando entré a las oficinas de la policía internacional de la frontera marroquí, usé la misma táctica. La respuesta de los agentes fronterizos fue diferente.

— ¿Por qué busca usted a este joven? Contestó bruscamente el uniformado detrás de la ventanilla.

— Porque él es mi hijo, dije. Vea usted, tenemos el mismo nombre.

— Si ya veo, pero, ¿es él acaso menor de edad? Si no lo es, ¿por qué tiene que venir su padre desde Estados Unidos a buscarlo? ¿Estará acaso involucrado en líos de drogas? Por acá tenemos muchos de esos casos.

A este punto me di cuenta que había hecho la pregunta equivocada en el lugar incorrecto. Demostrando tranquilidad, contesté en la negativa y guardé silencio. Viendo que no insistí en mis indagaciones, con displicencia burocrática, el policía timbró mi pasaporte y con un movimiento mecánico del brazo, sin hablar, me hizo avanzar para atender a la persona siguiente. Inmediatamente busqué un teléfono público y llamé a Asid.

— Si entiendo lo que puede haber pasado, dijo Asid. Tenemos serios problemas con jóvenes de Estados Unidos y Europa que vienen en busca de hachís y los policías tienden a ser bastante duros con ellos. Por ahora será mejor que no sigas investigando solo, espera un poco y te contactaré con alguien que te pueda ayudar. Ándate a un hotel y llámame para decirme donde te encuentras. Ahora lo tengo confirmado, la policía tiene registro de entrada de tu hijo por la frontera de Tetuán, pero no hay ninguna señal que haya salido del país. Veré que puedo hacer y te llamo tan pronto como pueda.

— Me pasé todo el viernes al lado del teléfono esperando la llamada. En algún momento, me contacté con casa e informé como estaban las cosas. No tenía noticias específicas, pero para infundirles coraje, igual les dije que todo andaba bien. La llamada de Asid llegó tarde esa noche. Me dijo que por la mañana vendría al hotel su amigo Omar quien me ayudaría en la búsqueda de Rafael.

— A las ocho de la mañana siguiente me avisan desde la portería del hotel que, en la puerta, me espera un señor Omar. Enfrentarme con el amigo de Asid me dio un gran respiro, además de tener facciones marcadamente árabes, se viste a lo marroquí y se ve como uno de esos estereotipos de árabe de las películas de Hollywood. Fue extremadamente cortes para saludarme y me explicó que, habiendo estado casado con una española, nos comunicaríamos en ese idioma. Amablemente me invitó a subir a su auto e iniciamos la búsqueda de mi hijo. Empezaríamos preguntando en los hospitales, pero antes, me advirtió Omar, deberíamos apersonarnos ante al jefe de la policía y comunicarle lo que estábamos haciendo. No se podía buscar por personas desaparecidas sin que el comisario de Tetuán estuviese enterado. Noté que el hombre gozaba de gran prestigio social porque varias personas que identificaban el auto en que viajábamos, hacían reverencias. Omar era miembro de una de las familias más acomodadas de Tetuán y al igual que Asid en Casablanca, tenía amistad con el Rey de Marruecos. Cuando nos acercamos a lo que seguramente era el centro de la ciudad vi que las calles eran estrechas y estaban rodeadas de edificios con murallas blancas como la leche. Muchas gentes, vestidas al estilo tradicional marroquí, caminaban por las vías empedradas que se empinaban por la colina. La comisaria, se encontraba en la parte más alta de la colina y ahí fue que sentí un escalofrío en la espalda al recordar lo que había espiritualizado el santero de Nueva York.

— Al entrar, Omar fue saludado respetuosamente por la guardia e inmediatamente apareció el sargento de turno que en una actitud muy obsequiosa se acercó y le habló quedadamente al oído. Me imaginé que le preguntó por el motivo de nuestra visita porque Omar me pidió una de las fotos y se la mostró. Hablaban en árabe y yo, desesperadamente, trataba de leer los gestos y los movimientos corporales. El sargento señalaba hacia el interior del cuartel y mientras reía, dio una orden y en unos pocos minutos apareció un policía trayendo a Rafael. El corazón me dio una sacudida. Se veía extremadamente flaco y debía sostener sus pantalones con ambas manos porque no tenía cinturón. Arrastraba sus zapatos sin cordones y caminaba con dificultad, pero al saltó hacia mí y nos dimos un tremendo abrazo. El abrazo fue tan emocionado y tan largo, que solo cuando nos dimos cuenta que los que estaban con nosotros reían a voz en cuello, nos separamos. Y claro, al tirarme los brazos Rafael dejó caer los pantalones provocando la risa de los presentes. Apenas sosteniendo la risa, Omar me dijo: "El sargento dice que se necesita una orden del comisario para liberar a Rafael y tiene problemas de transporte iremos a buscarle a su casa. El chico se queda aquí." Cuando le encontramos, el comisario estaba muy agradecido que hubiésemos ido por él. Su auto no funcionaba y no había otros vehículos disponibles en la comisaria. No era lejos, pero, según me explicó Omar, un comisario no podía llegar caminando a su trabajo. Habría perdido status. En su oficina, el comisario nos ofreció té con menta y ordenó que trajeran a Rafael. Cuando este llegó, Omar le dijo que pidiera lo que quisiese comer. Rafael me miró con cara de hambriento y en voz muy baja dijo que le gustaría mucho comerse un bocadillo de jamón con queso. Como hablamos en inglés el comisario no entendió lo que decíamos y Omar se hizo el sordo. Solo necesité la mirada para recordarle que estábamos en un país musulmán donde el cerdo no se menciona ni menos se come. Leyéndome los ojos, Rafael se corrigió y en español pidió un sándwich de cualquier cosa con agua. Ordenado el sándwich, el comisario, a través de la traducción de Omar, empezó a preguntarme acerca de nuestra estadía en los Estados Unidos. Estaba interesadísimo en Nueva York y hacía preguntas y más preguntas. Afortunadamente, por mi formación en educación bilingüe, sabia de la idiosincrasia árabe, así es que esperé pacientemente. Habría sido rudo ir directamente al grano y esa actitud podría haber deteriorado totalmente la situación así es que, siguiendo la costumbre árabe, continúe hablando sobre temas intrascendentes. Después de un buen rato, el comisario llamó a su secretario y por sus gestos, supuse que mandó a buscar el archivo de Rafael. Luego de otro largo rato, el secretario volvió con las manos vacías y empezó a buscar entre varios montones de papeles que estaban encima del escritorio del comisario. Omar se acercó a nosotros y en voz muy baja nos dijo. "No encuentran el archivo que describe porque Rafael fue detenido aquí en la comisaría. El secretario se recuerda que él estaba de turno ese día y que Rafael vino a consultar que debería hacer para pasar a España, pero como no tenía ningún documento le metieron preso en el subterráneo y ahí estaba hasta hoy."

— Pues claro, dijo Rafael, vine a preguntar qué es lo que podía hacer porque en las calles de Tetuán, un grupo de muchachitos, me habían robado los documentos y todo el dinero. Como no pude mostrar ninguna identificación, no me escucharon y me metieron preso. Hasta ahora nadie me había escuchado mi historia. Pedí un teléfono y me dijeron que el único teléfono disponible era el del comisario y yo no lo podía usar.

— El secretario se movió varias veces entre su oficina y la oficina del comisario. Cada vez que lo hacía, revisaba archivos y más archivos hasta que después de un rato le habló al comisario al oído. Este, con cierto dejo de vergüenza, le habló a Omar, quien se dirigió a mí:

— ¿Hay algún documento que pruebe la identidad de este joven?

— Si claro, dije, aquí hay una copia de su antiguo pasaporte.

— ¡Pero en esta foto se ve muy niño y se parece muy poco a como luce hoy! Dijo Omar, tomando el pasaporte.

— Después de observarlo detenidamente, caminó al otro lado del escritorio y poniendo una mano en el hombro de su amigo el comisario; le mostró el pasaporte mientras le hablaba calladamente al oído. El comisario se levantó e hizo una breve llamada. Luego, tomó un trozo de papel pequeñísimo y empezó a escribir los datos del pasaporte. Omar nos explicó que el comisario había llamado a la frontera y había arreglado con un oficial amigo para que nos dejaran pasar a España con ese pasaporte antiguo. No había cargo formal contra Rafael y el comisario podía liberarlo sólo con su palabra. Omar se excusó que no nos acompañaría porque tenía algo urgente que hacer, pero el secretario que ya terminaba su turno, como un favor a Omar, nos acompañaría hasta la frontera. Nos advirtió que deberíamos partir de inmediato porque estaban por cambiar de turno.

Afortunadamente pensé, en la frontera habría funcionarios que hablarían español. El secretario mostró el papelito que le había dado el comisario y por la cara que le pusieron los que lo leían, nos dimos cuenta que algo andaba mal. Uno de ellos se levantó y fue a una oficina interior. De ahí salió con un oficial que se movía con mucha autoridad y lucía un uniforme impecable. En perfecto español este oficial nos espetó:

— Este papelucho no es suficiente, se necesita un pasaporte para pasar la frontera.

Como el tipo hablaba muy bien el español, me atreví a avanzar y dije:

— Si, entendemos eso, pero el comisario habló con alguien de aquí y dejó todo arreglado para nuestro paso. Aquí está el secretario del comisario para atestiguarlo. Lo que sucede es que...

Rudamente el oficial de frontera me interrumpió y dijo:

— No me interesa su historia ni su cuento. Yo no he hablado con ningún comisario ni tampoco me impresiona un secretario de la policía de Tetuán como testigo de alguna conversación. Cambiamos turno hace unos pocos minutos y lo que a mí no me consta no vale. Yo soy la máxima autoridad en este cruce y les repito solo una vez más que se necesita un pasaporte valido para pasar la frontera. Deben ir al consulado de su país y pedir un pasaporte nuevo. Ese que usted me muestra está vencido y es de cuando este joven era pequeño.

— El secretario del comisario, que hablaba solo francés y árabe, hizo un gesto con su cara como diciéndonos, no sé qué hacer, lo siento. Nos mostró la puerta y con sus manos nos hizo entender que tenía que irse y salió.

— Quedamos solos, justo en la frontera entre España y Marruecos en Tetuán. Ya eran las siete de la tarde del sábado así es salimos de la oficina, cruzamos la calle y nos acercamos a un grupo de taxistas que esperaban por pasajeros. Pensé que deberíamos irnos al hotel en que me había quedado la noche anterior. Preguntamos quien de los choferes hablaba español y se nos acercó muy amablemente, un tipo grandísimo. En el camino al hotel, le contamos nuestra historia y él se ofreció por cien dólares llevarnos hasta Rabat inmediatamente. Él sabía dónde estaban la embajada y el consulado chileno. Con esa oferta corrí al hotel, pagué y retiré mi maleta, ahí llevaba la muda para Rafael. Salimos de inmediato y Rafael se cambió en el auto. Era un Mercedes Benz antiguo amplio y muy bien mantenido así es que el viaje fue cómodo. Cuando llegamos a Rabat, encontramos las oficinas cerradas. Claro era la noche del sábado, pero en nuestra prisa, no lo habíamos pensado. El taxista buscó al nochero y, afortunadamente, el hombre tenía un libro con direcciones y teléfonos para casos de emergencias en el edificio. Dado que ese chofer era un hombre muy afable, después de una larga conversación, logró obtener la dirección de la casa del embajador. En el camino a ese lugar, el taxista dijo que le había contado toda nuestra aventura y que el hombre se había emocionado tanto que accedió a darnos esa información que era reservada. Cuando llegamos a la residencia del embajador, una sirvienta nos dijo que el señor diplomático no estaba y ya nos cerraba la puerta en las narices cuando apareció una señora mayor. Era la esposa del embajador. Nos había escuchado el acento chileno y nos hizo pasar. Nos repitió que su esposo no estaba y nos dijo llegaría muy tarde porque andaba en una recepción con el Rey de Marruecos y esas cosas duraban hasta altas horas de la noche. Le contamos nuestras peripecias y se le llenaron los ojos de lágrimas. Miraba tanto a Rafael que creo que lo vio como un nieto. Digo esto porque apenas terminamos la historia, nos invitó a quedarnos en su casa y nos atendió con la típica amabilidad de una abuela chilena. Nos sirvieron comida y conversamos un buen rato de los detalles de nuestra vida en los estados unidos. Después de unas horas llegó el embajador, pero como venía de una fiesta, estaba ligeramente en estado de intemperancia. No habló con nosotros y pasó directamente a su dormitorio. Su esposa nos acomodó para dormir y nos dijo que ella le contaría nuestro caso, que no nos preocupáramos y que al día siguiente tendríamos la oportunidad de hablar con él.

— El señor embajador apareció al mediodía y después de presentarse, nos dijo que no necesitábamos contarle nuestra historia. Su esposa le había puesto al tanto de todo. También nos dijo que, a pesar que era domingo, ya había llamado al cónsul para que hiciese un pasaporte para Rafael, pero el cónsul se había negado a trabajar en un día domingo. Él entendía completamente nuestra situación porque tenía dos nietos casi de la misma edad de Rafael, pero nos explicó que este hombre, el cónsul de Chile en Rabat, era una constante fuente de problemas para él. Él, como embajador, entendía la excepcionalidad del caso, pero su autoridad sobre el cónsul era limitada y tendríamos que esperar por las horas regulares de oficina, o sea el lunes. A primera hora del lunes nos presentamos en el consulado. Ya habíamos arreglado con el taxista y por cien dólares diarios nos esperaría hasta el lunes y dejaría en la frontera en Tetuán. Para este hombre, que hacia no más de treinta dólares diarios, cien dólares por día eran una fortuna. Dijo que no era problema para el esperar hasta el lunes. Dormiría en su auto y con su afabilidad, ya se había hecho amigo de la cocinera de la casa del embajador quien se encargó de alimentarlo.

— En los primeros minutos de nuestro encuentro con José Cataldo, el cónsul chileno en Rabat, entendimos claramente porque este individuo era un problema para el embajador. El tipo era un burócrata ineficiente a quién nadie podía sacar del cargo. Su único antecedente era ser hijo de un general y había sido puesto en ese cargo por la dictadura. Antes de dejar el gobierno, Pinochet había decretado que todos esos cargos, especialmente los de servicio exterior, serían inamovibles. Como el nuevo gobierno de Chile se llamaba a sí mismo de transición, no podía herir a los militares. Seguramente, no lo sabemos de por cierto, pero puede asumirse que parte del acuerdo por el que Pinochet dejaba la presidencia, es que el nuevo gobierno respetaría sus decretos. El caso es que, con respecto a estos funcionarios, las nuevas autoridades de gobierno se encontraban atadas de manos. Como este Cataldo sabía que por sus conexiones militares era intocable, hablaba con un tono displicente:

— Necesito alguna prueba de que a este joven le han robado el pasaporte. Les estoy atendiendo porque el embajador me lo pidió personalmente, pero debo seguir el procedimiento regular e informar al Ministerio del Exterior de las razones específicas de porqué estoy entregando un pasaporte nuevo, dijo.

— Como le podemos presentar pruebas, contesté. Si se lo han robado en la calle.

— Bueno, ustedes me han dicho que el comisario de Tetuán le dejó libre sin cargos. Entonces llámenlo a él para que les dé la prueba. Yo no usaré un formulario de pasaporte sin tener pruebas.

— Pero que prueba nos podrían dar en Tetuán si ni siquiera pudieron encontrar el documento con que Rafael fue internado en la celda de la comisaria. ¿Porque no los llama usted como cónsul oficial de Chile? Tal vez hablando con la policía de Tetuán podría entender el caso.

— Yo no haré tal llamada porque no hablo árabe.

— Entonces háblele en francés, el comisario habla francés, dije.

— Yo tampoco hablo francés, pero como el señor embajador pidió que se les ayudara, solo como una deferencia a él, haré que alguien haga esa llamada. Espérense un momento por favor, buscare a Hassan, el hombre que hace el aseo en el consulado, el habla árabe y español y siempre hace las llamadas por mí.

Nos miramos con Rafael y nos hicimos un gesto con los ojos que Cataldo no notó. Por supuesto, a ambos nos pareció extremadamente extraño que el cónsul usara a un aseador de la oficina para sus llamadas oficiales, pero no dijimos nada. Cuando Cataldo volvió con Hassan, nos dijo que se había hecho la llamada y que el comisario de turno no sabía nada del asunto, por lo tanto, no habiendo ningún registro escrito de que el pasaporte había sido robado, el no haría uno nuevo. De nada valieron nuestros nuevos argumentos que había un solo comisario que sabía del caso y que posiblemente los otros comisarios no estarían enterados. Como a ese punto yo estaba extremadamente molesto, empecé a levantar la voz y Cataldo contestó diciendo aquello que me hizo empuñar la mano.

— Señores, debo ser honesto en decirles que a mí personalmente me parece muy sospechoso que este joven declare que unos niños le han robado el pasaporte. Con la pinta que tiene, a mí me parece que posiblemente se metió con la mafia marroquí para conseguir achís y así fue que perdió su pasaporte. ¡Pues claro, viviendo en Nueva York!

— El tipo no sólo era insolente y mal educado, sino que ahora nos insultaba. Exasperado, empecé a mover la mano empuñada desde atrás de mi cuerpo para darle un golpe, cuando sentí que Rafael me tomó el brazo y me dijo calladamente:

— ¡Papá, por favor! Si lo haces, nos quedamos aquí por mucho más tiempo.

Ya le iba a contestar que yo no soportaba más a ese desgraciado, cuando apareció el embajador en la oficina del cónsul. Seguramente había escuchado lo último que Cataldo había dicho porque con voz muy autoritaria le ordenó que le pusiese a él como aval de la información que entregábamos acerca del pasaporte perdido. Él, como embajador firmaría como testigo, todos los papeles que fuesen requeridos por el Ministerio del Exterior de Chile. Con esta orden, muy a regañadientes, Cataldo empezó a llenar un pasaporte en blanco. Ahí entendimos que no era solo flojera o mal espíritu del individuo, sino que más que nada era ineficiencia. Era evidente que la tarea le quedaba grande ya que se demoró un largo tiempo en completarla. ¡Imagínense, todo ese tiempo para llenar los datos de un pasaporte! El tipo era absolutamente incapaz. Para completar cada pequeño ítem, debía consultar el manual diplomático. Como estábamos sentados en la misma oficina y no queríamos alejarnos de ahí, observamos que a veces, para llenar una simple línea, consultaba el manual varias veces. Con la lectura y relectura del manual, pasaron las horas. Cuando salimos de Rabat, eran ya las cinco de la tarde. La frontera que estaba a cuatro horas de distancia, se cerraba a las nueve de la noche así es que le ofrecimos al taxista otros doscientos dólares extras para que nos pusiera en la frontera antes de las nueve. Con este incentivo, el chofer apretó el acelerador y corrió como un loco. Eran cinco para las nueve cuando nos presentamos en la policía internacional de Tetuán. Ahí, nos empezamos a poner nerviosos porque los minutos pasaban y el funcionario que nos atendía miraba mucho el pasaporte de Rafael. Después de un momento dijo:

— Este pasaporte no tiene timbre de entrada. La ley de Marruecos establece que la entrada y la salida del país deben ser timbradas en la misma página. Si no hay entrada no puedo registrar salida.

— Sí, claro dijimos al unísono, entendemos eso, pero lo que pasa en este caso es que...

No alcanzamos a terminar la oración cuando desde las oficinas interiores apareció un oficial de mayor rango que no habíamos visto antes. Vestido muy elegantemente y hablando un español muy bien pronunciado dijo:

— ¡Ah! ¿Ustedes son los chilenos que viven en Nueva York? Mucho gusto de conocerles. Supe que habían tenido problemas para cruzar el sábado. Me disculpo. Siento mucho las complicaciones que tuvieron ese día. Yo fui quien había acordado con el comisario que les dejaríamos salir con un pasaporte vencido, pero tuve que abandonar la oficina muy rápido y no alcancé a hablarlo con mi colega. Lo siento, soy muy amigo de Omar y el comisario. Nos gusta salir a cazar juntos. Luego, apuntando a Rafael dijo:

— ¿Es este el joven que estudia medicina a quién le robaron los documentos aquí en Tetuán?

— Si yo soy, dijo Rafael.

— Me da mucho gusto poder ayudarles señores. Cuando desde mi oficina escuché la conversación, me di cuenta que eran ustedes. Nuevamente, lo siento por las inconveniencias que les haya causado.

Se dio vuelta hacia el mesón hablo en tono autoritario. Como yo no entendía lo que se hablaba, solo vi que el tipo que tenía nuestros pasaportes, se paró, se cuadró como un soldado y asintió con la cabeza en señal de obediencia. Timbró ambos pasaportes y nos los entregó sin decir una palabra.

Nos despedimos muy agradecidos del oficial y finalmente pasamos al lado español. Cuando nos alejábamos, desde atrás del mesón nos habló en voz alta:

— Cuando se comuniquen con Omar, díganle como les he atendido. Tengan ustedes un muy buen viaje.

Antes de salir de Ceuta, llamamos por teléfono a Omar y le agradecimos toda su ayuda. Le contamos lo atento que fue su amigo de la frontera y él, deseándonos también buen viaje, se alegró que finalmente, estábamos en camino. Tomamos el ferry hacia España donde conseguimos el primer avión a Madrid. Arribando a Nueva York en la mañana del miércoles, respiré aliviado. Había rescatado a mi hijo y finalmente le tenía conmigo. En casa nos esperaban una gran cantidad de amigos. Les dimos especiales gracias a Patricio y Catalina. Unas semanas después Rafael y yo fuimos a verles a su oficina del Bronx para conocer al santero.

— ¡Ah! Este es el joven de la foto, dijo.

— ¿Estuvo acertada mi descripción del lugar donde usted estaba? Le preguntó a Rafael.

Hasta ese momento, Rafael no estaba convencido para nada de la visión del santero. Cuando se la conté, no me había creído, así es que con su acostumbrada incredulidad empezó a preguntar al santero por los detalles de su visión sin decir lo que había vivido.

Creo que una de las razones porque muchos dicen que Rafael es un buen médico, es porque su forma profesional de preguntar es tan inquisitiva e intensa que al paciente no le queda otra cosa que confesarlo todo. Esta característica de su personalidad, que en cualquier otra profesión podría ser un defecto, en la suya, es una cualidad. Fue así desde niño, así es que la interrogación al santero fue implacable. Cada detalle que preguntaba le era importante.

— ¿Y cómo viste los edificios? ¿Y cómo se vestía la gente? ¿Era por la mañana o por tarde?

Mientras más detalles se preguntaban, más se corroboraba la visión porque los que ahí estábamos, captábamos la excitación ascendente con la que Rafael iba haciendo las preguntas. Después de un rato, mi hijo dejó de preguntar y moviendo la cabeza dijo:

— Cuando me contaron lo de la visión, no lo pude creer, pero ahora, con la exactitud que este hombre me describe los detalles de donde estuve, no me queda más que repetir el dicho de mi abuelo: "No creo en brujos, pero de que los hay los hay"

— Bueno amigos, dije. Esta es la historia de nuestro hijo en Tetuán. Es larga, pero es absolutamente cierta. ¿Creen ustedes que harían lo mismo?

— Por supuesto que sí, contestó José. Pero volviendo al tema de nuestra conversación antes de tu historia. Yo creo que haría lo mismo por un hijo, pero tal vez más por un nieto. No entiendo cómo, pero nosotros queremos tanto a los nietos como queremos a los hijos. Digo que no entiendo, porque los nietos, no nos consideran tanto como nuestros hijos y para ellos debemos ser los abuelos que viven en el pasado. Creo que pueden sentir que les queremos, pero me parece que se imaginan que no los podemos entender y sin embargo yo haría cualquier cosa por ellos. ¿Les pasa lo mismo a ustedes?

— Interesante, pero a nosotros nos pasa exactamente lo mismo, contestó Hilda. Nuestro amor por los hijos y los nietos es incondicional. Es curioso, pero cuando nos hemos comparado con amigos y parientes que no han tenido que sufrir el exilio, no todos tienen esa misma incondicionalidad. Tal vez, en el caso de ustedes, así como en el nuestro, es esa vivencia en un país extranjero que ha creado estos lazos tan estrechos entre nosotros.

— Si yo creo lo mismo dije. Entre nosotros esto es algo que hemos conversado varias veces y es fantástico encontrarnos con ustedes que tienen una historia paralela a la nuestra y han sufrido experiencias tan semejantes. Espero que nos sigamos viendo. Por supuesto que ustedes tienen que ir a vernos a los estados unidos. Les dejaremos todos los datos para que permanezcamos comunicados, pero por ahora creo que debemos terminar nuestra visita. Es tarde, casi nos hemos bebido toda la botella de Pisco y si José tiene que regresar del centro, estará muy avanzada la noche.

— Yo no tengo problemas de continuar conversando, dijo José. Tenemos más botellas para abrir.

— Yo tampoco dijo Rosa, si quieren quedarse con nosotros esta noche, tenemos un cuarto para visita que siempre está disponible. La conversación está muy sabrosa para terminarla.

— Si, yo siento lo mismo, dice Hilda, pero me temo que tendremos que insistir. Mañana tenemos trámites que hacer en el banco del centro. Muchas gracias, pero tenemos que irnos.

Con esto, nos despedimos, intercambiamos datos para mantenernos comunicados y José nos fue a dejar a la Plaza de Armas. La visita no me ayudó en nada a la búsqueda en que estaba avocado, pero nos sentimos muy satisfechos de haber hecho tan buenas migas con esta pareja. Nunca pensé que habría de conocer a la familia de uno de aquellos militares que, por ser leales a la constitución, también sufrieron la dictadura. Yo sabía que existían, pero el conocer a uno de ellos en persona fue para mí, una gran cosa.

CAPÍTULO ONCE

Ana María Irigoyen

En la mañana siguiente después de haber estado en casa de José, repasaba lo sucedido la tarde anterior. Sentado en aquel balcón que daba frente a la Plaza de Armas me encontraba tan encismado en mis pensamientos, que observaba sin ver y oía sin escuchar a los que allí abajo, vociferaban sus argumentos religiosos. Lo que había aprendido era que, aunque había sido militar, José no sabía nada que me pudiese ayudar en mi búsqueda. Estaba otra vez a un callejón sin salida. Emocionalmente, me resistía a la idea de abandonar mi misión, pero la realidad me decía que, habiendo fallado tantas veces, era hora de empezar a pensar en esa posibilidad. Ni Juan Luna, que estuvo cerca de Anastasio Muñoz por meses, ni su esposa de muchos años, sabían nada de su paradero. Los datos de Carmen sobre la comunidad de los militares Gay y mi visita a sus hermanos en Coelemu, igualmente habían resultado puntos muertos. Este nuevo descorazonamiento había comenzado la noche anterior, cuando volvía de la casa de José sin nada. Al dirigirme hacia allá, me había hecho ilusiones y tenía una pequeña esperanza. Era la primera vez tendría la oportunidad de hablar con un exmilitar que había simpatético con el gobierno de Salvador Allende. Sin embargo, pronto, la esperanza desapareció. Iluso de mí al no entender antes que, por razones obvias, José se había desconectado totalmente de los que se llamaban a sí mismos, "la familia militar." Era evidente que debería aceptar la realidad y no me quedaba alternativa. Si quería continuar la búsqueda, tendría que recurrir a aquello que, conscientemente, hasta entonces había estado evadiendo. Debería inmiscuir a la madre de la novia de mi nieto. Aunque me habría sido fácil contactar a esa mujer antes ya que María Pía y Carmen me habían dado su dirección y su teléfono, lo había pospuesto.

Usar la relación sentimental de Juanluis para mi beneficio, me había parecido egoísta y absolutamente inapropiado. Sin embargo, al habérseme cerrado todas las otras opciones, las cosas habían cambiado. Ahora me encontraba desesperado. Lo comenté con Hilda y con su pragmatismo de siempre, ella me contestó con algo que yo realmente no había pensado. Contactarla o no hacerlo, igual podría crear conflicto. Por un lado, había evitado conocerla porque sabiéndome emocional, temía ser rudo. Sabía que me sería difícil enfrentarla y esconder la repugnancia que siento por aquellos que trabajaron para la dictadura. Más aún, si lograba controlarme en ese aspecto, también temía hacer preguntas impertinentes acerca de su padre. Evitaba el encuentro porque, hubiese sido lo que hubiese sido, esa mujer era la madre de la novia de mi nieto y yo no quería afectar esa relación.

Por otro lado, como muy bien lo apuntó Hilda, estaba la cuestión de la urbanidad y los modales. Al no contactarla, corríamos el riesgo de que ella lo considerara un desaire social. Y, aunque no hubiese sido nuestra intención, podría ser visto como una afrenta a las maneras de buena crianza. Después de discutir las disyuntivas, coincidimos que el contacto debería ser establecido. Era lo más adecuado. No se vería natural que, estando en Santiago, no saludáramos a la madre de aquella chica que vive en nuestro departamento de Manhattan y que duerme con nuestro nieto. Dominando mis temores y a instancias de Hilda, accedí a mantener mi conversación estrictamente en los temas de cuestiones familiares. Me mordería la lengua evitando todo aquello que no estuviese relacionado con los chicos. Con gran esfuerzo, me preparé a soslayar cualquier cuestión espinuda. Sin embargo, para mis adentros y con mi habitual tozudez, me reservé el derecho de interpretar lo que escuchase entre líneas y/o a crear una doble conversación que me proveyera algún dato sobre la información que buscaba.

Por los antecedentes que teníamos respecto a esta persona, nuestras expectativas de cordialidad con ella eran pobres. Tan pobres, que estábamos dispuestos a que cualquiera fuese el resultado del encuentro, quedaríamos satisfechos. Es por eso por lo que, cuando Hilda la llamó para comunicarle que estábamos en Santiago, su respuesta fue una sorpresa. Apenas supo quiénes éramos, insistió no sólo que fuésemos a su departamento, sino que nos exhortó a que lo hiciésemos lo más pronto posible. "Por favor vengan a verme esta misma tarde," dijo. "Tenemos mucho que conversar acerca de los chicos." A pesar de su afabilidad, cuando salimos hacia allá, no estábamos muy felices. Habiendo descubierto que la madre de María Pía vivía en la comuna de Las Condes, no nos excitaba en lo más mínimo. Esa comuna es la más adinerada de la capital y por lo tanto también del país. O sea, esta mujer vivía en el área más lujosa y onerosa de todo Chile. Para nosotros, que pocas veces habíamos estado en el Barrio Alto de Santiago, desde que nos acercamos al edificio, todo lo que veíamos nos pareció extremadamente ostentoso. Sabíamos de la opulencia de Las Condes, pero sentirla en persona era mucho más chocante que haberlo escuchado. Nunca habíamos estado por ahí y al mirar a nuestro alrededor era como estar en otro país. "Este no es el Chile que conocemos," nos decíamos. "Parece más bien un vecindario de gentes ricas de los Estados Unidos o Europa, pero ¿de Santiago? No." ¡De Santiago no! Simplemente no lo podíamos creer.

Al entrar al edificio, quedamos aún más impresionados. Por razones que aquí no viene al caso explicar, hemos visitado los edificios más lujosos de Park Avenue en Manhattan, pero lo que veíamos en ese lugar superaba con creces las opulencias del barrio más adinerado de Nueva York. La amplitud de los espacios, la exquisitez de las decoraciones, el cuidado de las plantas ornamentales y la impecabilidad de guardias y porteros, hacían sentir que entrabas, no a un hotel de cinco estrellas, sino a uno de aquellos hoteles tan exclusivos de Manhattan que ni siquiera tienen luminosidades en la entrada. Son solo para las gentes de elite que puede pagar sus exorbitantes precios.

En la entrada había un portero, un guardia privado con arma al cinto y dos personas que atendían detrás de un mesón. Buscábamos por Anastasia Dominga Muñoz Zárate, pero como María Paz y Carmen nos habían advertido que ella no usaba ese nombre, preguntamos por la señora Ana María Irigoyen. Uno de los que estaban en el mesón, solícitamente se paró y nos encaminó hacia el interior. "La señora Irigoyen los está esperando," dijo. Luego agregó: "Deben subir por el ascensor de la derecha. Ese los lleva directamente al Pent-house." Mientras subíamos, Hilda y yo nos miramos deslumbrados.

— ¿Te imaginas cómo será el Pent-house de este edificio? dijo ella.

— No, no me lo puedo imaginar. El Pent-house es siempre el lugar más caro de un edificio y yo nunca he estado entre tanto lujo. No me lo puedo imaginar, pero, por lo que hemos visto hasta ahora, sin duda debe ser extraordinario.

Al entrar al Pent-house, nos miramos con ojos que decían; teníamos razón, es inimaginablemente elegante, aunque no sé si le hago justicia describiéndolo como deslumbrantemente sobrio. Deslumbrante, porque murallas, ventanas, muebles, pisos y cielos eran todos de un gusto exquisito y extraordinariamente finos. Sobrio, porque ninguno de esos elementos era rimbombante y no tenía decoraciones innecesarias. Los objetos de adorno, así como los muebles eran pocos y aparecían como creados para el lugar que ocupaban. Las ventanas sin decoración de ningún tipo eran amplias y proveían una luminosidad que hacía sentirse en una terraza y no el interior de una habitación. El conjunto producía una sensación de amplitud y espacio sorprendente. No cabía duda de que la persona que ahí vivía era de un gusto exquisito o tenía dinero para pagar por un decorador profesional.

La sirvienta que nos recibió nos hizo pasar a una gran sala. Entrábamos a un salón que hacía de cuarto de estar, comedor, sala de lectura y TV, sala de música y todas las otras funciones necesarias en una casa excepto por la cocina, dormitorio y baño. Era una sola gran área de vida. Aún no terminábamos de maravillarnos, cuando apareció nuestra anfitriona. Se veía como una mujer de mediana edad que, sin ser bonita, tenía una apariencia agradable. En un sentido magazinesco no aparecía voluptuosa, pero resultaba atractiva. Su atractivo emanaba de la regularidad y el equilibrio total de su fisonomía. Con una figura proporcionada mostraba una sonrisa que aparecía franca y auténtica. Digo que "aparecía," porque, conociendo parte de su pasado, sospechábamos que no lo era. El más sospechoso era yo, y como mi esposa me conoce, durante nuestro viaje hacia el lugar, había insistido en repasar nuevamente cómo enfrentaríamos el encuentro. Yo me había imaginado a la madre de María Pía como una persona ficticia de doble estándares y presentarme con una agenda oculta, no me incomodaba. A regañadientes, ya le había vuelto a asegurar que haría el esfuerzo de no revelar las verdaderas intenciones de mi visita. Ella tenía razón. Si yo tenía dobles intenciones, estaría siendo tan falso como creíamos que nuestra anfitriona lo seria. Además, ya habíamos coincidido que ambos queríamos conocer esta mujer, por lo tanto, si bien, nuestra visita no era enteramente auténtica, tampoco era totalmente disfrazada. Este segundo entendimiento me ayudó especialmente a mí. Sentí que podría actuar más genuinamente que si hubiese llegado solamente con engaño. Sin embargo, frente a lo que actualmente sucedió, toda la preparación resultó innecesaria. Nuestra anfitriona apareció tan flamboyante que nos desarmó desde su entrada. Con una amplia sonrisa en los labios me extendió su mano mientras decía: "Soy Ana María," y antes que yo me soltara de su rápido apretón, ya se había vuelto hacia Hilda saludándola con un efusivo abrazo y besos en ambas mejillas.

— "Es un placer conocer a los abuelos del novio de mi hija," dijo. "Carmen me llamó para contarme que se encontraban en Santiago. Desde que supe que tenían mi número de teléfono, he estado esperando que me llamaran para conversar. Me siento muy complacida que hayan aceptado mi invitación, gracias." Luego, sin esperar nuestra respuesta, agregó:

— He estado pensando que, si estos chicos llegan a formalizar su relación, podríamos llegar a ser parientes políticos y como son ustedes los que han criado a Juanluis, entonces prácticamente vendríamos a ser casi con-suegros.

— Si claro, se apresuró Hilda a contestar, a nosotros también nos gustaría lo mismo. Por lo que hemos conocido de su hija, ella es una persona extraordinaria. Sería una pareja perfecta para Juanluis, pero desgraciadamente, en los Estados Unidos, los jóvenes actuales no se comprometen. Ellos solo se juntan. Nosotros somos chapados a la antigua, pero en este caso no nos hacemos ilusiones, debemos ser realistas.

— ¡Ho sí! aquí en Chile pasa exactamente lo mismo. Es por eso por lo que ahora no se habla de marido ni esposo. Se dice "pareja." Y aquí quiero ser bien honesta con ustedes. Yo personalmente no tengo el derecho de pedir a mi hija que haga lo que yo nunca hice, pero a pesar de la vida que he llevado, soy también chapada a la antigua. Mi madre me crio católica y no puedo dejar de soñar en una boda de traje blanco para mi hija. Sé que es un absurdo de mi parte y sé exactamente cuál sería su reacción si se lo dijera. Eso nunca lo haría, pero se los digo a ustedes. Por favor, guardémonos esta confidencia entra nosotros. Carmen me ha dicho cuántos años ustedes llevan juntos así es que supongo les será difícil entenderme, pero quiero para mi hija aquello que yo nunca tuve, una pareja estable que la acompañe en su adultez.

A los pocos minutos de conversación, esa mujer sobre la que teníamos tantas reservas nos había ganado en su confianza. Sin conocernos, nos decía cosas que no quería que ni siquiera su propia hija las supiera. De ahí en adelante, la conversación fue más relajada. Era claro que estaba convencida que el único motivo de nuestra visita era establecer un contacto supra o extra familiar y no la agenda que yo tenía. Continuamos hablando acerca de los muchachos y ella nos contó las dificultades que tenía para comunicarse con su hija. Nos describió, con varios ejemplos, como ella sentía que María Pía nunca le ha perdonado que la abandonase desde pequeña. Se justificó a si misma estableciendo que, por la naturaleza del trabajo que ella hacía, había sido su única opción.

Hilda y yo poníamos extrema atención a lo que decía y cuando vio que tenía interlocutores que realmente le escuchaban, empezó a abrirse más en sus confidencias. Poco a poco comenzó a extenderse en los detalles de lo que había sido su rol durante la dictadura e Hilda que es muy buena en esto de hacer a la gente hablar de sí mismas, coincidía en algunas afirmaciones y luego le hacía preguntas sobre el mismo tema. La mujer, muy feliz de ser escuchada, se veía encantada de poder compartir su historia y se explayaba más y más en sus vivencias personales. Si Hilda veía que el tema se estaba agotando, volvía al asunto de la maternidad y reactivaba la conversación. Yo, que nunca he sido bueno para escuchar confidencias femeninas, callaba y de vez en cuando asentía con un monosílabo. Debo confesar que fui torpe al no entender la estrategia de Hilda desde el principio. Hablando de la familia y de su hija la había llevado a la totalidad de su pasado personal. Pronto, la mujer estaba contándonos los detalles más importantes de su vida. Nosotros, que ya teníamos la versión resumida que nos había dado Carmen, no decíamos nada y escuchábamos con atención. Su relato saltaba súbitamente a puntos anteriores y posteriores a su maternidad y aunque eso hacía difícil seguirla, a mí esto me puso contento. Por ese camino, tal vez yo podría conseguir algunos indicios de lo que su padre hizo y por ahí, poder deducir su paradero actual. Al momento que relataba un elemento especifico de su vida, nuestra interlocutora se acordaba de muchos detalles anteriores y posteriores a él y es por eso por lo que antes de volver a su historia original, hacia grandes paréntesis hacia el futuro o el pasado. Si describo aquello tal como la escuché, sería difícil para el lector entender la narrativa así es que me he permitido organizarla cronológicamente. Para sostener la cronología, me he visto obligado a repetir algunos momentos de la vida de Anastasia que ya habían sido descritos por Carmen, pero siendo esta vez de diferente fuente, valga la repetición. Debo explicar también, que el cambio de nombre de "Anastasia" a "Ana María," aparecerá en el lugar correspondiente de la historia.

Por Carmen, ya sabíamos que Anastasia Dominga Muñoz Zárate, había pasado su niñez en ese hogar de clase media en el Llano Subercasaux. Por razones que ella no quiso especificar, vio a su padre muy pocas veces ya que desde pequeña la habían internado en escuelas de monjas y salía solo los fines de semana los pasaba mayormente con su madre. Esta, siendo fanáticamente beata, prácticamente vivía en la iglesia. La misma Anastasia admite que la única vida social y educación sexual que tuvo en sus años formativos provino de sus compañeras de internado. Fue ahí donde tuvo un despertar temprano a la actividad sexual. Enfatizo esto de la sexualidad, porque fue este aspecto de su vida el que jugó el papel protagónico en su desarrollo personal y profesional. Fue allí, en el internado donde tuvo como sus mejores amigas a chicas que, tal como ella, no recibían atención de sus padres. Eran hijas de madres solteras o padres divorciados quienes, en la ausencia de familia, usaban el internado como sucedáneo. Varias de las muchachas con las que más se relacionaba Anastasia, habían tenido experiencias sexuales tempranas y las compartían abierta y gráficamente con el grupo. Las otras chicas, las muchachitas que provenían de familias tradicionales, por supuesto, no pertenecían a ese círculo. Las monjas se preciaban que el internado había sido diseñado para hacer señoritas a las chicas de la clase alta de Santiago y como el padre de Anastasia quería que su hija se educase en ese estilo, hacia un tremendo esfuerzo para pagar esa escuela. Obviamente, los temas relacionados con hombres o con sexo, eran allí absolutamente tabú y las monjas, que no entendían que el desarrollo de la naturaleza no se le puede combatir con rezos, prohibían cualquier cosa asociada con la femineidad. Es por eso por lo que ni siquiera sospecharon que, al alcanzar la pubertad, solo las chicas del grupo de Anastasia estaban preparadas para sus cambios corporales, las otras no. Las primeras, habían aprendido secretamente lo que significaba ser mujer y sabían lo que había que esperar. Sabían que es lo que venía y que había que hacer. Estaban perfectamente informadas de los cambios hormonales que sufrirían a esa edad y cuando alguna de ellas tenía la menarquia, se ayudaban. No fue lo mismo con las otras. Dado que las edades de todas las muchachas coincidían, cuando a alguna de aquellas que no eran de ese grupo se le venía la menstruación, se producía la gran tragedia. Cuando una de estas muchachas, despertó sangrando entre las piernas, entró en un estado de pánico. Calmadamente, las chicas del grupo de Anastasia le ayudaron a limpiarse y le regalaron toallitas. Fin de la tragedia. Pero la segunda vez que sucedió, mientras algunas amigas de Anastasia repetían el procedimiento, una de ellas montó en cólera y a gritos, en un lenguaje fuerte y crudo, explicó a las mojigatas la realidad de ser mujer. Para varias de esas chicas esto fue un tremendo choque. No estaban acostumbradas a escuchar una realidad tan descriptiva. Eran tan ignorantes de estas cosas, que nuestra interlocutora, nos contó riéndose, como, una vez superada la emergencia y como reacción a la perorata, algunas de esas ellas compartieron algunos de sus mitos sexuales. Por ejemplo, algunas sinceramente creían que podían quedar embarazada si un hombre la besaba. Otras, pensaban que una relación sexual, o sea el coito, podía durar toda una noche. La ignorancia era supina. Desde esa noche las rivalidades entre las mojigatas y las otras se limaron un poco, pero el grupo de Anastasia continúo reuniéndose en secreto. Lo que ellas hacían estaba muy lejos de ser aceptado por las otras. A esa edad, ya habían comenzado a contrabandear al interior del dormitorio, fotos de hombres y mujeres desnudas. Eso no podía ser compartido con el resto porque sospechaban que, entre las mojigatas, podría haber soplonas. Avanzando en edad, más se cerró el grupo y, para estar a solas y mantener la secrecía, buscaron lugares más escondidos en el edificio. De los desnudos, avanzaron a las fotos pornográficas que eran fácilmente obtenidas por unas mellizas que las sacaban de las colecciones de su madre. Tanta pornografía había en esas colecciones, que sacar unas cuantas fotos, pasaba siempre desapercibido. De idéntica fuente, las mellizas obtuvieron lecturas eróticas clásicas y desde ahí, no pasó mucho tiempo para que se iniciaran en la práctica de la masturbación. Cuando el grupo avanzó a un nuevo nivel y comenzaron a hacérselo las unas a las otras, algunas empezaron a buscar experiencias con diferentes objetos eróticos. Otras, buscaron variaciones para el mismo juego. En resumen, y descrito por la mismísima Anastasia, esta fue la forma en que, a una muy temprana edad, ella se inició en el mundo del sexo. El punto que podría considerarse como la graduación en la educación sexual del grupo, vino cuando en el penúltimo año de la secundaria, ciertas chicas narraron sus experiencias sexuales del fin de semana. El asunto había empezado una tarde de sábado en la casa de un "apoderado" que invitó, además de su "pupila," a una de las chicas más agresiva del grupo a tomar "tecito." También había sido invitado allí, un amigo del "apoderado," un hombre de mucho dinero. La conversación con música invitó al baile y de ahí se pasó a los dormitorios a "conversar" intimidades. Como resultado de esto, ese fin de semana, las dos chicas que participantes tuvieron jugosos regalos en efectivo y al contarlo a sus amigas casi todas quisieron ser parte de ello. El viernes siguiente, al salir del internado, en lugar de dirigirse a sus casas, varias de ellas se juntaron a la fiesta del "tecito." En pocas semanas, estas chicas hacían ostentación de sus ganancias en el internado. No estando permitidas, contrabandeaban y mantenían ocultas, joyas y prendas íntimas de precios prohibitivos. A veces, de puro ostentosas, las usaban bajo el uniforme. Cuando vieron lo que se podía conseguir brindando sexo, muchas se adhirieron a la práctica. Pronto, incluso aquellas que salían poco o nada, comenzaron a salir regularmente los fines de semanas. Desde el internado, se había establecido una cadena de prostitución y las monjas nunca lo supieron. Durante la semana, la actividad del grupo en la escuela aparecía febril. Las monjas, que veían ahínco y secreto en lo que esas chicas hacían, creyeron que se reunían a estudiar los temas de clases y empezaron a citarlas como ejemplo para las demás. Claro, astutamente, el grupo se presentaba al salón de estudio con muchos cuadernos y libros dispersándolos sobre los escritorios. Lo que las monjas no sabían, era que los temas de las discusiones en secreto no eran académicos, sino que eran acerca de cómo obtener más dinero haciéndoles a los hombres aquello que más les gustaba. Al respecto, Anastasia fue categórica con nosotros. Aunque estaba enterada de todo lo que sus amigas hacían, ella nunca participó. "Lo que aprendí con esta actividad extracurricular de mis compañeras," nos dijo, "es que, para una mujer de mi condición social, el sexo bien usado puede producir grandes utilidades y puede colocarte en posiciones de poder." Ahí nos explicó como preguntando a las que llegaban con más dinero que las otras, aprendió que el secreto para llegar al máximo de la complacencia sexual era entregarse a la actividad sin tapujos y con el sincero interés de conseguir auténtico placer para una misma. "Desde muy temprano comprendí," nos dijo, "que la fórmula para agradar y satisfacer al que te acompaña en el sexo es mostrar cuanto lo estas gozando tu misma y hacer como se hace en el tráfico vehicular: todo está permitido, excepto aquello que haya sea explícitamente prohibido por la otra parte."

A este punto, estábamos más que sorprendidos de la soltura con que esta mujer se sinceraba sobre su pasado. Unos pocos minutos antes le habíamos sido unos perfectos extraños y ahora nos compartía sus intimidades. Según ella, cuando a los diecisiete años, se presentó a trabajar para el servicio de inteligencia militar y le explicaron que es lo que tenía que hacer, inmediatamente se dio cuenta de que es lo que buscaban. Tendría que usar sus encantos femeninos para espiar y obtener la información de aquellos hombres que se le asignasen como objetivo. Según ella, hasta entonces, aún no había tenido experiencias reales con hombres, pero hacía algún tiempo, al igual que sus compañeras de internado, usando diversos tipos de juguetes sexuales había experimentado el orgasmo. En el sentido fisiológico del término y con esa práctica, hacía tiempo también que había dejado de ser virgen. El caso es que, a esa temprana edad tenía no sólo un buen conocimiento de la mecánica del sexo, sino que también, sabia lo fácil que sería para una muchacha joven y atractiva el utilizar la actividad sexual como un elemento manipulativo de los hombres.

Ambiciosa, inteligente y atractiva, ignoró los tapujos decorosos que su abuela y las monjas le habían tratado de inculcar y tuvo éxito inmediato en las misiones que le encomendaron. Al no tener convicciones morales de ninguna naturaleza y con un control absoluto del sentido de la emocionalidad frente a la relación sexual, pronto aprendió a cómo completar sus asignaciones sin remordimientos. No tuvo contemplaciones éticas de ninguna naturaleza para concentrarse en los tipos que eran el objetivo de su misión. Su actitud frente a la sexualidad era completamente amoral. De la manera que lo contó y por el contenido de sus historias, era claro que su formación ética estaba más con lo que había aprendido con sus amigas del internado que con las beaterías de su abuela o las enseñanzas de las monjas. Para ella, la pieza fundamental de una tarea era espiar y socavar información de aquellos sujetos que sus jefes señalaban como el objeto de la misión. Sin una moralidad que la limitara en su conducta, para conseguir el objetivo de la misión todo era permisible. Esto fue la que la llevó rápidamente al estrellato de las mujeres espías de la dictadura. La única condición que había puesto antes de comenzar sus actividades fue que se le permitiera usar un nombre de batalla. Un nombre profesional que no estuviese asociado a su pasado y así fue como inventó el nombre "Ana María Irigoyen." Mas tarde, cuando tuvo suficientes contactos para ejercer influencia política, hizo que el cambio de nombres fuese oficializado en las oficinas del Registro Civil. Tan eficiente resultó en su trabajo que cada tarea que se le encomendaba, la cumplía bien sin excusas ni quejas. Le gustaba tanto lo que hacía y lo hacía tan bien que en pocos meses empezó a notar que sus propios jefes eran mojigatos. Cuando le encomendaban una misión, ni siquiera se atrevían a ser explícitos en como la misión debía llevarse a cabo. Los detalles los dejaban difusos. Sus sujetos eran siempre hombres y nunca le pidieron que espiara a una mujer por lo tanto era obvio que, si la habían elegido a ella, era porque esperaban que usara sus encantos para conseguirlo. Pero sus jefes, como ella los describió, eran tan timoratos que no se atrevían a explicitarlo. Describían la información que se buscaba, pero no detallaban el procedimiento para extraerla. Eso se lo dejaban a ella. Fue muy cruda al narrarnos como en una de aquellas situaciones, hubo un jefe que, según sus propias palabras y perdonando la expresión: "se cagó entero." Se trataba de un milico de alto rango frente al cual ella debía presentarse en su oficina a recibir órdenes. Este hombre, no se atrevía o no sabía cómo decir lo que tenía que decir. Seguramente no sabía cómo abordar la idea de usar la sexualidad como arma de espionaje político. Esto era patente ya que sus modales revelaban que se sentía incómodo. Aun usando un uniforme de alto rango mostraba inseguridad. Su incomodidad ere evidente porque se sobaba las manos y hacia constantes cambios de peso en la silla. Aunque no le correspondía, ella inicio la conversación sacándolo del apuro. Usando su experiencia, empezó preguntando quien era el sujeto, que es lo que se sospechaba de él o cual era la información requerida. Teniendo la identificación del blanco, Ana María fue explícita en describir cómo cumpliría la tarea y cuando podrían esperar su primer reporte. Con esto, ese oficial quedo tan agradecido, que más tarde se convirtió no sólo en un buen amigo y protector, sino que también en su amante esporádico. Constantemente la llenaba de regalos y le abrió una cuenta donde le depositaba periódicamente. El tipo estaba tan alto en la jerarquía que tenía acceso a fondos especiales y secretos del ejército. Ella no lo dijo expresamente, pero por lo que contó después, sospechamos que este milico, un hombre de muy alto rango, fue el amante que la protegió durante toda la dictadura. Asumimos esto porque nunca lo nombró sino como un oficial de alto rango. Suponemos ella nunca quiso ni quiere exponer al tipo a un escándalo y por la manera en que varias veces se refirió a él, tal vez todavía le tiene cierto cariño. Por la forma displicente en que hablaba de la actividad sexual como quien habla de la cena de anoche, pensamos que esta mujer debe haber sido impresionante en la cama.

De la manera en que nos contó el desarrollo de sus actividades, parece obvio que Ana María Irigoyen resultó una actriz natural desde el principio. En unos cuantos meses se convirtió en la mujer espía de más experiencia del servicio y la nombraron monitora para que estrenara a las muchachas nuevas que se integraban a esa unidad. Como sus tareas no estaban en los manuales militares, por cada misión le habían pagado en efectivo, pero ella había sido tan eficiente, que después de la cuarta de ellas, quisieron promoverla a instructora oficial y asignarla a la planta de su unidad. Para poder darle un sueldo, crearon una figura legal dándole el rango de teniente sin haber pasado por la escuela militar, pero ella se sintió tan envalentonada por sus éxitos, que exigió el rango de capitán. Después de algunas resistencias de sus jefes debido a su falta de educación militar, con ayuda de las conexiones que ya había logrado, consiguió lo demandado. Cuando su padre se enteró, la contactó para decirle que era una hija desagradecida. Ella todavía no entiende ese exabrupto de su padre. Él nunca fue parte de su vida y por lo tanto ella siente que, a él, no le debe nada. Pero claro, desde el punto de vista de su padre seria explicable que se sintiese así. El pobre hombre, después de años y años de leal servicio, no puede y nunca podrá, pasar de ser sargento y su hija, en menos de seis meses ya tenía el rango de capitán. Después de ese nefasto encuentro en que ambos se dijeron cosas fuertes e insultantes, padre e hija no habrían de comunicarse nunca más. No es que antes lo hubiesen hecho, pero, según lo expresado por ella, de ese hombre no quiere saber nunca más. "Ni siquiera uso su apellido," dijo. En sus propias palabras, lo que hizo para conseguir el grado de Capitán de Ejército no fue por una cuestión de dinero ni para alardear usando el uniforme, cosa que de todas maneras no podía hacer, sino que lo que la impulsó a hacerlo que fue una cuestión de prestigio frente a sus pares. Lamentaba que su padre no pudo entender esto y que la insultó groseramente, pero se alegraba de haber terminado con una relación que verdaderamente nunca fue.

Para mí esto fue un balde de agua fría. Claramente, aquí tampoco podría conseguir la información que buscaba. Esta mujer no sabía, y aparentemente no quería saber nada de su padre. Otro callejón sin salida. Nuevamente tuve la misma frustrante sensación que había tenido antes, pero ya que estaba ahí, decidí que seguir la conversación en la esperanza que nuestra interlocutora dijera algo que pudiese abrir otro aspecto de la búsqueda. Dejé morir el tema del padre sin comentario y acordándome del dicho en inglés, "follow the money," bruscamente orienté la conversación hacia el asunto de las platas. Tal vez, si tenia alguna idea de como se financiaban las operaciones secretas durante la dictadura, podría abrirme una nueva brecha. Para hacerlo menos evidente, conecte mi observación con lo que recién se había mencionado acerca del grado de oficial.

— Este departamento es maravilloso, pero no creo que haya podido adquirirlo solo con el sueldo de capitán, dije.

— Ah, es cierto, me contestó ella. Aunque el general Pinochet subió bastante los salarios y había muchas otras regalías que recibíamos como oficiales del ejército, usted tiene toda la razón, con el sueldo de capitán no habría podido nunca adquirir todo esto. La verdad es que el asunto del salario no fue nunca importante para mí. La única razón por la que exigí el rango de capitán fue por el prestigio de ese estatus que me permitiría moverme más libremente dentro del servicio.

Y aquí, nuevamente para sorpresa nuestra, la mujer se expandió en darnos detalles de cómo había, en tan poco tiempo, amasado tal fortuna. Era como si quisiera justificarse de su desentendimiento de María Pía. En algún momento sentimos como si quisiera hacer dos cosas, justificarse por lo que había hecho a su hija y también impresionarnos con lo que había adquirido. Debo confesar que no fui impresionado por su demostración de opulencia, pero si por su candidez al confesarnos, sin tapujos, como la había adquirido. Por sus palabras supimos que, cuando le dieron el rango de capitán, ya había acumulado una pequeña fortuna porque las propinas en efectivo y los regalos que recibía eran siempre sustanciosos. Esa pequeña fortuna me parece que no puede haber sido tan insignificante si ella misma dijo que el sueldo de capitán le era poco relevante. Desde el comienzo de su actividad profesional, todo lo que conseguía lo cambiaba a dólares. Para evitar impuestos, usaba sus conexiones traficando en el mercado negro y reduciendo a esa moneda, pesos, joyas y otros regalos.

Las primeras misiones que le asignaron habían sido espiando al personal civil del gobierno de Pinochet a quienes los servicios de inteligencia querían mantener bajo control. Este servicio no sólo sospechaba de todos, sino que también quería tener información secreta de cada personero que tuviese poder en el gobierno de la dictadura. Esa era su principal fuerza de poder. El director del servicio sabía que esta información no clasificada podría ser usada en el futuro no sólo para proteger a Pinochet sino también para proteger al servicio de los embates de los enemigos interiores y exteriores del gobierno. Es por eso por lo que, aunque las misiones que habían comenzado con los políticos de derecha y los personeros civiles del gobierno, pronto se fueron extendiendo a diplomáticos extranjeros para continuar con el personal militar de las diferentes ramas de las fuerzas armadas o cualquiera que se convirtiera en sospechoso de complotar contra Pinochet. Pero Ana María Irigoyen sabía que no toda la información que conseguía tenía que ser reportada a sus jefes. Jugando a la chica ingenua que gustaba de las cosas lindas y los juegos eróticos, llegó a tener un paquete de confidencias que pronto le permitieron explorar en el campo de las inversiones. Haciéndose la mujer bonita que habla tonteras, había usado los momentos de intimidad con personeros de la economía nacional para obtener datos estratégicos de las decisiones económicas del gobierno. Con esta información comenzó sus inversiones especulando con divisas. Poco después descubrió que alocando su pequeña fortuna en aquellas áreas de la economía que sufrirían cambios drásticos pero que se mantenían en secreto, podría hacer pingües ganancias. De esta manera aprendió a especular con información secreta y hacer negocios que, con el tiempo, habrían de crecer conmensurablemente. Con esto, aumentó no sólo su fortuna personal sino también el conocimiento del mercado de tal manera que los contactos financieros que ya tenía fueron aumentando sus ingresos geométricamente. Al término de la dictadura, cuando su unidad de inteligencia militar fue desmantelada, ella ya era una mujer tan tremendamente acomodada que ni siquiera necesitaba administrar su fortuna. Para eso contrató una empresa financiera y pudo seguir viviendo solo de sus rentas.

Varias horas después, cuando ya habíamos terminado la visita, comentamos con Hilda acerca de las motivaciones de esta mujer al contarnos, a veces con lujo de detalles, tantas confidencias personales. Nuestras especulaciones variaron desde su necesidad de compartir las peripecias de su vida con cuasi extraños hasta el interés de que, si nosotros sabíamos lo que su vida había sido, podríamos intervenir para que ella mejorara sus relaciones con su hija. De una manera o de la otra, para nosotros todas estas revelaciones resultaron bastante chocantes. No por lo nuevo u original que fueran — bien sabía yo como funcionaba el sistema de espionaje que usaba la dictadura — sino porque venía de una mujer y por sobre todo de una mujer que estaba genéticamente conectada con la novia de mi nieto. Recordando nuestra conversación con ella, lo que más me impactó fue la última parte de su relato. Habiéndonos contado diversos hitos de su vida, intempestivamente cambio de tema y se refirió, sin que yo lo sugiriera, a lo que yo andaba buscando. Ese fue el momento en que quedé realmente impresionado de la inteligencia y la habilidad social de esta mujer para hacer asociaciones que le permiten captar tan bien los intereses de sus interlocutores. Claro, esa es la habilidad que le permitió ser tan exitosa en lo que hacía. La memoria de esa parte de la conversación la tengo clarísima en mi mente.

— Por lo que me contó Carmen de usted, señor Olivares, dijo. Sé que ha andado buscando información para localizar a mi padre. Por Carmen, también sé que usted fue prisionero en Ritoque y como también se lo que mi progenitor — perdonen, pero me cuesta llamarle padre — hacía en Ritoque, basta sumar dos más dos para saber porque le busca.

Esta es la habilidad de esta mujer que me impresionó sobremanera. Cuando quería ser directa, podía serlo sin tapujos ni mascaradas. Estoy seguro de que cuando necesitó engañar fue muy diestra en ello, pero ahora que necesitaba ser auténticamente sincera me dejó sin saber que decir. Solo atiné a seguir el juego y ser también sincero.

— Si, tienes razón, dije. Gracias por abordar el tema con tanta naturalidad. Retribuyendo con la misma naturalidad y sinceridad, debo decir que vine con dos propósitos en mente. El primero, por supuesto es el de conocer a la madre de María Pía y el segundo, el que no me atrevía a abordar, es la esperanza que usted supiese algo del sargento Anastasio Muñoz.

Me sorprendí a mí mismo de la manera en que esta conversación se iba desarrollando. Tan confuso estaba frente a la habilidad social de esta mujer, que usaba con ella el usted y el tú intercambiablemente. Con un tono firme y seguro, ella continúo:

— Desagraciadamente, como les dije antes, hace muchos años que rompí toda relación con ese hombre. Y soy generosa en llamarla una relación, porque la verdad es que nunca la hubo. No recuerdo haber tenido una conversación con él. Aparte de los respetuosos buenos días o buenas noches con que una hija saluda a su padre, nunca hablamos de nada. Siempre sentí que para él yo no existía. Cuando pequeña, recuerdo algunos cariños y atenciones de mi madre, pero de él, nunca nada. Bueno, no tengo porque aburrirles con estos tontos recuerdos, pero si quería decirles que acaba de ocurrírseme que tal vez si les pueda ayudar. Hace algunos años, en una fiesta de milicos, conocí a una mujer muy interesante que en cierta forma tenía una situación parecida a la mía dentro de las fuerzas armadas. Tenía un grado de oficial sin haber pasado por ninguna escuela militar. Cuando intercambiamos esa información nos dimos cuenta de que seríamos muy pocas o tal vez las únicas mujeres que se encontraban en esa situación. La confluencia de estatus dentro de las fuerzas armadas, creo un vínculo entre nosotras. En esa fiesta nos contamos más o menos lo que cada una de nosotras hacía sin llegar a detalles. Más tarde nos juntamos varias veces y nos seguimos tanteándonos de a poco. Cuando descubrimos realmente lo que cada una hacía, y nos dijimos que deberíamos mantenerlo en secreto, llegamos a sinceramos, pero siempre limitadamente. Conversábamos en generalidades guardándonos los detalles y cuando veíamos que nos metíamos en específicos, desviábamos la conversación y hablábamos de nuestra juventud. Yo le conté de la mala relación que tenía con mi progenitor, un militar de carrera, y le dije como había perdido todo contacto con él. Ella, supongo que por alguna razón que era más desagradable que la mía, no quiso hablar de lo familiar y se refirió a lo difícil que había sido su vida escolar. Empezó diciéndome que no sabía ni cómo ni cuándo, había desarrollado una memoria para acumular información que era absolutamente fuera de este mundo. Su capacidad para recordar números, nombres y otros antecedentes asociados con datos estadísticos era tan grande, que le provocó problemas escolares. Sus profesores no creían que alguien pudiese recordar tanta información con la precisión con que ella la podía reproducir. Algunos pensaron que ara un monstruo matemático y otros, que era un genio para hacer trampas con números. Unos meses después de nuestro primer encuentro, me llamó por teléfono para decirme que tenía algo que tal vez me interesara. Al preguntarle de que se trataba, dijo que se refería a cierta información acerca del paradero de mi padre. En ese momento, yo estaba en el medio de una misión bastante difícil así es que le dije que no me interesaba saber nada de mi padre. Le agradecí su interés por mí, pero en ese momento, y tal vez nunca, agregué, me interesaría por ese hombre. Ella fue muy gentil y un par de veces más que nos volvimos a encontrar, no hablamos nunca del asunto. Hace poco he sabido que esta mujer, se retiró del servicio en malas condiciones. También he sabido que siente gran amargura por la forma en que fue tratada en su jubilación y que esa amargura la ha hecho hablar pestes de los militares en general y del ejército en particular. No sé si todavía recuerda lo que quería decirme del esposo de mi madre, pero las veces que conversé con ella, demostró que sus habilidades memorísticas son realmente extraordinarias. Tal vez todavía lo tenga en su cerebro.

Lo que Ana María me decía era como un regalo de navidad ya que las posibilidades de encontrar a Anastasio Muñoz se volvían a abrir. Excitado y con mucha alegría pregunté:

— ¿Crees tú que ella querría conversar con nosotros?

— Bueno, sé que es muy temperamental y está totalmente amargada de la vida. No puedo adelantar cuál será su reacción a una petición de ese tipo, pero podemos tratar. Su nombre es Margarita. En general no es amable con nadie, pero conmigo, siempre ha sido gentil. Lo peor que puede pasar es que me diga que no. Que no quiere hablar con nadie y ese, sería el fin de este intento. A mí no me importa ser rechazada, lo he sido tantas veces por tantas gentes, que no me afecta. ¿Qué les parece? ¿Lo hacemos?

— Por supuesto, me apresuré en responder. Si a ti no te importa, te estaría muy agradecido. ¿Cuándo crees que se podría hacer?

— Pues, ahora mismo, dijo Ana María. A esta hora del día es una buena hora para llamar, no es muy tarde y no creo que ella sea de aquellas personas que hacen una ceremonia de su cena. Ustedes me parecen buenas personas y no es molestia para mí poder ayudarles en esto. Llamaré de inmediato.

Hilda y yo nos miramos con ojos de asombro. Yo no podía creer tanta belleza y ella, que presentía como me sentía, solidarizaba conmigo. El regalo de navidad se presentaba en un envoltorio de lujo. Después de la desesperanza que me había producido el saber que esta mujer se había desconectado totalmente de su padre, veía que las cosas empezaban a desarrollarse de una manera muy positiva. Debemos haberle caído bien, porque se salía de su camino por congraciarse con nosotros. Me atrevo a pensar que quería aparecer especialmente graciosa conmigo. Tal vez me veía como a un hombre mayor y me asociaba con el padre que nunca tuvo. Para mí, con el descorazonamiento en que me encontraba, la situación era excitante y sin darme cuenta, en el calor de mi entusiasmo, nuevamente había empezado a tutear a Ana María. Lógicamente ella debe haberlo notado, porque su afabilidad con nosotros pareció duplicarse. Mientras hacia el llamado, agucé el oído y como escuchaba solo lo que la madre de María Pía decía, me pareció que, al otro lado del auricular, la cosa se ponía difícil. Sin embargo, nuestra anfitriona manejo la conversación con agudeza y empezó a explicar quiénes éramos, pareció que la persona que estaba al otro lado cambió el tono. "Si," dijo la Señora Irigoyen "ellos viven en Nueva York y deben estar bien conectados porque allá son doctores y enseñan en la Universidad de la Ciudad. El Doctor Olivares trabajó también como consejero en el programa educativo del New York Times." Aparentemente, al escuchar eso, la persona que hablaba al otro lado debe haber cambiado su actitud porque la conversación cambió. En lugar de seguir tratando de pedir que se nos recibiera, a partir de ese punto, Ana María comenzó a hablar de donde y cuando nos encontraríamos. El identificarnos como profesores en Nueva York con conexiones de la prensa internacional, había sido como una llave secreta. Más aun, cuando fuimos identificados como los abuelos del novio de su hija, el tono en el otro lado debe haber cambiado absolutamente. Tapando el auricular y con una gran sonrisa, Ana María nos preguntó si teníamos alguna objeción de juntarnos en la tarde del día siguiente en el Café Copelia de la calle Providencia. Nos apresuramos a dar el sí, y la cita quedó establecida. Antes de terminar la llamada, la madre de María Pía se excusó de no poder ser también parte de la partida. Tenía un compromiso previo, pero le advirtió a la persona que hablaba al otro lado, que nos sería difícil identificarnos. "Un señor gordito de barba blanca y porte distinguido, acompañado de una señora rubia muy hermosa. Los dos son de la tercera edad, pero se ven tan bien que no te creerías la edad que tienen," dijo Ana María.

Después de hacernos prometer que nos mantendríamos conectados, nos encaminó hasta la puerta del edificio. En el ascensor, ella e Hilda intercambiaron números de teléfonos y antes de salir a la calle, nos despidió con besos en ambas mejillas. De vuelta al centro, comentamos lo infundados que habían sido nuestros temores antes de esta visita y que, en verdad, con lo que habíamos conseguido, deberíamos considerarla todo un éxito. La tarde siguiente nos entrevistaríamos con alguien que posiblemente podría permitirme continuar mi búsqueda, pero con el carácter pesimista que me distingue, me hice la promesa de mantener las expectaciones bajas. No necesitaba otra desilusión.

No nos fue difícil de encontrar el café Copelia ya que aún conserva algo de la popularidad que tuvo hace más de treinta años y los taxistas lo conocen. Habíamos llegado temprano y no vimos a nadie que calzara con la descripción que teníamos de Margarita. Aprovechamos de pedir uno de aquellos helados que, en los setenta, lo habían hecho famoso entre la "gente linda" de Santiago. Sabíamos de ellos porque eran populares, pero nosotros no lo conocíamos. Siendo de la Estación Central, esos sectores de la ciudad no los frecuentábamos y no nos eran familiares. Claro, como ex taxista yo sabía lo que era el famoso Café Copelia.

No habían pasado muchos minutos después de la hora acordada, cuando entró una mujer que demostraba más edad de la que seguramente tendría e inmediatamente se acercó a nuestra mesa. Con una voz aguda desagradable que sonaba como un silbato, nos saludó:

— Hola, dijo. Soy Margarita.

No es difícil describir al personaje que teníamos enfrente. Era evidente que se había acicalado mucho para el encuentro, pero aparentemente, lo había hecho con tal prisa o descuido, que el resultado se veía desastroso. Su vestimenta era tan heterodoxa que no se le podía ubicar en ningún estilo ni formato. No era de verano invierno o ninguna estación definida y se veía que había sido usada por mucho tiempo. El pintado de ojos y cara aparecía como efectuado en un vehículo en movimiento y su pelo se veía peinado, pero con ningún orden especifico. En resumen, se veía que la mujer se había arreglado para lucir bien, pero sin efecto. No sólo se veía desgreñada sino también con un semblante triste y de abandono. Cada vez que hablaba, su boca se torcía en una mueca que le hacía ver como molesta o enrabiada. Después de contestar a su saludo lo más afablemente que pudimos, le ofrecimos algo de beber y nos instalamos a conversar. Los manierismos de esa mujer mostraban que quería agradarnos y aparecer jovial, pero el resultado de ese empeño tenía el efecto contrario. Lo hacía con tal esfuerzo, que la hacía aparecer totalmente ficticia.

En el intento de hacerla sentirse más cómoda y sacarla de su acartonamiento, hablamos de cuestiones triviales como el clima de Santiago o el sentimiento de estar retirados, pero era indudable que la mujer venía con una agenda predeterminada. Nos contestaba en frases cortas o con un sí o un no y muy pronto fue ella quien nos llevó directamente a conversar sobre el motivo de nuestro encuentro. Sin mayores circunvalaciones, nos pidió que le explicáramos quienes éramos.

Tal como lo habíamos imaginado al escuchar la conversación telefónica con Ana María, lo único que le interesaba era saber si teníamos contactos en los Estados Unidos que le permitieran promover su causa. Ana María nos había explicado que lo que esta mujer quería, era que su caso particular fuese difundido internacionalmente. En la prensa nacional no había tenido éxito y eso era lo que más le amargada, así es que tácticamente, le contamos lo que quería escuchar. O sea, sin mentir usamos medias verdades. Le dijimos que, por nuestro trabajo, teníamos relación con el mundo académico de Nueva York y le conté que yo había trabajado para el periódico de mayor circulación entre la población de habla hispana de la ciudad "El diario La Prensa." Por un tiempo estuve a cargo del área educativa de ese periódico que en sus páginas incluía mayormente noticias de Latinoamérica. Le hablé de la gente que conocía en el área de educación en el New York Times y le dije que no podía prometer que las injusticias que se hayan cometido con ella puedan ser publicitadas, pero me gustaría mucho escuchar lo que le ha sucedido y tomaré notas. Trataría de promover su caso con mis amigos y tal vez algún editor se interesase. Si llegaba a tener éxito, le harían una entrevista periodística y el maltrato del que ha sido objeto, saldría a la luz pública.

Fue indudable que eso, o algo como eso es lo que ella quería escuchar, porque sin preámbulos se lanzó en una perorata que no nos daba respiro para incluir comentarios ni nada. Ya no fue una conversación sino un monólogo. Nuestra impresión fue que la historia había sido muy bien preparada o la había repetido tantas veces que ahora la recitaba de memoria.

— Si señores, me gustaría mucho que ustedes escucharan las injusticias que se han cometido conmigo en este país, dijo. Creo que muy pocas personas habrán sufrido lo que yo he padecido en manos de los militares. Estos milicos de mierda (perdonándome el vocabulario), se creen que son los dueños del país. Fíjense ustedes lo que me han hecho. A mí, a quien trabajó para ellos por más de veinticinco años, con una lealtad incomparable. Una de las pocas mujeres que trabajábamos por tantos años en las áreas más secretas de los militares y me han tirado como un trapo viejo. Me han abandonado e incluso me desconocen. Estoy tan enrabiada con estos desgraciados que estoy dispuesta a contar muchos de sus secretos, pero en este país nadie quiere escucharme. Los medios todavía tienen miedo de manchar el prestigio (o el poco prestigio) que algunos quieren atribuirles a los uniformados. Yo nunca fui uniformada, pero sin embargo trabajé con mucha más lealtad que aquellos que lo son. Es una vergüenza nacional. Pero, para poderles contar la historia de esos veinticinco años, por un momento debo controlar mi rabia. Creo que si se las relato desde el principio, tendrán una película más clara de esta injusticia.

— Nunca he sabido porque, pero desde muy pequeña desarrollé una memoria excepcional para recordar números. Si alguien me daba un número con varios dígitos y me lo decían solo una vez, yo lo podía recordar por largo tiempo. Siendo una muchachita, en mi casa yo era la que retenía los números de teléfonos de familiares y amigos. Mi madre o mi padre no necesitaban consultar el libro de direcciones, yo recordaba todos los nombres y los números sin equivocarme. Cuando comencé la escuela, en kindergarten me tenían como un fenómeno prodigio. ¿Recuerdan ustedes esos juegos que se hacían en las fiestas familiares? Pues, desde pequeñita, yo los derrotaba a todos. Mis hermanos, hermanas, primos y primas siempre me odiaron por eso, pero a mí no me importaba porque en la escuela me mostraban como la muchacha fenómeno. De los simples cálculos y de largas operaciones aritméticas, pasé a desarrollar la habilidad de recordar datos combinados. Nombres, números y conceptos matemáticos se me hacían extremadamente fácil y mi habilidad para desarrollar cálculos complejos se hizo legendaria. No sólo era conocida en mi escuela, sino que también en el distrito escolar. Tanto fue, que incluso aparecí en un par de periódicos en que se halagaba al genio matemático de Santiago. Cuando llegó el tiempo de los computadores, estaba en la escuela secundaria e inmediatamente atrajeron mi atención. Con un permiso especial me permitieron empezar a aprender en los primeros computadores que importó la Universidad de Chile y para el año 1973, yo ya era una consumada usuaria del material computacional. Inmediatamente después del pronunciamiento militar del 11 de septiembre, el ministerio de defensa se abocó a expandir sus servicios de datos y a organizar toda la información militar a través del sistema computacional. Archivos, estadísticas, armamentos, logística, personal y todo lo concerniente al área militar fue centralizado en los computadores del comando central de las fuerzas armadas. Sabiendo de las habilidades que había demostrado en la Universidad, me reclutaron para trabajar en ese proceso. El salario que me ofrecieron era tan exorbitante que lógicamente no tuve ninguna duda y ahí me aparecí frente a las maquinas del ministerio de defensa. Una mujer muy joven trabajaba entre puros hombres que me miraban con ojos extrañados. ¿Quién es esta muchachita y que hace en nuestra oficina? Se preguntaban con razón. Yo era la única mujer en todo ese piso de automatización del ministerio. En el edificio había otras mujeres, pero ellas eran secretarias o dactilógrafas. Ninguna había sido destinada a la sección de computadores.

— Cuando comencé a moverme entre las máquinas y a organizar el material acumulado en archivos y libros de registros para ser organizado en un proceso computacional, las miradas extrañas de mis compañeros, se convirtieron en admiración. Mi habilidad para retener datos me permitía identificar rápidamente las fuentes de errores del flujo secuencial y pronto me convertí en consultora de las diferentes secciones. Cualquiera que se encontrara atorado en una maraña de datos que no podía organizar, acudía a mí y en un corto tiempo resolvíamos el problema. Esto, que comenzó como tareas entre colegas, se formalizó cuando a las pocas semanas me dieron un ascenso y me asignaron una oficina privada. Ya no trabajaría creando sistemas sino me convertía en la que resolvía problemas que los otros no podían resolver. No habían pasado muchos meses cuando recibí la orden de presentarme en otra repartición de las fuerzas armadas. Esta vez no se veían uniformados y era una oficina que aparecía como una empresa privada en el centro de Santiago. El primer día, el general a cargo de esa repartición nos reunió a los que habíamos sido seleccionados y nos explicó nuestras tareas. Éramos una repartición secreta destinada a administrar los ingresos a las fuerzas armadas provenientes de la Ley Reservada del Cobre.

—Tan secreta era nuestra existencia que en el edificio éramos conocidos como la empresa de importaciones y exportaciones LERDECO. En una de las fiestas íntimas que no eran poco comunes en esa unidad, uno de los jefes se sinceró que el nombre era un chiste. Alguien había salido con la sigla LERDECO como una contracción de Ley Reservada del Cobre, pero esto era secreto. Públicamente éramos la Licitadora, Exportadora y Redistribuidora de Excedentes de la Producción Company (LERDECO). Que significaba esto, ni me lo pregunten, porque no lo sé. Lo que realmente hacíamos era recibir los ingresos del diez por ciento de las ganancias por ventas del cobre nacional en dólares y distribuirlo ya fuese en pesos chilenos o en valores extranjeros a las diferentes unidades de las fuerzas armadas. Esas unidades compraban equipos, pagaban personal e incurrían en otros gastos de los cuales nosotros no llevábamos contabilidad. La única contabilidad que si manteníamos eran los gastos de las diferentes ramas militares en operaciones secretas. Todas estas se financiaban a través de nuestra oficina sobre la que se mantenía secrecía absoluta. Cada rama mantenía el financiamiento de sus operaciones secretas por separado. Era yo y yo sola quien tenía la película completa de esa contabilidad. Cuando le pregunté al jefe máximo de mi unidad porque me tenían a mi ahí cuando cualquier contador podría mantener esos números al día, su respuesta fue lacónica.

— Si, cualquiera pudiese llevar esa contabilidad si fuese una cuenta común de "Haberes y Debes," pero solo tú puedes mantener en tu memoria egresos tan secretos como estos. Por razones obvias, nuestros agentes secretos no pueden usar sus propios nombres. Solo tú sabrás cuales nombres corresponden a los aliases usados y quien recibió tanto o cuanto en tal y tal fecha. Nadie tiene tu habilidad para almacenar tanta información en forma tan precisa y no queremos vaciar esos datos en los computadores. Los computadores son programados por hombres y por lo tanto otros hombres los pueden desprogramar o penetrar para obtener los secretos que ahí se guarden.

—Con esta misión en mis manos, yo era la que guardaba en mi memoria los datos del financiamiento de prácticamente todas las operaciones secretas que se llevaron a cabo durante el gobierno de Pinochet. Un día que pasé por una oficina con la puerta entreabierta, sin querer, escuché el apodo con el que me llamaban los jefes de ese servicio. Yo sabía que todos teníamos apodos porque yo misma lo usaba a veces para referirme a algún colega, pero hasta ese momento yo no sabía el mío. A mí me llamaban la "computadora con patas." El apodo no era halagador ni siquiera simpático, pero a mí nunca me importó porque en la realidad esa capacidad mía de recordar con detalles una cantidad enorme de datos fue la que me mantuvo como uno de los personajes más importantes de los servicios secretos de todas las ramas militares. Mientras me tenían a mí, no había necesidad de correr el riesgo vaciando información sobre las finanzas en máquinas que siempre podían ser intervenidas. Así fue como conocí a Ana María Irigoyen. Ella cree que nos conocimos en una fiesta, pero eso fue después. En esa fiesta, yo ya sabía quién era porque estaba en mis datos y la había visto. Ella era parte de una operación secreta que requería fondos especiales para viajar al extranjero a todo lujo. Cuando se trataba de fondos en efectivo, era yo la que debía entregarlos, así es que cuando la conocí en persona, ella ni siquiera me miró a la cara. Tomo el sobre y se fue. La orden, la había recibido verbalmente de mi jefe porque para mantener las operaciones tan secretas como fuese posible, no se hacía nada por escrito. Los números, nombres, aliases y otros datos los mantenía en mi memoria y debía proveerlos cuando me eran requeridos. Pero mi cerebro no podía guardarlo todo, así es que como ayuda de memoria, desarrollé un código alfanumérico y vaciaba la información codificada en una libreta que siempre andaba conmigo. Ese código me permitía establecer los costos de las operaciones y los individuos — nombres o aliases — que habían recibido el dinero. Hasta ahora nadie supo de esta libreta y nunca se enteraron de que gracias a ella es que yo podía maravillarlos a todos con mi habilidad para retener información. Todavía la guardo y a pesar de que sin mi cerebro esa información no vale nada, la mantengo conmigo como una póliza de seguridad. En este mundo perverso, nunca se sabe lo que pueda suceder.

Por la misma razón que motivó nuestro primer encuentro, Ana María Irigoyen vino varias veces a verme, pero nunca me miró a la cara y aunque lo hubiese hecho, no es mucho lo que se veía detrás de ese grueso vidrio de la caja. Ella, con creces, era la agente femenina más activa del servicio. No recuerdo otras agentes que estuviesen en un tren de actividad tan intenso como ella. Estaba constantemente en misiones especiales y es por eso por lo que, por sus necesidades de efectivo, venía a verme con frecuencia. Nunca se dio cuenta quien era yo porque cuando la vi en esa fiesta en la que iniciamos nuestra amistad y me identifiqué, ella se sorprendió. Obviamente nunca me había mirado. Como las mujeres en el ambiente militar éramos poquísimas, en ese primer encuentro establecimos cierta congenialidad. Las próximas veces que se apareció a retirar dinero, hablamos de cuestiones familiares y personales. Tal vez sentíamos que, como mujeres, debíamos compartir nuestras experiencias para defendernos en un ambiente donde la gran mayoría eran hombres. Así es como me enteré de su padre y de su hija. Yo creo que, sin llegar a llamarla amiga, llegamos a tener alguna forma de afinidad.

— En mi trabajo, yo había llegado a ser tan importante, que cualquier cosa que pidiese se me concedía, así es que cuando supe que la Irigoyen había obtenido el rango de Capitán de Ejercito sin haber pasado por la Escuela Militar, inmediatamente demandé el mismo rango. Para mi sorpresa, no sólo se me asignó el rango de Capitán, sino que además, me agregaron al sueldo regular, una asignación de riesgo que me hizo alcanzar el sueldo de Coronel. Agregado a eso, con la cantidad de dinero que manejábamos, sabíamos que siempre había excedentes así es que periódicamente, entre los empleados de LERDECO se hacía una redistribución de parte de esos excedentes. Mis jefes siempre me dieron un trato muy especial en esta redistribución porque cuando alguno de ellos daba una orden de pago que a mis ojos no estaba muy clara, yo sabía que era él el que se estaba engordando los bolsillos y por supuesto, hacia como que miraba para otro lado. Él sabía que yo sabía y es por eso por lo que, en la redistribución de excedentes, me premiaban con bonos especiales. Durante los diecisiete años de la dictadura, nunca supe realmente la cantidad de dinero que hice, pero hice muchísimo. La mayor parte de ese dinero lo dilapidé en mantener a hombres vagos. Ustedes ven que no soy bonita ni atractiva, pero siempre me han gustado los hombres guapos así es que cada vez que veía uno que anduviese necesitado de dinero, lo buscaba y lo perseguía hasta conseguirlo. Desde el principio de la relación, y si era necesario, desde antes, lo llenaba de regalos y por supuesto siempre tuve amantes muy apuestos. "La suerte de las feas" me decían mis amigas. Ellas no sabían que no era suerte sino dinero, mucho dinero. Estos desgraciados me salían caro y pronto se cansaban de mí o yo me cansaba de ellos porque al igual que muchas mujeres bonitas, los hombres apuestos no tiene que ser necesariamente inteligentes. Sus conversaciones eran tan estúpidas y desabridas que yo no me reía de ellas solo para evitar poner en evidencia su ignorancia y simplicidad. En verdad, lo que más me aburría, era la falsedad con la me hacían el amor. Esa falsedad, sobre todo el intento de aparecer excitados conmigo cuando yo sentía claramente que no lo estaban, era tan evidente, que muchas veces de puro asco me fui y los abandoné en la mismísima cama. Después de todo era yo la que pagaba por ella. Pues claro, como era yo la que pagaba por todo, para los desgraciados perderme como fuente de ingreso era una catástrofe así es que, hacían intentos indecibles por restablecer la relación, pero cuando yo estaba harta, ya lo estaba y no había vuelta atrás. Uso el plural porque tuve tantos de estos infelices que ya he olvidado cuantos, pero lo que no olvido es que todos, absolutamente todos, sin excepción, actuaron de la misma manera. Es como si fuesen hechos con el mismo molde. Por mis contactos, yo me codeaba mucho con las familias de milicos de alto rango y en ese grupo social no había escases de estos infelices. La razón es que muchas esposas de los oficiales del ejército pertenecían familias adineradas y entre esas familias hay muchos hombres fracasados. Son las ovejas negras de la familia que todos se preocupan de esconder. Algunos poco inteligentes y otros simplemente flojos. Todos si, mantienen las apariencias de la familia. Visten bien y asisten a los eventos sociales donde muestran sus impecables modales de atención a las damas y hablan con ese tono afectado tan característico de la clase alta de Santiago. A mí me recordaban el dicho de mi abuela cuando al budín de pan lo llamaba "Caballeros pobres." Y claro, estos individuos se visten y se comportan elegantemente como un supuesto caballero, pero están planchados, no tienen dinero y son pura apariencia. Son como el budín de pan, al que trata de presentársele como un postre sofisticado y elegante, pero sigue siendo lo que es, pan añejo con especies y azúcar. No hay sustancia ni calidad, solo apariencia. Más aun, recuerdo uno o dos casos de estos miserables que, en la privacidad de nuestras intimidades, llegaron a hacer cosas indecibles para satisfacerme en el sexo. Para mantenerme satisfecha y seguir obteniendo mi dinero, me besaron todos los orificios de mi cuerpo. Nunca se dieron cuenta que yo lo que buscaba era ternura y amor, no la simple mecánica sexual. Qué asco.

— ¿Les resulta incómodo que sea tan descriptiva? Preguntó Margarita. Pues ya les dije, mi mayor cualidad como persona es recordar detalles. Esto ha sido una bendición y una maldición porque me consiguió un trabajo extraordinario pero los detalles dolorosos y penosos nunca me abandonan. ¿Sigo?

La mujer no paraba de hablar. Era como una ametralladora, taca, taca, taca, taca. Yo ya me sentía cansado y al mirar la cara de Hilda observaba lo mismo en ella. Pero esta cacatúa que hablaba de ella y solo de ella, podría tener la clave que necesitaba así es que, aun cuando ya sospechaba lo que se nos venía, la estimulé a seguir contándonos lo suyo.

— Pero por supuesto, mientras más sabemos de sus penurias yo creo que más nos ayudará a presentar su caso. Por favor, siga. Cuéntenos de como la trataron esos desgraciados.

—Bueno, uno de ellos era pobre fracasado que había estudiado abogacía pero que nunca había podido ejercer su profesión. Algo había en su manera de ser que le impedía practicar como abogado. De familia adinerada tenía gustos muy caros, pero como el único trabajo que podía conseguir era ser secretario de otros abogados, ganaba muy poco y siempre andaba alcanzado de dinero. Tan desgraciado era ese incapaz, que ni siquiera sus conexiones en la alta sociedad chilena le habían servido para salir adelante. Tampoco le daba el mate para ser un leguleyo de baja monta. Solo podía transcribir o copiar cuestiones legales. Eso es todo lo que hacía. ¡Ha! Pero en el sexo era un monstruo. Como era bien parecido y con gran porte social, había tenido muchas mujeres y por los viajes con su familia, tenía experiencias internacionales. Él fue el que me inició en ese jueguito sexual de duplicar las caricias. El me hacía un tipo de caricia erótica y yo tenía que repetírsela en su cuerpo. Con ese juego, debo decirlo, llegué a tener grandes placeres. Nunca tuve orgasmos, pero experimenté con áreas eróticas de mi cuerpo, que no me imaginaba que existían. Lo que más satisfacción me dio con él, fue la práctica del sexo oral por todos los orificios de mi organismo. En eso, este individuo fue extraordinario y yo pronto aprendí a jugar. Si había una zona de mi persona que me gustaba cuando la acariciaba, la mordía o la chupaba, yo le hacía lo mismo o le hacía alguna variación buscando el máximo de placer. Esa era la señal para que él lo replicara o lo hiciese más intensa o atrevidamente. Por largos ratos podíamos estar toqueteándonos el uno al otro. Pero eso era todo. Terminábamos el juego amoroso y se acababa todo. No había conversación, no había caricias demostradoras de cariño. Todo lo que hacíamos era perfeccionar la mecánica del sexo y nada más. Era palpable para mí que inmediatamente después, se sentía incómodo y quería irse pronto. Yo sentía que una vez terminado el juego erótico él se sentía tan harto de mí como yo me sentía de él. Este sentimiento me demostraba que su falta de interés por mí era evidente. Además, yo sabía que todo lo que hacía, lo hacía solamente por el dinero. Es cierto que esta relación duro un poco más que la mayoría de las otras, pero hube de terminarla cuando me vi obligada a pedir adelantos de mis futuras asignaciones. Este hombre me resultaba tan terriblemente caro que no sólo me había gastado en él los pocos ahorros que tenía, sino que ya había tenido que pedir préstamos sobre mi propiedad. Cuando me di cuenta de lo estúpida que estaba siendo, sin aviso lo corté en seco. Él, por supuesto, me insistió varias veces para que continuáramos, pero me puse firme. Si ya había perdido la cabeza por el infeliz, no podía permitirme el lujo de perder mi casa y mi trabajo por él. Además, estaba clarísimo en mi mente que al momento que dejara de financiarle sus dispendiosos gustos, lo nuestro no existía.

———

— Como les decía, y aquí hay un ejemplo, desgraciadamente no fui previsora y me farreé el dinero. Cuando Pinochet entregó el gobierno a los civiles, los militares perdieron el control de la secrecía de la Ley Reservada del Cobre y ahí fue que se comenzó a acabar la teta libre. Vinieron restricciones. Los gobiernos civiles sabían de los fondos provenientes de la Ley Reservada del Cobre y aun cuando constitucionalmente no podían meter las narices y controlar esos fondos, tampoco los militares podían disponer de ellos tan arbitrariamente como lo habían hecho durante Pinochet. La alta oficialidad empezó a cuidarse mucho de no sólo aparecer como militares honestos, sino que realmente serlo. Se había acabado el tiempo de las vacas gordas indiscriminadas. En nuestra unidad no hubo más redistribución de los egresos y lo que no se gastaba un año, pasaba a integrar el presupuesto del próximo año. Esto no significó que las operaciones secretas no se siguiesen financiando, pero la DINA había sido disuelta y a pesar de que los servicios de inteligencia militar continuaban funcionando, sus intereses cambiaron. Pasaron de espiar mayoritariamente a los connacionales para prevenir la oposición interna que arriesgara el gobierno de Pinochet a focalizarse más en las amenazas externas para le defensa geopolítica del territorio. Bueno, esto fue lo que se dijo para el grueso público porque la verdad era diferente. A pesar de que se publicitó que el mayor gasto de los ingresos del cobre se destinaba al apoyo logístico que financiaba el nuevo material de guerra, la verdad fue que gran parte de esos dineros se continuaron usando en la preparación de personal especializado en el análisis político y la detección de individuos o grupos políticos que atenten contra el orden establecido por la constitución de Pinochet. Paulatinamente, mis servicios para financiar operaciones escondidas directas fueron desapareciendo porque ya, desde algún tiempo, los servicios secretos se habían estado transformando. Pasaron de la pura clandestinidad a cierta forma de institucionalidad. Un ejemplo de ello es como el espionaje de la intelectualidad universitaria se habían sistematizado. Los fondos para pagar las becas de aquellos hijos de militares que se comprometían a espiar a los académicos e informar a los servicios de inteligencia, estaban ya establecidos en el presupuesto regular porque el número de becarios variaba tan poco el sistema se había institucionalizado. O sea, ya existía en el presupuesto militar un ítem con el que se sostenía el sistema de becas universitarias para hijos de militares. Estos jóvenes eran estudiantes regulares de las universidades, pero recibían una beca especial siempre que actuaran, dentro de la universidad, como espías del servicio de inteligencia.

— Se cumplían justamente los veinte años que LERDECO iniciado sus actividades cuando llegó aquella orden superior inesperada. Se cerraba la oficina. Algunos personajes del nuevo Congreso, el Congreso elegido después de la salida de Pinochet, habían estado husmeando en el presupuesto militar y habían llegado a acercarse demasiado a lo que hacíamos. Es por eso por lo que el Comando Central de las Fuerzas Armadas chilenas, consideró que había llegado el momento de suprimirnos. Sin nosotros desaparecía la secrecía total que existía con respecto a los ingresos de la Ley del Cobre. Se continuaría manteniendo en secreto el destino de esos ingresos, tal como lo establecía la Constitución de Pinochet, pero pasaban ahora a formar parte del presupuesto militar regular. La unidad secreta especial ya no era necesaria para la administración de esos fondos. Fuimos eliminados del servicio. La oficina se desmanteló y el personal militar fue asignado a otras unidades. El personal civil que éramos solo cuatro personas, fuimos jubilados.

— Ahí fue donde me dieron a mí el golpe bajo. Cuando fui jubilada, descubrí que mi traspaso secreto a la unidad LERDECO, nunca había sido registrado en ninguna parte, por lo tanto, al momento de mi jubilación yo seguía figurando en el escalafón como una secretaria de tercera categoría del Ministerio de Defensa. En términos de dinero, la jubilación de una secretaria civil del ministerio representaba la veintava parte del sueldo de Capitán con asignación de riesgo por lo tanto mi jubilación era una miseria. Cuando me enteré de esto, puse el grito en el cielo y vociferé de oficina en oficina del Ministerio de Defensa. La respuesta que recibí fue siempre la misma:

— Lo sentimos mucho, pero debemos guiarnos por los documentos a la vista. Esto es lo que le corresponde de jubilación, me decían.

Cuando, finalmente después de mucho insistir, logré una entrevista con un oficial superior en el sistema de jubilaciones. Me alegré porque era un oficial con el rango de coronel y eso me permitiría mencionar una unidad secreta como LERDECO. Un hombre de ese nivel trabajando en el Ministerio de Defensa tenía que saber de esto. Me preparé lo mejor que pude y le expliqué el problema. Educadamente, me escuchó y después de mirarme directamente a los ojos con una mirada serena, me dio la misma respuesta que ya había recibido tantas veces. "Lo siento mucho, pero el ministerio debe guiarse por los documentos a la vista"

— Ahí estaba nuevamente esa muralla insensible de incomprensión. Como ya no tenía otro nivel más alto al que recurrir, monté en cólera y a gritos amenacé con ir a la prensa a denunciar esta injusticia. Sin mirarme no me prestó atención alguna e hizo una llamada. En unos pocos momentos apareció en la oficina el coronel Gutiérrez. Lo reconocí de inmediato y él también me reconoció. Había sido jefe de personal en LERDECO y había sido trasladado a un trabajo similar en el edificio del ministerio. Me saludó muy cordialmente y me sonrió, eso me calmó. Cuando el otro coronel se paró de su escritorio y abandonó la oficina, me relajé. Finalmente me encontraba con alguien que me entendería. Le expliqué el caso, el coronel Gutiérrez me escuchó atentamente y solidarizando conmigo me dijo que entendía plenamente el problema, pero...

Ahí me di cuenta de que él también iba a empezar la misma cantinela que ya había escuchado antes así es que sin esperar a que lo dijera, empecé nuevamente a vociferar y amenazar con ir a la prensa. En ese momento, levantó su índice y poniéndoselo en su boca me hizo el gesto con la cara como haciéndome callar. Me callé y cuando vio que yo ya no gritaba, suavemente me dijo: "Querida Margarita, quisiera recordarle, que LERDECO, como unidad militar es absolutamente secreta y por lo tanto nunca existió. Si usted la hace conocida por el público estaría cometiendo un serio delito militar."

— ¡Yo no soy militar, le imputé! ¡Y tampoco me están tratando como militar! ¡Aquí me están tratando como un vulgar civil!

— En ese caso, tendríamos que proceder como lo hacemos con los civiles que amenazan la institución. Usted sabe que habremos desmantelado LERDECO, pero los individuos que protegen a la institución están activos. Usted sabe muy bien cómo se procede en estos casos.

— Entonces fue que comprendí que no tenía ninguna esperanza de que se escucharan mis reclamos. La amenaza era patente y venia de alguien con autoridad para ejecutarla. Si aceptaba las cosas como son, las cosas se quedaban como estaban. Si continuaba mi búsqueda por justicia y hacia público lo que había hecho para los militares durante esos veinte años, me convertía en enemiga de la institución y sin necesidad de ser explicito, el coronel Jiménez había sido claro. Yo lo sabía muy bien. Se había hecho como una práctica regular durante Pinochet que cualquier individuo que amenace al gobierno y por lo tanto a las instituciones militares, simplemente desaparece. Indudablemente esta práctica, después de Pinochet, se había continuado, pero ahora se mueren en un accidente. Como no iba a saber yo de esta práctica, si era yo la que pagaba a los que ejecutaban esas órdenes. Lo supe cuando reconocí al padre de Ana María. Él se había convertido en uno de ellos cuando fue "expulsado" del ejército. Temiendo por mi vida, me callé, y he callado hasta ahora. Pero estoy cansada de vivir en estas paupérrimas condiciones. Si no hubiese logrado retener al menos el departamento que tengo aquí en Providencia, tal vez viviría en una choza de población o no tendría donde vivir. La jubilación de secretaria malamente me alcanza para comer y es lo único que hago. No salgo, no viajo, y mi ropa me la compro en los negocios de ropas de segunda mano. ¿Se dan cuenta ustedes de la tremenda injusticia que se ha cometido conmigo? ¿Creen ustedes que me puedan ayudar a que esto se sepa en el exterior? Ahora estoy dispuesta a cualquier cosa. No me importa revelar las cosas que hice para los militares durante la dictadura. Si eso me cuesta la vida, que importa si la vida que tengo es ya una miseria.

— No sentí pena sino rabia por esta mujer. En loa pocos minutos que nos había hablado, su narración revelaba un gran egoísmo personal y una completa falta de humanidad. Ella sabía de los asesinos a sueldo de la dictadura y no era solo que supiese, sino que los conocía personalmente. Era ella la que les entregaba el dinero con el que se pagaban esos crímenes. Y, sin embargo, porque no le pagaban unos cuantos pesos más por el sucio trabajo que hizo, estaba llorando injusticia. Siendo una de aquellos secuaces que alimentaron los crímenes de la dictadura a nivel operativo, ahora que sufría en el pellejo propio, clamaba injusticia. No había arrepentimiento ni sentimiento de culpa por su participación en los crímenes. De su misma boca escuchábamos como con una actitud de burócrata insensible sabía que estaba pagando a los asesinos de tantos compatriotas, pero eso no le había afectado. Hacia su trabajo, cumplía órdenes y todos estos años más tardes aun no entendía las inmoralidades de las que ella fue parte. Confirmaba que cualquier opositor a la dictadura, sin proceso ni juicio era simplemente desaparecido o desaparecida. Ella sabía perfectamente que así había sido y cuando lo dijo tan casualmente me revolvió el estómago. Pero, para que siguiese hablando de lo mismo, callé. No quería que cambiara el tema. Finalmente tenía frente a mí a alguien que había visto a Anastasio Muñoz después de su expulsión del ejército y eso fortalecía lo insinuado por Juan Luna. El sargento Muñoz había sido nada más que un chivo expiatorio para tapar el escándalo de Ritoque. "Fue destituido de las filas militares, pero continúo ligado a ellas como contratista privado," fueron las exactas palabras de esa desagradable mujer. Escuchar eso, fue como panacea del cielo y la situación dejó de ser insoportable. Tenía que seguir escarbando en lo que ella decía y me pareció que la mejor estrategia, era darle esperanzas de que podríamos ayudarla. Sabía que eso no era verdad y que, aunque lo hubiese sido, ¿ayudaría yo a una persona como esa? Aunque el pensamiento pasó por mi mente, no cuestioné mi moralidad en lo que hacía. Decidí que, para lidiar con una amoral como ella debería mantener la conversación fluida así es que, sin mentir, pero tampoco diciendo la verdad, insinúe que su historia era lo suficientemente interesante como para ser escuchada y tal vez publicada. No dije que lo que la hacía interesante eran razones diferentes a las que ella se imaginaba. Lo era no por lo que a ella le sucedía sino por los secretos de como la dictadura había financiado el trabajo sucio para matar y desparecer a la oposición. En la excitación del momento esta decisión me pareció la adecuada y continúe alentándola para que nos dijera lo más posible de su rol en la guerra secreta, pero el bichito me quedó adentro. Lo que cabía cuestionarse lo postergué y en el calor de la situación simplemente actué. En un análisis posterior a nuestro encuentro me hice aquellas preguntas legítimas y necesarias: ¿Hay alguna forma de explicar lo que son los valores humanos a una persona que no los tiene y nunca supo lo que son? ¿Cómo le haces entender a una amoral que sus actitudes, su egoísmo y su falta de humanidad son incivilizadas? ¿Es posible torcerle la verdad sin convertirse en amoral uno mismo?

Para mantenerla hablando de lo que a mí me interesaba comencé insinuando que, de vuelta a los estados unidos, contaríamos su historia a nuestros amigos, pero que conociendo lo que son los periodistas, agregué, sería bueno poner algo sensacionalista en la historia. Ellos lo hacen porque algo sensacionalista puede ser usado como un gancho para llamar la atención del público lector. Por ejemplo, dije, usted sabe de algunos de esos tipos que realizaron operaciones secretas para la dictadura y ha dicho que reconoció como uno de ellos, al padre de Ana María. Un caso específico como ese podría llegar a crear una historia en el periódico. Por ejemplo, podríamos decir: "Conocimos a una señora que tiene una interesante historia relacionada con la dictadura en Chile. Ella puede identificar a uno de los fulanos que hicieron desaparecer gente durante el gobierno de Pinochet." Este es el tipo de historia que interesa a los periodistas en Nueva York. ¿Cree usted que podría hablarnos más de ese sargento Muñoz? Si logramos conseguir atención con una historia como esa, la injusticia a la que usted ha sido sometida podría ser conocida.

La mujer puede haber sido una bala para las matemáticas y los datos alfanuméricos, pero su inteligencia social evidentemente era limitada. Sin ver que la relación de las dos cosas era demasiado tenue para creérselo, se tragó todo el anzuelo y con entusiasmo nos refirió lo que sabía de Anastasio Muñoz.

— "Bueno, no es mucho lo que se," dijo. Pero de lo poco que se, estoy segura. En primer lugar, ya les expliqué que, por mi posición en el sistema, yo estaba enterada de todos los movimientos de platas en los servicios de inteligencia. Por ejemplo, yo sabía que, en los primeros momentos de su creación, la Dirección Nacional de Informaciones (DINA) recibía fondos directamente del Ministerio de Defensa. Además, se financiaba con algunas especulaciones privadas y el producto de la enajenación de los bienes de aquellos que desaparecían. Posteriormente, cuando se instituyó la Ley Reservada del Cobre, parte de esos dineros fueron canalizados directamente hacia la DINA. Pero, cuando la presión internacional hizo que se disolviera la DINA, las funciones que ella cumplía continuaron cumpliéndose. Sus agentes, especialmente los contratistas privados, pasaron a recibir sus pagos directamente de nosotros y así fue como conocí a este tal Muñoz. Cuando asocié su nombre con lo que sabía de Ana María le pregunté directamente si ella lo conocía y su respuesta no me sorprendió. "Si es mi padre biológico, pero no quiero saber absolutamente nada de él," me dijo. "Es uno de los que hacen el trabajo más sucio del servicio." "Esos resuelven los problemas haciéndolos desaparecer sin dejar rastro." "¿Entiendes?" Tanto disgusto mostró Ana María hacia su progenitor, que entendí claramente porque se había cambiado el nombre. En el servicio todos sabíamos que estos fulanos existían y lo que estaban haciendo, pero de eso, no se hablaba. Solo se rumoreaba.

— Bueno, este tal Muñoz, retiraba dinero de mi oficina mensualmente hasta que por tres meses consecutivos, no apareció más. Un tiempo después, recibí la orden que debería contactar al servicio exterior de la defensa nacional y establecer un sistema de pago fijo para él, a través del agregado militar de la Embajada de Chile en Argentina. Con las indagaciones que hube de hacer para contactar al agregado militar chileno en Buenos Aires y establecer esa forma de pago, me enteré de que había sido destinado a trabajar en un servicio de inteligencia en que se coordinaban los países del cono sur. Para fines del gobierno de Pinochet, recibí una nueva orden y su asignación debía ser enviada al agregado militar en Paraguay. Algo le debe haber sucedido porque el cambio coincidió con la denuncia de la operación Cóndor en Europa. Poco antes de que se disolviera mi unidad, se apersonó nuevamente en mi oficina y dijo que ahora vivía cerca de Santiago así es que pasaría a cobrar en persona. Mencionó que vivía en un pueblo chiquito cerca de la costa al que se podía llegar fácilmente en moto. Dijo algo así como Las Tichas o Las Chichas, no sé. Eso es todo lo que se del caso. La verdad es que nunca me enteré exactamente de lo que hacía. Nunca supe ningún detalle de sus actividades. Mi conexión era solo pagarle en efectivo. ¿Creen ustedes que eso será de interés periodístico en Nueva York?

Para dejarla contenta, le dije que sí. Que tal vez esta información sería suficiente para captar el interés de algún periodista y que haríamos lo mejor de nuestros esfuerzos para ayudarla en su problema. Viendo que de ella no sacaríamos mucho más, me apresuré a despedirme e Hilda entendió mi premura. La situación era nauseabunda. Esa mujer hablaba de acontecimientos trágicos de vida y muerte reales como si estuviese contando el argumento de una teleserie. Era insoportable.

Nos excusamos de la premura diciendo que se nos había hecho tarde y teníamos un compromiso y salimos de ahí a respirar aire fresco. A través de esa mujer, había conseguido mucho más que en todos mis encuentros anteriores, pero el precio de soportarla había sido altísimo. Definitivamente sabía que, hasta fines del ochenta y nueve, el sujeto vivía cerca de Santiago. Lo que esa mujer escuchó como Las Tichas o Las Chichas, tiene que haber sido Las Dichas. No existe otro lugar con un nombre parecido. Ese pueblito está en el camino entre Valparaíso y San Antonio y yo lo conocía bien porque el viaje entre esos dos puertos lo había hecho muchas veces. Por fin tenía una nueva pista y había un lugar específico donde comenzar a buscar. El rastro era antiguo, pero era mucho más que nada. Como el verano ya se acababa y no tenía intención de pasarme un invierno en Santiago, dejé la tarea para el viaje siguiente. Nos volvimos a USA y por primera vez en mucho tiempo, volví contento. Mi próximo viaje a Chile tendría un destino definido. Había que empezar preguntando en Las Dichas.

CAPÍTULO DOCE

Las Dichas

Recién se había iniciado el invierno del año siguiente en USA cuando ya viajamos a Santiago para instalarnos en el apartamento de la Plaza de Armas donde nos habíamos alojado antes. Ese apartamento no era elegante y tampoco muy cómodo, pero por su precio y su ubicación justo al centro de Santiago, resultaba altamente conveniente. Como los años anteriores, repetiríamos la misma rutina. Escapábamos del frio invierno neoyorquino y aprovecharíamos el verano en Chile, para continuar la búsqueda de aquel individuo que me torturó en Ritoque. Con los antecedentes que ahora tenía, estaba seguro de que durante este nuevo periodo de búsqueda tendríamos que trasladarnos a lugares alejados de la ciudad así es que, con la debida anticipación, le pedí a uno de mis sobrinos más queridos, que me prestara su auto. Él se traslada generalmente en moto y su auto lo usa poco o nada, y cada vez que habíamos estado en Chile, me lo había ofrecido insistentemente. Para evitar el intenso tráfico de la ciudad yo no lo había aceptado, pero ahora la necesidad me hizo tomar su oferta. José se puso muy contento e incluso se molestó un poco cuando le dije que me permitiese pagarle arriendo. Después de muchos tiras y aflojas y gran resistencia de su parte, accedió a recibirme algún dinero pero puso una condición. "Cada vez que estén en Santiago," dijo, "usarán mi auto y no otro y lo que me des ahora tío, vale para todas esas veces futuras que lo uses." La cantidad sobre la que transamos fue bastante menos que lo que hubiese pagado arrendando un auto comercial, pero era lo suficiente para que José pudiese mantener su vehículo por más de un año. Creo que el arreglo nos dejó a ambos satisfechos.

Temprano, al día siguiente de nuestro arribo, ya nos encontrábamos tomando el camino hacia Valparaíso en busca del pueblito Las Dichas. El viaje no me era desconocido. Sabía que, desde Santiago, debería tomar la autopista hacia Valparaíso, el principal puerto de Chile y casi en la mitad de esa ruta, justo en Casablanca, habría de salirme en el desvío que me llevaría a Las Dichas. A pesar de que ese pueblo, está a menos de una hora de la capital, es de una ruralidad increíble y cada vez que habíamos hecho ese viaje, todo nos había resultado muy agradable. El viaje mismo lo hace interesante porque apenas se sale de la autopista que es muy traficada, se entra a un hermoso camino agreste donde se puede ver el campo en todo su esplendor. Esta vez no fue una excepción. El viaje fue agradable no sólo por lo atractivo del paisaje, sino que por la anticipación de que, después de un muy largo tiempo llegaríamos a aquel lugar que nos había encantado desde la primera que lo vimos. Tan placentera había sido esa ocasión, que la fecha la recordamos siempre con exactitud. Fue el día de Año Nuevo del mil novecientos setenta y uno. Antes de ese día, habíamos viajado muchas veces de Santiago a Valparaíso y desde Santiago al puerto de San Antonio, pero nunca lo habíamos hecho directamente entre ambos puertos. El primero de enero del setenta y uno, fue diferente. Después de haber celebrado el Año Nuevo en casa de mi hermano en Valparaíso, deberíamos ir a saludar a la familia de Hilda que se encontraba en Las Cruces, un pueblo de veraneo en la costa central. La forma más corta para llegar de Valparaíso a Las Cruces era a través esa antigua vía que conectaba el puerto de Valparaíso con el de San Antonio. Era la mejor ruta, pero había un ligero problema. A pesar de que desde hacía muchísimo tiempo había buses que hacían el recorrido entre esos dos puertos, los más importantes de Chile, el camino estaba muy mal mantenido. Todavía en el año setenta y uno, ese viaje era un verdadero azar. Yo era consciente de las dificultades con la que me podría encontrar, pero queriendo hacer la ruta más corta hasta Las Cruces igual lo tomé. La razón de mi decisión era obvia. Nos habíamos amanecido enfiestados en casa de mi hermano toda la noche y mi cuerpo no resistiría un viaje largo. Carlos, mi hermano menor, vivía en un cerro de Viña y esperamos allí la pirotecnia de Año Nuevo en la bahía de Valparaíso. Visto desde la altura de los cerros que rodean el puerto, es un espectáculo increíble. Hay gentes que viajan desde Santiago solo a ver los fuegos artificiales de Año Nuevo. Bueno, el espectáculo fue solo el comienzo de la fiesta porque después de las doce, seguimos bailando hasta la madrugada. Es por eso por lo que yo no quería manejar mucho y tomé ese camino. No era el mejor, pero era el más corto. La otra opción era ir de Valparaíso hasta Santiago y desde la Capital salir hacia San Antonio. Viajar por autopistas sería más cómodo, pero mucho más largo y yo no estaba en condiciones de conducir por tantas horas.

Salimos hacia Santiago cerca del mediodía y a la altura de Casablanca, nos internamos por aquella ruta de tierra que nos llevaría hacia San Antonio. Después de un rato de comer el polvo de un camino de tierra que subía y bajaba los cerros, vimos una señal que anunciaba: "se vende pan amasado." La señal, un saco blanco de algodón ondeando al tope de un palo, era simple, pero inconfundible. Creo que ahora se usa poco, pero en las zonas rurales de la época, el saco de harina convertido en bandera, era un anuncio muy conocido y evidente. Disminuimos la marcha, y detrás de los árboles que crecían junto al camino, vimos la cúpula de un típico horno campesino. Aquello nos encantó. Teníamos que detenernos a comprar ese pan. Era el tipo de pan que nos fascinaba a nosotros tanto como a las gentes a quienes íbamos a visitar. Era pan amasado a mano que ha sido horneado en un fogón de barro.

Al final, cuando salimos del lugar, habíamos hecho mucho más que comprar pan amasado. Al bajarnos del auto, vimos algo que no habíamos notado. De las ramas de los árboles colgaban carteles pequeñitos cubiertos de polvo y por lo tanto eran muy difícil de ver. Era difícil distinguirlos del resto del árbol, una masa de polvo. Al leerlos y reconocer las exquisiteces que se ofrecían, quedé definitivamente prendado del lugar. Había empanadas de pino y de queso, humitas, cazuela de ave y de vacuno, pastel de choclo y tortillas de rescoldo con chicharrones. Aunque ya todos habíamos sido conquistados por el pan amasado, cuando vi instalaciones para comer, decidí que deberíamos quedarnos a almorzar. Detrás de aquellos árboles que bordeaban el camino, se veía un adorable parrón con piso de tierra y bajo el parrón, acompañadas de las típicas sillas con asientos de totora, habían acomodado varias mesas. Frente a aquello, no pude resistir la tentación. Me había surgido un hambre increíble y era hora de almuerzo. Comenzaba a avanzar hacia las mesas, cuando un comentario de Hilda, me detuvo.

— "Comer en mesas poco limpias y sentados sobre un piso de tierra, no es exactamente lo más apropiado para nuestros hijos," dijo.

Miré con mayor atención y comprendí. Era cierto, las cubiertas de las mesas eran de tablas rústicas y como seguramente guardaban algunos restos de comida, las moscas volaban por doquier. El piso era de tierra y evidentemente solo podía estar tan limpio como se pueda limpiar la tierra. Pero yo ya había entrado y estaba resuelto. Miré un poco alrededor y en uno de los postes del parrón vi una pizarra. La pizarra detallaba los especiales del día y lo que allí decía me ayudó a convencer a Hilda sin problemas. Además del pastel de choclo, la cazuela y las humitas que eran el menú regular, las especialidades del día de Año Nuevo incluían, pajaritos asados y conejo escabechado. Frente a eso, miré a Hilda, ella me miró e hice mi raciocinio:

— ¿Dónde crees tú que podríamos conseguir un restaurant en el medio del campo que no sea visitado por las moscas si se está debajo de un parrón? ¿Por qué habríamos de preocuparnos por esas pequeñeces voladoras, si la comida y el ambiente se ven tan absolutamente deseables?

El argumento era falaz, pero Hilda, mostrando una reluctancia que no sentía, aceptó quedarse. Habitualmente, ella no se deja embaucar por mis argumentos, pero esta vez sus ojitos la traicionaron porque mostraban que también estaba entusiasmada con esas exquisiteces. Totalmente auto convencidos y ya sin ninguna duda, sentamos a los niños al lado de cada uno de nosotros y nos preparamos para almorzar. El parrón se veía muy antiguo. Había sido construido con vigas cortadas a la achuela y sobre esas vigas, descansaban los brazos de viejas parras. A pesar de verse arcaicas, las parras estaban saludables. Tenían muchas hojas y de sus ramas colgaban grandísimos racimos de uva. Tan alto era el parrón que, al caminar por debajo de él, los tremendos racimos colgantes no molestaban. La frescura propinada por la sombra de sus hojas se complementaba con el olor a tierra mojada y las líneas de los escobazos en el piso que mostraban que había sido recién barrido. La frescura de la sombra del parrón, las fragancias de la uva madura y el olor a la humedad de la tierra mezclados con los aromas de comida creaban la sensación de un ambiente rural inigualable. Las imágenes únicas de ese cuadro costumbrista campesino eran realzadas con la visión de la cocina. En ella, tres mujeres se movían afanosamente y encontrándose inmediata al parrón, la cocina no sólo latía con la febril actividad de las mujeres, sino que, además, por su proximidad a donde nos encontrábamos, nos hacía sentir olores que nos hacían agua la boca.

La más joven de esas tres mujeres, fue quien se acercó a atendernos. Desde lejos, tenía la apariencia física de una frágil muchachita, pero de cerca era muy diferente. Hablaba con la voz firme de una persona fuerte y autoritaria. La manera en que se movía y la forma de expresarse cuando nos describió el servicio de almuerzo ofrecido, nos sorprendió. Quedamos muy impresionados. Evidentemente era una chica joven, pero hablaba con la personalidad y los manierismos de una mujer. Nos dijo que mientras esperábamos por el almuerzo, como aperitivo, nos serviría chicha fresca y vino pipeño. La chicha chilena es jugo de uva fermentado hasta conseguir un cierto grado alcohólico y el pipeño, es un vino casero sin refinar. Para acompañar la chicha y el vino, que eran preparados en el lugar, nos traería "pebre" con pan amasado recién salido del horno. El pebre es una salsa chilena que se prepara con cilantro, ajo, sal, aceite de oliva y ají picante y se usa para acompañar las comidas o para untar el pan. Al escuchar que el almuerzo incluía esas opciones no anunciadas, nuestro encantamiento llegó al sumo. El pan amasado embadurnado en pebre y pasado con chicha o pipeño resultó tan exquisito, que comimos mucho. Ya que solo el aperitivo nos había dejado satisfechos, temíamos que no podríamos con el almuerzo, pero no fue así. Cuando fueron llegando aquellas delicias que se nos presentaban, igual consumimos opíparamente.

No necesito decir más para explicar porque aquella primera visita a Las Dichas nos resultó inolvidable. Desde entonces, cada vez que debíamos viajar de Santiago a las playas de la costa central, en lugar de hacerlo por la ruta tradicional, o sea por Melipilla, lo hacíamos por Casablanca y Las Dichas. Era un camino solo de tierra y muy difícil de transitar. Sin señalizaciones viales, era usado por camioneros y buseros que lo conocían bien y los autos particulares se veían raramente en el. El conocimiento popular lo llamaba "el camino de Las Dichas," pero Las Dichas no existía ni como caserío y menos como pueblo ya que en el lugar no hubo ni hay ninguna autoridad. La verdad es que, aunque para nosotros era igual de complicado, lo hacíamos porque desde aquel memorable almuerzo, nos fascinaba pasar por el restaurante "Las Dichas." No se sabe de dónde viene ese nombre, pero creo que, como en la mayoría de estos casos, se debe al uso de los lugareños. Hago esta afirmación porque esa primera vez que estuve allí, observé que al final del parrón, había un escenario de tablas rústicas y arriba de ese tablado, colgaba un cartel muy mal hecho que decía: "ResTauraNte Las DicHas." En el cartel se mezclaban las mayúsculas con las minúsculas y los caracteres, desalineados entre sí, eran de diferentes tamaños. Claramente el rótulo era obra de un analfabeto aficionado a la pintura y esto habría de corroborarlo pronto porque, Don Zeferino, a quien conocí ese mismo día, me aseguró que Las Dichas era obra suya y solo suya. Y ya que he hablado de este extraordinario personaje, permítaseme describirlo. Ese primer día que estuvimos ahí, terminábamos de almorzar cuando desde el fondo del parrón, apareció un señor bajito, muy delgado y un tanto achispado. Jovialmente, nos preguntó si nos había gustado el almuerzo y como habíamos gozado del festín, elogiamos ampliamente lo comido y lo bebido. Con una amplia sonrisa y sin pedirnos permiso, se sentó en nuestra mesa e inició una larga perorata acerca de lo que habíamos consumido. Con lujo de detalles, nos explicó no sólo cómo se cazaban los conejos y los pajaritos en el mismo fundo, sino que también, como se preparaban. Obviamente sabía todo lo que allí sucedía, así es que no necesitamos mucho esfuerzo para asumir que tenía que ser el dueño del lugar.

La sola presencia de ese hombre era para impresionar a cualquiera. Su vestimenta, seguramente porque era Año Nuevo, reflejaba el estereotipo de cómo se supone se debe ver un huaso chileno. El pantalón gris de rayas verticales oscuras, venía acompañado de la chaqueta cortita hasta la cintura. El cinturón grueso de suela y con aplicaciones de monedas de plata, hacía juego con los adornos del mismo metal que decoraban su sombrero. Ese sombrero, de felpa azabache y ala ancha, nunca abandonaba su cabeza. Las botas brillantes de cuero negro, eran de tacón alto con puntas de plata y le subían hasta encima de la rodilla.

Remataban el atuendo, largos flecos de cuero negro que colgando desde el comienzo de la bota y llegaban hasta el piso. Pero lo más impresionante, no era su atavío espectacular, sino su rostro. A los lados de una pequeña nariz el ojo derecho estaba tan cubierto por el párpado, que se le veía solo una pequeña sección del iris. El ojo izquierdo no existía, solo se veía una cuenca vacía.

Cuando terminó su explicación acerca del origen de nuestro almuerzo, Don Zeferino nos quedó mirando fijo con ese único pedacito de ojo que le quedaba. Se veía tan serio, que nos asustó y cuando vio el efecto de su mirada, con voz estentórea, nos volvió a preguntar si habíamos gustado de lo comido y lo bebido. Volvimos a repetirlo, el almuerzo recibía nuestra completa aprobación y estábamos muy satisfechos de haber comido tanta exquisitez. Entonces, parándose bruscamente y saludándonos con una venia amplia de su sombrero, soltó una carcajada y dijo:

— ¡Bravo! ¡Feliz Año Nuevo! Así me gusta atender a mis clientes. No puede ser de otra manera. Todos los que vengan aquí deben quedar satisfechos.

— ¡Feliz Año! Contestamos al unísono, todavía un poco asustados.

Era evidente que el campo de visión de Don Zeferino, no sólo era limitado y pobre, sino que debe haber sido muy parcial, porque se acercó mucho a mí y casi tocándome con su boca me dijo al oído:

— ¿Es usted el padre de estos chicos y el esposo de esta bella señora?

— Sí señor, contesté. ¿Y usted quién es?

— Pues yo soy Zeferino Uribe, el dueño de todas las casas de Las Dichas y de este restaurant. También soy el dueño de la tienda de abarrotes que está más abajo en el camino y soy el padre de las cocineras. Esa hermosa muchacha que les ha servido a la mesa, es mi nieta. Pero nada de eso es importante. Lo que sí importa, es saber si han quedado realmente contentos con la comida y la bebida.

— Oh sí, más que contentos. Todo ha estado exquisito, contesté.

— En ese caso señor mío, quiero que usted venga conmigo que quiero enseñarle algo. A su señora y los chicos los dejaremos con los postres y el bajativo que, por ser día de Año Nuevo, corren por cuenta de la casa.

Llamó a la muchacha y le dio órdenes que sirviera mote con huesillos para todos y para la señora, le dijo, tráigale un vasito de guindado. "De ese que preparé el año pasado."

— Frente a eso, prorrumpí "¡¿Guindado preparado por usted mismo!? ¡Debe ser fantástico!"

Al escuchar mi exclamación, Don Zeferino cambió la orden e instruyó a su nieta para que a mí también me sirviera un vasito de guindado. Deberían llevármelo adonde estaríamos luego. Con el brazo, me hizo un gesto como diciéndome "vengase conmigo," y se dirigió a la entrada del parrón. Le seguí. Allí, nos encontramos con una choza de solo cuatro paredes. La única puerta y la única ventana que tenía, daban directamente al camino. En el interior había una pequeña mesa, cuatro sillas y un refrigerador. Aunque el cuarto era chiquito, al tener pocos muebles, daba la sensación de ser espacioso. Junto al refrigerador, en un estante rústico, afirmado contra la muralla, se apilaban damajuanas, botellas y otros frascos. Por la forma en que habían sido sellados, evidentemente estos contenían bebidas alcohólicas. Mientras se acercaba al refrigerador y sacaba una botella con un líquido blanquecino, Don Zeferino dijo:

— Ahora esto lo llamo mi oficina, pero cuando recién llegué a Las Dichas, aquí fue donde vivía. Todo el resto era un tremendo peladero. Solo había las casas del fundo donde vivían los dueños y las habitaciones de los peones. Las casas del fundo son grandísimas y desde aquí no se pueden ver porque están detrás de esa loma y las de los peones, eran chozas como esta. Todos los inquilinos, como nos decían a los trabajadores del fundo, teníamos que construirnos nuestras moradas en el trozo de terreno que se nos asignaba. Yo la hice pequeña porque no planeaba pasar mucho tiempo en ella. Otros vivieron en chozas semejantes por toda su vida. Al crecer la familia expandían la original agregándole otra pieza. No fue el caso mío. A mí me fue tan bien que no viví aquí por mucho tiempo y pronto pude mudarme a las casas del fundo. Pero bueno, no le invité aquí para hablar de mí. Lo invité para que charláramos entre hombres y como los hombres no deben conversar sin un vaso en la mano, quiero que pruebe mi Cola de Mono.

Mi interlocutor sacó de un estante un tremendo vaso y vació en él, ese líquido blanquecino de la botella que tenía en la mano.

— Este Cola de Mono lo preparo yo mismo para las fiestas de fin de año y no lo comparto con todos, pero como usted me ha caído simpático, quisiera invitarlo. ¿Se sirve?

— Si, pero solo un poquito. Estoy tomando el guindado, ya probé la chicha y el pipeño y tengo que seguir manejando, contesté.

— ¿Acaso su esposa no maneja? Ustedes se ven como una pareja moderna.

— Si, ella maneja, pero no le gusta hacerlo en caminos que no conoce.

— Bueno, dígale que es Año Nuevo. Que tenemos que celebrarlo y si ya le puso chicha, pipeño y guindado, un poquito de Cola de Mono no le hará daño ¿No?

Póngale, le dije, y mientras saboreábamos el Cola de Mono, Don Zeferino, a quién obviamente le gustaba mucho hablar, se largó a contarme su pasado. ¡Cuánto le gustaba hablar a ese hombre! Supe que la noche anterior se la había pasado tomando con otros lugareños y todos ellos aun dormían. Como hombre de viejo cuño, Don Zeferino dormía poco y al mediodía, estaba ya listo para seguir celebrando. Pasarían varias horas antes que sus compañeros habituales de libación volviesen a la fiesta y como su audiencia podía ser solo masculina, me eligió a mí. Vuelvo a advertir al lector, que la historia que sigue, debe ser tomada de acuerdo a su fuente. Yo mismo no me comprometo a juzgar cuanto de esto será verdadero o pura imaginación del narrador, pero esto es lo que me fue referido por Don Zeferino.

Había nacido a principios del mil novecientos en una parcela de Quilpué, una de las zonas de Chile que ha sido reconocida desde siempre por sus hortalizas y frutas de gran calidad. Como todos los niños del lugar, desde pequeño Zeferino aprendió a trabajar el campo. Tanto le gustó, que a diferencia de los otros niños y contra la voluntad de sus padres, abandonó la escuela a temprana edad. Eso lo dejó al borde del analfabetismo, pero a eso no le importó, él quería convertirse en campesino.

— "Lo que se hacía en la escuela nunca me gustó," me dijo. "Lo que sé, no lo aprendí en la escuela sino trabajando la tierra y como siempre fui más astuto que los otros chicos, a los dieciséis, ya tenía amplia experiencia en el cultivo de hortalizas, mantención de árboles frutales y el cuidado de animales."

Cuando pequeño trabajaba solo la parcela de sus padres, pero a medida que fue echando cuerpo, pronto pudo extender sus actividades agrícolas a las parcelas de sus vecinos. Buen trabajador y con mucho empuje, se hizo popular y la demanda por sus labores se corrió por todo Quilpué. Trabajaba rápido y con ahínco. Los vecinos competían para contratarlo y aprendía de todos ellos. Cuando se trataba de dinero, era bueno con los números y muy ahorrativo. Así es que a pesar de ser semi-analfabeto, a temprana edad había acumulado reservas monetarias y un gran acerbo de conocimientos acerca de las labores del campo. Como sabía que siendo el tercer hijo varón de la familia, las chances de heredar la pequeña tierra de su padre eran remotas, decidió buscar fortuna en otros lares. Antes de cumplir los diecisiete, dejó Quilpué, pero como del mundo y su geografía no sabía nada, no llegó muy lejos. Tomó un bus y en un corto viaje se encontró en el terminal de buses de Valparaíso. Caminando un par de días por la ciudad, pronto se dio cuenta que, en un puerto, él no tendría nada que hacer así es que, antes que sus reservas de dinero empezaran a mermar, se volvió al terminal. Ahí, sin importarle hacia dónde, pero asegurándose que no fuese de vuelta hacia Quilpué, tomó el primer bus que encontró. Sin saber de lugares ni de viajes y negándose a preguntar, había abordado un bus que se dirigía hacia otro puerto, el puerto de San Antonio. Afortunadamente, nunca llego allí. Apenas el vehículo salió de la carretera principal y el camino de tierra empezó a serpentear los cerros dirigiéndose hacia San Antonio, a Zeferino le empezó a gustar el paisaje. Al internarse en los montes, el camino se hizo más difícil y el bus se veía obligado a avanzar lentamente por una huella de puro campo. Al ver un caserío con animales alrededor, a Zeferino le dio la tincada y pidió al conductor que lo dejara ahí mismo. Había llegado al fundo Las Dichas.

Lo que sucedió después, parece sacado de una novela costumbrista. Llegado como adolescente, Zeferino consiguió en Las Dichas - un fundo exclusivamente ganadero - un puesto de peón. Como tal, le correspondía un trozo de terreno y allí se construyó una choza. El resto lo dedicó al cultivo y creo una granja de hortalizas. Con su propio dinero compró las mejores semillas que pudo conseguir en Casablanca y después de terminadas las faenas con el ganado, trabajaba en su campito hasta altas horas de la noche. Durante los fines de semana, contrató a otros peones para que le abrieran un canal que llevara agua desde un estero cercano a la pequeña sección de tierra que le habían asignado. En su primer año, la producción de su terruño fue tan fenomenal, que los dueños, admirados, le pidieron que cultivara de la misma manera todas las áreas del fundo que podían recibir regadío. La diversificación de la producción entre ganadería y agricultura tuvo tanto éxito que, en unos pocos años, Zeferino se hizo popular y querido. A la muerte del capataz, el hombre de confianza de los dueños, Zeferino, pasó a tomar ese puesto. Aunque no tenía modales de clase ni era educado, Zeferino era apuesto, astuto, y muy trabajador y como era una bala para hacer números y manejar dinero, pronto se hizo absolutamente indispensable. Aún no cumplía los veinticinco y ya se había convertido en el mandamás del fundo. En esa posición, no le costó mucho conquistar a la hija única de los dueños. Esta, que no era ni bonita ni muy inteligente, no había tenido pretendientes y aparecía ingenua. Después de unos pocos meses de cortejo, la pareja se unió en matrimonio. En su historia, Zeferino me dijo que a él, nunca le gustó esa mujer, pero como era la hija de los dueños, la hizo su esposa. Para él fue una cuestión de conveniencia. Según

Zeferino, para ella también resultó bastante conveniente porque la única ambición que ella tenía era criar muchos hijos. La mujer, me dijo, no era ni tan fea ni tan tonta y era, lo que se podría decir, solo aceptable. Sin embargo, era astuta y solo posaba de inocente. Tampoco era ingenua como se hacía. Ella sabía muy bien lo que quería, porque cuando, durante el cortejo llegaron a intimar y ella vio que Zeferino sería un buen semental, aceptó gustosa la oferta de matrimonio. Los padres, no tenían grandes expectativas para su hija y cuando vieron el interés de Zeferino, también aprobaron la relación y todos fueron felices. Después del matrimonio, siendo ya parte de la familia, Zeferino se hizo llamar "Don" y desde ahí en adelante se convirtió en el administrador absoluto de las tierras de Las Dichas. Cuando el suegro sintió que sus obligaciones de propietario le eran una carga insostenible, le transfirió el fundo a su hija, pero como ella estaba interesada solamente en criar a sus cinco hijos, Zeferino Uribe pasó a tomar el control total. Era dueño y administrador.

Posteriormente, cuando aumentó el tráfico vehicular a través de Las Dichas, Zeferino vio otra oportunidad de hacer dinero e instaló el restaurante y una tienda de abarrotes. Así fue que lo conocí ese Año Nuevo del setenta y uno cuando Don Zeferino empezó a considerarme como un amigo. Desde entonces pase por Las Dichas varias veces y cada vez que me veía, me invitaba a probar sus tragos y luego me mandaba a casa lleno de comidas campesinas. Cómo no habría de saber yo donde estaba y que era ese lugar llamado Las Dichas.

Por eso, cuando descubrí que el sujeto que yo buscaba había vivido en ese sitio, me alegré mucho de tener que volver a verlo. Desgraciadamente, después de cuarenta y tantos años, el lugar había cambiado mucho. Por amigos y familiares yo sabía que cuando pavimentaron el antiguo camino, se habían construido cabañas y estando cerca de Santiago, de Valparaíso y Viña del Mar, el lugar se hecho popular para veranear en el campo. Ahora las cabañas se veían inservibles, el restaurante ya no existía y ese magnífico parrón, estaba en ruinas. A pesar de que se veía en decadencia, el sitio no estaba totalmente abandonado. Aún permanecía viviendo allí, el bisnieto de Don Zeferino. Llevaba el mismo nombre de su bisabuelo y se había convertido en un apuesto hombre joven. Cuando nos reconoció nos saludó afablemente. Por su madre y su bisabuelo, este segundo Zeferino estaba perfectamente enterado de quienes éramos. Ya nos conocía de nombre y no necesitó mucho incentivo para contarnos lo que había sucedido en los últimos años:

— Desgraciadamente, al desaparecimiento de mi bisabuelo, dijo, casi todos se fueron y Las Dichas comenzó a deteriorarse rápidamente. Aquí permaneció solo mi abuela con su hija, o sea mi madre. Mi abuela fue la única de sus hermanas y hermanos que llegó a casarse así es que mi madre, en realidad era la única nieta que mi bisabuelo considerara legítima. Para él, ninguno de los otros nietos fue nunca reconocido como tal. Muchas veces ellas me contaron estas historias de la familia y la que más les gustaba cómo era esa de cómo les habían conocido a ustedes ese día de Año Nuevo del setenta y uno, cuando pasaron a almorzar. Y desde ahí, el hombre se explayó en sus historias. Su bisabuelo había llegado a vivir casi cien años, pero desde los noventa había quedado completamente ciego. Ahí fue que empezó a descansar completamente en esa hija y su nieta legítima. Los niños de sus otras hijas, habían sido concebidos fuera del matrimonio y, por lo tanto, para él, no existían. Lo mismo sucedía con los nietos que le había dado el único hijo de Don Zeferino. Este se había ido a vivir lejos de Las Dichas y esos chicos, por no haber vivido cerca, nunca fueron reconocidos por Don Zeferino, como parte de su familia.

Sin tapujos, el bisnieto nos contó lo implacable que había sido Don Zeferino toda su vida. Aunque no fuesen sus descendientes legítimos, solo los miembros de la familia que residían y trabajaban en el lugar, los aceptaba como sus herederos. Los que se habían ido "Idos estaban," decía. El patriarca, manejaba la comunidad con mano férrea y aquellos que se quedaban, vivían holgadamente, pero debían pagar por eso, un alto precio. El que no obedecía o cuestionaba sus órdenes, era severamente castigado o expulsado del lugar. Al vivir fuera, quedaba automáticamente desheredado. Tal vez fue debido a esa mano dura que, de sus cuatro hijas, solo una se casó. Las otras, habían tenido varios hijos de diferentes hombres, pero no llegaron a tener maridos. Los pretendientes que intentaron acercarse lo suficiente para embarazarlas, no llegaban a comprometerse legalmente porque rápidamente, se alejaban de Don Zeferino. Por otro lado, el único hijo varón que tuvo, se había ido a estudiar a la capital y allí se casó antes de terminar su carrera. Su esposa era una santiaguina fina, bonita y educada. Cuando el hijo se graduó y se fue a vivir al fundo para ayudar a su padre, la nuera no salía de la casa excepto para viajar de compras a la ciudad. Ella no podía soportar el polvo del campo, el olor de los animales, ni menos la rudeza de la familia y sobre todo la de su suegro. Desde el principio las cosas no anduvieron bien y no pasó mucho tiempo en que el hijo, complaciendo a su esposa, se consiguió un trabajo muy lejos de Las Dichas. Cuando su implacable mano lo dejó sin heredero varón, Don Zeferino volcó su atención en los únicos herederos que reconocía como legítimos, los demás eran bastardos. Al viejo nunca le importó que antes de que esa nieta viniese al mundo, su hija ya se había quedado sola. Durante la cosecha, el yerno había cometido un error y temiendo el severo castigo que vendría de su suegro, se escapó tan lejos que de él nunca más se supo.

Lógicamente, a la muerte del patriarca, con excepción de su hija y su nieta preferida, todos los demás, rápidamente se desbandaron. Vendieron sus partes de la propiedad y se fueron a vivir a otros lados. Las que lo cuidaron hasta el final, tuvieron la astucia de intervenir en el testamento y quedarse con los mejores terrenos y las casas del fundo. Ahí fue donde se crió el que nos contó esta historia, Zeferino el joven. A la muerte de su abuela y al de su madre las que ocurrieron muy cercanas, el muchacho abandonó sus estudios y se dedicó a la administración de lo que quedaba. Este segundo Zeferino, había empezado a estudiar administración de empresas y llegado el momento en que se hizo cargo del Gran Fundo Las Dichas, supo aprovechar bien las oportunidades financieras que su herencia le ofrecía. Fue la época en que se había iniciado la bonanza de los viñedos del valle contiguo, el valle de Casablanca y los inversionistas ya habían comenzado a mirar hacia Las Dichas. Dado que allí las condiciones para el cultivo de la uva presentaban condiciones similares a Casablanca, la oferta no se hizo esperar. Para el bisnieto de Don Zeferino resultaba más productivo arrendar los terrenos para el cultivo de la uva que continuar trabajando el fundo al estilo antiguo. Entregó los terrenos en medianía y ahora, toda Las Dichas era parte de los viñedos industriales de Casablanca. Con un ingreso seguro, vivía holgadamente sin preocupaciones. Exclusivamente por razones sentimentales seguía vendiendo el mismo pan amasado del tiempo de su bisabuelo, pero lo hacía como entretención y solo para mantener el espíritu folclórico del lugar. El resto de las instalaciones productivas del fundo habían sido totalmente abandonadas. Salía más a cuenta comprar todo en Casablanca que producirlo ahí.

Desde el principio de la conversación, había mostrado gran atención por lo que escuchaba así es que cuando le hice la pregunta acerca de lo que me había llevado nuevamente hasta ahí, mi interlocutor me contestó con gran amabilidad.

— ¡Ah sí! me dijo, recuerdo a un señor que calza con las señas que usted me da. Él vivió un largo tiempo en una de las cabañas del abuelo. Era un señor muy ordenado y compuesto pero su nombre no era Anastasio Muñoz sino Roberto Fernández. Don Roberto le decíamos, y a pesar de que yo debo haber sido bien joven, me recuerdo bien de él porque todas las veces que el abuelo me mandó a buscar el correo a Casablanca y le traje cartas, me dio una tremenda propina. Además de dadivoso, todos en Las Dichas sabíamos que era meticuloso. Mantenía todo limpio y hasta la cama la dejaba tendida temprano por la mañana. La cabaña que arrendaba lucía impecable. Esto lo sé porque la mujer que la limpiaba nos contó que, por órdenes específicas de Don Roberto ella no debía tocar ni hacer nada en la cabaña y él, en recompensa, le daba buenas propinas.

— Para demostrar que ponía atención dije: "Perdona ¿Dijiste abuelo? ¿Acaso no era tu bisabuelo?"

— Claro que era mi bisabuelo, pero como yo nunca supe nada de ninguno de mis abuelos, para mi él fue mi verdadero abuelo. Era el único que yo conocí y a él le gustaba mucho que le llamara así.

— Bueno. Dime más de ese señor, Don Roberto, insistí.

— Que más le voy a decir, si el nunca habló con nadie de por acá. A veces, salía en su auto en viajes que duraban varios días. Cuando volvía, continuaba su rutina. Se levantaba temprano y salía a correr por el campo. Hacía mucho ejercicio. Almorzaba en el restaurante del abuelo y se iba a dormir la siesta. Por las tardes leía o veía televisión. Eso.

— ¿Pero nunca hablaste con él? ¿Cuándo se fue, no le preguntaste a donde se iba?

— No, nunca he sido metiche. Se fue muy poco después que murió el abuelo. Cuando toda la familia se desbandó y parecía que nadie se haría cargo de Las Dichas. En ese tiempo, yo todavía estaba estudiando en el liceo de Casablanca y aun no me iba a la universidad. Al momento en que se fue, este señor me dio una tremenda cantidad de dinero y me dijo:

— "Por favor, si hay cualquier correspondencia que llegue al correo de Casablanca, mándamela a esta dirección" Y me dio un papel con una dirección. Todavía conservo ese papel. ¿Lo quiere ver?

Tal como ya me había sucedido antes, cuando escuché lo anterior, el corazón me dio un respingo. Volvía a tomar la huella y me puse muy contento, pero lamenté que hubiese pasado tanto tiempo. Otra vez tendría que seguir una pista antigua.

— Sí, claro, contesté. Me gustaría ver ese papel. Realmente necesito ubicar a esa persona.

La dirección que vi, era solo la de la oficina de correos de Curahue. Averigüe después que ese es un pueblo cercano a Nueva Imperial en la Región de la Araucanía. No me pareció extraño, hacia sentido. Por alguna razón, aún desconocida para mí, el tipo se movía a lugares cada vez más recónditos.

Como ya había conseguido lo que buscaba, me despedí lo más cordialmente que pude y regresamos a Santiago. Realmente, en ese lugar no había nada que hacer y comencé a pensar como prepararía el viaje a Curahue.

CAPÍTULO TRECE

El Encuentro

Cuando anteriormente había perdido la pista del individuo que buscaba, había sentido que llegaba a un punto muerto, pero entonces me armaba de paciencia y rastreaba por nuevas huellas. No escatimando esfuerzos, retomaba otra la pista y reiniciaba la búsqueda. Todavía estaba lleno de optimismo. Pero los fiascos habían sido tantos, que no quedándome fuerzas, esta vez adopté la posición opuesta. Pensé pesimistamente que esta ocasión sería igual a las otras, no lo encontraría. Con esa actitud, no tenía razón para apurarme y el viaje de Santiago a Curahue, lo hice sin prisa. Ya lo había decidido, si el escenario anterior se repetía, no trataría de armarme de más paciencia. Simplemente abandonaría la búsqueda.

Tomé ese viaje con tanta calma, que en lugar de demorarme lo normal, un día, lo hice en dos y después de haber pasado la noche en Chillán, arribamos a Curahue solo en la tarde del segundo día. Curahue es un pueblo tan pequeño, que ni siquiera tiene un hotel así es que dormimos en aquella pensión que se encuentra justo a uno de los lados de la plaza principal. Muy temprano a la mañana del día siguiente, salí a caminar. Todos los negocios de la plaza estaban cerrados. Y claro, deben de haber sido alrededor de las seis treinta de la mañana. Me senté en un banco de la plaza y empecé a escrudiñar los alrededores. Excepto por un hombre sentado en otro banco frente a la iglesia, no se veía gente alguna. A pesar de que aquel hombre estaba con la cabeza baja, algo en él me pareció peculiar y justo en el momento en que lo miraba con más atención, un rayo de sol iluminó su rostro y mi corazón dio un sobresalto. No podía creer tanta fortuna. Su cara era muy parecida a la del personaje que Juan Luna había identificado como Anastasio Muñoz. Sus facciones eran similares al del individuo que vi posando junto a Juan en la foto de Subercasaux. A pesar de las similitudes, no estaba totalmente seguro así es que, con gran cuidado y disimuladamente, volví a mirar. Precisamente en ese instante, el tipo levantó la cara y echó un vistazo hacia la puerta de la iglesia. Ahí le vi bien y no me cupo duda alguna. Aquel que yo había buscado por tanto tiempo, en carne y hueso se presentaba frente a mí. A pesar de que estaba encorvado como orando y tenía una cara vieja y arrugada, los rasgos esenciales de ese semblante eran inconfundibles. Era Anastasio Muñoz. Tan seguro me sentí de la identificación, que encontré innecesario y riesgoso acercarme para corroborarla. Además, mi corazón latía tan sonoro y apresurado, que temí que pudiese escucharlo. Respiré profundo y esperé un rato. Recuperado del primer choque y a cierta distancia, empecé a pensar en la siguiente movida. ¿Qué es lo que debería hacer ahora? ¿Sería conveniente hablarle ahí mismo? ¿Podría enfrentarlo sin que se me notara lo nervioso que yo mismo estaba?

Afortunadamente, no tuve necesidad de hacer nada. Mientras me hacía las preguntas, el repicar de las campanas de la iglesia, me despabiló. El templo llamaba a sus feligreses y las puertas se abrieron de par en par. Anastasio Muñoz se puso de pie y caminó resueltamente hacia ellas. Manteniéndome lejos, le seguí. Al entrar, le vi hincado en un confesionario. No cabía duda de que, a pesar de ser una hora muy temprana, estaba en confesión. Éramos los únicos que había en la iglesia y para evitar ser reconocido, me quedé muy atrás. Agaché la cabeza e hice como si estuviese en profunda oración. Después de un rato, la alimaña dejó el confesionario y caminó hacia al altar. Mientras se hincaba en la primera fila, un cura salió del confesionario y caminando muy rápido entró por una pequeña puerta que había al lado del altar. A los pocos minutos, el mismo cura apareció vestido con los atuendos para decir misa. Caminó hacia el altar, y como todo indicaba que la misa estaba por comenzar, consideré que era hora de retirarme. No tenía por qué apurar lo que había buscado por tanto tiempo y empecé a pensar: ¿Qué haría ahora? El rastreo había terminado y por lo que había visto, asumí que el muy sabandija se había asentado en ese pueblo. Me pareció que de allí no se movería muy pronto. ¿De qué otra manera se explicaba que actuara como un feligrés regular de esa parroquia? Indudablemente era cuestión de esperar el momento oportuno para enfrentarlo con ventaja así es que muy feliz, salí de la iglesia y me fui a la pensión. Durante el desayuno, le conté a Hilda lo sucedido y estuvimos de acuerdo en que había que pensar muy bien la siguiente movida. Tendría que hallar una estrategia que me permitiera acercarme al desgraciado llevándole la delantera. Necesitaba ventaja porque sabía que el infeliz era capaz de cualquier cosa y por lo tanto era extremadamente peligroso. Ahí se me ocurrió que la clave podría ser el cura con quien se había confesado.

Yo había visto al cura que escuchaba sus confesiones, y con seguridad el sabría mucho del pasado del renacuajo. Sin embargo, yo sabía muy bien que tomar ese camino no era simple. Cuando se trata del secreto de confesión, los sacerdotes son extremadamente celosos. Tenía que buscar la fórmula de aproximarme al cura sin que mis indagaciones aparecieran impertinentes.

A la mañana siguiente, calculé que la misa hubiese terminado y me dirigí a la iglesia. Justo en la puerta me encontré cara a cara con el cura. Afortunadamente, esta circunstancia imprevista hizo que mis aprehensiones resultaran infundadas. El hombre resultó ser una bellísima persona. estaba arreglando una de las luces de la entrada y. Cuando vi lo que hacía y comenté acerca de los problemas de mantención en una iglesia con tantas lámparas. Me miró y con cara de curiosidad, me preguntó si yo era un electricista profesional. Contesté que solo hacia arreglos eléctricos en mi casa y quitándole importancia a mi comentario dije que era solo una manera de hacer conversación. El cura, con mucha intuición, dejó de trabajar y amigablemente se volvió hacia mí preguntándome: "¿Qué es lo ha llevado a una persona como usted a entrar en esta iglesia?" Evidentemente el tipo era astuto y sagaz. Me había calado a mí antes que yo a él. Mentí, y usando mi camuflaje de turista Santiaguino, dije que mientras recorría la ciudad, la iglesia me había parecido interesante.

— Francamente, me dijo, gracias por decir que Curahue es una ciudad. Pero creo que usted lo sabe tan bien como yo, que esto no es más que un pueblito. No entiendo que está usted turisteando en un lugar tan aburrido como este.

Había dejado completamente de hacer lo que hacía y me miraba con atención. Su voz no era sonora ni mandona, pero emanaba cierta autoridad. Claramente, como si hubiese penetrado mis intenciones y sin decirlo explícitamente, su expresión corporal y sus gestos me decían: "Mire señor, a mi usted no me engaña. No me venga con eso de ser un turista. Obviamente tiene un problema y quiere hablar conmigo. Si quiere compartirlo, aquí estoy para escucharlo" Lo que me sucedió entonces no puedo explicarlo porque encontré que era una tontera mentir. Tal vez fue la seguridad con que el cura me miraba o tal vez fue como mantenía sus ojos fijos en mi lo que me dio la confianza de pensar que con él podría sincerarme.

Tomé un buen aliento y con entereza le dije que en verdad yo no andaba turisteando sino que andaba buscando a alguien que aparentemente vivía en Curahue. Brevemente, le narré quien era esa persona. Lo que me había sucedido durante la dictadura y como había rehecho mi vida en USA. Le conté, además, que después de haberme retirado, tenía el tiempo y los recursos para buscar a ese individuo y que me había enfrascado en la misión de encontrarle y enfrentarlo. Le dije como sentía que por mi salud mental, necesitaba borrar ese fantasma de mi pasado. Aunque se veía viejo, la figura del cura era impresionante y sin darme cuenta y obviamente sin quererlo, me había confesado. ¡Yo me había confesado con un cura!

— ¡Ah! Eres uno de esos, me dijo. Gustazo de conocerte, soy el padre Manuel y mi historia no es igual que la tuya, pero tiene similitudes. Yo era muy joven cuando Salvador Allende fue elegido y yo también, al igual que tú, trabajé por los ideales de su gobierno. En el seminario, que era un centro efervescente de ideas nuevas sobre el hombre latinoamericano, abracé la Teología de la Liberación y cuando hice mis votos sacerdotales no me fui a una parroquia, sino que me fui a trabajar como cura obrero a una fábrica de Santiago. A pesar que hice bastante activismo, tuve suerte y la dictadura no me tocó, pero cuando la curia católica condenó a aquellos que seguíamos las ideas de la Teología de la Liberación, me desterraron aquí. Con todos mis doctorados teológicos, yo debería estar ahora enseñado en el seminario de Santiago, pero nunca me dejaron y aquí estoy. Un simple cura de pueblo. Ni siquiera soy el párroco, pero no me quejo, tengo disciplina. Mis estudios me han enseñado que lo más importante es la humildad y el servicio a los otros. Tengo tantos feligreses, y tanta gente que me necesita, que eso llena mi vida.

En apariencia, el cura se veía gastado y viejo, pero sus movimientos y la ligereza de su hablar, mostraban que su mente estaba llena de dinamismo. La conversación se hizo amena porque empezamos a compartir nuestras experiencias políticas de cuando éramos jóvenes. Tan interesantísima era la charla, que cuando le invité a seguir hablando alrededor de un café, aceptó de inmediato. Fuimos a la pastelería de la esquina y hablamos por largo rato. Después de escuchar lo que le había sucedido como miembro de aquel selecto grupo de teólogos de avanzada que revolucionaron la iglesia durante los sesenta y los setenta, con mucho tacto cambié el tema y le expliqué los detalles de por qué me encontraba allí. Le dije que, verdaderamente, yo ya había encontrado al individuo que buscaba y como él lo conocía, quería solicitarle su ayuda. Su reacción me sorprendió. Del estado tranquilo en que habíamos hablado hasta entonces, su rostro cambio y pasó a un estado beligerante. Subiendo la voz me contestó:

— ¿Cómo es eso? ¿Qué tengo que ver yo con tu búsqueda? ¿De quién estás hablando? ¿Qué tengo que ver yo con los torturadores de la dictadura? No te aproveches de lo que te dije que pensaba políticamente. Sabes muy bien que por mis pensamientos sociales y mi vocación sacerdotal a esos seres los considero subhumanos ¿Cómo se te ocurre que yo habría de relacionarme con alguno de ellos?

Apareció como muy indignado por mi sugerencia, pero en verdad, yo intuía que no lo estaba. Me parecía evidente que sabía muy bien de lo yo estaba hablando, pero posaba de inocente. Era indudable que mentía. ¡Un cura mintiendo! Pero comprendí. El padre Manuel protegía el secreto de confesión. Eso me daba seguridad. Ese Anastasio Muñoz, tenía que haberle confesado sus pecados. Me di cuenta que la fingida ignorancia del padre Manuel no era para proteger a ese gusano, sino que era para cuidar el secreto de confesión.

Entendiendo claramente la situación, traté de buscar un ángulo más directo y le confesé derechamente lo que esperaba de él. Me sonreí hacia dentro. Nuevamente me estaba confesando. ¡Otra vez, confesándome con un cura, yo! ¡¿Cómo es que había llegado a eso?! Rápidamente me sacudí de esos pensamientos absurdos. Lo que pensara en ese momento no era importante. Lo que necesitaba, era saber dónde encontrar a ese tal Muñoz y como eso era más grande que cualquier consideración filosófica extemporánea, le dije al cura todos los detalles de mi búsqueda. Le expliqué que estaba absolutamente seguro de haber encontrado al que buscaba y que este vivía en Curahue. Le conté lo de la foto en que Juan Luna aparecía con ese hombre y como eso hacia la identificación absolutamente positiva. Ese hombre era el mismo que yo había visto confesándose con él la mañana anterior y no había duda que era un feligrés regular de su parroquia.

La situación que provoqué hizo que el antiguo dicho: "Más sabe el diablo por viejo que por diablo" fuese ampliamente aplicable a las circunstancias. Este cura Manuel, era un viejo muy inteligente y muy zorro. Desde el principio de nuestra conversación, se había dado cuenta que yo era lo que el llamaría: un ateo. Sin embargo, por lo que habíamos hablado de teología, sabía que yo conocía bien las prácticas de la iglesia católica, así es que con la misma delicadeza con la que yo había cambiado el tema, él me contestó.

— Mí estimado amigo, usted bien sabe que no le puedo dar detalles, pero tiene razón. Lo que usted me ha dicho de ese señor es cierto, él podría ser el que usted anda buscando, pero como, bajo el secreto de confesión, no puedo revelar lo que él me ha dicho, creo que podría ayudarle de otra manera. Ha sido agradable para mí conversar con usted acerca de los problemas sociales de este país y le simpatizo el sentir de las terribles experiencias que ha sufrido. Creo que usted también sabe lo suficiente para entender que lo que veladamente me pregunta acerca de ese hombre, no puedo aseverárselo ni negárselo. Se lo repito, no puedo revelar los secretos que me han sido encomendados en una confesión.

— Perdóneme otra vez padre. Ahí me hice el católico llamándole "padre." No le estoy pidiendo que me niegue o me asevere quien es él. Para mí, no es que ese hombre "podría ser" el que me torturó. Ya le dije que he visto las fotos que me lo confirman. Se fehacientemente que es él el que busco. Lo que necesito es saber es dónde lo encuentro. Sé que cualquiera de estas mañanas podría venir aquí y enfrentarlo, pero no quiero hacer una escena pública en su iglesia.

— En ese caso que quiere que le diga amigo. Le repito, no puedo confirmar o refutar lo que usted me pide. Eso sería compartir lo que se me ha dicho en confesión, pero como entiendo su necesidad y su dolor, le puedo informar de aquello que es de conocimiento público. Verá usted, Curahue es un pueblo chico y no pasa mucho tiempo para que cualquiera que llegue, sea objeto del escrutinio general. Aquí, los chismes corren tan rápido,, que no tengo empacho en decirle aquello que la mayoría del pueblo ya sabe. Él vive en una pieza que arrienda a una señora viuda en el número doce de la calle Portales. La señora le da pensión y él se lo pasa todo el día recluido en su pieza. Me han dicho que a lo único que sale, es cuando viene a la iglesia para asistir a la primera misa de la mañana. Invariablemente, todas las mañanas, antes de comulgar, se confiesa conmigo. Por lo poco que le ha dicho a la viuda y algunas pocas otras gentes con quien ha hablado, todo Curahue sabe que el tipo esta aterrorizado de la muerte. Reza todo el día y habla como un fanático religioso. A mí no me parece saludable abrazar la religiosidad con una actitud tan enfermiza. A él nunca se lo he dicho porque este fulano no me parece normal. Me da mala espina. No me gustan los católicos fanáticos porque son peligrosos y este tipo me parece azaroso. Eso es todo lo que le puedo decir sin romper el secreto de confesión.

— Gracias, le contesté, en realidad usted me ha dado mucho más de lo que yo esperaba. Creo que entiendo la situación. El mamarracho debe estar aterrado de lo que le sucederá en el más allá. Claro, con tantos pecados mortales en sus espaldas, asume que le espera el castigo eterno. Yo no sé mucho acerca de esto, pero supongo que aquellos que creen, esperando pagar en el mas allá por lo que han hecho en el más acá, deben sufrir lo indecible. ¿Qué se le ocurre a usted padre?

— Bueno, dijo el padre Manuel, no es la primera vez que conozco a alguien que esté tan arrepentido de su pasado, pero si es la única persona que conozco que deba vivir con un pasado tan negro. El sentido de culpabilidad, el deseo de ser perdonado y la ansiedad que eso produce, trastornan a la persona. La iglesia nos enseña que aquel que se arrepiente sinceramente de sus pecados, será perdonado, pero a mí me parece que, si alguien sabe que ha cometido pecados que son irremisibles, le será muy difícil esperar perdón por ellos. Es posible que esta sea la situación de porque este individuo se ha convertido en tal fanático. Anda buscando alguna señal que le diga que sus pecados son perdonables. Necesita algo en que sostener sus esperanzas de perdón. Le digo esto amigo, porque con él, me han sucedido cosas que no son corrientes con mis otros feligreses. Por ejemplo, y esto se lo cuento porque no tiene que ver con los secretos de su confesión. Cuando le doy penitencias para el perdón de sus pecados, el me pide penitencias más duras. Eso no es normal.

— ¿O sea que el tipo se ve como auténticamente arrepentido?

— No le podría asegurar si es auténtico porque eso es personal e íntimo, pero indudablemente se tortura a si mismo buscando el perdón.

— Nuevamente, muchas gracias padre. Veré que hago con esta información. Ha sido muy educativo conversar con usted. Me gustaría que, una tarde de estas, nos juntáramos con mi esposa a cenar. Estoy seguro que a ella le interesaría mucho hablar con usted y a mí me gustaría que nos extendiéramos más acerca del tema sobre la Teología de la Liberación. Como usted ya se habrá dado cuenta, no soy creyente, pero ese tema siempre me ha fascinado. Tengo gran respeto por los miembros de la iglesia que se preocupan de la vida de sus feligreses más allá de la salvación de sus almas.

— Con todo gusto, ya sabe dónde encontrarme. Es un placer para mí conversar con afuerinos, especialmente con gente que tiene estudios académicos como usted. En mis charlas con los lugareños cultos, los temas intelectualmente interesantes, ya casi los hemos agotado. Solo nos quedan los chismes pueblerinos, pero por supuesto, esos no nos dejan nada.

— Adiós padre, le veo pronto.

— Adiós.

Cuando volví a la pensión sentía una sensación de éxito. Definitivamente podría llevar terminar la misión que me había tomado tantos años alcanzar. Finalmente había llegado aquel momento tan esperado. Encontrar las respuestas a aquellas preguntas que me habían perseguido por casi la mitad de mi vida, era una situación cierta. Sin embargo, las circunstancias no eran simples. Tan ensimismado había estado en la búsqueda, que realmente no lo había pensado debidamente. Enfrentarme a mi torturador, sería peligroso. El mismo cura lo había dicho, el tipo se veía extraño y por lo tanto, a pesar que Hilda me había ayudado mucho para llegar a este momento, no acepté que ella fuese conmigo. Imaginándome que el carácter del sujeto era difícil y el encuentro podría terminar en algo complicado, no quise exponerla a una situación embarazosa y le dije que iría solo. Además, siempre sentí que esto debía resolverlo por mí mismo. Los fantasmas eran mi problema y no había porque involucrarla a ella.

Curahue es tan pequeño, que en todo el pueblo hay solo dos taxis. Estos se paran en la plaza todo el día porque casi nadie los usa. Aquellos que viven "lejos" usan el transporte público y entiéndase como "lejos," cualquier distancia de más de diez cuadras o sea fuera del pueblo. La verdad es que se puede caminar a cualquier punto del pueblo así es que siguiendo las indicaciones del padre Manuel y preguntado, llegue a la casa donde vivía ese tal Muñoz caminando.

En la tarde del día siguiente, estaba golpeando la puerta del número doce en la calle Portales. Después de los saludos y las presentaciones de rigor, la viuda me hizo pasar. Mientras ella iba a buscar al siniestro animal, esperé en el pasillo. Cuando el tipo llegó, me extendió la mano manteniendo la cabeza baja y sin mirarme a los ojos. Hasta ahí, yo me sentía tranquilo. Mientras no me mirara con atención las chances de reconocerme eran mínimas. Tenía lentes oscuros y un gorro que me cubría casi toda la cabeza. Le dije que era amigo del padre Manuel y que él era quien me había recomendado venir a conocer su habitación. Le elogie lo famosa que era en Curahue y como todo el pueblo sabía de su existencia. Algo murmuró, pero yo no le entendí. Se dio vuelta y con una señal de la mano me indico que le siguiera hacia su cuarto. Ni siquiera cuando se hizo a un lado para que yo entrara, levantó la mirada. Mantenía sus ojos fijos en el piso.

Aunque me había preparado bastante para este encuentro, me di cuenta que nada podría haberme predispuesto para lo que sentí al momento de entrar. El aire de ese lugar olía fuertemente a humo de velas. Había una ventana que estaba cerrada con tablas y con excepción de la puerta, todo lo que era muro vertical — incluida la ventana tapiada — estaba cubierto con pequeños cuadrados de madera perpendiculares a la muralla. Cada cuadrado se sostenía sobre una escuadra atornillada o clavada al muro lo que convertía cada muralla en un muestrario de consolas. En cada lado de ese cuarto debe haber habido docenas de consolas. Sobre cada una de las consolas, descansaba una figurilla de yeso que representaba a un santo, y frente a cada santo había una vela a medio quemar. Tantas eran las consolas y estaban tan cerca la una de la otra, que era difícil contarlas. Calculé que, en total, deben haber sido, por lo menos, más de doscientas. Dado que cada vela mostraba que, en algún momento, su mecha estuvo encendida, esa era el origen del olor y el ennegrecimiento de toda la habitación. El negro de humo había invadido todo y el nombre de cada santo que estaba escrito en el frente de cada consola, era difícilmente legible. Yo fingía calma, pero el nerviosismo que me embargaba era enorme. A pesar que el ambiente del cuarto era sofocante, mi inquietud me impedía sentirlo y controlaba mi emoción. No era para menos. Finalmente me encontraba frente a frente al individuo que me había hecho daño y la preocupación de que esa alimaña pudiese reconocerme, me hacía sentir tenso. Me maravillé que a pesar que estábamos solos, realmente no estaba asustado, sino tenso. Desde el principio, desde que recién le vi de cerca en la puerta, tuve la sensación de que esa inquietud de peligro que me había imaginado antes, era injustificada. El hecho de que no me mirara de frente me hacía asumir que aparentemente, el tipo podría estar más asustado que yo. Su lenguaje corporal daba la sensación que estaba temeroso de enfrentarse a los ojos de otro ser humano. En el cuarto había muy poca luz y como el esperpento no me miraba, las chances que me reconociese, eran reducidas. Además, para evitar que me identificara, yo hablaba muy calmado con esa voz impostada y ese sonsonete grave que usa la gente que quiere darse importancia en Chile.

— El padre Manuel estaba acertado, dije en un tono elogiador. Usted debe tener la mejor colección de santos de Curahue.

— ¡Oh sí! Es la mejor. No sólo es la más bonita sino la más completa, contestó.

Esta vez, alentado por mi elogio, el tipo levantó levemente la cabeza y sin mucho entusiasmo, comenzó a hablar de las figuritas expuestas en las consolas. Con la vista perdida en el espacio, el sujeto sonaba como la voz robótica de un computador. Aparentemente, la plática acerca de los santos era lo único que le interesaba así es que empujé un poco más el tema. Convencido de que la oscuridad y la actitud displicente de mi interlocutor, le harían difícil reconocerme, me sentí más tranquilo. Indudablemente era yo quien tenía el control de la situación. Me pareció que era el momento de llevarlo al punto preciso en que yo mismo me hiciese reconocer.

— ¿Veo que los santos tienen velas? dije. ¿Acaso prende las velas y les reza a todos ellos?

— Exactamente, me dijo, de acuerdo con el calendario, al santo que le corresponde ese día, le prendo una vela y le rezo. Cada santo representa el nombre de una de las personas a las que les hice mal en mi vida. Ahora que me he reencontrado con Jesucristo, siento la obligación de rezar por el alma de esa persona y le pido que perdone mis pecados.

— ¿Pero tanta vela? ¿Cuántos son aquellos a los que usted les reza? Pregunté.

— ¡Oh! son muchos. Tal vez no estén aquí todos los santos que deberían estar, pero están todos los nombres que yo recuerdo. ¿Y porque le interesan a usted esto de los santos? ¿Es usted también cura como el padre Manuel? ¿Yo lo veo vestido de civil? ¿No me diga que es uno de esos curas modernos que no usan sotana? Esos curas son falsos y a mí no me gustan.

— No, yo no soy cura, pero se bastante de religión. El padre Manuel es un viejo amigo, mentí. Nos conocimos cuando éramos adolescentes y nos habíamos perdido de vista por largo tiempo y cuando llegué a Curahue, me encontré con él por casualidad. Como me he retirado y turisteo el sur de Chile, él me contó de su pieza y me interesé. Por eso estoy aquí. Este es un lugar muy especial.

— ¡Oh sí! Estoy muy orgulloso de él. Aquí es donde paso la mayor parte del día. Salgo a comulgar en la primera misa de la mañana y solo a comer cuando la dueña de me llama. Aparte de eso, el resto de mi tiempo lo dedico a atender mis santos.

Mientras más lo elogiaba, con más soltura hablaba y vi que ya no aparecía tan tenso. Era el momento de asestar el golpe. Comencé mostrar más interés por los santos a mirándolos con mayor atención y acercándome a cada uno para mirar el nombre que era difícil de leer. Sin necesidad de acercarme a leerle la etiqueta, desde lejos reconocí la imagen de con la que se representa a San Rafael Arcángel. Me era familiar porque, tal como había visto en libros. es la figura de un soldado con un báculo en una mano y un pescado en la otra. Para estar un poco más seguro me acerqué a leer el nombre. En ese momento, la sabandija me habló.

— Veo que le interesa San Rafael Arcángel, me dijo. ¿Es acaso su nombre Rafael?

Sentí un salto del corazón. La cosa estaba resultando mejor de como lo había planeado. El mismo sujeto se estaba poniendo a donde yo lo quería llevar.

— Sí, le contesté, ese es exactamente mi nombre y mi apellido es Olivares.

Dicho esto, me saqué el gorro y los lentes y le miré directamente a la cara. El tipo levantó la cabeza y en la penumbra de esa cuarto, achicó los ojos y arrugo aún más su cara como tratando de reconocerme. Yo sostuve mi vista directamente en sus ojos. Balbuceando trémulamente me preguntó:

— ¿Era usted profesor de la Universidad Técnica en el mil novecientos setenta y tres?

— Sí señor. Eso es correcto.

Encorvándose más de lo que ya estaba, dejó caer sus brazos y dando pasitos cortos se acercó a mí. Ahora me miraba fijamente. Tanto se había acercado, que nuestras caras casi se tocaban. Olía a ajo y en una voz que parecía un susurro dijo:

— ¿Pero usted no debería estar aquí? ¿Es acaso una de esas almas errantes que viene a castigarme?

— No, le dije. No soy un alma errante ni vengo a castigarle. Soy Rafael Olivares en carne y hueso. Exactamente, soy aquel profesor de la Universidad Técnica que usted torturó en Ritoque. Si no se acuerda bien, soy el que usted mandó a morir ahogándose en el Pacífico. ¿Se acuerda de ese día feriado en que no estaban ninguno de los oficiales al mando de Ritoque y usted era ahí el milico de mayor rango? ¿Se acuerda del bando que llegó de Santiago que le ordenaba desmantelar la prisión en veinticuatro horas? ¿Recuerda que la orden estipulaba que ciertos prisioneros debían ser enviados a Santiago y el resto debía ser eliminado? ¿Recuerda que usted ordenó a Juan Luna a lanzarme al mar? Bueno sargento Muñoz, Juan Luna, no como usted, tiene corazón y él fue quien me ayudó a salvarme. Por eso estoy aquí y no en el fondo del océano.

El fulano se mostraba desarmado. Postrado y deshecho, no atinaba a moverse. Pasó lago rato para que pudiese articular una respuesta y con voz muy tímida y casi suplicante, dijo:

— Señor Olivares, como usted bien lo dice, yo cumplía órdenes. Nunca le hice daño con intención. Solo hacia lo que se me había ordenado y ahora me arrepiento de haberlo hecho.

Mientras decía esto, su estancia corporal era de una sumisión total y su voz se había reducido casi a un susurro. Para mí resultó extraño escucharle y verlo así. Cuando me torturaba, a pesar que nunca le vi la cara por estar encapuchado, escuchaba sus gritos que, con voz autoritaria y prepotente me lanzaba groserías. Era indudable sintiéndose en control total, en esos momentos su actitud era de mando y autoridad. Que diferencia, ahora el individuo se había reducido totalmente. Se había achicado y sus ojos implorantes me miraban como pidiéndome perdón. Esto me envalentonó. Claramente, ahora era yo el que estaba en control y me atreví a tutearlo enrostrándole lo que había sentido por tantos años.

— Si claro, ¿debo creerte que solo obedecías órdenes? ¿Acaso cuando me torturabas desgraciado, no lo hacías con gusto? Como no voy a saberlo, si era yo el que estaba al otro lado del dolor. ¿Crees que me voy a olvidar como me gritabas que confesara quienes eran mis cómplices en el complot de la Universidad Técnica? ¿Qué complot infeliz, si todos estábamos aterrados? ¿Qué querías que te confesara si todos sabíamos que contra las armas del ejército no podíamos hacer nada? Tus sabias que no había complot. Sabías que los profesores luchamos solo con labia, pero igual seguías apremiándome. ¿Qué querías que te dijera si ya te lo había repetido mil veces, después del golpe, en la UTE no había complot? Los militantes extremistas y los que tenían armas se habían escapado o estaban desaparecidos o muertos. Quedábamos solo nosotros, los que participamos en el gobierno de Allende con ideas y proyectos. Tú sabías que yo no era amenaza para la dictadura, pero seguías torturándome. ¿Por qué? ¿Te daba placer hacerlo?

— Ya le dije señor Olivares, yo seguía órdenes. Si no lo torturaba con ganas, me castigaban a mí.

— A otro perro con ese hueso miserable. Juan Luna me contó mucho de ti. Eras el único sargento mayor en Ritoque y por tu historial violento hasta algunos oficiales te temían. Todos sabían lo brutal e implacable que eras. Todos sabían que estabas protegido por la alta oficialidad del ejército. Debes haber sido de los mejores esbirros del dictador porque por algo supuestamente te dieron de baja, pero seguiste trabajando para el ejército como agente secreto. A mí no me engañas. Te he seguido la pista por muchos años. He hablado con tu hija y con la mujer que manejaba los fondos secretos del ejército. Ella es la que te pagaba cuando trabajaste como asesino a sueldo. Seguramente crees que todo eso era secreto, pero te equivocas, tus crímenes han dejado rastros. Quería continuar recriminándole sus fechorías, pero sacó un poco de voz y me contestó:

— Es fácil hablar así ahora, pero usted se olvida como fue para mi entonces. En el ejército me habían enseñado que los militares somos los guardianes de la ley. A todos nos dijeron que estábamos en guerra contra aquellos que quería romper la ley y ustedes los upelientos eran el enemigo. En la guerra hay que someter o eliminar al enemigo. Eso es lo que yo hacía, pero afortunadamente me reencontré con Jesucristo. Equivocadamente hice mucho mal y estoy muy arrepentido. Reconozco que a usted también le hice mal. Por eso es que tengo a San Rafael Arcángel en esa consola. Todas las semanas le pido perdón y el veinticuatro de octubre, el día de San Rafael, le prendo la vela y le rezo todo el día. ¿Podrá usted perdonarme por lo que le hice?

Esto me desarmó. Nunca se me había ocurrido que cuando me enfrentara a mi torturador, este me iba a pedir perdón por lo que me hizo. Totalmente inesperado. ¿Qué podría hacer ahora, si con sus modales y por la inflexión de la voz, se veía que el tipo era sincero? Lo pensé un rato y decidí que la situación era incongruente. Yo no podía perdonar. Si el sujeto era tan creyente, que lo perdonara su dios, no yo. Yo no soy ningún dios. Tengo sentimientos y vine por venganza. No vine a otorgar perdón a mi torturador. Pero, indudablemente me encontraba en un dilema. ¿Qué venganza podría tener con este esperpento que era solo la imagen de un ser humano? ¿Qué sabor tendría una venganza ejercida sobre un pobre infeliz que esta aterrado de su existencia y de lo que le espera en el más allá? Por lo que vi en ese cuarto, el desgraciado ya vive rodeado de las almas de sus torturados. ¿Qué castigo se le puede imponer a aquel que ya está en el infierno?

Con estos pensamientos, me di vuelta y comencé salir del antro de terror en que ese hombre vivía. Cualquier cosa que hiciese contra él no tendría sentido alguno. Cuando me vio caminar, se adelantó y se arrodilló frente a la puerta impidiéndome la salida:

— ¿Y no me va a perdonar? Dijo.

Suavizando aún más la voz, hincado, bajó la cabeza y poniéndose de hinojos me volvió a repetir:

— Le ruego por favor que me perdone. Es muy importante para mí. Usted es la única de mis victimas a quien puedo implorar perdón. Nunca he visto a ninguna de las otras. Le imploro. Dígalo. Sálveme. Ya no puedo seguir viviendo así, sáqueme de este martirio.

Lo último que dijo, me llegó a fondo. ¿Qué se imaginaba esta alimaña? ¿Qué yo le ayudara a salir de su miseria cuando fue él quien me había puesto en la mía? Debía salir de ahí. Cuando la sabandija vio que me dirigía a la puerta y no le contestaba, sollozando, se tiró al piso y acostado sobre el suelo con los brazos extendidos continúo pidiéndome que le perdonara. Tuve que levantar la pierna para esquivarlo y salí de ese cuarto apurando el paso. Quería alejarme de ese nauseabundo lugar lo antes posible.

SOBRE EL AUTOR.

El Dr. Rafael A. Olivares nació en Santiago de Chile en 1944. Obtuvo su primer título académico como Profesor Primario en la Escuela Normal Superior José Abelardo Núñez. Mientras enseñaba como Maestro Elemental, continuó sus estudios en la Universidad Técnica del Estado de Chile (UTE) donde obtuvo su título de Profesor de Estado siendo habilitado para enseñar en la Escuela Secundaria. Sus primeros estudios de postgrado los hizo en la Universidad Católica de Chile donde se graduó como Magister en Administración Educacional. Al momento del golpe de estado en 1973, se desempeñaba como Catedrático de Pedagogía en la Facultad de Humanidades de la UTE y habiendo trabajado en el desarrollo de las reformas educacionales del gobierno anterior, su carrera académica en la dictadura no tenía futuro. Con sus ahorros personales se trasladó a Nueva York e inició sus estudios doctorales en el Teachers College de la Universidad de Columbia. Para financiar su postgrado en Educación Bilingüe en Nueva York, enseñó por varios años en P.S. 154, una escuela pública de Harlem, Manhattan. En 1987 fue nombrado como Director del Programa Bilingüe de la Escuela de Educación en Fairleight Dickinson University, Teaneck, New Jersey y en 1990 fue aceptado como Catedrático en Queens College uno de los Campus de CUNY (City University of New York). Como académico jefe de la Cátedra de Educación Bilingüe en Queens College, CUNY, el Dr. Olivares escribió varios libros y artículos en materias pedagógicas relacionadas con la Educación Bilingüe. O sea, un currículo que se enseña simultáneamente todas las materias en dos idiomas. Sus publicaciones profesionales son conocidas en USA, Sudamérica y Europa.

En 2010 se retiró como catedrático de CUNY y se dedicó a escribir ficción histórica. Su primera publicación en esta área fue; "Ñusta y el Jardín del Sol," la vida de la princesa Inka que se convierte en amante de Francisco Pizarro. Es un hecho histórico, que la hija de ambos casó con su tío y por lo tanto los actuales Pizarro provienen de Ñusta. Traducido al inglés por el autor se ha publicado como "Ñusta, the Inka Love of Fco. Pizarro."

El segundo libro de ficción del Dr. Olivares "Nosotros y los Otros," es una interpretación novelada de sus experiencias personales y profesionales con la dictadura impuesta en Chile el once de septiembre de 1973.

ABOUT THE AUTHOR

Dr. Rafael A. Olivares born in Stgo. Chile in 1944. In the same city he got his Title as Elementary School Teacher from the "Escuela Normal Superior José Abelardo Nunez." While working as Elementary School Teacher, he got his College Degree and Title of High School Teacher from the "Universidad Técnica del Estado" and his Master Degree in Education from the Catholic University of Chile. He was a Professor of Pedagogy at the State Technical University when the dictatorship imposed by the militaries in Chile in 1973 make him to move to USA. To finance his doctoral studies in Bilingual Education at Teachers College, Columbia University at New York, for several years he taught Elementary School Children at PS 154, Central Harlem in Manhattan. In 1987 he becomes the Director of the Bilingual Education Program at Fairleigh Dickinson University in New Jersey and in 1990 he was hired at Queens College, City University of New York (CUNY) as a Tenure Track Professor of the Department of Elementary Education. There he created the Master in Bilingual Education Program of which he become his first Director. During his tenure at CUNY he wrote books on Bilingual Education Pedagogy and publish several professional articles on the subject of teaching in two languages. In 2010 he retired from the City University of New York and become a writer of fiction. As such, he has written in Spanish an historical fiction; "Ñusta y el Jardín del Sol" which describe the life of the Princes known as the sister of the Inkas Atahualpa and Húascar. Historically, Ñusta was not only the lover but also the mother of the children of Francisco Pizarro, the Conqueror of Peru. This book was translated into English as; "Ñusta the Inka Love of Fco. Pizarro." The second fictional book of Dr. Olivares, "Nosotros y los Otros" is a historical novel of his life and his experiences with the Chilean dictatorial regime.

CPSIA information can be obtained
at www.ICGtesting.com
Printed in the USA
BVHW031125250620
582309BV00004B/21/J

9 781984 583178